●本書のサポート情報を当社Webサイトに掲載する場合があります．下記のURLにアクセスし，サポートの案内をご覧ください．

https://www.morikita.co.jp/support/

●本書の内容に関するご質問は，森北出版 出版部「(書名を明記)」係宛に書面にて，もしくは下記のe-mailアドレスまでお願いします．なお，電話でのご質問には応じかねますので，あらかじめご了承ください．

editor@morikita.co.jp

●本書により得られた情報の使用から生じるいかなる損害についても，当社および本書の著者は責任を負わないものとします．

■本書に記載している製品名，商標および登録商標は，各権利者に帰属します．

■本書を無断で複写複製（電子化を含む）することは，著作権法上での例外を除き，禁じられています．複写される場合は，そのつど事前に（一社）出版者著作権管理機構（電話03-5244-5088, FAX03-5244-5089, e-mail：info@jcopy.or.jp）の許諾を得てください．また本書を代行業者等の第三者に依頼してスキャンやデジタル化することは，たとえ個人や家庭内での利用であっても一切認められておりません．

まえがき

　構造力学の世界へようこそ．本書を手に取られた方は，少なくとも建築に興味のある方だと思います．本書は，大学の建築学教育において構造力学の教科書として執筆したものです．また，実際に近畿大学工学部建築学科の下記の構造力学4科目の内容を構成しています．

　　静定力学・1年前期 (第1章～第3章)
　　材料力学・1年後期 (第4章～第6章)
　　不静定力学Ⅰ・2年前期 (第7章，第8章)
　　不静定力学Ⅱ・2年後期 (第9章，第10章)

したがって，本書は建築を初めて学ぶ人を第一の対象にしています．しかし，本書は，もう一度構造力学を学び直そうと考えている大学院生，大学や高専，高校などで構造力学の教鞭をとられている先生，建築技術者，建築構造関係の若い研究者の方々にも読んでいただきたいと思っています．また，それだけの内容を包含しています．

　逆に，初めて学ぶ人には難しく理解しづらい箇所もありますが，そのような箇所は「先へ進んでください」と指示しています．その場合は，スキップしていただいてかまいません．完全に理解できなくても途中で諦めずに，少なくとも6.1節までは読み進めてください．構造力学は大変難しい学問だとよく言われます．読むだけではなかなか理解できないと思います．巻末に演習問題の解答を載せていますので，わからなければ見てもかまいません．皆さんは例題や演習問題を何度も解きなおしてください．最後は，解答を見ずに自分の力で解けるようになってください．その反復が皆さんの力となり，難しい内容も次第に理解できるようになります．そうすると，第7章～第10章の各種解法も理解でき，演習問題も解けるようになっていくことでしょう．

　本書は，第1章において，構造力学の必要性を説き，構造力学の基礎である力とその釣り合いを解説しています．また，構造設計の基本である許容応力度設計の概念と基礎を第6章に据え，第6章の内容を理解できるように，力の釣り合い式のみで解くことのできる静定構造物の解法と材料力学を第2章から第5章までに配置しています．第7章と第8章では，力の釣り合い式以外に変形の適合条件が必要な不静定構造物の解法の基礎を，最後に第9章と第10章では，不静定構造物の実用的な解法と崩壊荷重の計算法を解説しています．

ところで，2005年11月に発覚した耐震強度偽装事件は世間に大変衝撃を与えましたが，この事件で暴露されたことは建築の構造を十分理解している建築関係者がいかに少ないかということです．建築にたずさわる技術者や専門家は，私は構造の専門家ではないからと言って，建物の構造的安全性に対して全く責任を負わなくてよいということにはなりません．構造的安全性の確認は構造設計によって行われます．また，構造設計の基礎が構造力学です．構造の専門家でない建築関係者や，また構造力学を初めて学ばれる方も，少なくとも第6章までを習熟しなければなりませんし，またそうされることを切望いたします．一方，施工管理技士や構造の専門家の方々は第7章以降を制覇してください．

　本書が読者の皆様を構造力学の世界に誘い，構造力学に興味をもたれ，少しでも建築の構造を理解される一助となれば幸甚です．

　本書の出版に際して，多大のご尽力とご支援を賜った森北出版株式会社の滝貴紀氏と二宮惇氏の両名に厚くお礼申し上げます．

平成20年3月

著者しるす

目　　次

第 1 章　　構造力学入門 ………………………………………………………………… *1*
　1.1　構造力学はなぜ必要なのか　*1*
　1.2　壊れない建物を設計するためには　*2*
　1.3　力の釣り合い　*4*
　演習問題 1　*12*

第 2 章　　建築構造物のモデル化と反力の計算 ……………………………………… *13*
　2.1　建築構造物のモデル化　*13*
　2.2　静定構造物の反力計算　*17*
　演習問題 2　*25*

第 3 章　　静定構造物の応力計算 ……………………………………………………… *27*
　3.1　応力の種類と向き　*27*
　3.2　静定ばりの応力計算　*30*
　3.3　静定ラーメンの応力計算　*43*
　3.4　静定トラスの応力計算　*49*
　演習問題 3　*59*

第 4 章　　応力と変形 …………………………………………………………………… *62*
　4.1　軸方向応力と変形　*62*
　4.2　せん断応力と変形　*68*
　4.3　曲げ応力と変形　*71*
　演習問題 4　*74*

第 5 章　　断面の諸係数 ………………………………………………………………… *76*
　5.1　断面 1 次モーメントと図心　*76*
　5.2　断面 2 次モーメントと曲げ応力度　*80*
　5.3　断面相乗モーメントと主軸　*85*

演習問題5　*91*

第6章　許容応力度設計の基礎 ……………………………………………… *93*
6.1　許容応力度設計法と耐震設計　*93*
6.2　曲げに対する設計　*98*
6.3　せん断に対する設計　*105*
6.4　圧縮材に対する設計　*110*
演習問題6　*113*

第7章　静定骨組の変位 ……………………………………………………… *116*
7.1　弾性曲線式を用いてはりの変位を求める方法　*116*
7.2　モールの定理を用いてはりの変位を求める方法　*127*
7.3　仮想仕事法を用いてラーメンやトラスの変位を求める方法　*133*
演習問題7　*141*

第8章　不静定骨組の応力 …………………………………………………… *143*
8.1　仮想仕事法を用いて不静定骨組の応力を求める方法　*143*
8.2　仮想仕事法を用いて合成骨組の応力を求める方法　*150*
演習問題8　*155*

第9章　ラーメン構造の実用的解法（その1）……………………………… *157*
9.1　たわみ角法　*157*
9.2　マトリクス法　*172*
演習問題9　*179*

第10章　ラーメン構造の実用的解法（その2）…………………………… *181*
10.1　固定法　*181*
10.2　D値法　*193*
10.3　骨組の崩壊荷重の計算　*201*
演習問題10　*206*

演習問題解答 ………………………………………………………………… *208*

参考文献 ……………………………………………………………………… *243*

索　　引 ……………………………………………………………………… *244*

第1章

構造力学入門

　皆さん，構造力学の世界へようこそ．建築を学び始めた人は誰でも構造力学を一度は学ばなければなりません．しかし，皆さんは構造力学をなぜ学ばなければならないのでしょうか．構造力学の知識や技術はそれを専門とする一部の人だけが知っていれば良いわけではありません．建築にたずさわる技術者や専門家は，建物の構造的安全性に対して多かれ少なかれ誰もが責任を負っています．

　本章の前半は構造力学を学ぶ意義を説いています．また，後半は構造力学の基本である力とその釣り合いについて解説しています．

1.1 構造力学はなぜ必要なのか

　この世界には，美しく素晴らしい建築物が数多く存在します．たとえば，パルテノン神殿，アントニオ・ガウディのサグラダ・ファミリア，丹下健三設計の国立代々木競技場(代々木体育館)，ウッツォンのシドニー・オペラハウスなど．しかし，美しければ素晴らしい建築と言えるのでしょうか．建築物には，居住性，機能性，快適性，安全性などが求められます．また，造る技術も必要ですし，経済性も考えなければなりません．建築家は，建築物に要求されるこれらをできるだけ満足させながら，しかも，人が美しいと感じる建物を設計しようとしているのです．それは，大変難しい仕事です．しかし，難しいからこそ，建築に魅力があるのだと思います．

　さて，日本は世界でも有数の地震国です．近年も，兵庫県南部地震(1995)をはじめとして，鳥取県西部地震(2000)，芸予地震(2001)，十勝沖地震(2003)，新潟県中越地震(2004)，福岡県西方沖地震(2005)，能登半島地震(2007)，新潟県中越沖地震(2007)など，震度6以上の地震が頻繁に起きています．そして，これらの地震が物語っていることは，日本のどこにも地震に対して安全な場所はないということです．

　この問題は，建築物にとっては構造安全性の確保の上で重要になります．図1.1に

示すように，建物を築く過程の中で構造安全性の確認の作業を行っているのが**構造設計**です．そして構造設計の基礎になっているのが**構造力学**です．ですから，皆さんは，今からこの構造力学という学問の扉を開いて，足を踏み入れることになります．

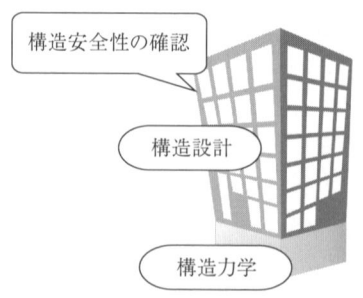

図 1.1 構造力学は構造設計の基礎

構造力学は大変難しいとよく言われます．なぜかと言えば，力をあつかっているからです．力は人の目には見えません．しかし，力のイメージを作ることはできます．本書でも，多くのイラストを挿入しています．皆さんは頭の中にイメージを作り上げるように努力してください．そのためには，ノートに絵を描くことです．それが構造力学を習得するための秘訣です．

1.2 壊れない建物を設計するためには

最初に，建物にどんな力が加わるのかを予測します．この力のことを**荷重**と呼んでいます．荷重は大きく分けて，**鉛直荷重**と**水平荷重**があります．また，日常，建物に常時作用している荷重と，大風や大雪，地震といった比較的短い時間に建物に作用する荷重があります．

この予測した荷重に対して，建物が壊れないように設計すれば良いのですが，実際の建物は，たとえば，柱，はり，壁，基礎，床，屋根，瓦，天井，窓，窓ガラス，テラスなど，いろいろなものから成り立っています．当然，これらすべてのものを考えると，とても設計なんてやってられません．そこで，モデル化を行うことになります．建物の構成要素の中で，特に力(荷重)を支える要素を**部材**あるいは**構造部材**と呼んでいます．そして，この部材を組み合わせて骨組を形成します．また，部材には，柱やはり，筋交い(ブレース)のような線材と，壁や床のような面材があります．

一方，床は，鋼構造や鉄筋コンクリート構造では，床スラブと呼ばれる鉄筋コンクリート造の床版で造られています．図1.2のように，この床スラブは床に作用する鉛直荷重を，床スラブを囲むはりに伝達します．はりに作用する荷重は柱に伝達され，柱に伝達された荷重は基礎を介して地盤に伝達されます．床スラブは，構造設計では

通常**交差ばり**として設計されますし，はりや柱は線材です．したがって，多くの建築構造物は線材を組み合わせた骨組としてあつかうことができます．図 1.3 (b) に示すように，構造力学は骨組の力学になっているわけです．なお，**シェル構造**を始めとする**曲面版構造**などでは，面をあつかうことのできる**連続体力学**の力を借りなければなりませんが，本書ではあつかいません．

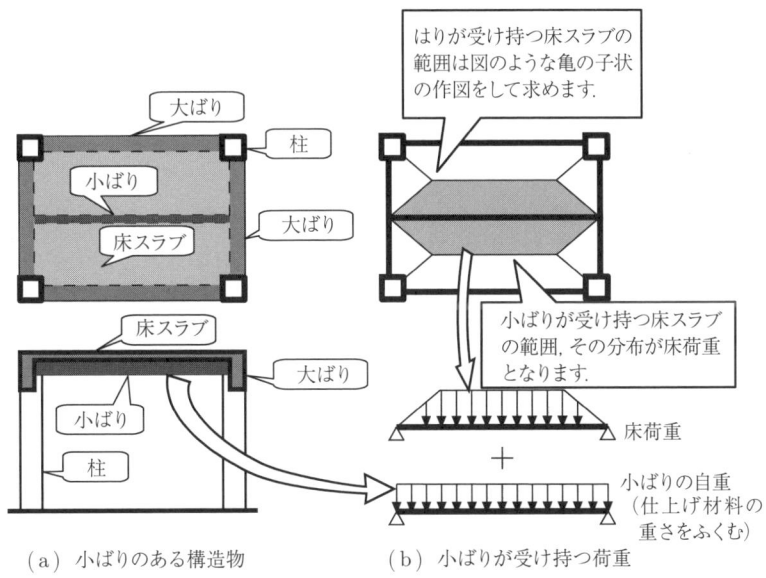

図 1.2 床スラブははりに荷重を伝える

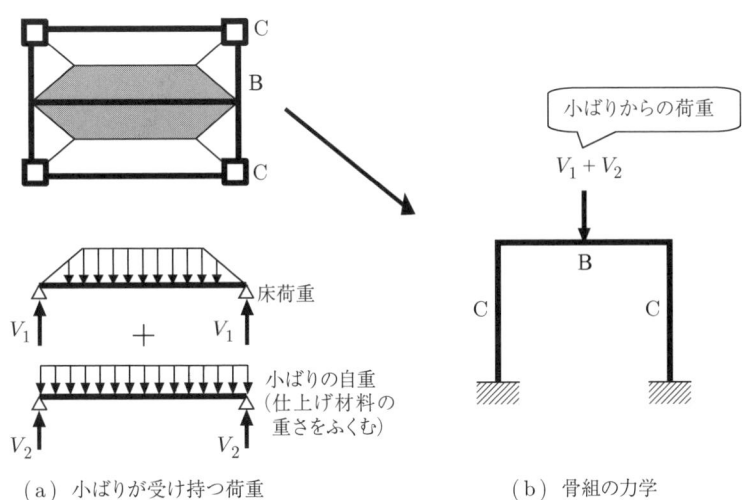

図 1.3 構造力学の問題

それでは，構造力学を使って何を求めるのでしょうか．それは，部材内部に働く抵抗力を求めます．この抵抗力のことを**応力**または**内力**と呼んでいます．また，部材を構成する材料が耐えうる力を**耐力**と呼びます．構造設計では，構造力学を用いて求めた応力よりも，部材自身がもっている耐力の方が大きいことを確かめます．すべての部材で耐力の方が大きいことを確かめることができれば，その建築構造物は安全であると判断されます．したがって，構造力学を学ぶことが構造設計の基本であると言えます．

1.3 力の釣り合い

本節では，構造力学の基本である力とその釣り合いについて学びます．具体的には，力の表し方や力の合成と分解，力の釣り合い条件，示力図と連力図の描き方を学びます．

1.3.1 力の表示と単位

図 1.4 を見てください．床の上に人と家具が載っています．人や家具には**重力**が作用しているので，人や家具は床に対して力をおよぼしています．力の向きは図では下向きになります．また，力の大きさは**質量**と**加速度**の積になります．体重 70 kg の人は，**重力加速度**が 9.81 m/s^2 ですから，$70 \times 9.81 = 687$ [N] となります．力の単位 N は，ニュートンと呼びます．重力単位系との関係では，1 [kgf] $= 9.81$ [N]，1 [N] $= 0.102$ [kgf] です．

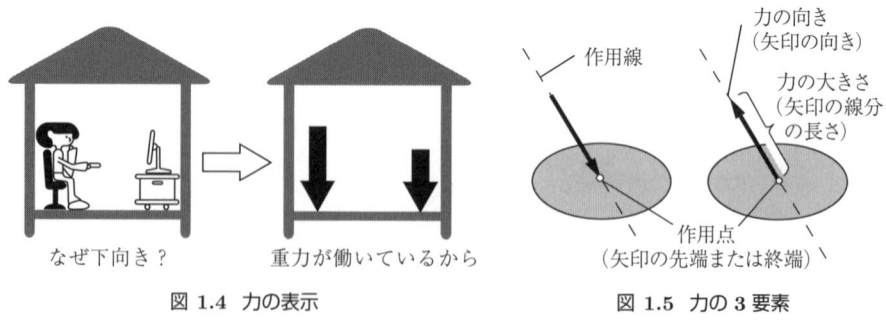

図 1.4 力の表示 　　　　図 1.5 力の 3 要素

力の表示は，一般には矢印で表します．図 1.5 のように矢印の線分の長さが**力の大きさ**を，矢印の矢の方向が**力の向き**を表しています．また，矢印の先端または終端が**力の作用点**を表しています．この力の大きさと力の向きおよび力の作用点のことを**力の 3 要素**と呼んでいます．

1.3.2 二つの力の釣り合い

今,図 1.6 のように,**剛体**(力を加えても変形しない物体)に二つの力が作用しているとします.この剛体が動かないためには,二つの力の**作用線**が一致し,二つの力の大きさが同じで,力の向きが互いに反対である必要があります.たとえば,作用線が一致していないと,図 1.7 のように剛体は回転します.この回転させる力のことを**モーメント** M と呼んでいます.モーメントの大きさは,図 1.8 のように力の大きさ P と回転中心から力の作用線への垂直距離 (l: 腕の長さ) との積 $M = P \times l$ で表されます.

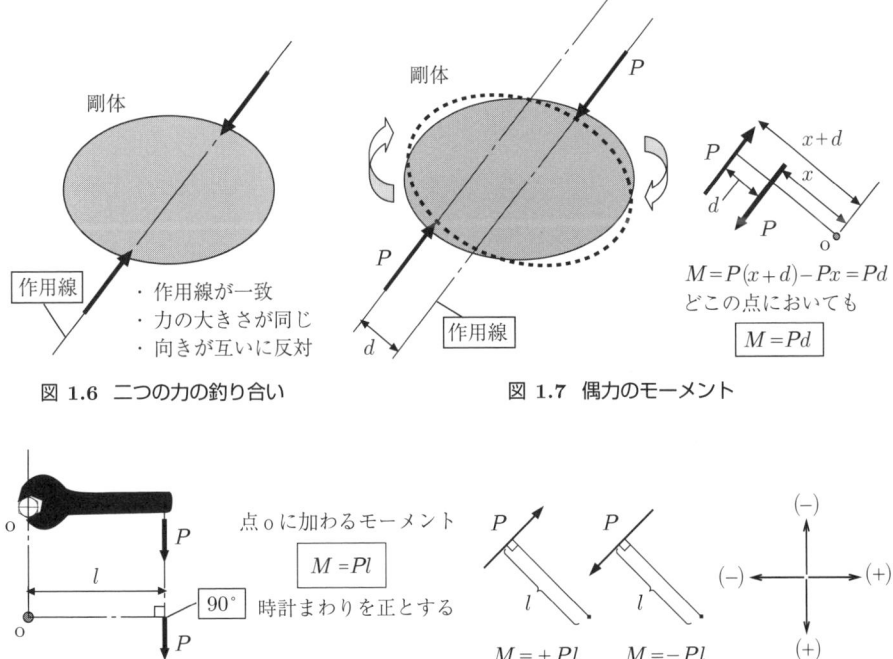

図 1.6 二つの力の釣り合い　図 1.7 偶力のモーメント

図 1.8 モーメントの大きさ　図 1.9 力の方向と符号

図 1.9 に示すように,力の向きは,通常,右向きと下向きを正 (+) とし,上向きと左向きを負 (−) としています.また,モーメントは時計回りを正 (+),反時計回りを負 (−) としています.しかし,これは力を求める際に数式をたてて解くために混乱しないように決めていることですので,数式をたてる際に正負を反対にしたからただちに誤りだということにはなりません.力の符号はどちらかの向きを正とすれば,その反対の向きは負になります.要するに,正負を混用して用いてはならないということです.なお,構造力学であつかう**直交座標系**は,数学などで使用している座標系とは異なります.これは,通常,鉛直荷重は下向きに作用し,水平荷重は右向きに作用させて考えることに起因しています.

ところで，図 1.7 に示す二つの力は作用線が平行で大きさが同じ互いに逆向きの一対の力です．この一対の力のことを**偶力**と呼んでいます．また，この偶力のモーメントの大きさはどこを回転中心にしても同じ大きさになります．

1.3.3 力の合成と分解

力学が理解しにくい要因のひとつは力がベクトルで表されるためです．つまり，力は大きさとしての量の他に向き，すなわち角度をもっています．したがって，向きが違う力を単純に足し合わせることはできません．そのために，二つの力を足し合わせるとき(**力の合成**)やひとつの力を二つの力に分解するとき(**力の分解**)には，図 1.10 のように力の平行四辺形を利用することになります．二つの力の合成は，図 1.10(a) に示すように，

① 元の問題
② 二つ力のベクトルの終点からそれぞれ力の平行線 (**力の平行四辺形**) を描く．
③ 二つの力のベクトルの始点と力の平行線の交点を結ぶ力を描く．この力が二つの力の合力になります．

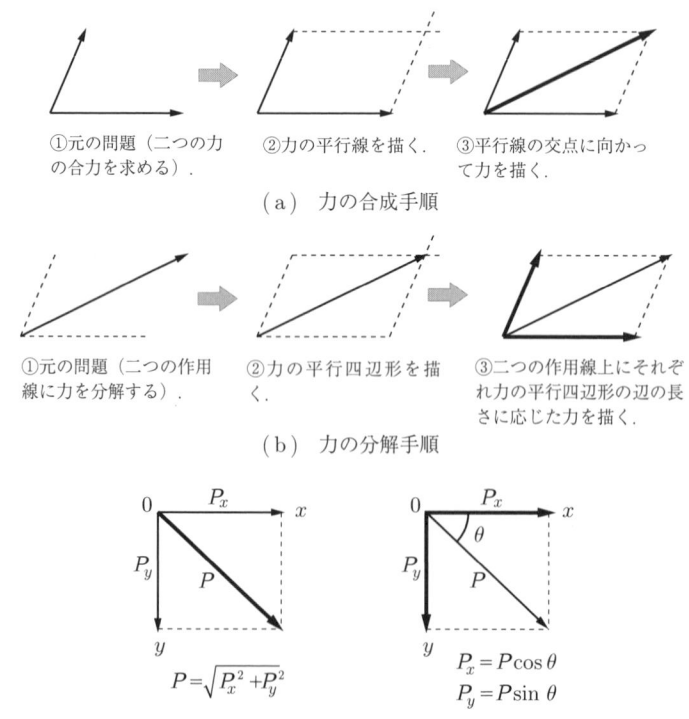

(a) 力の合成手順

(b) 力の分解手順

(c) 直交座標系の力の合成　(d) 直交座標系の力の分解

図 1.10 力の合成と分解

逆に，ひとつの力を二つの力に分解するときは，図 1.10 (b) に示すように，
① 元の問題
② 二つの作用線を辺とする力の平行四辺形を描く．
③ 二つの作用線上にそれぞれ力の平行四辺形の辺の長さに応じた力を描く．

これらは，力の矢印を作図して解く方法なので**図解法**と言います．一方，直交座標系を用いて力を二つの方向 (図 1.10 の x 方向と y 方向) に分解すれば，それぞれの方向の力の成分は単純に足したり引いたりできるようになります．これは数式を利用して解く方法なので，**数式解法**と言います．二つの力の合力の大きさは，直交座標系を用いると図 1.10 (c) のように三平方の定理を用いて求めることができます．逆に，ひとつの力を直交座標軸上の二つ力に分解するときは，図 1.10 (d) のように三角関数を用いて求めることができます．

それでは，次にこの二つの解法を用いて，力の釣り合いを解く方法を説明しましょう．

1.3.4 力の釣り合い

力が釣り合うためには，力のベクトルの和が 0 であることと，任意点におけるモーメントの和が 0 であることが必要になります．

図解法では，力のベクトルの和が 0 であるためには，力のベクトル (矢印 →) を合成していくと最初の力のベクトル (矢印 →) の始点に戻る必要があります．これを作図したものを，**示力図**と言います．また，任意点でのモーメントの和が 0 であるためには，すべての力のベクトル (矢印 →) の任意点でのモーメントの和を求めていくと，モーメントを引き起こす腕の長さが 0 になる必要があります．このようにモーメントの腕の長さが 0 になるように描いた図のことを**連力図**と言います．

一方，数式解法では，x 方向の力の成分の和が 0 であること ($\Sigma X = 0$) と，y 方向の力の成分の和が 0 であること ($\Sigma Y = 0$) と，任意点でのモーメントの和が 0 であること ($\Sigma M = 0$) が条件になります．

1.3.5 示力図の描き方

示力図は，図 1.11 のように描きます．
① 元の問題
② 力を平行に移動させて，ベクトルの始点と終点がつながるように，与えられた問題の脇に別途並べていきます．
③ 始点同士が一致したり終点同士が一致したりしてはいけません．
④ 矢印の方向さえ統一されていれば，順番は関係ありません．
⑤ P_3 の始点と P_5 の終点を結ぶ力のベクトルが，P_1 から P_5 の力を合成した合力になります．

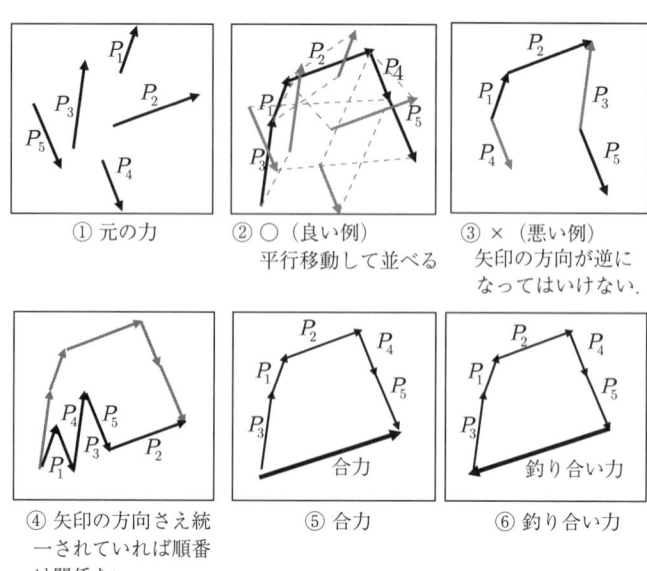

図 1.11 示力図の描き方

⑥ 一方で，力が釣り合うためには，この示力図は閉じなければなりません．この例で示力図が閉じるためには，P_3 の始点と P_5 の終点を結んだ**合力**を逆向きにすると示力図は閉じます．この閉じる方向に描いた力のベクトルを**釣り合い力**と言います．

では，なぜ示力図が閉じると力のベクトルの和が 0 になるのでしょうか．それは，図 1.12 のように，直交座標系の二つの成分に分解してみるとわかります．釣り合い力によって示力図が閉じると，二つの力の成分もそれぞれ 0 になります（$\Sigma X = 0$, $\Sigma Y = 0$）．

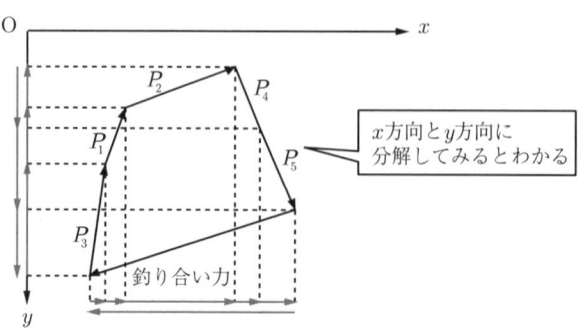

図 1.12 なぜ，示力図が閉じると力が釣り合うのか

例題 1.1

図 1.13 に示す力の合力を，次の二つの方法で求めよ．
(a) 力の平行四辺形を利用する図式解法
(b) 力の水平成分と垂直成分を求めて合成する数値解法

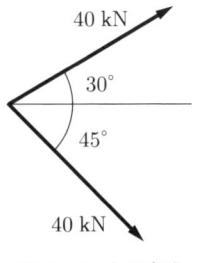

図 1.13　力の合成

解答　(a)　図 1.14 参照．

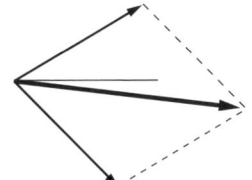

図 1.14　図式解法による合力の求め方

(b) $P_x = 40\cos 45° + 40\cos 30° = 40 \times (\sqrt{2}+\sqrt{3})/2 \fallingdotseq 40 \times 3.146/2 = 62.9$ [kN]

$P_y = 40\sin 45° - 40\sin 30° = 40 \times (\sqrt{2}-1)/2 \fallingdotseq 40 \times 0.4142/2 = 8.28$ [kN]

$P = \sqrt{P_x^2 + P_y^2} = \sqrt{62.9^2 + 8.28^2} = 63.4$ [kN]

1.3.6　連力図の描き方

連力図は，図 1.15 のように描きます．

① 元の問題
② 示力図を描き，合力 P を求めておきます．連力図は与えられた問題の紙面上に描きますので，示力図は連力図の作図の邪魔にならないように脇に描くことになります．次に，示力図のどこか適当なところに**極点 O** をとります．極点 O は力のベクトルの作用線上以外であればどこにとってもよいのですが，後の作図のことを考えてとるようにしてください．
③ 極点 O から，力の始点と終点に向かって線を引き，これを**極線**と呼びます．ま

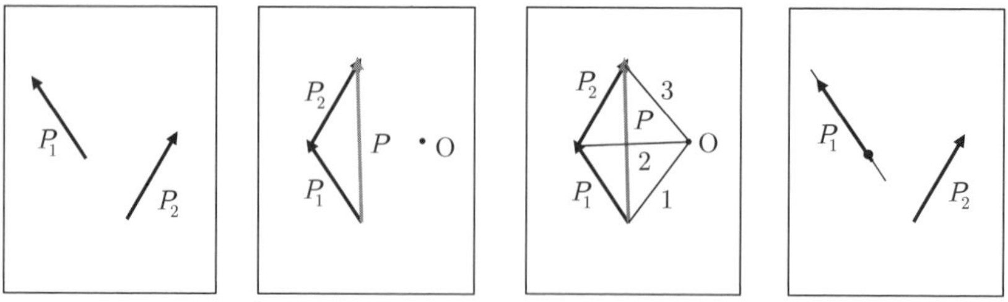

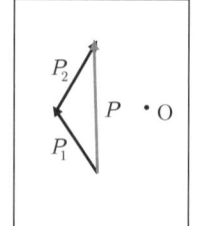
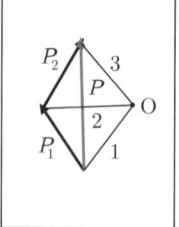
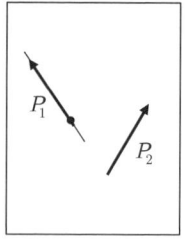

①元の問題 / ②示力図を描き，合力 P を求める．また，任意の極点Oをとる． / ③極点Oから示力図の各頂点に極線を描き，番号をつける． / ④ P_1 の作用線上に任意点を設定する．

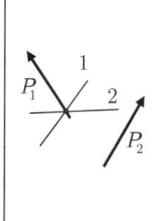
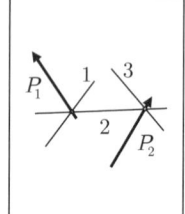
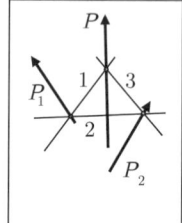
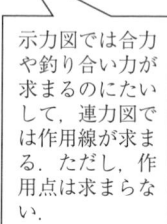

⑤任意点を通るように極線1と2と平行な連力線を描く． / ⑥2と P_2 の交点を求め，交点を通るように極線3の平行線を描く． / ⑦1と3の交点を求め，この交点を通るように合力 P を描く．

示力図では合力や釣り合い力が求まるのにたいして，連力図では作用線が求まる．ただし，作用点は求まらない．

図 1.15 連力図の描き方

た，引いた極線に番号をつけていきます．このとき，最初の力の極線から順番に番号をつけていきます．

④ 連力図は，力の三角形を構成する極線 1，2 と P_1，極線 2，3 と P_2 および極線 1，3 と P の作用線が 1 点になるように作図していきます．具体的には，与えられた問題の紙面上にある最初の力 (図中の P_1) の作用線上のどこかに点をひとつ設定します．

⑤ この点を通るように，最初の力の二つの極線 (図中の 1 と 2 の線) と平行な**連力線**を引きます．

⑥ 次に，このうち 2 と平行な線と次の力 (図中の P_2) の作用線との交点を求めます．そして，この交点を通る次の極線 (図中の 3 の線) と平行な線を引くことになります．力が数多くある場合は，順次，この作業を続けていくことになります．

⑦ 最後に，最初の連力線 (図中の 1 の線) と最後の連力線 (図中の 3 の線) との交点を求め，この交点を通るように合力 (図中の P) を描きます．

以上のように作図すれば，力のベクトルと連力線からなる力の三角形がすべて 1 点で交わることになります．

ところで，なぜ連力図では，モーメントの和が 0 になるのでしょうか．その秘密は，連力線上に力のベクトルである矢印を描くと理解できます．図 1.16(a) は，図 1.15 中の示力図と連力図の一部を描き出しています．力 P_1 とその二つの連力線 (1 と 2) は三角形を形成しますので，示力図が閉じるように連力線上に力の矢印を描くことができます．一方，連力図において，これら三つの力はある一点を通っていますので，モーメントを引き起こしません．したがって，これら三つの力は釣り合い状態にあります．図 1.16(b) のように，力 P_2 とその二つの連力線 (2 と 3) で構成される力の三角形も合力 P とその二つの連力線 (1 と 3) で構成される力の三角形も同じ理由から釣り合い状態にあります．力 P_1 とその二つの連力線 (1 と 2) で構成される力の三角形と力 P_2 とその二つの連力線 (2 と 3) で構成される力の三角形を合成すると連力線 2 が相殺されて，合力 P とその二つの連力線 (1 と 3) で構成される力の三角形になります．したがって，連力線 1 と 3 の交点に合力 P_3 の作用線が通れば，その交点まわりのモーメントの和は 0 になります．これは力の数に無関係に成り立ちますから，合力または釣り合い力は，最初の力の始点を通る連力線と最後の力の終点を通る連力線の交点を通ることになります．

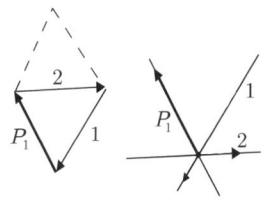

(a) P_1 は連力線1と2のベクトルと釣り合う

(b) P_1 と P_2 の和は連力線1と3のベクトルと力の三角形を構成する

図 1.16 連力図の原理

例題 1.2

図 1.17 に示す力の合力を，示力図と連力図を用いて求めよ．

図 1.17 与えられた二つの力

解答 図 1.18 参照.

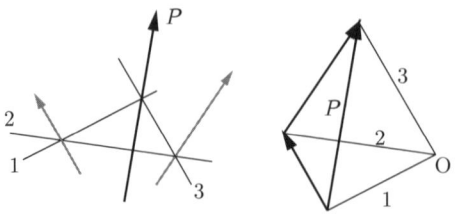

図 1.18 連力図と示力図

演習問題 1

1.1 力の合成

図 1.19 に示す力の合力を,図式解法と数値解法の二つの方法で求めよ.

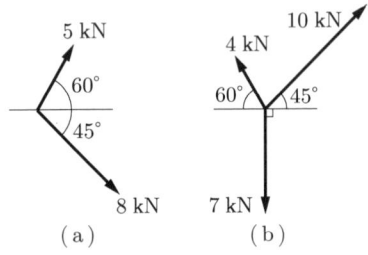

図 1.19 与えられた力の合成

1.2 連力図と示力図

連力図と示力図を利用して,図 1.20 の合力の大きさと作用線を求めよ.

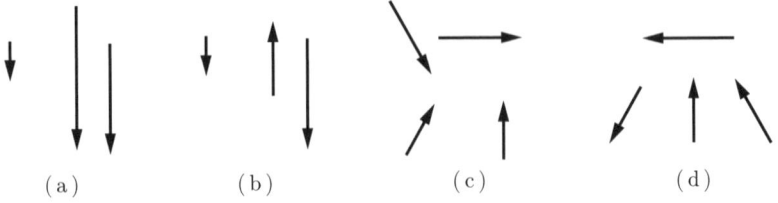

図 1.20 連力図と示力図を用いる問題

第2章 建築構造物のモデル化と反力の計算

　建築物は非常に複雑な構造体です．この複雑な構造体のすべてを考えて解析や設計をしようとすれば，スーパーコンピュータを必要とするでしょう．しかし，建築物は，実際には自重や地震力などに抵抗する構造部材と，それ以外の非構造部材から成り立っています．したがって，私たちが構造設計をするためには，構造部材に生じる抵抗力の大きさを知ることができればよいのです．そのために行う最初の作業が建築構造物のモデル（理想）化です．

　本章では，前半において建築構造物のモデル化と解析上の表し方を説明しています．また，後半では静定（力の釣り合いのみで解ける）構造物の反力（建築物の基礎部分が地盤から受ける力）の求め方を解説しています．

2.1 建築構造物のモデル化

　建築物には，多種多様な構造形式が使われています．その中でも，一般に多用されている**ラーメン構造**と**トラス構造**を本書ではとり上げます．他の構造形式も力学に根拠を置いています．力学の基本は力の釣り合いですから，ラーメン構造とトラス構造の解法を学びながらこの基本を学びとってください．

　また，**モデル化**とは，現実の部材は断面をもっていますが，断面がある状態で解くことは大変複雑で難しいので，工学的観点から矛盾のない理想化を図ることを言います．はりや柱などの部材は，**材軸線**（5.1節で説明します）に断面が集まっていると仮定して線材としてあつかいます．また，実際の建築構造物と**解析モデル**では，異なる名称が用いられています．部材は解析モデルでは**要素**，接合部は**節点**，基礎は**支点**と言った具合に呼ばれます．

　建築構造物が受ける力には荷重の他に**反力**があります．荷重ははりや柱などを伝わって基礎を介して地盤に伝達されますが，基礎が地盤から受ける力を反力と呼んで

います.したがって,解析では反力は支点に生じます.また,荷重と反力のことを総じて**外力**と呼んでいます.

2.1.1 支点のモデル化

支点には3種類あります.**ローラー支点**(移動支点),**ピン支点**(回転支点)と**固定端**(固定支点)です.表2.1に実際の支点の写真やそのモデル図を示します.

表 2.1 支点と接合

		構造物		モデル	備　考
支点	ローラー		回転する 滑る		設置面と平行に移動し,回転もする.設置面と垂直方向に反力を生じる.
	ピン		回転する		水平方向にも鉛直方向にも移動しないが,回転はする.水平反力と鉛直反力を生じる.
	固定				水平方向にも鉛直方向にも移動しないばかりか,回転もしない.反力は三つになる.
接合	剛				一般に部材と部材を直角に接合し,力を受けても角度の変化を起こさない接合.
	ピン				部材同士の回転が自由にできる接合.

ローラー支点は,設置面と平行な方向に動かすことができますし,回転させることもできます.しかし,設置面と垂直の方向には動かすことはできません.したがって,ローラー支点の反力は設置面と垂直の方向のみに生じます.次に,ピン支点は,水平方向にも垂直方向にも移動しない支点です.しかし,回転に対しては拘束されません.したがって,ピン支点の反力は**水平反力**と**垂直反力**の二つが生じます.最後に,固定端は,水平方向にも垂直方向にも移動しないばかりか回転もしない支持点です.したがって,固定端の反力は水平反力,垂直反力と**モーメント反力**の三つになります.

2.1.2 接合部のモデル化

図 2.1 に示すようにラーメン構造の接合部は，解析では**剛節点**としてあつかわれます．剛節点は回転に対して拘束されますので，力を受けても各要素間のなす角度は変化しません．一方，図 2.2 に示すようにトラス構造の接合部は**ピン節点**(滑節点) としてあつかわれます．ピン節点は回転に対して拘束されません．したがって，力を与えると各要素間のなす角度を変化させることができます．なお，図ではピン節点は○印を使って表します．表 2.1 中に実際の接合部の写真やそのモデル図を示します．

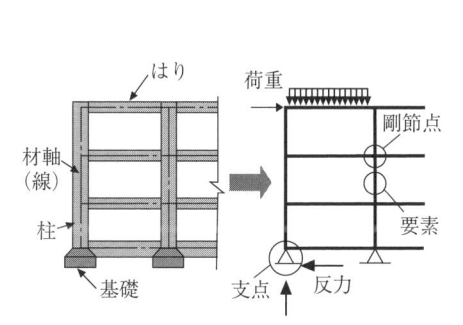

図 2.1 鉄筋コンクリートラーメン構造のモデル化　　図 2.2 鉄骨トラス構造のモデル化

2.1.3 ラーメン構造物のモデル化

図 2.1 は，鉄筋コンクリートラーメン構造のモデル化を表しています．**ラーメン構造**とは垂直部材である柱と柱の間に水平部材のはりをかけ，柱とはりを剛接合した骨組を言います．なお，ラーメンとはもともとドイツ語の Rahmen が語源で，「枠」とか「額縁」を意味する言葉です．

2.1.4 トラス構造物のモデル化

図 2.2 は，**トラス構造**のモデル化を表しています．トラスはピン接合された部材を三角形に組み合わせた骨組を単位に構成されています．トラス構造の接合部はピン接合になっています．ただし，現実にはピン接合にすることは技術的に難しくコストもかかりますので，図 2.2 のように鉄骨トラス構造ではガセットプレートを介して接合しています．

2.1.5 荷重の種類と表し方

解析を行う上での荷重には，表 2.2 に示すような**集中荷重**，**等分布荷重**，**等変分布荷重**および**モーメント荷重**があります．各荷重の表し方は，表を参照して下さい．また，単位に気をつけてください．集中荷重は通常 kN，分布荷重は，部材の単位長さ

表 2.2　荷　重

荷　重	記　号	単　位
集中荷重		kN, N
等分布荷重		kN/m
等変分布荷重		kN/m
モーメント荷重		kNm

当たりに働く荷重なので，通常 kN/m で表します．また，モーメント荷重は，力 × 距離ですから，通常 kNm で表されます．

2.1.6　静定と不静定

　構造物の中には，力の釣り合い (方程) 式のみで解くことのできる構造物とできない構造物があります．力の釣り合い式のみで解くことのできる構造物を**静定構造物**，力の釣り合い式の他に変形条件が必要な構造物を**不静定構造物**と言います．

　本書では，第 2 章の反力計算，第 3 章の応力計算および第 7 章の変位計算は静定構造物を対象にしています．第 8 章は第 7 章の解法原理にもとづく 1 次不静定構造物の解法をあつかいます．また，第 9 章と第 10 章は不静定構造物の実用的解法をあつかいます．

　なお，図 2.3 (a) のようにひとつのはり部材の一方の端部にピン支点を，他方の端部にローラー支点をとりつけた構造物を**単純ばり**と言います．また，図 2.3 (b) のようにひとつのはり部材の一方の端部を固定端にし，他方には支点を設けない構造物を**片持ばり**と言います．単純ばりと片持ばりの反力の数はどちらも三つですから，三つの釣り合い式を用いて解くことができます．したがって，単純ばりと片持ばりは静定構造物です．

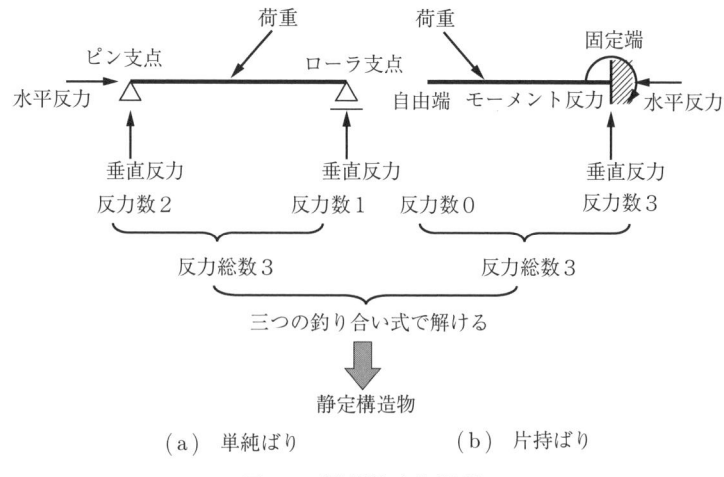

図 2.3 単純ばりと片持ばり

2.2 静定構造物の反力計算

　構造設計する上での構造力学の役割は，部材の応力(部材内部の抵抗力)を求めることでした．そのために最初にすることは反力を求めることです．本節では，静定構造物の反力計算を説明します．

2.2.1 片持ばりの反力計算

　図 2.4 のように片持ばりの自由端に集中荷重が作用している構造物の反力を求めてみましょう．最初にすべきことは，この集中荷重ははり材に対して 60°の角度で斜めに作用しています．このような場合は，はり材と平行な(水平方向の)力の成分とそれとは直角な(垂直方向の)力の成分に分解します(図中の破線で示す力)．また，固定端には三つの反力が生じますので，とりあえず向きを仮定し記号をつけます．ここで，水平反力とモーメント反力はそれぞれ座標の正の方向に向きを仮定しています．一方，鉛直反力は(座標の正の方向とは反対になりますが)一般に上向きに仮定するこ

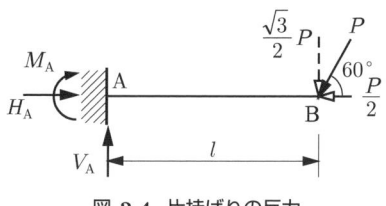

図 2.4 片持ばりの反力

とが多いので，本書でも上向きに仮定しています．記号は通常水平方向の反力には H (Horizontal の頭文字)，垂直方向の反力は V (Vertical の頭文字)，モーメント反力には M (Moment の頭文字) をつけます．また，添え字はその反力の作用する位置を示しています．図 2.4 では固定端が A 点にありますので，A の添え字をつけています．

それでは，三つの釣り合い式を用いて解いていきましょう．最初は x 方向の力の釣り合い式です．これは，

$$\sum X = 0 \ : \ H_A - \frac{P}{2} = 0$$

$$\therefore \ H_A = \frac{P}{2} (\rightarrow)$$

となります．釣り合い式の左辺の項において，H_A は右向きの力ですから符号は正 (+) です．一方，荷重の水平成分 $P/2$ は左向きですので，負 (−) の値を持ちます．得られた反力は正なので最初に仮定した力の向きは正しく，反力 H_A は右向きの力です．

次に y 方向の力の釣り合い式をたてます．これは，

$$\sum Y = 0 \ : \ -V_A + \frac{\sqrt{3}}{2} P = 0$$

$$\therefore \ V_A = \frac{\sqrt{3}}{2} P (\uparrow)$$

となります．釣り合い式の左辺の項において，V_A は上向きの力ですから符号は負 (−) です．一方，荷重の垂直成分 $\sqrt{3}P/2$ は下向きですので，正 (+) の値を持ちます．得られた反力は正なので最初に仮定した力の向きは正しく，反力 V_A は上向きの力です．

最後に A 点回りのモーメントの釣り合い式をたてます．A 点以外の点でも解くことはできますが，なぜ A 点でモーメントの釣り合い式をたてるのかと言えば，反力 H_A と V_A の作用線は A 点を通っているからです．つまり，これらの力はモーメントを引き起こす腕の長さがありませんので，A 点ではモーメントを生じません．したがって，H_A と V_A は考えなくて良いのです．

$$\sum M_A = 0 \ : \ +M_A + \frac{\sqrt{3}}{2} P \times l = 0$$

$$\therefore \ M_A = -\frac{\sqrt{3}}{2} Pl \ (\curvearrowleft)$$

となります．釣り合い式の左辺の項において，M_A は時計回りのモーメントですから符号は正 (+) です．また，荷重の水平成分は A 点を通りますから，モーメントを生じ

ません．一方，垂直成分 $\sqrt{3}P/2$ は腕の長さ l によってモーメントを引き起こします．このモーメントの向きは時計回りですから，正 (+) の値を持ちます．得られたモーメント反力は，負なので最初に仮定したモーメントの向きとは反対の向きが正しく，反力 M_A は反時計回りのモーメントです．

例題 2.1

図 2.5 に示す片持ばりの反力を求めよ．

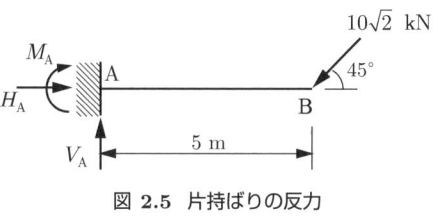

図 2.5 片持ばりの反力

解答

$$\sum X = 0 \ :\ H_\mathrm{A} - \frac{10\sqrt{2}}{\sqrt{2}} = 0 \qquad \therefore\ H_\mathrm{A} = 10\ [\mathrm{kN}]\ (\rightarrow)$$

$$\sum Y = 0 \ :\ -V_\mathrm{A} + \frac{10\sqrt{2}}{\sqrt{2}} = 0 \qquad \therefore\ V_\mathrm{A} = 10\ [\mathrm{kN}]\ (\uparrow)$$

$$\sum M_\mathrm{A} = 0 \ :\ +M_\mathrm{A} + \frac{10\sqrt{2}}{\sqrt{2}} \times 5 = 0 \quad \therefore\ M_\mathrm{A} = -50\ [\mathrm{kNm}]\ (\curvearrowleft)$$

2.2.2 単純ばりの反力計算

次に，単純ばりの反力計算を説明します．図 2.6 は単純ばりに等分布荷重が作用しています．分布荷重がある場合は，最初に分布荷重の合力を求めておきます．分布荷重の**合力**は，荷重の大きさを図形の高さとみなしたときの面積に等しく，その重心に作用します．たとえば，等分布荷重を図化すると，図 2.7 のように長方形で表されます．したがって，等分布荷重の合力の大きさは荷重の大きさ w と部材の長さ l の積 wl

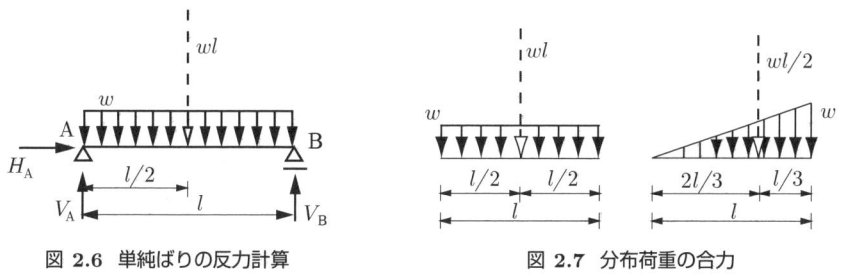

図 2.6 単純ばりの反力計算　　　　図 2.7 分布荷重の合力

になります．また，合力の作用線は長方形の対角線の交点を通ります．図では，左端または右端から $l/2$ の位置に作用します．また，三角形分布荷重の場合は合力の大きさは $wl/2$ です．合力の作用線は，図では左端から $2l/3$，右端から $l/3$ の位置になります．ただし，荷重はあくまでも最初の分布荷重であり，合力は反力を求める際に便宜上求めた仮の力です．分布荷重が集中荷重になるわけではありません．区別するために，図中では荷重の合力 (図 2.6) や分力 (図 2.4) は破線で示しています．

反力は，ピン支点 A には水平反力 H_A と垂直反力 V_A が生じます．ローラー支点 B には垂直反力 V_B が生じます．水平反力は右向きに，垂直反力は上向きに仮定しておきます．

それでは，釣り合い式を用いて解いていきましょう．最初は x 方向の力の釣り合い式です．これは，

$$\sum X = 0 \quad \therefore \quad H_A = 0$$

となります．水平反力 H_A 以外に水平方向の力はありませんので，H_A の反力は 0 になります．

次に，A 点回りのモーメントの釣り合い式をたてます．

$$\sum M_A = 0 \ : \ -V_B \times l + wl \times \frac{l}{2} = 0$$

$$\therefore \quad V_B = +\frac{wl}{2} \ (\uparrow)$$

となります．釣り合い式の左辺の項において，$V_B \times l$ は反時計回りのモーメントです．また，等分布荷重の合力が引き起こすモーメント $wl \times l/2$ は時計回りです．得られた反力は正なので最初に仮定した向きは正しく，反力 V_B は上向きの力です．

最後に，y 方向の力の釣り合い式をたてて解けば良いのですが，ここでは B 点回りのモーメントの釣り合い式をたてて解いてみましょう．

$$\sum M_B = 0 \ : \ +V_A \times l - wl \times \frac{l}{2} = 0$$

$$\therefore \quad V_A = +\frac{wl}{2} \ (\uparrow)$$

となります．釣り合い式の左辺の項において，$V_A \times l$ は時計回りのモーメントです．また，等分布荷重の合力が引き起こすモーメント $wl \times l/2$ は反時計回りです．得られた反力は正なので最初に仮定した向きは正しく，反力 V_A は上向きの力です．

このように，三つの釣り合い式を用いて，x 方向の力の釣り合い，y 方向の力の釣り合いおよびある 1 点のモーメントの釣り合いを用いて反力を求めることができますし，x 方向または y 方向の力の釣り合いとある 2 点のモーメントの釣り合いを用いて反力を求めることもできます．

例題 2.2

図 2.8 に示す単純ばりの反力を求めよ．

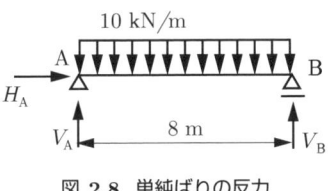

図 2.8 単純ばりの反力

解答

$$\sum X = 0 \qquad \therefore H_A = 0 \,[\mathrm{kN}]$$

$$\sum M_A = 0 : -V_B \times 8 + 10 \times 8 \times \frac{8}{2} = 0 \quad \therefore V_B = +40 \,[\mathrm{kN}]\,(\uparrow)$$

$$\sum M_B = 0 : +V_A \times 8 - 10 \times 8 \times \frac{8}{2} = 0 \quad \therefore V_A = +40 \,[\mathrm{kN}]\,(\uparrow)$$

この例題の場合，構造物も荷重も左右対称ですから，左右支点の鉛直反力は等分布荷重の合力の半分になります．

2.2.3 ラーメンの反力計算

ラーメンの場合も基本的にははりの場合と同じです．まず，最初に図 2.9 に示す単純ばり型ラーメンの反力を求めてみましょう．ここでは，解答のみを示しておきますので，皆さんはノートに写しながら解法を確かめてください．

$$\begin{aligned}
\sum X = 0 &: wl + H_A = 0 &&\therefore H_A = -wl\,(\leftarrow) \\
\sum Y = 0 &: -V_A - V_D = 0 && \\
\sum M_A = 0 &: -V_D \times l + wl \times \frac{l}{2} = 0 &&\therefore V_D = \frac{wl}{2}\,(\uparrow)
\end{aligned} \qquad (2.1)$$

式 (2.1) に代入して，

$$\therefore V_A = -\frac{wl}{2}\,(\downarrow)$$

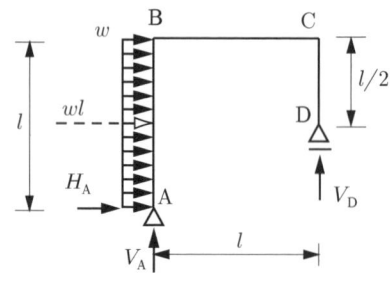
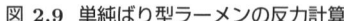

図 2.9 単純ばり型ラーメンの反力計算

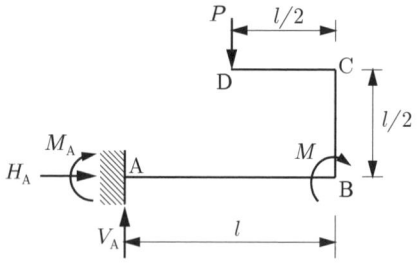

図 2.10 片持ばり型ラーメンの反力計算

なお，モーメントの釣り合い式は D 点でもたてることができますが，このとき反力 H_A は，$-H_A \times l/2$ のモーメントを生じますので気をつけてください．

次に，図 2.10 に示す片持ばり型ラーメンの反力を求めてみましょう．

$$\sum X = 0 \qquad \qquad \therefore H_A = 0$$

$$\sum Y = 0 \ : \ -V_A + P = 0 \qquad \therefore V_A = P \ (\uparrow)$$

$$\sum M_A = 0 : M_A + P \times \left(l - \frac{l}{2}\right) + M = 0 \quad \therefore M_A = -\left(M + \frac{Pl}{2}\right) \ (\curvearrowleft)$$

ここで，気をつけなければならないことはモーメント荷重 M のあつかいです．**モーメント荷重**はそれだけで力×距離の次元をもっていますから，モーメント荷重に距離をかけてはいけません．また，x 方向や y 方向の力の釣り合い式においては，モーメント荷重を考慮する必要はありません．モーメントの釣り合い式においてのみ考慮すればよいのです (**モーメント反力**も同様です)．

例題 2.3

図 2.11 に示す単純ばり型ラーメンの反力を求めよ．

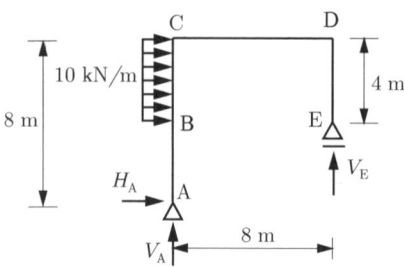

図 2.11 単純ばり型ラーメンの反力

解答

$$\sum X = 0 \quad : 10 \times 4 + H_A = 0 \qquad \therefore H_A = -40 \text{ [kN]} (\leftarrow)$$

$$\sum Y = 0 \quad : -V_A - V_E = 0 \qquad\qquad\qquad\qquad (2.2)$$

$$\sum M_A = 0 : -V_E \times 8 + 10 \times 4 \times \left(\frac{3}{4} \times 8\right) = 0 \quad \therefore V_E = 30 \text{ [kN]} (\uparrow)$$

式 (2.2) に代入して,

$$\therefore V_A = -30 \text{ [kN]} (\downarrow)$$

例題 2.4

図 2.12 に示す片持ばり型ラーメンの反力を求めよ.

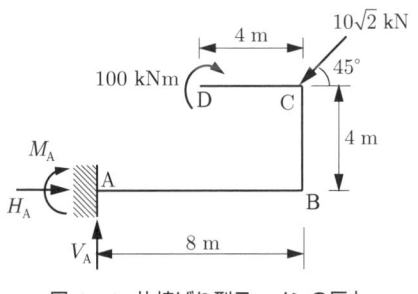

図 2.12 片持ばり型ラーメンの反力

解答

$$\sum X = 0 \quad : H_A - 10 = 0 \qquad\qquad \therefore H_A = 10 \text{ [kN]} (\rightarrow)$$

$$\sum Y = 0 \quad : -V_A + 10 = 0 \qquad\qquad \therefore V_A = 10 \text{ [kN]} (\uparrow)$$

$$\sum M_A = 0 : M_A + 100 + 10 \times 8 - 10 \times 4 = 0 \quad \therefore M_A = -140 \text{ [kNm]} (\curvearrowleft)$$

2.2.4　3ヒンジラーメンの反力計算

3ヒンジラーメンは，二つのピン支点以外にひとつのピン節点をもつラーメン構造です．**ヒンジ**はピンと同義語で回転機構を意味します．3ヒンジラーメンの反力は四つですから，三つの釣り合い式のほかにもうひとつ条件が必要になります．それは，図 2.13 のように**ピン節点**を開放して二つの構造体に分解したときに，各構造体では，ピン節点位置 (図中の i 点) 回りでのモーメントの和が 0 となる条件です．そのことを利用して，もうひとつの釣り合い式をたてて反力を求めます．ただし，この釣り合い式は，分解された二つの構造体のうちのどちらかひとつを選択することになります．

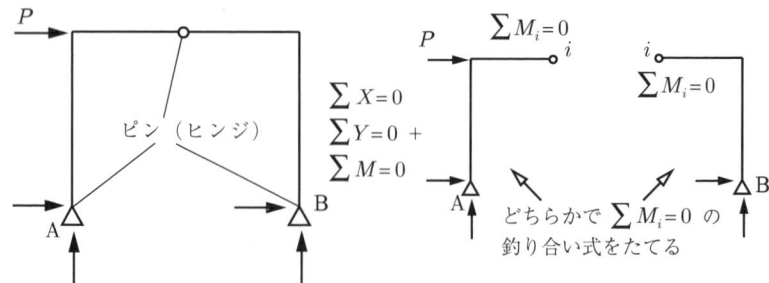

図 2.13 3 ヒンジラーメンとその反力の求め方

分解された構造体が二つあるからといって，釣り合い式が二つ得られることにはなりません．

それでは，図 2.14 に示す 3 ヒンジラーメンの反力を求めてみましょう．

$$\sum X = 0 \quad : H_A + H_B = 0 \tag{2.3}$$

$$\sum Y = 0 \quad : -V_A - V_B + P = 0 \tag{2.4}$$

$$\sum M_A = 0 : -V_B \times l + P \times \frac{l}{4} = 0 \quad \therefore V_B = \frac{P}{4} \ (\uparrow)$$

式 (2.4) に代入して，

$$\therefore V_A = P - V_B = \frac{3}{4}P \ (\uparrow)$$

ここでは，荷重のない図 2.15 の場合を考えて，

$$\sum M_C = 0 : -H_B \times l - V_B \times \frac{l}{2} = 0 \quad \therefore H_B = -\frac{V_B}{2} = -\frac{P}{8} \ (\leftarrow)$$

式 (2.3) に代入して，

$$\therefore H_A = \frac{P}{8} (\rightarrow)$$

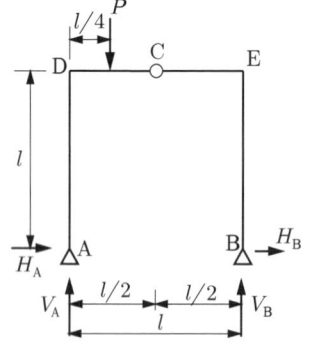

図 2.14 3 ヒンジラーメンの反力計算

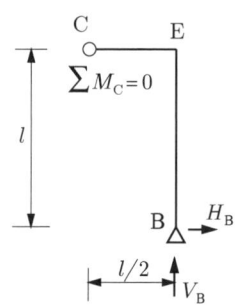

図 2.15 ピン節点でのモーメントの釣り合い

例題 2.5

図 2.16 に示す 3 ヒンジラーメンの反力を求めよ．

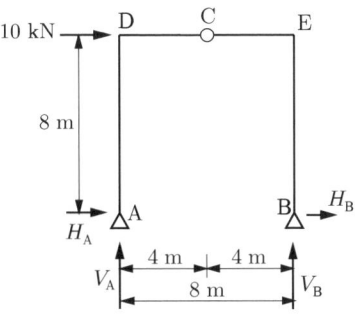

図 2.16　3 ヒンジラーメンの反力

解答

$$\sum X = 0 \quad : H_A + H_B + 10 = 0 \tag{2.5}$$

$$\sum Y = 0 \quad : -V_A - V_B = 0 \tag{2.6}$$

$$\sum M_A = 0 \quad : -V_B \times 8 + 10 \times 8 = 0 \quad \therefore\ V_B = 10\ [\text{kN}]\ (\uparrow)$$

式 (2.6) に代入して，

$$\therefore\ V_A = -10\ [\text{kN}]\ (\downarrow)$$

$$\sum M_{C\,右} = 0 : -H_B \times 8 - V_B \times 4 = 0 \quad \therefore\ H_B = -\frac{V_B}{2} = -5\ [\text{kN}]\ (\leftarrow)$$

式 (2.5) に代入して，

$$\therefore\ H_A = -5\ [\text{kN}]\ (\leftarrow)$$

演習問題 2

2.1　単純ばりの反力　図 2.17 に示す単純ばりの反力を求めよ

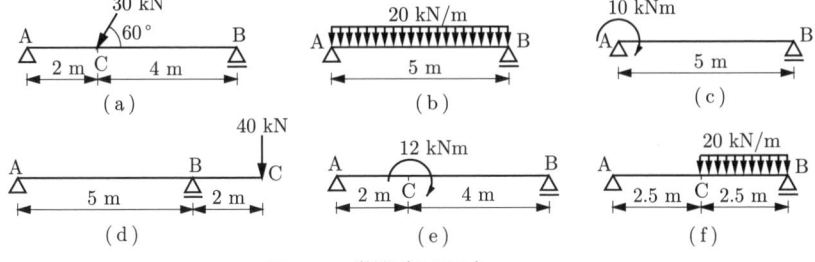

図 2.17　単純ばりの反力

2.2 片持ばりの反力
図 2.18 に示す片持ばりの反力を求めよ

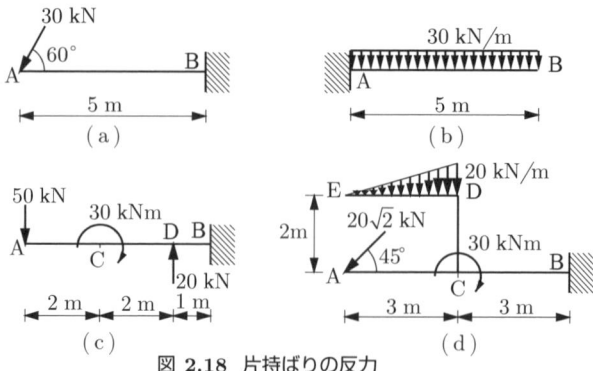

図 2.18 片持ばりの反力

2.3 ラーメンの反力
図 2.19 に示すラーメンの反力を求めよ

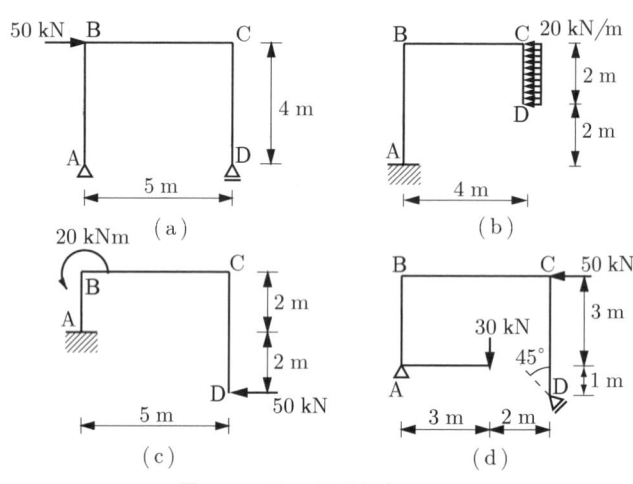

図 2.19 ラーメンの反力

2.4 3ヒンジラーメンの反力
図 2.20 に示す 3 ヒンジラーメンの反力を求めよ

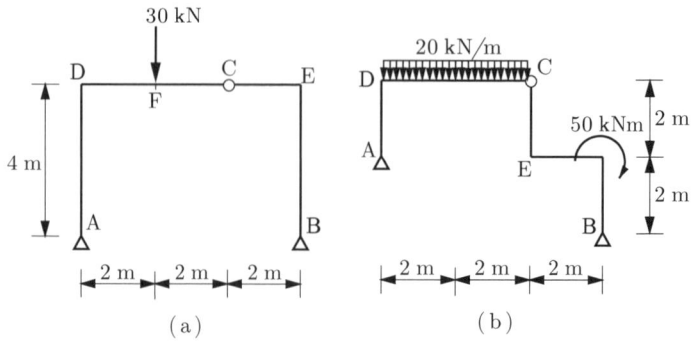

図 2.20 3ヒンジラーメンの反力

第3章

静定構造物の応力計算

　本章では，静定構造物の部材内部に働く抵抗力 (応力) の具体的な求め方を学びます．ただし，第2章で解説したように，解析上は建築構造物を線材に置換していますので，ここでは部材断面上に分布して働く力の合力，すなわち応力 (断面力) の求め方を学ぶことになります．最初に，応力の概念をしっかりと学びとってください．次にはりやラーメンの応力計算を，最後にトラスの応力計算を学んでいきます．

　本章は，構造力学を学んでいく上での基礎になりますので，基本問題を何度も解くことによって静定構造物の応力計算を習得してください．

3.1 応力の種類と向き

　本節では，最初に応力の概念を，次に本書であつかう応力の種類を学びます．本章の目的は静定構造物の応力計算です．その応力計算は釣り合い式をたてて解きます．その際に，応力の向きを正負の符号で表す必要があります．その表し方も本節で学びます．

3.1.1 応力度と応力

　部材が外力 (荷重・反力) を受けると部材内部に**応力** (**内力**) を生じます．この応力には二つの意味があります．応力のひとつは，図3.1の①に示す断面上のある1点に生じる力です．これを構造力学では**応力度**と言います．この応力度は図3.1の②のように，通常断面全体に分布しています．断面上に生じる応力度を断面全体で足し合わせた合力を**断面力**と言います．ただし，図3.1の③に示すように構造力学では部材は断面を持たない線材としてあつかうために，断面力は線材の1点に作用する力となることから，これも応力と呼ばれます．本書では断面力を応力と呼び，断面内に作用す

る単位面積当たりの力を応力度と呼ぶことにします (日本の建築界では昔からこのような呼び方をしていますが，一般には，断面上のある1点に生じる力を応力，断面に生じる応力を足し合わせた力を断面力と言います)．なお，応力度は第4～6章でとりあつかいます．

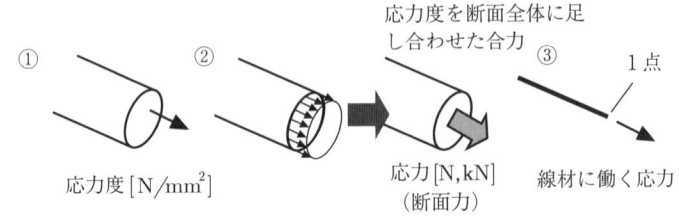

図 3.1 応力度と応力

応力には，軸方向力，せん断力，曲げモーメントおよびねじりモーメントがあります．本書では，ねじりモーメントを除く三つの応力をとり上げ，以下に説明します．

3.1.2 軸方向力と符号

今，棒の両端を引っ張ってみましょう．棒を引っ張った状態で，図 3.2 (a) のように，棒内の一部 (小片) の両端を切断したと仮想します．このとき，この小片には小片を伸ばすように，断面と直角方向に二つの応力が生じています．この二つの力は同じ大きさで向きが互いに反対です．この一対の力を**引張力**（ひっぱりりょく）と言います．一方，小片の断面とは反対側の仮想切断面にも，小片と同じ大きさで小片に働く応力とは向きが反対の応力が生じています．仮想切断された棒と小片を再びつなぎ合わせると，これらの応力は相殺されてしまいます．

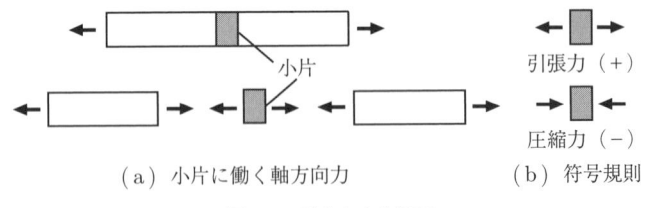

図 3.2 軸方向力と符号

逆に，棒の両端を押すと小片の両端にはこの小片を縮めるように二つの応力が生じます．この一対の力を**圧縮力**と言います．そして，引張力と圧縮力は部材の軸方向に作用する応力なので，これらを**軸方向力** (単に軸力ともいう) と言います．軸方向力の符号は引張力を正 ($+$)，圧縮力を負 ($-$) としています (図 3.2 (b))．また，軸方向力はアルファベットの N を用いて表されます．

3.1.3 せん断力と符号

次に，棒を材軸と直角方向に引きちぎる場合，つまりせん断する場合を考えてみましょう．この場合は，図 3.3 のように棒の小片の両端には，断面と平行な方向に二つの応力が生じます．この二つの力も同じ大きさで向きが互いに反対です．この一対の力を**せん断力**と言います．せん断力の符号はそれが引き起こす**偶力**のモーメントが時計回りのときを正 (+)，反時計回りのときを負 (−) としています．また，せん断力はアルファベットの Q を用いて表されます．

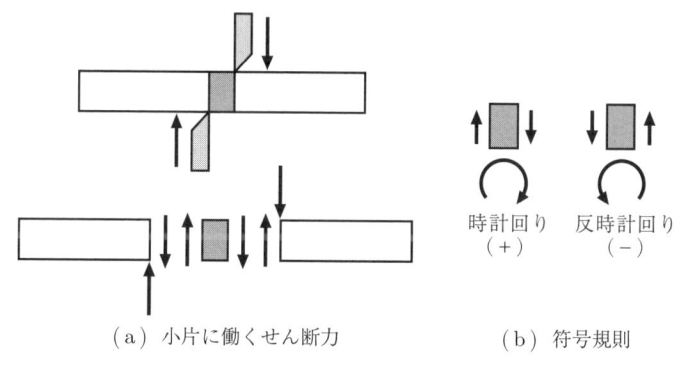

(a) 小片に働くせん断力　　(b) 符号規則

図 3.3　せん断力と符号

3.1.4 曲げモーメントと符号

最後に，棒を曲げる場合を見ていきましょう．この場合は，図 3.4 のように棒の小片の両端には二つのモーメントが生じます．この二つのモーメントは，同じ大きさで向きが互いに反対です．この一対のモーメントを**曲げモーメント**と言います．曲げモーメントの符号は，見ている側に小片が膨らんでいる (凸側になっている) と正 (+)，へ

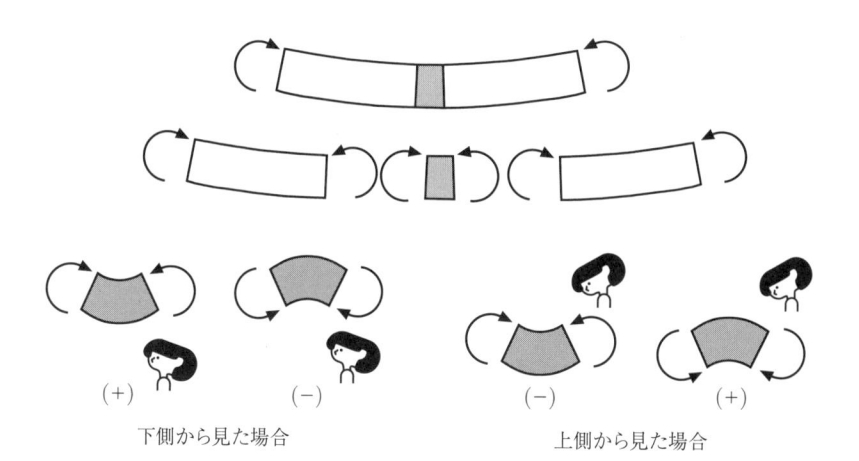

(+)　　(−)　　(−)　　(+)

下側から見た場合　　　　　上側から見た場合

図 3.4　曲げモーメントと符号

こんでいる(凹側になっている)と負(−)と決めています．したがって，どちらから見ているかによって，曲げモーメントの符号は異なります．なお，図中の男の子は視点側を示しています．また，曲げモーメントはアルファベットの M を用いて表されます．

応力を求める際は数式をたてて解きます．このとき符号の規則を決めておく必要があります．しかし，図 3.4 のように曲げモーメントの符号は同じ変形状態でも人の見る位置によって変わります．したがって，結果として得られる曲げモーメントの符号は符号自体には意味はなく，符号が意味するところの小片の変形状態が重要になります．これは，曲げモーメントの応力図を描く上での要点になります (3.3.2 項で説明します)．ただし，視点の規則をある程度は決めておかなければ混乱を招きますので，通常，図 3.5 のようにはりの場合ははりの下側から，一方，ラーメンの場合はラーメンの内側から見ることにしています．

最後に，応力の正の向きと力の正の向きを図 3.6 に示します．皆さんは，それぞれの正の向きを明確にしてください．

はりの場合は下から見る．　　ラーメンの場合は内側から見る．

図 3.5　はりとラーメンの曲げモーメント符号

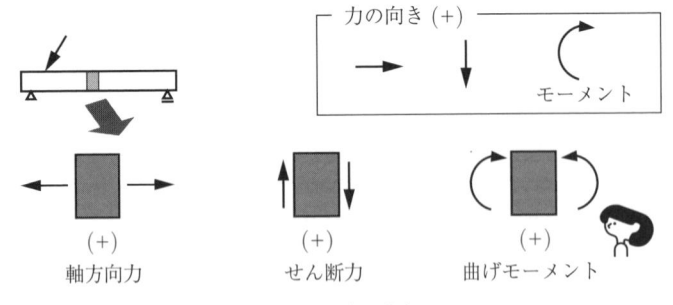

図 3.6　力と応力

3.2　静定ばりの応力計算

ここでは，実際の問題を解きながら，単純ばり，片持ばり，ゲルバーばりの解法を解説していきます．

3.2.1 集中荷重を受ける単純ばりの解法

最初に，図 3.7 に示す単純ばりをとり上げます．皆さんは何から始めますか．最初に行わなければならないことは反力計算です．反力計算は第 2 章で学びました．図 3.7 中には集中荷重 P の分力や仮定した反力が示されています．これらを使って，反力を求めてみてください．結果は図 3.8 になります．

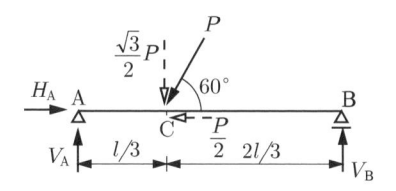

図 3.7 集中荷重を受ける単純ばり

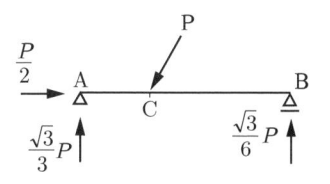

図 3.8 反力の値と向き

次に，応力計算を行います．この単純ばりは，図 3.8 に示す外力 (荷重と反力) を受けています．したがって，この単純ばりの応力は，集中荷重が作用している C 点を境に AC 間と CB 間で変化します．そこで，AC 間と CB 間に分けて解きます．AC 間を解く場合には，AC 間のどこか適当な位置で単純ばりを仮想切断します．仮想切断された単純ばりの二つの構造体に作用する応力と外力は，それぞれ静的な釣り合い状態にあります．したがって，どちらかの構造体を選択して釣り合い式をたてることによって解けば良いことになります．このはりの場合は，AC 間では図 3.9 に示す①の構造体を選択すると良さそうです．一方，CB 間を解く場合には CB 間のどこか適当な

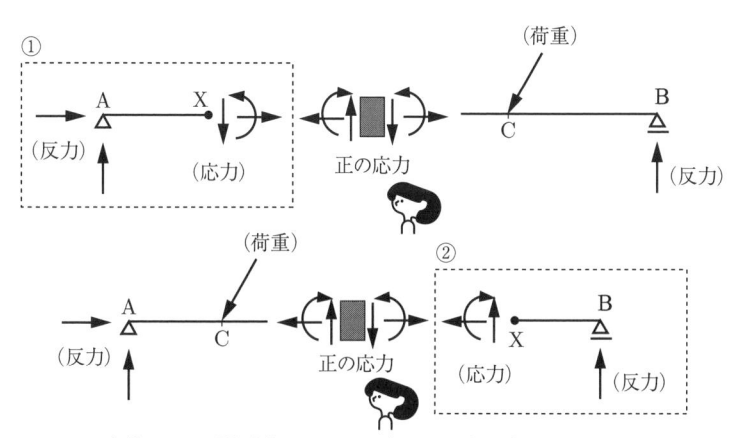

- 点線で囲んだ構造体について，力の釣り合い式をたてることによって応力を求める．
- 曲げモーメントを求めるときは，仮想切断点 (図の X 点) 回りのモーメントの釣り合い式をたてる．

図 3.9 応力の求め方

位置で単純ばりを仮想切断しますが，CB 間では図 3.9 の②の構造体を選択すると良さそうです．このとき，仮定すべき応力の向きが重要です．構造体の仮想切断面に作用する応力は，小片の両面に作用する応力の反作用力になっています．したがって，応力の向きは図 3.9 のように仮定します．

それでは，AC 間の応力を求めましょう．図 3.10 に示すように，A 点に原点をとり，そこから AC 間のどこか適当な点 (A 点から距離 x) までの構造体を切り出します (図の破線部分)．切り出した構造体の切断面に作用する応力を，図 3.9 を見ながら仮定します (応力の向きは覚えるように努力してください)．次に，仮定した応力に記号を付け，最後にこの切り出された構造体を見ながら力の釣り合い式をたてて解きます．したがって，この構造体をきちんと描くことが解法の要点になります．なお，x の範囲は $0 \leqq x \leqq l/3$ です．

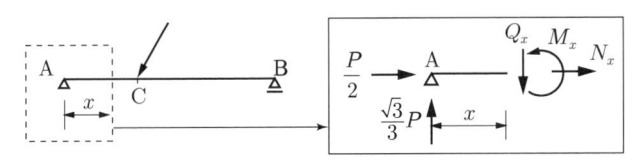

図 3.10 切り出された構造体 (AC 間)

まず，x 方向の釣り合い式をたててみましょう．

$$\sum X = 0 \ : \ N_x + \frac{P}{2} = 0 \quad \therefore \ N_x = -\frac{P}{2}$$

ここで，符号のもつ意味に気をつけましょう．この区間では，はりの小片は圧縮力を受けていることを意味します．軸方向力が左向きという意味ではありません．

次に，y 方向の力の釣り合いをたててみましょう．

$$\sum Y = 0 \ : \ +Q_x - \frac{\sqrt{3}}{3}P = 0 \quad \therefore \ Q_x = \frac{\sqrt{3}}{3}P$$

ここで，せん断力の引き起こす偶力のモーメントは時計回りであることを意味しています．

最後に，切断点でのモーメントの釣り合い式をたてます．

$$\sum M_x = 0 \ : \ -M_x + \frac{\sqrt{3}}{3}P \times x = 0 \quad \therefore \ M_x = \frac{\sqrt{3}}{3}Px$$

曲げモーメントを求めるときに，切断点でモーメントの釣り合い式をたてる理由は，軸方向力とせん断力の作用線が切断点を通るので，これらの力は切断点ではモーメントを引き起こさないからです．また，この曲げモーメントの解は，x の一次関数 (直線) になっています．原点は A ですから，

$x = 0$ のとき, $M_A = 0$

$x = \dfrac{l}{3}$ のとき, $M_C = \dfrac{\sqrt{3}}{9}Pl$

ここで，曲げモーメントは正であることからはりの下側が膨らむように働いていることを意味しています．

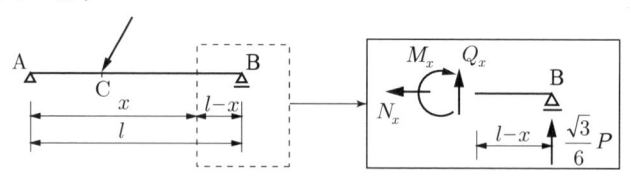

図 3.11 切り出された構造体 (CB 間)

次に，CB 間の応力を求めましょう．図 3.11 に示すように，B 点から CB 間のどこか適当な点までの構造体を切り出します (図の破線部分)．切り出した構造体の切断面に作用する応力を，図 3.9 を見ながら仮定します．次に，仮定した応力に記号を付け，最後にこの切り出された構造体を見ながら力の釣り合い式をたてて解きます．このとき，B 点を原点にとっても良いのですが，先ほど A 点を原点にとりましたので，この区間も原点を A にとることとします．この場合，はりの全長 l と原点 (A 点) から切断面までの距離 x との差が，B 点と切断面の距離 $l-x$ になります．また，x の範囲は点 A を原点にしていますので，$l/3 \leqq x \leqq l$ です．

$\sum X = 0 \quad \therefore N_x = 0$

この区間では，はりの小片には軸方向力は生じていません．

$\sum Y = 0$

$-Q_x - \dfrac{\sqrt{3}}{6}P = 0$

$\therefore Q_x = -\dfrac{\sqrt{3}}{3}P$

せん断力の引き起こす偶力のモーメントは，反時計回りであることを意味しています．

$\sum M_x = 0$

$M_x - \dfrac{\sqrt{3}}{6}P \times (l-x) = 0$

$\therefore M_x = \dfrac{\sqrt{3}}{6}P(l-x)$

この曲げモーメントの解は，x の一次関数 (直線) になっています．

$$x = \frac{l}{3} \text{ のとき，} M_C = \frac{\sqrt{3}}{9}Pl, \qquad x = l \text{ のとき，} M_B = 0$$

曲げモーメントははりの下側が膨らむように働いていることを意味しています．

最後に，応力図を描きます．図 3.12 にそれを示します．本書では，視点のある側を正 (+) としています．はりの場合，はりの下側に視点がありますので，はりの下側が正，はりの上側が負になります．なお，3.3.2 項で説明しますが，曲げモーメントははりの上側に視点がある場合でも，図 3.12 と同じようにはりの下側 (はりが膨らむ側) に描かれます．

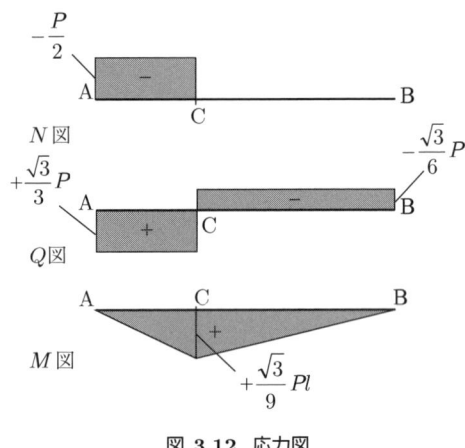

図 3.12 応力図

例題 3.1
図 2.17(a) に示す単純ばりの応力図を図示せよ．

解答 AC 間，$0\,\text{m} \leqq x \leqq 2\,\text{m}$ (図 3.10 参考)

$$\sum X = 0 : N_x - 15 = 0 \qquad \therefore\ N_x = +15\,[\text{kN}]$$

$$\sum Y = 0 : +Q_x - 10\sqrt{3} = 0 \qquad \therefore\ Q_x = 10\sqrt{3}\,[\text{kN}]$$

$$\sum M_x = 0 : -M_x + 10\sqrt{3} \times x = 0 \quad \therefore\ M_x = 10\sqrt{3}x$$

$x = 0\,[\text{m}]$ のとき，$M_A = 0\,[\text{kNm}]$, 　　$x = 2\,[\text{m}]$ のとき，$M_C = 20\sqrt{3}\,[\text{kNm}]$

CB 間，$2\,\text{m} \leqq x \leqq 4\,\text{m}$ (図 3.11 参考)

$$\sum X = 0 \quad \therefore\ N_x = 0$$

$$\sum Y = 0 : -Q_x - 5\sqrt{3} = 0 \quad \therefore\ Q_x = -5\sqrt{3}\,[\text{kN}]$$

$$\sum M_x = 0 : M_x - 5\sqrt{3} \times (6-x) = 0 \quad \therefore \quad M_x = 5\sqrt{3}(6-x)$$

$x = 2$ [m] のとき，$M_\mathrm{C} = 20\sqrt{3}$ [kNm]，　　$x = 6$ [m] のとき，$M_\mathrm{B} = 0$ [kNm]

応力図 (図 3.13 参照)

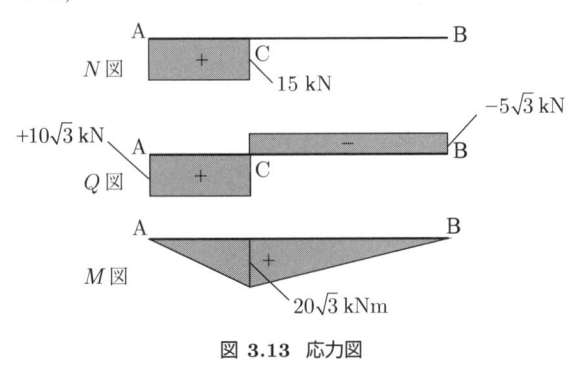

図 3.13　応力図

3.2.2　分布荷重を受ける単純ばりの解法

次に，図 3.14 に示す等分布荷重を受ける単純ばりを解いてみましょう．最初に，反力を求めてみてください．この問題は図 2.6 に示す問題と同じです．次に応力計算をします．通常，はりの問題は左側から解きますので，図 3.15 のようにはりの一部を仮想切断して考えます．このとき，初心者が行う間違いのひとつは，反力計算時に等分布荷重の合力を求めますが，この合力を等分布荷重と入れ替えて集中荷重にして，応力計算をしてしまうことです．

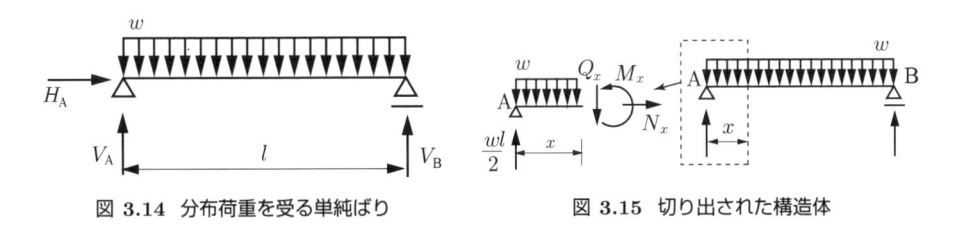

図 3.14　分布荷重を受ける単純ばり　　図 3.15　切り出された構造体

さて，仮想切断した構造体に対して釣り合い式をたてることになります．この場合も，等分布荷重の合力 wx を求めておくと後の計算が楽になります．また，曲げモーメントは切断点でモーメントの釣り合いをとることによって求めます．なお，この問題の場合は，はりの全長にわたって荷重が連続していますので区間分けをする必要はありません．

$$\sum X = 0 \quad \therefore \quad N_x = 0$$

$$\sum Y = 0 \;:\; +Q_x - \frac{wl}{2} + wx = 0$$

$$\therefore \quad Q_x = \frac{wl}{2} - wx$$

ここで，このせん断力は，x に関して 1 次関数 (直線) です．

$$x = 0 \text{ のとき}, \quad Q_A = \frac{wl}{2}$$

$$x = l \text{ のとき}, \quad Q_B = -\frac{wl}{2}$$

$$\sum M_x = 0 \;:\; -M_x + \frac{wl}{2} \times x - wx \times \frac{x}{2} = 0$$

$$\therefore \quad M_x = \frac{wl}{2}x - \frac{wx^2}{2}$$

ここで，この曲げモーメントは，x に関して 2 次関数 (曲線) です．第 4 章で詳しく説明しますが，せん断力は曲げモーメントの傾き (微分) を表します．したがって，せん断力が 0 になる点が曲げモーメントの最大となる点です．

$$Q_x = \frac{wl}{2} - wx = 0 \quad \therefore \quad x = \frac{l}{2} \quad \rightarrow \quad M_{\max} = \frac{wl^2}{8}$$

また，$x = 0$ のとき，$M_A = 0$， $x = l$ のとき，$M_B = 0$

最後に，応力図を描きます．図 3.16 にそれを示します．

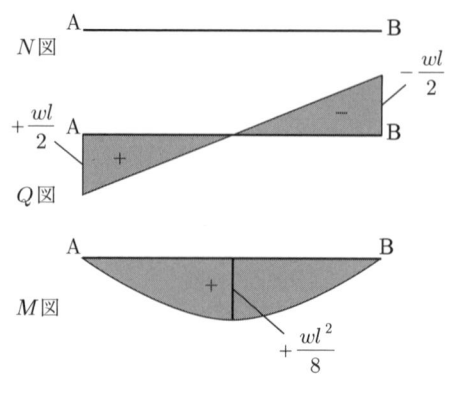

図 3.16 応力図

例題 3.2

図 2.8 に示す単純ばりのせん断力図と曲げモーメント図を図示せよ.

解答

$\sum X = 0 \quad \therefore \quad N_x = 0$

$\sum Y = 0 \ : \ +Q_x - 40 + 10x = 0 \quad \therefore \quad Q_x = 40 - 10x$

$x = 0$ [m] のとき, $Q_A = 40$ [kN], $\quad x = 8$ [m] のとき, $Q_B = -40$ [kN]

$\sum M_x = 0 \ : \ -M_x + 40 \times x - 10x \times \dfrac{x}{2} = 0 \quad \therefore \quad M_x = 40x - 5x^2$

$Q_x = 40 - 10x = 0 \quad \therefore \quad x = 4$ [m] $\rightarrow \quad M_{\max} = 80$ [kNm]

また, $x = 0$ [m] のとき, $M_A = 0$ [kNm], $\quad x = 8$ [m] のとき, $M_B = 0$ [kNm]

最後に, 応力図を描きます. 図 3.17 にそれを示します.

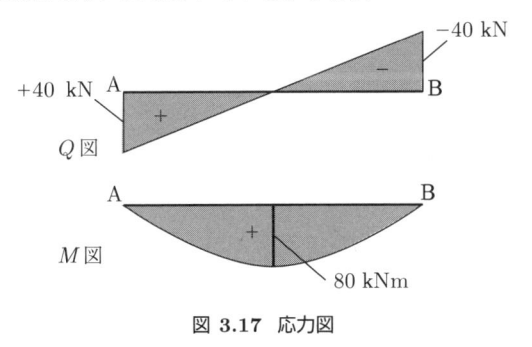

図 3.17 応力図

3.2.3 片持ばりの解法

図 3.18 に示す片持ばりを解きましょう. 解き方は, 基本的には単純ばりと同様です.

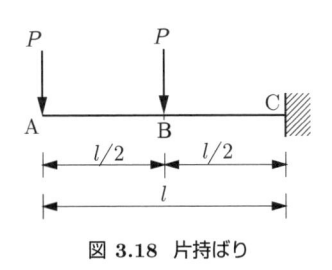

図 3.18 片持ばり

片持ばりの場合, 自由端側から解く場合は自由端に反力はありませんので, 反力計算をする必要はあません. しかし, 固定端側から解く場合は必ず反力計算をする必要があります. ここでは, 自由端側から解いてみましょう.

この問題の場合, 軸方向力は働かないことが明白なので軸方向力の計算は省略します. また, B 点に集中荷重が作用していますので, AB 間と BC 間に区間を分けて応

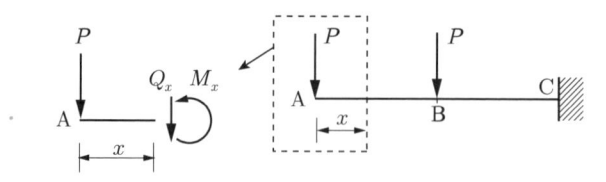

図 3.19 切り出された構造体 (AB 間)

力計算を行います．

(AB 間，図 3.19) $0 \leqq x \leqq l/2$ (原点は A 点)

$$\sum Y = 0 \; : \; +Q_x + P = 0 \quad \therefore \; Q_x = -P$$

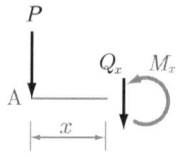

せん断力の引き起こす偶力のモーメントは，反時計回りであることを意味しています．

$$\sum M_x = 0 \; : \; -M_x - P \times x = 0 \quad \therefore \; M_x = -Px$$

$x = 0$ のとき，$M_A = 0$，$x = \dfrac{l}{2}$ のとき，$M_B = -\dfrac{Pl}{2}$

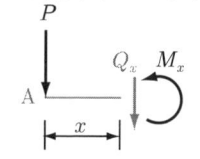

ここで，曲げモーメントは直線分布で，はりの上側が膨らむように働いていることを意味しています．次に，BC 間の応力計算を行います．

(BC 間，図 3.20) $l/2 \leqq x \leqq l$ (原点は A 点)

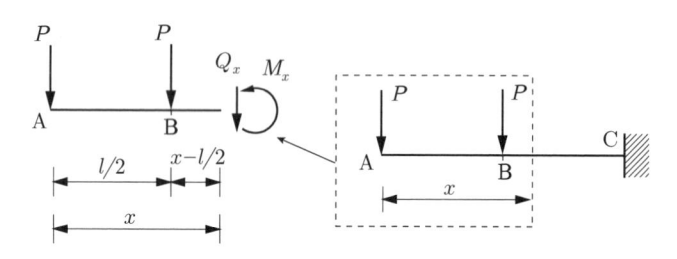

図 3.20 切り出された構造体 (BC 間)

$$\sum Y = 0 \; : \; -Q_x - P - P = 0$$
$$\therefore \; Q_x = -2P$$

$$\sum M_x = 0 \ : \ -M_x - P \times x - P \times \left(x - \frac{l}{2}\right) = 0$$

$$\therefore \ M_x = -P\left(2x - \frac{l}{2}\right)$$

$x = \dfrac{l}{2}$ のとき，$M_\mathrm{B} = -\dfrac{Pl}{2}$

$x = l$ のとき，$M_\mathrm{C} = -\dfrac{3}{2}Pl$

なお，この問題は右端の固定端側からも解くことができますので，皆さんはチャレンジしてみてください (図 3.9 参照).

最後に，応力図を描きます．図 3.21 にそれを示します．

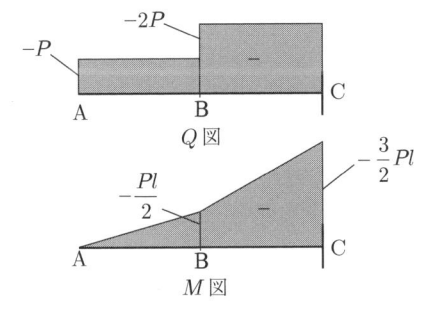

図 3.21 応力図

例題 3.3

図 2.5 に示す片持ばりの応力を求めよ．

解答

(解答 1) 固定端 (A 点) 側から解く場合 (図 3.22 参照)

$$\sum X = 0 \ : \ +N_x + 10 = 0$$

$$\therefore \ N_x = -10 \ [\mathrm{kN}]$$

$$\sum Y = 0 \ : \ +Q_x - 10 = 0$$

$$\therefore \ Q_x = 10 \ [\mathrm{kN}]$$

$$\sum M_x = 0 \ : \ -M_x - 50 + 10 \times x = 0$$

$$\therefore \ M_x = -50 + 10x$$

$x = 0 \ [\mathrm{m}]$ のとき，$M_\mathrm{A} = -50 \ [\mathrm{kNm}]$

$x = 5 \ [\mathrm{m}]$ のとき，$M_\mathrm{B} = 0 \ [\mathrm{kNm}]$

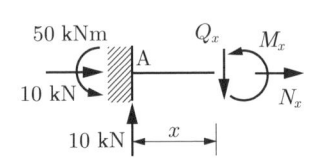

図 3.22 固定端側から解く場合

(解答 2) 自由端 (B 点) 側から解く場合 (図 3.23 参照)

$$\sum X = 0 \; : \; -N_x - 10 = 0$$
$$\therefore \; N_x = -10 \; [\text{kN}]$$
$$\sum Y = 0 \; : \; -Q_x + 10 = 0$$
$$\therefore \; Q_x = 10 \; [\text{kN}]$$
$$\sum M_x = 0 \; : \; +M_x + 10 \times x = 0$$
$$\therefore \; M_x = -10x$$

$x = 0$ [m] のとき, $M_\text{B} = 0$ [kNm]
$x = 5$ [m] のとき, $M_\text{A} = -50$ [kNm]

図 3.23 自由端側から解く場合

応力図 (図 3.24 参照)

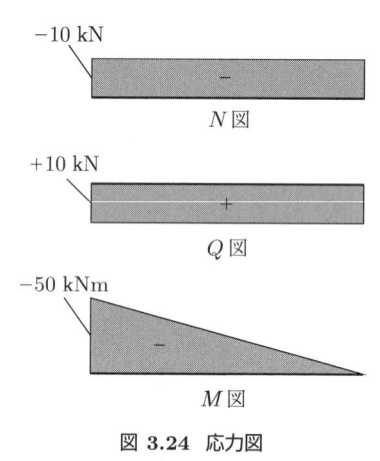

-10 kN
N 図

$+10$ kN
Q 図

-50 kNm
M 図

図 3.24 応力図

3.2.4 ゲルバーばりの解法

図 3.25 のように，連続ばりの適当な位置にピン節点を入れて静定ばりとした構造物をゲルバーばりと呼んでいます．ここでは，ゲルバーばりの解法を学びます．要点は反力の求め方です．応力計算は，前述の単純ばりや片持ばりと同じです．

図 3.25 のように，このはりの反力は四つありますが，D 点にピン節点をもっています．そこで，三つの釣り合い式の他に，D 点での曲げモーメントが 0 になることを利用して解きます．図 3.26 に示すように，ここでは D 点よりも左側を考えて，反力 V_A を求めます．

$$\sum M_{\text{D}左} = 0 \; : \; +V_\text{A} \times \frac{l}{2} - \frac{wl}{2} \times \frac{l}{4} = 0 \quad \therefore \; V_\text{A} = \frac{wl}{4} \; (\uparrow)$$
$$\sum X = 0 \quad \therefore \; H_\text{A} = 0$$

3.2 静定ばりの応力計算

図 3.25 ゲルバーばり

反力数4 ⇒ { 三つの釣り合い式 + $\sum M_{D右}=0$ または $\sum M_{D左}=0$ }

$$\sum M_C = 0 \;:\; +V_B \times l + \frac{wl}{4} \times 2l - wl \times \frac{3l}{2} = 0 \quad \therefore\; V_B = wl\;(\uparrow)$$

$$\sum Y = 0 \;:\; -V_B - V_C - \frac{wl}{4} + wl = 0 \quad \therefore\; V_C = \frac{3wl}{4} - V_B = -\frac{wl}{4}\;(\downarrow)$$

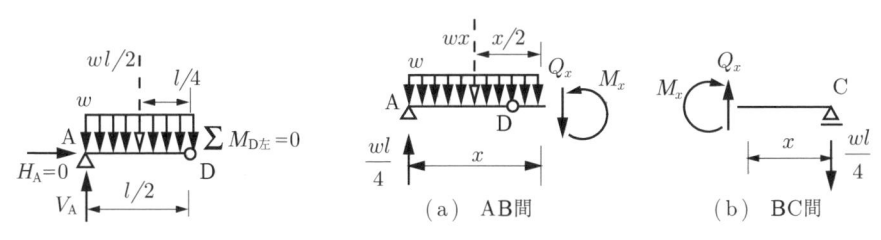

図 3.26 反力 V_A を求める

図 3.27 切り出された構造体
(a) AB間
(b) BC間

　次に，応力計算を行います．この問題の場合も，軸方向力は働かないことが明白なので省略します．しかし，B点では反力が存在し，しかも荷重が不連続になっていますので，AB間とBC間に区間分けして解きます．

(AB間，図3.27(a)) $0 \leqq x \leqq l$ (原点はA点)

　この問題の場合，D点で区間分けをする必要はありません．区間分けは荷重が不連続になるところや反力が作用するところで行います．

$$\sum Y = 0 \;:\; +Q_x - \frac{wl}{4} + wx = 0 \quad \therefore\; Q_x = \frac{wl}{4} - wx$$

$x=0$ のとき, $Q_A = \dfrac{wl}{4}$, 　$x=l$ のとき, $Q_B = -\dfrac{3wl}{4}$

$$\sum M_x = 0 \;:\; -M_x + \frac{wl}{4} \times x - wx \times \frac{x}{2} = 0 \quad \therefore\; M_x = \frac{wl}{4}x - \frac{wx^2}{2}$$

$x=0$ のとき, $M_A = 0$, 　$x=\dfrac{l}{2}$ のとき, $M_D = 0$

$x=l$ のとき, $M_B = -\dfrac{wl^2}{4}$

AD 間において曲げモーメントが最大となるのは，$Q_x = 0$ のときです．

$$Q_x = \frac{wl}{4} - wx = 0 \quad \therefore \quad x = \frac{l}{4} \quad \rightarrow \quad M_{\max} = \frac{wl^2}{32}$$

(BC 間，図 3.27(b)) $0 \leq x \leq l$ (原点は C 点)

BC 間の応力を求めるとき，左端の A 点に原点をとって左側から解いていくのが慣例ですが，右端から解くこともできます．また，この方が簡単であることもあります．ただし，仮想切断面に働く応力の向きに気をつけてください (図 3.9 参照)．なお，このとき原点を A にとりたい場合は，図 3.27(b) の x を $2l - x$ と置き換えます．ここでは，C 点を原点にとって解いています．C 点を原点にとる場合は始点終点の位置に気をつけてください．すなわち，$x = 0$ のとき C 点，$x = l$ のとき B 点になります．

$$\sum Y = 0 \ : \ -Q_x + \frac{wl}{4} = 0 \quad \therefore \quad Q_x = \frac{wl}{4}$$

$$\sum M_x = 0 \ : \ M_x + \frac{wl}{4}x = 0 \quad \therefore \quad M_x = -\frac{wl}{4}x$$

$x = 0$ のとき，$M_C = 0$, $\quad x = l$ のとき，$M_B = -\dfrac{wl^2}{4}$

最後に，応力図を描きます．図 3.28 にそれを示します．

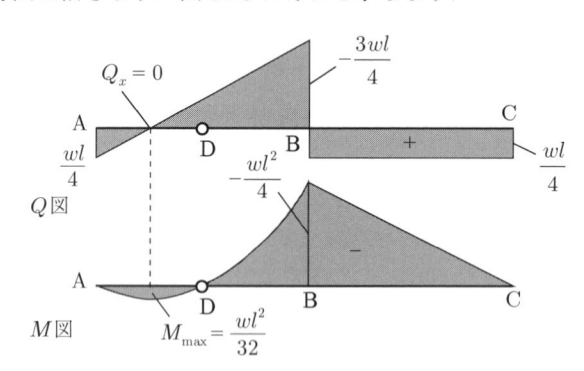

図 3.28 応力図

例題 3.4

図 3.29 に示すゲルバーばりのせん断力図と曲げモーメント図を図示せよ．

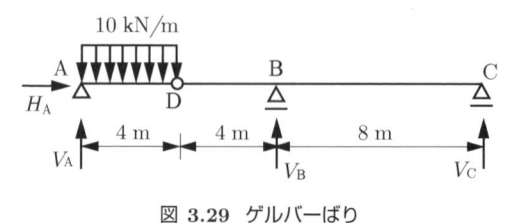

図 3.29 ゲルバーばり

解答 反力計算

$$\sum M_{D左} = 0 \quad (\text{図 3.26 参考})$$
$$+V_A \times 4 - (10 \times 4) \times 2 = 0 \quad \therefore V_A = 20 \text{ [kN]} (\uparrow)$$
$$\sum X = 0 \quad \therefore H_A = 0$$
$$\sum M_C = 0 : +V_B \times 8 + 20 \times 16 - (10 \times 4) \times 14 = 0 \quad \therefore V_B = 30 \text{ [kN]} (\uparrow)$$
$$\sum Y = 0 : -V_B - V_C - 20 + 10 \times 4 = 0 \quad \therefore V_C = 20 - V_B = -10 \text{ [kN]} (\downarrow)$$

この問題の応力計算は通常のはりと同様なので省略しますが，D 点では荷重が不連続になっています．また，B 点では反力が生じていますので，この問題の場合，AD 間，DB 間，BC 間に区間分けして応力計算を行います．応力図を図 3.30 に示しますので，皆さんは挑戦してみてください．

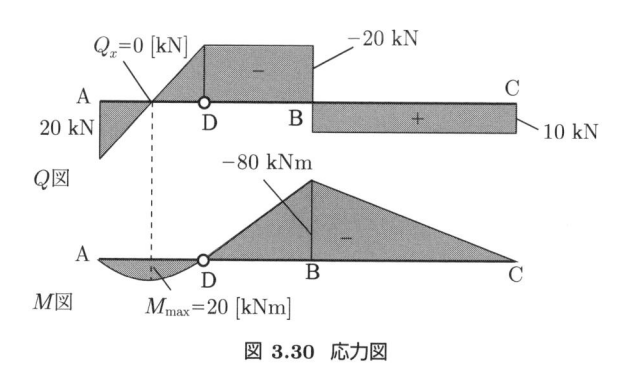

図 3.30 応力図

3.3 静定ラーメンの応力計算

本節では，単純ばり型ラーメンと片持ばり型ラーメンおよび 3 ヒンジラーメンの応力計算を学びます．解法はいずれも基本的にははりと同様ですので慣れてください．

3.3.1 単純ばり型ラーメンの解法

図 3.31 に示す単純ばり型ラーメンをとり上げます．最初に反力計算を行います．

$$\sum X = 0 : H_A + P = 0 \qquad \therefore H_A = -P (\leftarrow)$$
$$\sum M_A = 0 : -V_D \times l + P \times l = 0 \quad \therefore V_D = P (\uparrow)$$
$$\sum Y = 0 : -V_A - V_D = 0 \qquad \therefore V_A = -V_D = -P (\downarrow)$$

第 3 章 静定構造物の応力計算

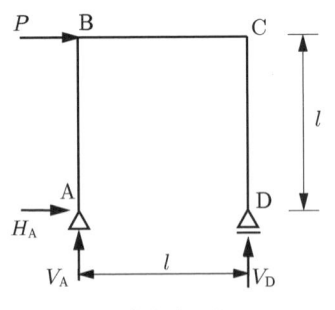

図 3.31 単純ばり型ラーメン

次に，応力計算を行います．曲げモーメントの計算では，図 3.5 で示したように視点はラーメンの内側にあります．したがって，水平材や鉛直材に働く応力の向きは図 3.32 に示すようになります．図 3.31 に示すラーメンの解法では，区間ごとに図 3.33 に示す構造体を考え，それぞれの構造体に働く力の釣り合い式をたてて解くことにします．なお，図中の男の子は視点側を表しています．

(AB 間) $0 \leqq x \leqq l$ (原点は A 点)

$$\sum X = 0 \ :\ Q_x - P = 0 \qquad \therefore\ Q_x = P$$

$$\sum Y = 0 \ :\ -N_x + P = 0 \qquad \therefore\ N_x = P$$

$$\sum M_x = 0 \ :\ -M_x + Px = 0 \quad \therefore\ M_x = Px$$

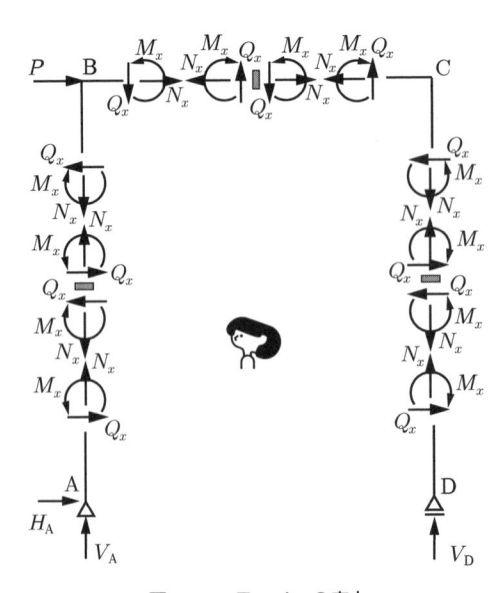

図 3.32 ラーメンの応力

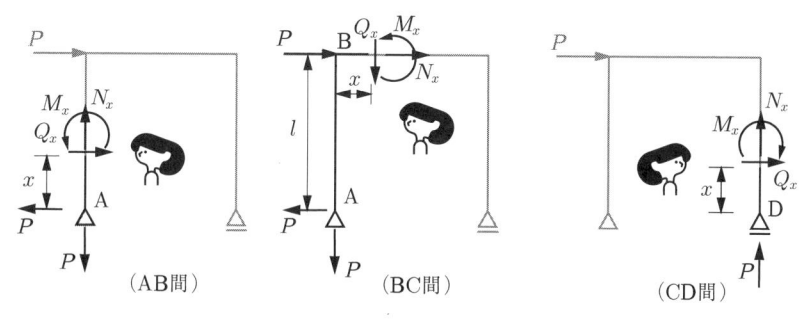

図 3.33 応力と外力の釣り合い

$x = 0$ のとき，$M_A = 0$,　　$x = l$ のとき，$M_B = Pl$

(BC 間) $0 \leqq x \leqq l$ (原点は B 点)

$$\sum X = 0 \ : \ N_x + P - P = 0 \qquad \therefore \ N_x = 0$$

$$\sum Y = 0 \ : \ +Q_x + P = 0 \qquad \therefore \ Q_x = -P$$

$$\sum M_x = 0 \ : \ -M_x + Pl - Px = 0 \ \therefore \ M_x = P(l-x)$$

$x = 0$ のとき，$M_B = Pl$,　　$x = l$ のとき，$M_C = 0$

(CD 間) $0 \leqq x \leqq l$ (原点は D 点)

$$\sum X = 0 \ \therefore \ Q_x = 0$$

$$\sum Y = 0 \ : \ -N_x - P = 0 \ \therefore \ N_x = -P$$

$$\sum M_x = 0 \ \therefore \ M_x = 0$$

最後に，応力図を描きます．図 3.34 にそれを示します．

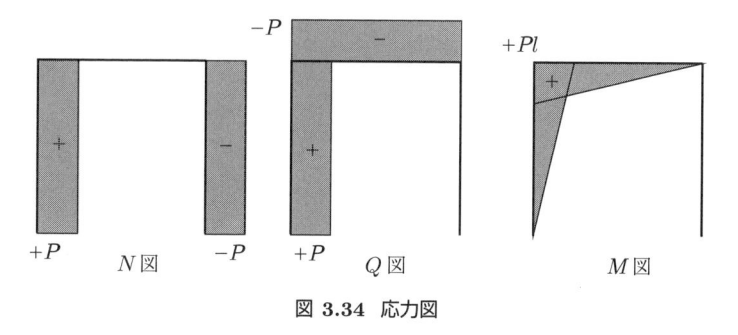

図 3.34 応力図

3.3.2 片持ばり型ラーメンの解法

次に，図 3.35 に示す片持ばり型ラーメンをとり上げます．この構造物は①の側から見ればはりとして見ていることになりますし，反対に②側から見ていると (A 点に水平材 (破線) があると仮定するならば) ラーメンとして見ているとも考えられます．どちら側に視点をとって考えればよいのでしょうか．ここでは，応力の符号と応力図について考察します．なお，片持ばり型ラーメンですので，自由端の A 点から解いていきます．

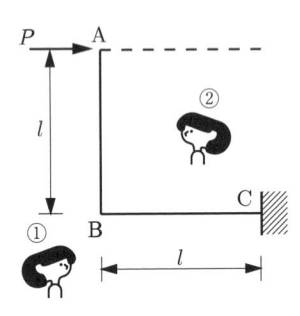

図 3.35 片持ばり型ラーメン

①はりとして見ている場合 (図 3.36)

(AB 間) $0 \leqq x \leqq l$ (原点は A 点)

$$\sum X = 0 : -Q_x + P = 0$$
$$\therefore Q_x = P$$
$$\sum Y = 0 \quad \therefore N_x = 0$$
$$\sum M_x = 0 : -M_x + Px = 0$$
$$\therefore M_x = Px$$

$x = 0$ のとき，$M_A = 0$

$x = l$ のとき，$M_B = Pl$

(BC 間) $0 \leqq x \leqq l$ (原点は B 点)

$$\sum X = 0 : N_x + P = 0$$
$$\therefore N_x = -P$$
$$\sum Y = 0 \quad \therefore Q_x = 0$$
$$\sum M_x = 0 : -M_x + Pl = 0$$

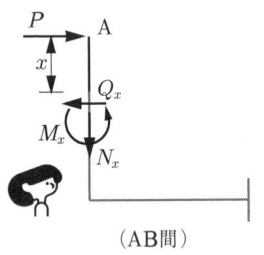

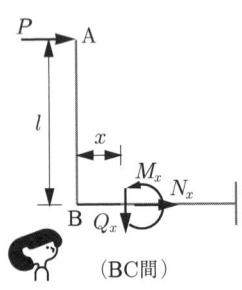

(AB間)

(BC間)

図 3.36 視点がはりの場合 ①

$$\therefore\ M_x = Pl$$

②ラーメンとして見ている場合 (図 3.37)

(AB 間) $0 \leq x \leq l$ (原点は A 点)

$$\sum X = 0\ :\ -Q_x + P = 0$$
$$\therefore\ Q_x = P$$
$$\sum Y = 0 \quad \therefore\ N_x = 0$$
$$\sum M_x = 0\ :\ M_x + Px = 0$$
$$\therefore\ M_x = -Px$$

$x = 0$ のとき，$M_A = 0$

$x = l$ のとき，$M_B = -Pl$

(BC 間) $0 \leq x \leq l$ (原点は B 点)

$$\sum X = 0\ :\ N_x + P = 0$$
$$\therefore\ N_x = -P$$
$$\sum Y = 0 \quad \therefore\ Q_x = 0$$
$$\sum M_x = 0\ :\ M_x + Pl = 0$$
$$\therefore\ M_x = -Pl$$

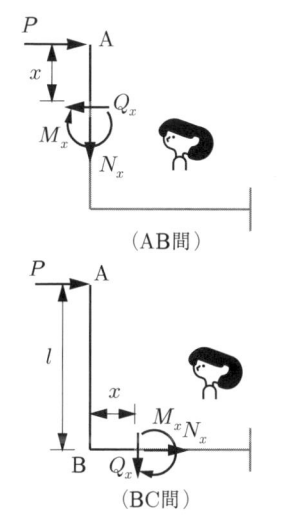

図 3.37 視点がラーメンの場合 ②

視点のある側を正として応力図を描くと，図 3.38 のようになります．ここで，図 (a) と図 (b) の応力図を比較してみてください．軸方向力 (N) 図とせん断力 (Q) 図では符号は同じですが，図を描く側は反対になっています．一方，曲げモーメント (M) 図では，符号は反対ですが図を描く側は同じです．つまり，軸方向力図とせん断力図では，図を描く側は重要ではなく符号が重要になります．軸方向力の正の符号は引張材であることを，負の符号は圧縮材であることを意味します．他方，せん断力の符号は図 3.3 に示す応力が作用していることを意味します．一方，曲げモーメント図では，符号は重要ではなく図を描く側が重要になります．すなわち，図を描く側に部材は膨らみだすことを意味しています．したがって，以下では曲げモーメント図の符号は省略します．

(a) はりとして見ている場合 ①

N図: $-P$
Q図: $+P$
M図: $+Pl$

(b) ラーメンとして見ている場合 ②

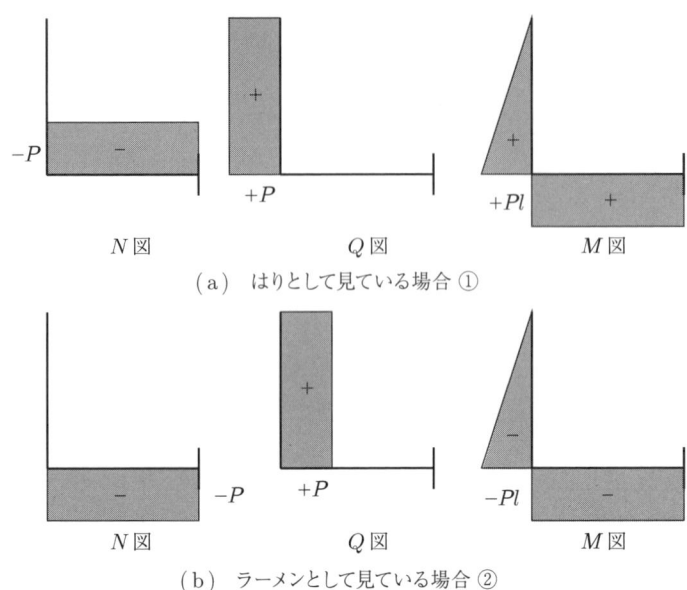

N図: $-P$
Q図: $+P$
M図: $-Pl$

図 3.38 応力図

3.3.3 3ヒンジラーメンの解法

3ヒンジラーメンも静定ラーメンのひとつです．3ヒンジラーメンの反力計算は，2.2.4項で説明しましたし，解き方は3.2.4項のゲルバーばりと同じです．また，応力の求め方も前項の静定ラーメンと全く同じです．そこで，ここでは図3.39に示す3ヒンジラーメンの反力と曲げモーメントを図3.40と図3.41に示しておきますので，皆さんは挑戦してみてください．

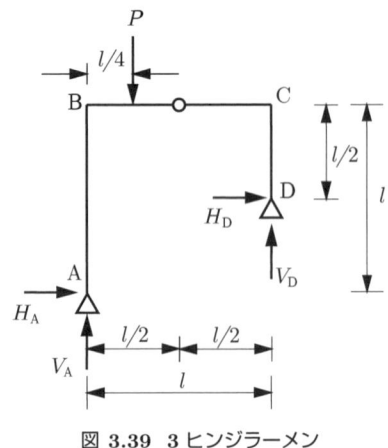

図 3.39 3ヒンジラーメン

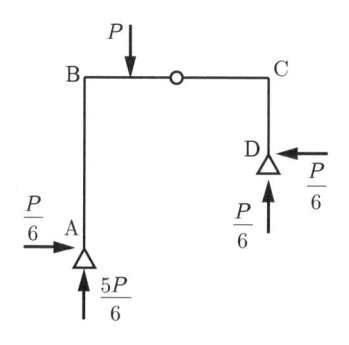

図 3.40 3ヒンジラーメンの反力 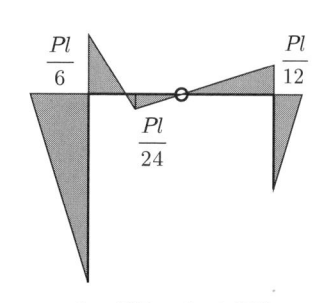   図 3.41 3ヒンジラーメンの曲げモーメント

3.4 静定トラスの応力計算

　本節では，静定トラスの応力計算を学びます．最初にトラス構造の特徴を述べ，その後切断法と節点法の二つの解法を解説します．

3.4.1 トラス構造について

　トラス構造は，2.1.4 項で説明したように，部材が三角形を単位とした骨組を言います．また，接合部は**ピン接合**になっています．図 2.2 に示すように荷重はピン節点のみに加わり，部材には**軸方向力**のみが働きます．

　トラス構造には，三角形の構成方法によって，たとえば，キングポストトラス，クイーンポストトラス，ハウトラス，フィンクトラス，プラットトラス，マンサードトラス，ワーレントラスなど，非常に多くの種類があります．皆さんは，少なくとも図 3.42 に示す**キングポストトラス，クイーンポストトラス**と**平行弦トラス**の三つは覚えてください．また，図中に示す部材名も覚えるようにしましょう．なお，トラス構造

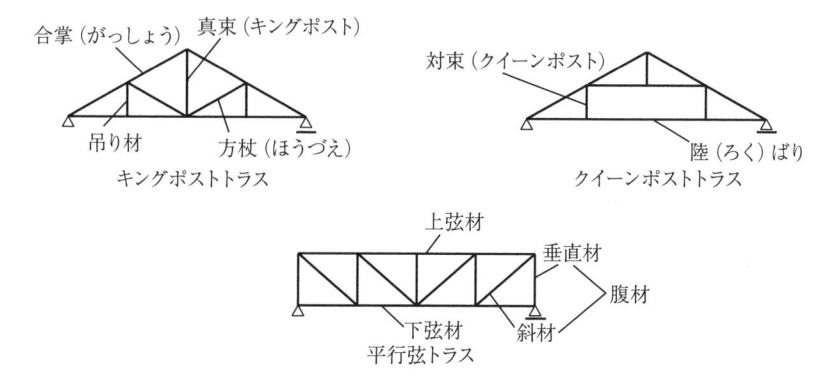

図 3.42 トラス構造の種類と部材の名称

の節点は図では〇印で表しますが (図 2.2 参照), 本節ではトラス構造のみを対象にしていますので, 節点の〇印は省略しています.

トラス構造の解析法は古くからさまざまな方法が考案されてきました. 本書では, その中の切断法と節点法をとり上げます. **切断法**は, トラスを構成する部材の中のある特定の部材に働く軸方向力を求める際に有効な方法です. 一方, **節点法**は, トラスを構成するすべての部材の軸方向力を必要とするときに有効です (たとえばトラスの変位を求める問題). まず, 最初に, 切断法による解法を説明します.

3.4.2 切断法による解法

はりやラーメンの場合, 部材を仮想切断して応力を求めました. 図 3.43 に示すようにトラス構造も仮想切断することで部材の軸方向力を求めることができます. ただし, 切断できる部材数は 3 以下です. 切り出された構造体において, 部材の仮想切断面に引張力 (+) を仮定します. 図 3.44 に示すように引張力を受ける部材の節点には, 節点から離れていく方向に力が働きますので, 部材の仮想切断面には節点から離れていく方向に応力を仮定します. そして, 仮想切断された構造体は静的な釣り合い状態にありますから, 外力 (荷重と反力) と内力 (仮定した応力) に対して釣り合い式をたてて解けば, 未知の軸方向力が求まります. 得られた軸方向力の符号が正であればその部材は引張材ですし, 逆に負であれば圧縮材です.

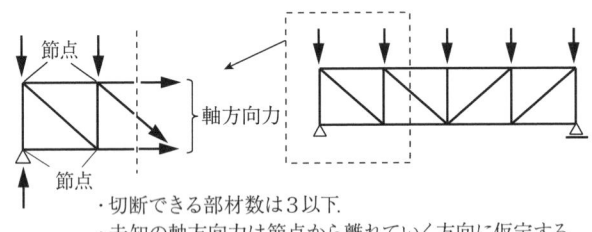

図 3.43 切断法

- 切断できる部材数は 3 以下.
- 未知の軸方向力は節点から離れていく方向に仮定する.
- 外力と内力の釣り合い式をたてて解く.

図 3.44 トラス解析のルール

次に, 釣り合い式のたて方を説明します. はりやラーメンを解いた時と同じように, 三つの釣り合い式を用いて解けば良いのですが, 上手な釣り合い式のたて方には, 図 3.45 に示す 3 通りの方法があります.

3.4 静定トラスの応力計算

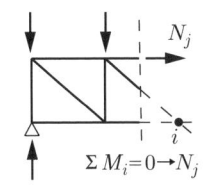

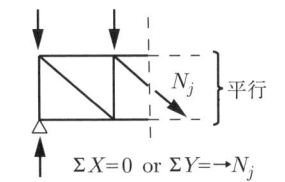

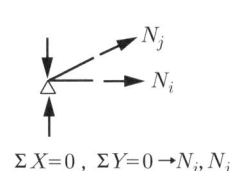

(a) 未知軸方向力3で二つの
作用線の交点がある場合
$\Sigma M_i = 0 \to N_j$

(b) 未知軸方向力3で二つの
作用線が平行の場合
$\Sigma X = 0$ or $\Sigma Y = 0 \to N_j$

(c) 未知軸方向力2の場合
$\Sigma X = 0, \Sigma Y = 0 \to N_i, N_j$

図 3.45 釣り合い式のたて方

① 切断部材数が3の場合 (図 3.45(a)) で，そのうち二つの未知軸方向力の作用線が交わる場合は，その交点 (図中の i 点) 回りのモーメントの釣り合い式をたてることによって，残りひとつの未知軸方向力 (図中の N_j) が求まります．

② 切断部材数3の場合 (図 3.45(b)) で，未知軸方向力の二つの作用線が平行の場合は，平行線と直角方向の力の釣り合い式をたてることによって，残りひとつの未知軸方向力 (図中の N_j) が求まります．

③ 切断部材数が2の場合 (図 3.45(c)) は，x 方向と y 方向の力の釣り合い式をたてることによって，二つの未知軸方向力が求まります．

それでは，図 3.46 に示すトラスの DF 材，CE 材および DE 材の軸方向力を切断法によって求めてみましょう．最初に行わなければならないことは反力計算です．

$$\sum M_\mathrm{G} = 0 : +V_\mathrm{A} \times 3l - P \times 2l = 0 \quad \therefore \quad V_\mathrm{A} = \frac{2}{3}P \ (\uparrow)$$

図 3.46 静定トラス (切断法)

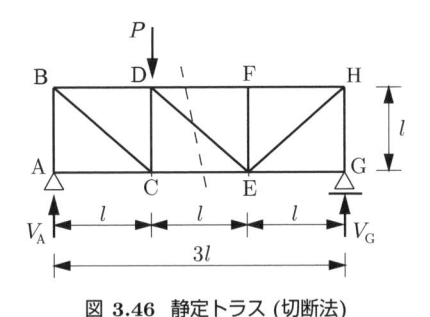

次に，DF 材の軸方向力を求めます．図 3.47 に示すように，トラスの一部を切り出して，E 点まわりのモーメントの釣り合い式をたてて解きます．

$$\sum M_\mathrm{E} = 0 : +N_\mathrm{DF} \times l + \frac{2}{3}P \times 2l - P \times l = 0 \quad \therefore \quad N_\mathrm{DF} = -\frac{P}{3} \ (圧縮材)$$

同様にして，図 3.48 に示すように CE 材の軸方向力を求めます．

図 3.47 N_{DF} を求める

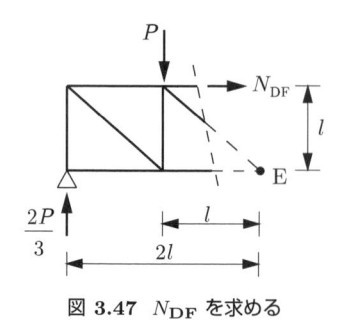

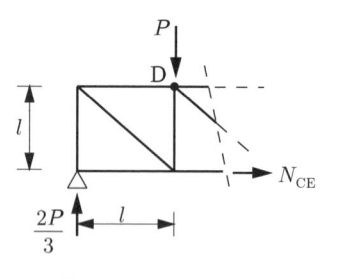

図 3.48 N_{CE} を求める

$$\sum M_D = 0 \;:\; -N_{CE} \times l + \frac{2}{3}P \times l + P \times 0 = 0 \quad \therefore \; N_{CE} = \frac{2}{3}P \;(\text{引張材})$$

最後に，DE 材の軸方向力を求めます．図 3.49 のようにこの場合 DF 材と CE 材はお互いに平行なので，それとは直角の y 方向の力の釣り合い式をたてて解きます．このとき，式中の DE 材による力はその軸方向力の垂直方向の分力になります．

$$\sum Y = 0 \;:\; +\frac{N_{DE}}{\sqrt{2}} - \frac{2}{3}P + P = 0 \quad \therefore \; N_{DE} = -\frac{\sqrt{2}}{3}P \;(\text{圧縮材})$$

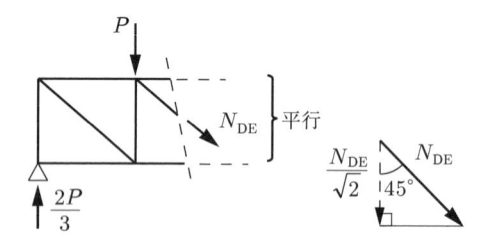

図 3.49 N_{DE} を求める

例題 3.5

図 3.50 に示すトラスの切断面（I-I）の部材に働く軸方向力を求めよ．

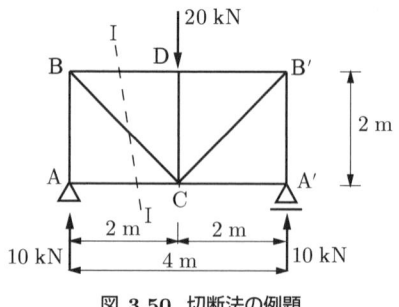

図 3.50 切断法の例題

解答　図 3.51 参照

$$\sum M_\mathrm{C} = 0 \ : \ +N_\mathrm{BD} \times 2 + 10 \times 2 = 0$$

$$\therefore \ N_\mathrm{BD} = -10 \ [\mathrm{kN}] \ (圧縮材)$$

$$\sum M_\mathrm{B} = 0 \ : \ -N_\mathrm{AC} \times 2 = 0$$

$$\therefore \ N_\mathrm{AC} = 0 \ [\mathrm{kN}]$$

$$\sum Y = 0 \ : \ +\frac{N_\mathrm{BC}}{\sqrt{2}} - 10 = 0$$

$$\therefore \ N_\mathrm{BC} = 10\sqrt{2} \ [\mathrm{kN}] \ (引張材)$$

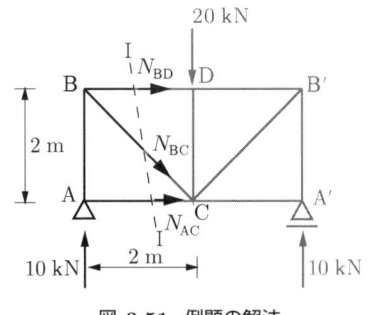

図 3.51　例題の解法

3.4.3 節点法による解法

節点法は，未知の軸方向力数が 2 以下のトラスの節点において，その節点に作用する力の釣り合いをとることで未知の軸方向力を求めていく方法です．

ところで，力の釣り合いは，1.3.4 項で述べたように，力のベクトルの和が 0 であることと，任意点におけるモーメントの和が 0 であることが条件になります．節点に作用する力はすべて節点の 1 点に作用していますので，二つの条件のうち任意点におけるモーメントの和が 0 である条件は常に満たされています．したがって，節点における力のベクトルの和が 0 になるように未知軸方向力を求めれば良いのです．そして，これには，1.3.4 項で述べたように**数式解法**と**図解法**の二つの方法があります．

どちらの方法を用いて解いても良いのですが，一般に数式解法はコンピュータなどの計算機を使って解く場合に有効で，図解法は人が解くときに有効です．以下に節点法を説明します．

① まず，反力を求めます．ただし，自由端側から解く場合は，反力計算は必要ありません．

② 未知の軸方向力が 2 以下の節点を見つけてそこから解きます．数式解法では，x 方向と y 方向の力の釣り合い式をたてて解きます．一方，図解法では，既知の力 (荷重・反力・軸方向力) から**示力図**を描き，最後に示力図が閉じるように，すなわち未知の軸方向力の作用線が最初の力の始点にもどるように，図を作成することで未知の軸方向力を求めます．なお，示力図を描く際に力の順番は関係ありませんが，必要な力を描き忘れないように注意してください．

③ ある節点に働く軸方向力が求まると，部材を介してその節点とは反対側の節点に作用する力が明らかになります．すると次に未知の軸方向力数 2 以下の節点が新たに生まれます．このようにして，順次，すべての節点について繰り返し解いて

いくことによって，すべての部材の軸方向力を求めます．

節点法の数式解法は比較的理解しやすいですが，釣り合い式が複雑になりやすいので，計算間違いをしないように気をつけましょう．一方，図解法は慣れるまでは難しく感じられますが，一度習得すると比較的簡単に誤答も少なく解くことができます．

それでは，図 3.52 に示すトラスを，節点法を用いて解いてみましょう．最初に数式解法を以下に示します．このトラスは片持ばり型トラスですので，自由端である (未知軸方向力 2 の) 節点 A から解きます．なお，単純ばり型トラスの場合は反力を求めてから解きます．

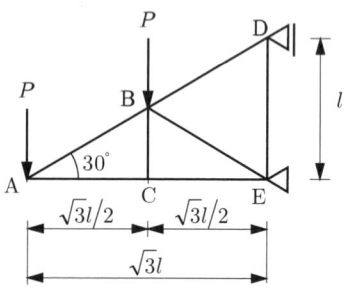

図 3.52 静定トラス (節点法)

(節点 A の解法)

解法では，図 3.44 に示すように引張力は節点から離れていく方向が正ですので，未知軸方向力は図 3.53 に示すように仮定します．

$$\sum X = 0 : N_{AB} \cos 30° + N_{AC} = 0$$

$$\therefore N_{AB} \frac{\sqrt{3}}{2} + N_{AC} = 0$$

$$\sum Y = 0 : P - N_{AB} \sin 30° = 0$$

$N_{AB} = 2P$ (引張), $\quad N_{AC} = -\sqrt{3}P$ (圧縮)

図 3.53 節点 A の解法

(節点 C の解法)

次に，未知軸方向力 2 となる節点は C 点です．なお，AC 材は圧縮材であることがわかりましたので，図 3.54 に示すように節点に向かう側に矢印を描きます．

$$\sum X = 0 : N_{CE} + \sqrt{3}P = 0$$

$$\therefore N_{CE} = -\sqrt{3}P \text{ (圧縮)}$$

$$\sum Y = 0 : N_{BC} = 0$$

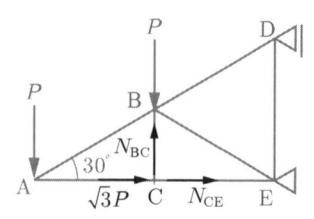

図 3.54 節点 C の解法

(節点 B の解法)

続いて節点 B を解きます (図 3.55 参照).

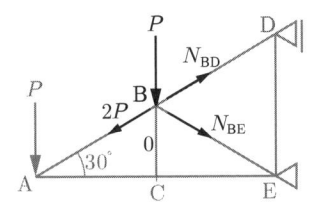

図 3.55 節点 C の解法

$$\sum X = 0 \ : \ N_{\text{BD}} \cos 30° + N_{\text{BE}} \cos 30° - 2P \cos 30° = 0$$

$$\therefore \ N_{\text{BD}} + N_{\text{BE}} = 2P$$

$$\sum Y = 0 \ : \ 2P \sin 30° + P - N_{\text{BD}} \sin 30° + N_{\text{BE}} \sin 30° = 0$$

$$\therefore \ N_{\text{BD}} - N_{\text{BE}} = 4P$$

$$\therefore \ N_{\text{BD}} = 3P \ (引張), \quad N_{\text{BE}} = -P \ (圧縮)$$

(節点 D の解法)

最後に, 節点 D を解きます (図 3.56 参照, 図中の H_{D} は反力ですので右向きに仮定しています).

$$\sum X = 0 \ : \ -3P \cos 30° + H_{\text{D}} = 0$$

$$\therefore \ H_{\text{D}} = \frac{3\sqrt{3}}{2} P \ (\rightarrow)$$

$$\sum Y = 0 \ : \ 3P \sin 30° + N_{\text{DE}} = 0$$

$$\therefore \ N_{\text{DE}} = -\frac{3}{2} P \ (圧縮)$$

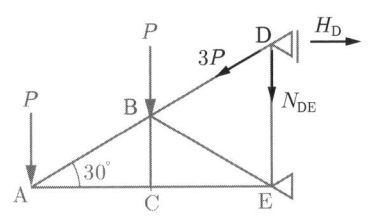

図 3.56 節点 D の解法

(節点 E の解法)

D 点まで解くとすべての部材の軸方向力は求まっています. 図 3.57 に示す E 点の解法は, E 点の反力を求め荷重と反力の釣り合いがとれているかを検証するために行います. 皆さんは力の釣り合いがとれているかを確かめてください.

$$\sum X = 0 \;:\; +P\cos 30° + \sqrt{3}P + H_D = 0$$
$$\therefore\; H_D = -\frac{3\sqrt{3}}{2}P \;(\leftarrow)$$
$$\sum Y = 0 \;:\; P\sin 30° + \frac{3}{2}P + V_E = 0$$
$$\therefore\; V_E = -2P \;(\uparrow)$$

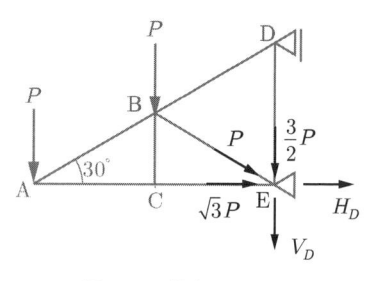

図 3.57 節点 E の解法

次に，図解法を以下に示します．図 3.58 に各節点の示力図を示します．各節点に働く力は，図 3.53～図 3.57 を参考にしてください．示力図は二つの未知の力が最後に残るように既知の力を先に描きます．この際，長さと角度をできるだけ正確に描いてください．たとえば，節点 A では，荷重 P が既知の力ですので，この力を最初に描きます．もし，他にも既知の力があれば力の順番は関係ありませんが，それらを順次すべて描きます．節点 A では残り二つの軸方向力は未知の力ですので，これらの作用線を薄く少し長めに，最初の力の始点に戻るように描きます．このとき示力図が閉じるように二つの未知軸方向力の矢印の方向を定めます．力の矢印の長さがその力の大きさを表しています．また，これらの力は節点に対して働きます．つまり，二つの軸方向力は，AB 材では節点 A から離れていく側に，一方，AC 材では節点 A に向かう側

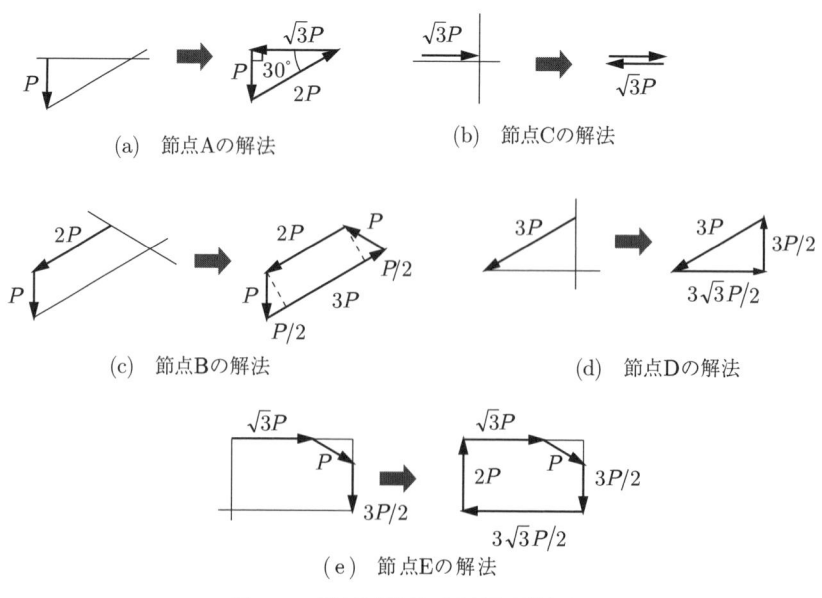

(a) 節点Aの解法

(b) 節点Cの解法

(c) 節点Bの解法

(d) 節点Dの解法

(e) 節点Eの解法

図 3.58 節点の図解法 (示力図の描き方)

に働いています．図 3.59 に軸方向力図を示していますが，軸方向力図では各節点の示力図の力の向きを描きます．節点 A の解法が終わると，相手の節点 (B 点と C 点) には，同じ大きさの力が反対向きに作用します．このトラスでは，節点 C の未知軸方向力数が 2 となりますので，次に節点 C を解くことができます．図解法ではこのように順次解法を進めていきます．

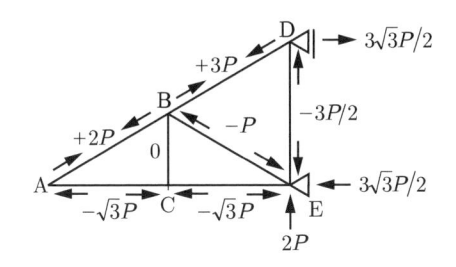

図 3.59 軸方向力図

なお，各部材が引張材であるか圧縮材であるかの判断は，軸方向力図に描かれている力の矢印をもとに，図 3.44 に示すトラス解析ルールに従います．すなわち，力の向きが節点から離れていく方向に描かれていれば，その部材は引張材を意味します．たとえば，AB 材は引張材です．AB 材の力の向きは一見圧縮材のように見えますが，軸方向力図の力の向きは部材に対して描かれているのではなく，節点について描かれています．引張材であるか圧縮材であるかを明確にするために，軸方向力図中にトラス解析ルールに従って，引張材であれば軸方向力の数値の前に正の符号 (+) を，圧縮材であれば負の符号 (−) をつけます．

例題 3.6
図 3.50 に示すトラス部材の軸方向力を節点法によって求めよ．

解答 (1. 数値解法)
(節点 A)

$$\sum X = 0 \ : \ N_{AC} = 0 \ [\text{kN}]$$

$$\sum Y = 0 \ : \ -N_{AB} - 10 = 0 \quad \therefore \ N_{AB} = -10 \ [\text{kN}] \ (圧縮)$$

(節点 B)

$$\sum Y = 0 \ : \ -10 + \frac{N_{BC}}{\sqrt{2}} = 0 \quad \therefore \ N_{BC} = 10\sqrt{2} \ [\text{kN}] \ (引張)$$

$$\sum X = 0 \ : \ +N_{BD} + \frac{N_{BC}}{\sqrt{2}} = 0 \quad \therefore \ N_{BD} = -10 \ [\text{kN}] \ (圧縮)$$

(節点 D)

$$\sum Y = 0 \ :\ -20 - N_{\mathrm{CD}} = 0 \quad \therefore\ N_{\mathrm{CD}} = -20\ [\mathrm{kN}]\ (圧縮)$$

(2. 図解法)

各節点の解法，図 3.60 参照

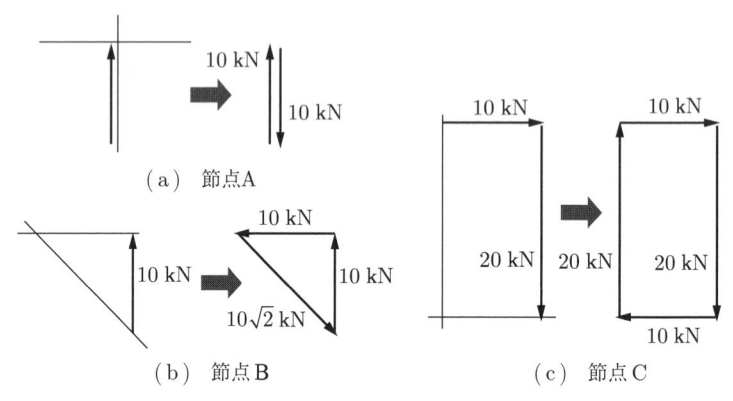

（a）節点 A

（b）節点 B

（c）節点 C

図 3.60　例題の図解法

軸方向力図，図 3.61 参照

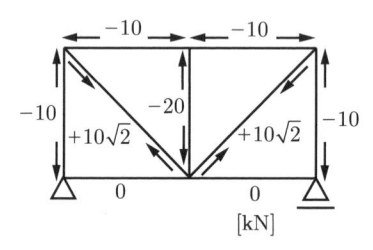

図 3.61　軸方向力図

演習問題3

3.1 はりの応力

図 3.62 のはりの応力を求め，応力図を示せ．

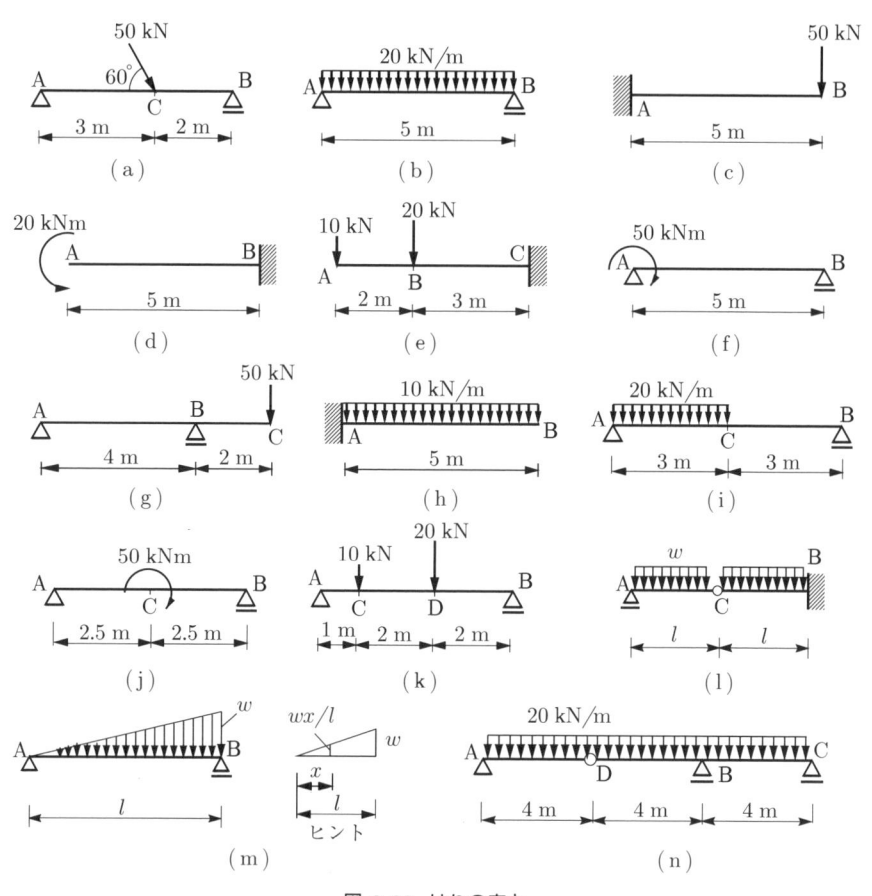

図 3.62　はりの応力

3.2 ラーメンの応力

図 3.63 に示すラーメンの応力 (軸方向力, せん断力, 曲げモーメント) を求め, 応力図を示せ. ただし, 図 (g), (h) の 3 ヒンジラーメンは, 曲げモーメントのみを求め, 曲げモーメント図を示すものとする.

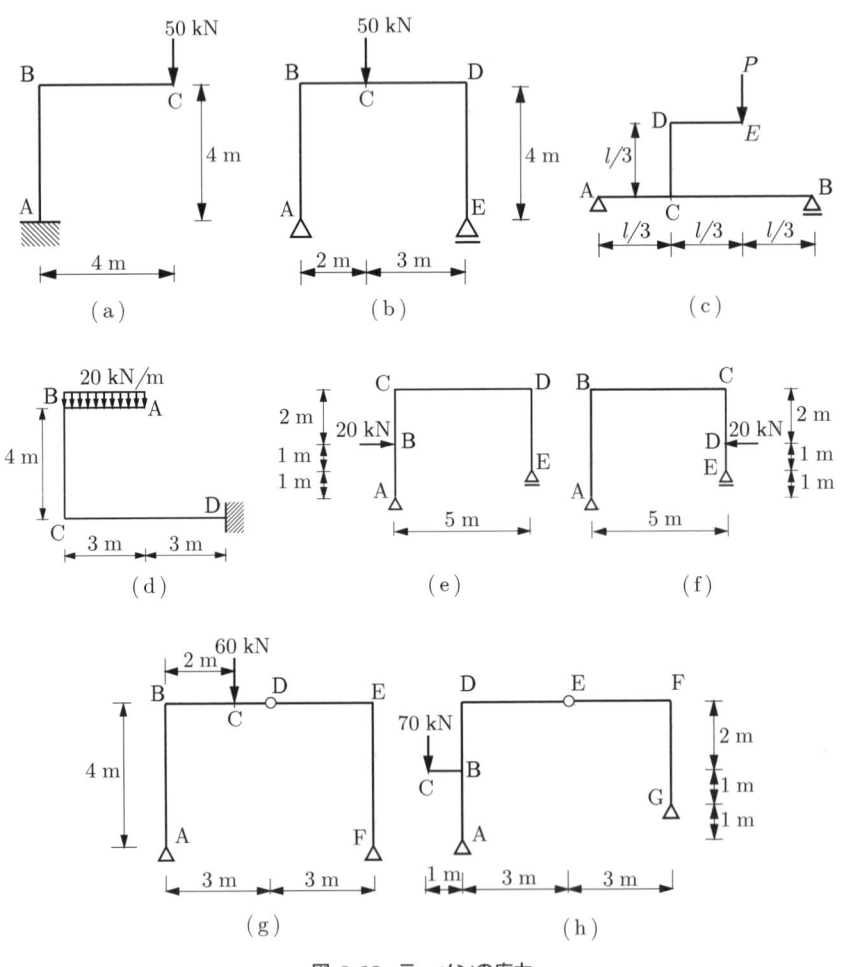

図 3.63 ラーメンの応力

3.3 トラスの応力

図 3.64 に示すトラスの応力を切断法と節点法によってそれぞれ求めよ．ただし，切断法は指定された切断面に働く部材の軸方向力を，節点法はすべての部材の軸方向力を求めるものとする．

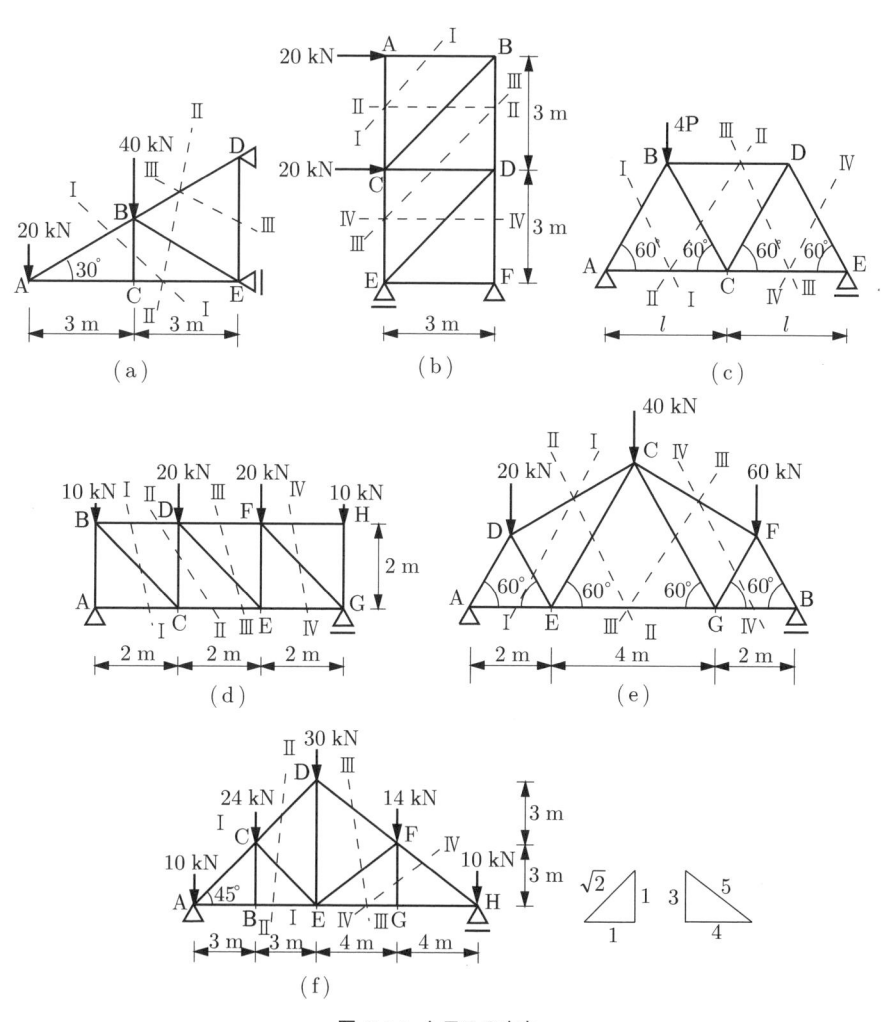

図 3.64 トラスの応力

第4章 応力と変形

皆さんは，第3章で静定構造物の応力計算を学びましたね．この応力(断面力)は，部材断面上に生じる応力度(ある1点の力)の分布を断面全体に足し合わせたものでした．この応力度は断面上にどのように分布しているのでしょうか．他方，物体は力を受けると変形します．本章では，部材断面の応力度分布とその大きさの求め方，および部材の応力と変形の関係について学びます．

4.1 軸方向応力と変形

本節では，軸方向に働く力と変形を学びます．皆さんは垂直応力度と垂直ひずみ度を理解し，軸方向力と垂直応力度との関係，垂直応力度と垂直ひずみ度との関係を学びます．また，材料の性質を表すヤング係数やポアソン比についても学ぶことになります．

4.1.1 軸方向力と垂直応力度

棒を押したり引っ張ったりすると，図3.2に示すように，棒の内部(小片)には，圧縮力や引張力と呼ばれる**軸方向力**が生じます．図4.1に示すように，この軸方向力の正体は，部材断面に垂直に，しかも均一に働く応力度を足し合わせた合力です．この応力度は断面に対して垂直に作用するので，**垂直応力度**(単に応力度ともいう)と言います．垂直応力度は，一般にギリシャ文字のσ(シグマ)を用いて表されます．

さて，数学では無数のものを足し合わせるときに積分が用いられます．今，断面上の微小面積dAを考えましょう．図4.2に示すように，微小面積には垂直応力度σが均一に作用しています．軸方向力Nは，微小断面上に作用する力$\sigma \times dA$を断面全体で足し合わせたものですから，

$$N = \int_A \sigma dA = \sigma \int_A dA = \sigma A \tag{4.1}$$

4.1 軸方向応力と変形 63

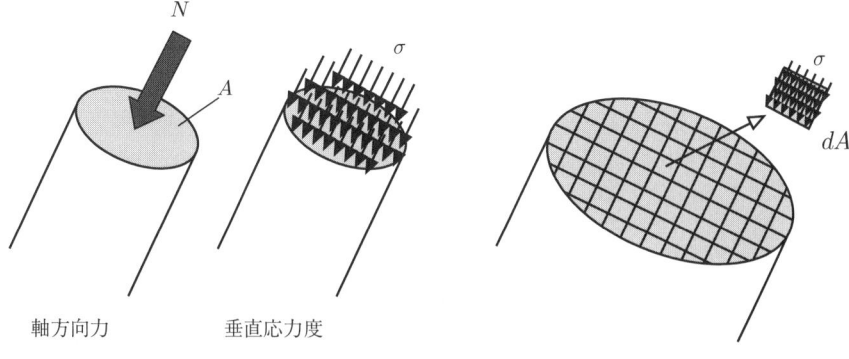

図 4.1 軸方向力と垂直応力度

図 4.2 微小面積に作用する垂直応力度

と表現できます．ここで，垂直応力度 σ は一定ですから，積分の外に出すことができます．また，

$$A = \int_A dA \tag{4.2}$$

は，微小断面積を断面全体に足し合わせたもの，すなわち**断面積**です．したがって，軸方向力は垂直応力度と断面積の積で表されます．逆に，垂直応力度は軸方向力を断面積で割ったものになります．すなわち，

$$\sigma = \frac{N}{A} \tag{4.3}$$

なお，垂直応力度の単位は通常 N/mm^2 で表されます．

4.1.2 変形と変位

物体は力を受けると変形します．この変形の程度を表す物理量は**ひずみ度**(単にひずみともいう)と呼ばれ，物体内の微小長さの変化率であると定義されます．このひずみ度は一般にギリシャ文字の ε (イプシロン) で表され，図 4.3 に示す変数を用いると，その定義式は次式になります．

$$\varepsilon = \frac{u(x+dx) - u(x)}{(x+dx) - x} = \frac{\left\{u(x) + \frac{du(x)}{dx}dx\right\} - u(x)}{dx} = \frac{du(x)}{dx} \tag{4.4}$$

ここで，$u(x+dx)$ はテイラー展開を行い，テイラー展開の第 3 項以降は高次の微小項として無視されています．

ところで，変形とよく似た言葉に変位があります．**変位**は物体内のある点が別のある点まで移動した距離や，物体内のある点の回転量のことを言います．式 (4.4) 中の $u(x)$ は，原点からの距離 x の変位を表しています．一方，**変形**は 2 点間の相対変位を表します．

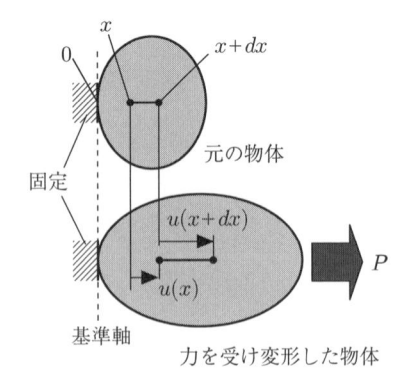

図 4.3 変位と変形

4.1.3 垂直ひずみ度と横ひずみとポアソン比

それでは，図 4.4 に示す棒が引っ張られたときの変形を考えてみましょう．このとき棒は，材軸方向にわずかながら伸びています．この棒全体の伸び量を Δl としましょう．棒度度の両端には荷重 P が働いていますから，棒の材軸方向の中心に原点をとって考えます．棒の原点は変位していないとすれば，棒の両端は $\Delta l/2$ だけ変位しています．したがって，原点から距離 x の変位 $u(x)$ は，$(\Delta l/2) \times x/(l/2) = (\Delta l/l) \times x$ になります．式 (4.4) に代入すると，

$$\varepsilon_x = \frac{d\{(\Delta l/l) \times x\}}{dx} = \frac{\Delta l}{l} \tag{4.5}$$

を得ます．つまり，棒の垂直ひずみ度 (**縦ひずみ**) は伸び量 (または縮み量) を棒のもとの長さで割ったものになります．なお，このひずみ度は x 方向のひずみ度を表していますので，添え字に x の文字をつけています．また，式 (4.5) は棒が圧縮されているときにも成り立ちます．通常，引張時を正，圧縮時を負として区別しています．

ところで，棒が引っ張られると棒の断面積はごくわずかですが減少します．逆に，棒が圧縮されると棒の断面積は微増します．この変形は**横ひずみ**と称し，図 4.5 に示すように棒の材軸方向と直角な方向に座標をとって，先ほどの垂直ひずみ度と同様に

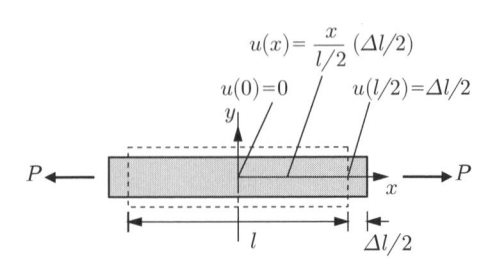

図 4.4 棒の垂直ひずみ度

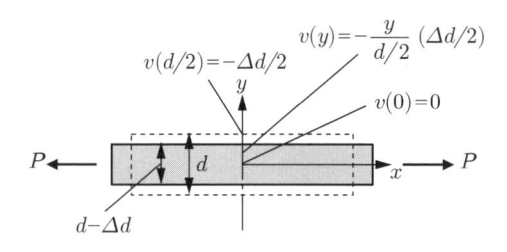

図 4.5 棒の横ひずみ度

分析することで求めることができます．その結果，横ひずみは次式で表されます．

$$\varepsilon_y = -\frac{\Delta d}{d} \tag{4.6}$$

すなわち，横ひずみは断面の縮み量 (または伸び量) を断面の高さ (または幅) で割ったものになります．なお，横ひずみは y 方向のひずみ度なので添え字に y をつけています．また，棒が引っ張られているときを基準に考えていますので，横ひずみには負の符号がついています．

この縦ひずみと横ひずみの間には何か関係がありそうです．縦ひずみに対する横ひずみの比は，材料ごとにある決まった値をもちます．たとえば，鋼材 (鉄) は 0.3，コンクリートは 0.18〜0.2 といった具合に．そこで，この比を，

$$\nu = -\frac{\varepsilon_y}{\varepsilon_x} \tag{4.7}$$

と定義して，**ポアソン比**と称します．ポアソン比はギリシャ文字の ν (ニュー) で表します．ただし，縦ひずみと横ひずみは常に異なる符号をもちますので，この比は正数になります．また，ポアソン比の大きさは最大で 0.5 です．

なお，ひずみ度とポアソン比は無次元量です．ただし，ひずみ度は百分率 [%] で表されることもあります．また，伸び量や縮み量は長さの単位 [mm] をもっています．

4.1.4 垂直応力度と垂直ひずみ度との関係

棒は引張力や圧縮力を受けることで伸びたり縮んだりしますので，垂直応力度 (断面上のある 1 点の力) と垂直ひずみ度 (断面上のある 1 点の変形) の間には何らかの関係があることは容易に想像できます．この関係を調べるために，棒鋼の引張試験 (図 4.6(a)) を行ったり，コンクリートシリンダーの圧縮試験 (図 4.6(b)) を行ったりします．それらの試験結果の一例を図 4.7 に示します．図 (a) は棒鋼の，図 (b) はコンクリートの結果を示しています．また，両図とも縦軸には垂直応力度を，横軸には垂直ひずみ度をとっています．両図から，垂直ひずみ度の小さい範囲では，垂直応力度と垂直ひずみ度は比例関係にあることがわかります．構造力学や材料力学では，実は両

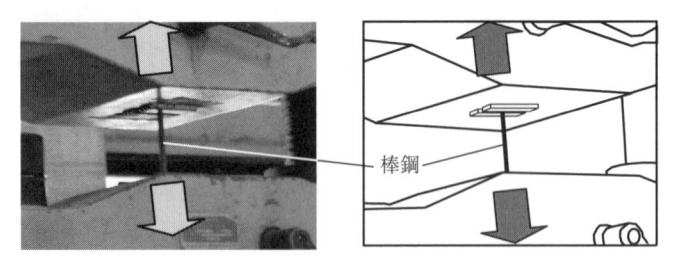

(a) 棒鋼の引張試験

(b) コンクリートの圧縮試験

図 4.6 材料の強度試験

(a) 鋼材（引張）　(b) コンクリート（圧縮）

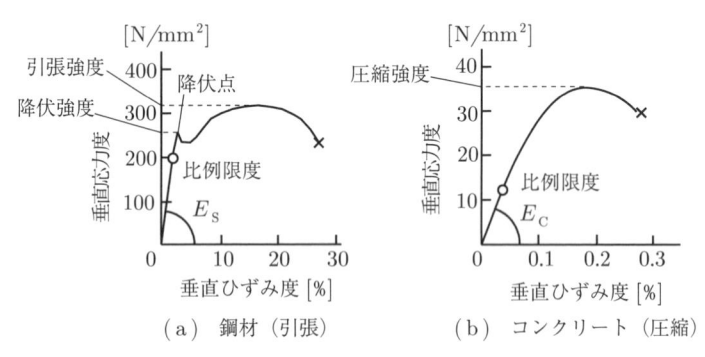

図 4.7 材料の応力度－ひずみ度関係

者の比例関係が成立する範囲の話をしています．また，この範囲の材料の性質を**弾性**と言います．材料の弾性域では垂直応力度と垂直ひずみ度は比例関係にあり，その直線の傾きは**ヤング係数** E と呼ばれる比例定数です．すなわち，

$$\sigma = E\varepsilon \tag{4.8}$$

この関係を**フックの法則**と言います．ヤング係数の物理的意味は材料の伸び縮みのしにくさを表しています．すなわち，ヤング係数が大きいと伸び縮みしにくい材料であることを意味します．なお，ヤング係数の単位は応力度と同じ [N/mm²] です．ま

た，この大きさは材料ごとに固有な値を持ち，たとえば，鋼材では 2.05×10^5 N/mm^2，普通コンクリートでは鋼材の約 10 分の 1 程度の値です．

現実の建築構造物は大きな地震などを受けると，構造材料はその**弾性域**を超えて**塑性域**と呼ばれる応力度とひずみ度の非線形領域に達することがあります．鋼材では，鋼材に生ずる応力が**降伏点**に達するまでに荷重を減ずると，棒はほぼもとの状態に戻りますが，降伏点を超えて荷重が増大するとそれ以後は応力の増大は小さくなり代わりに垂直ひずみ度が急激に増加します．降伏点を超えた後に荷重を減ずると鋼材はもとの状態に戻らず，残留ひずみが生じます．一方，コンクリートは不均質な材料ですから，比例限度が低く，比例限度を超えた後に圧縮荷重を減ずると残留ひずみを生じます．なお，コンクリートの引張強度は低く，普通コンクリートでは圧縮強度の 10 分の 1 程度と言われています．これに対して，鋼材は，引張力を受けても圧縮力を受けても，その応力度とひずみ度の関係は同じになります．

したがって，構造設計を行う場合は材料が弾性域を超える事態も考えて設計しなければなりません．本書では，この問題を 6.1 節と 10.3 節であつかっています．

例題 4.1

図 4.8 について，次の問に答えよ．

(1) 長さ 1 m，直径 22 mm の丸鋼の両端を 100 kN の力で引っ張るとき，棒の垂直応力度と垂直ひずみ度はいくらか．また，このとき棒はどの程度伸びるか．ただし，棒のヤング係数は 2.0×10^5 N/mm^2 とする．

(2) (1) の丸鋼の降伏強度 (図 4.7(a)) が 300 N/mm^2 であるとき，この棒の降伏荷重はいくらか．また，そのときの垂直ひずみ度と伸び量も求めよ．

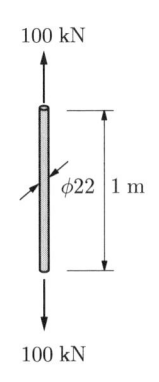

図 4.8 引張力を受ける丸鋼

解答

(1) $A = 11 \times 11 \times 3.14 = 380 \ [\mathrm{mm^2}]$

$\sigma = \dfrac{100 \times 10^3}{380} = 263.2 \ [\mathrm{N/mm^2}]$

$\varepsilon = \dfrac{\sigma}{E} = \dfrac{263.2}{2 \times 10^5} = 1.316 \times 10^{-3}$

$\varDelta l = \varepsilon l = 1.316 \times 10^{-3} \times 1000 = 1.316 \ [\mathrm{mm}]$

(2) $P_y = \sigma_y A = 300 \times 380 = 114 \ [\mathrm{kN}]$

$\varepsilon_y = \dfrac{\sigma_y}{E} = \dfrac{300}{2 \times 10^5} = 1.5 \times 10^{-3}$

$\varDelta l_y = \varepsilon_y l = 1.5 \times 10^{-3} \times 1000 = 1.5 \ [\mathrm{mm}]$

4.2 せん断応力と変形

本節では，部材断面と平行な方向に働く力と変形を学びます．皆さんはせん断応力度とせん断ひずみ度を理解し，せん断力とせん断応力度との関係，せん断応力度とせん断ひずみ度との関係や，ヤング係数とせん断弾性係数との関係を学びます．

4.2.1 せん断力とせん断応力度

図 3.3 に示すように，棒を材軸と直角方向に引きちぎろうとすると，棒の小片にはせん断力が生じます．このせん断力の正体は，図 4.9 に示すように部材断面と平行な方向に働く応力度を足し合わせた合力です．この応力度を**せん断応力度**と言います．せん断応力度は，一般にギリシャ文字の τ（タウ）を用いて表されます．また，その単位は垂直応力度と同様に通常 $\mathrm{N/mm^2}$ で表されます．

今，断面上の微小面積 dA を考えましょう．図 4.10 に示すようにせん断応力度 τ は微小面積上では均一に作用していると考えても差し支えありません．せん断力 Q は，

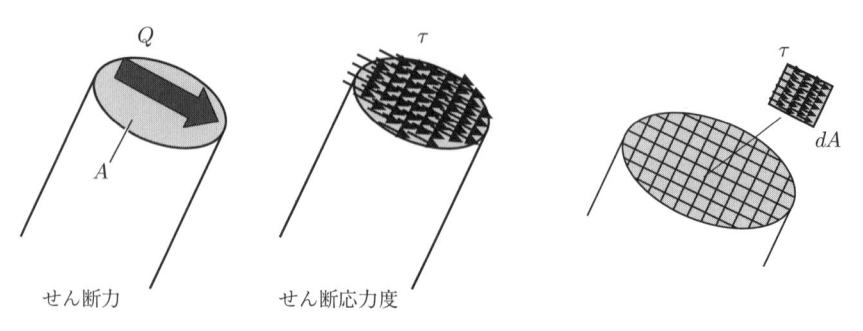

図 4.9 せん断力とせん断応力度

図 4.10 微小面積に作用するせん断応力度

断面上に作用する力 $\tau \times dA$ を断面全体で足し合わせたものですから，

$$Q = \int_A \tau \, dA \tag{4.9}$$

と表現できます．しかし，曲げを受ける部材ではせん断応力度は一般に断面上に均一に分布しない (6.3 節で詳述します) ので，τ を積分の外に出すことはできません．そこで，断面に働くせん断応力度の平均値を**平均せん断応力度**と称して，

$$\bar{\tau} = \frac{Q}{A} \tag{4.10}$$

と定義すれば，せん断力は平均せん断応力度と断面積の積で表されます．

なお，せん断力とせん断応力度との関係式は 6.3 節でとり上げます．また，設計においては，せん断応力度の最大値 $\tau_{\max}$ が必要になりますが，断面形状が決まれば平均せん断応力度と最大せん断応力度の比 κ (カッパ) が求まるため，この κ を用いて**最大せん断応力度**は計算されます．この最大せん断応力度を平均せん断応力度で割った値 (比) を**形状係数**と呼びます．

$$\kappa = \frac{\tau_{\max}}{\bar{\tau}} \tag{4.11}$$

形状係数も 6.3 節でとり上げますが，長方形断面の場合，最大せん断応力度は平均せん断応力度の 1.5 倍，すなわち形状係数は 1.5 であることが知られています．

4.2.2 せん断応力度とせん断ひずみ度との関係

せん断力による変形を**せん断ひずみ度**と言います．せん断ひずみ度の記号はギリシャ文字の γ (ガンマ) を用いて表されます．せん断ひずみ度の一般的な定義式の導き方は，少し難しいので，ここでは定義式のみを示しておきます．

$$\gamma = \frac{\partial u}{\partial y} + \frac{\partial v}{\partial x} \tag{4.12}$$

部材内部の微小要素をとり出すとその側面には，図 4.11(a) に示すようなせん断応力度が働いています．微小要素はこれらのせん断応力度によって，マッチ箱を潰したような変形になります．

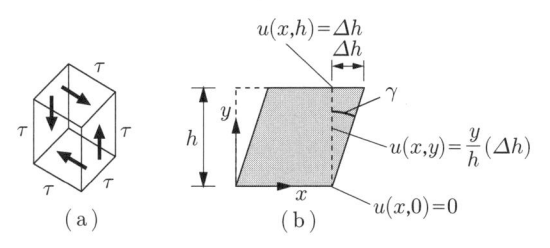

図 4.11 せん断変形とせん断ひずみ度

図 4.11(b) から,

$$u(x,y) = \frac{\Delta h}{h}y, \qquad v(x,y) = 0 \tag{4.13}$$

ですから，式 (4.12) に代入すると，

$$\gamma = \frac{\Delta h}{h} \tag{4.14}$$

を得ます．つまり，棒がせん断変形する問題では，せん断ひずみ度は棒の高さ h と棒の頂部の x 方向相対変位 Δh との比で表されることを意味しています．

さて，せん断応力度とせん断ひずみ度の間にも，垂直応力度と垂直ひずみ度と同様に比例関係が成り立ちます．すなわち，

$$\tau = G\gamma \tag{4.15}$$

ここで，G は**せん断弾性係数**と呼ばれる比例定数です．せん断弾性係数は，ヤング係数とポアソン比が与えられれば，

$$G = \frac{E}{2(1+\nu)} \tag{4.16}$$

から求めることができます．実は，弾性係数にはヤング係数 E とせん断弾性係数 G の他に**体積弾性係数** K があり，ポアソン比を介してお互いに関連しあっています．せん断弾性係数の単位も N/mm^2 です（なお，応力度やひずみ度，弾性係数について，より詳しく知りたい人は弾性論を勉強してください）．

例題 4.2

[1] 100 kN のせん断力を生じるはりがある．次の問に答えよ．ただし，はりは $b \times D = 100 \times 200 \ [mm^2]$ の長方形断面とする．

(1) 断面の平均せん断応力度はいくらか．

(2) このはり断面に生じる最大せん断応力度を求めよ．

[2] 図 4.12 に示すように，1 辺 20 cm のコンクリート製の立方体の上下面および左右側面に $Q = 100 \ [kN]$ のせん断力を加えた場合，次の問に答えよ．ただし，このコンクリートのヤング係数は $2.0 \times 10^4 \ N/mm^2$，ポアソン比は 0.17 とする．

(1) このコンクリートのせん断弾性係数はいくらか．

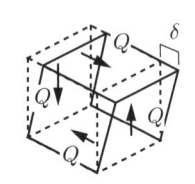

図 4.12 コンクリート製立方体

(2) この立方体のせん断力による水平方向の変形量 (下面に対する上面の相対変形量) δ はいくらか.

解答 [1] (1) $\bar{\tau} = \dfrac{100 \times 10^3}{100 \times 200} = 5 \, [\mathrm{N/mm^2}]$

(2) $\tau_{\max} = 1.5 \times 5 = 7.5 \, [\mathrm{N/mm^2}]$

[2] (1) $G = \dfrac{E}{2(1+\nu)} = \dfrac{2.0 \times 10^4}{2(1+0.17)} = 8547 \, [\mathrm{N/mm^2}]$

(2) $\tau = \dfrac{Q}{A} = \dfrac{100 \times 10^3}{200 \times 200} = 2.5 \, [\mathrm{N/mm^2}]$

$\gamma = \dfrac{\tau}{G} = \dfrac{2.5}{8547} = 2.93 \times 10^{-4}$

$\delta = \gamma \times h = 2.93 \times 10^{-4} \times 200 = 0.0585 \, [\mathrm{mm}]$

4.3 曲げ応力と変形

本節では，曲げ応力と変形を学びます．皆さんは曲げ応力度と曲率を理解し，曲げモーメントと曲げ応力度との関係，曲げ応力度と曲率との関係を学びます．

4.3.1 曲げモーメントと曲げ応力度と曲率

図 3.4 に示すように，棒を曲げると棒の小片には曲げモーメントが生じます．曲げモーメントは，断面上では図 4.13 のような引張応力度と圧縮応力度が生じています．引張応力度も圧縮応力度も生じない軸を**中立軸**と言います．垂直応力度の大きさはこの中立軸から離れるに従って比例して大きくなり，断面の縁では一般に最も大きくなります．このように，曲げにともなって生じる垂直応力度の分布を**曲げ応力度**と言います．

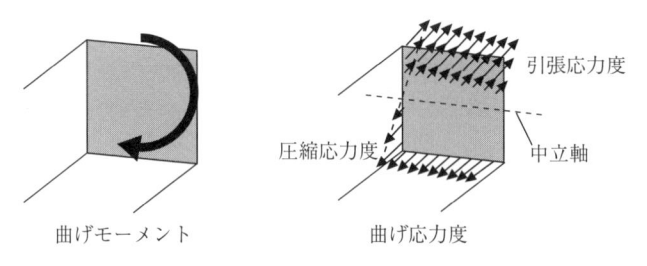

図 4.13 曲げモーメントと曲げ応力度

今，中立軸から距離 y 離れた位置の微小面積 dA を考えましょう．図 4.14 に示すように微小断面積には垂直応力度 σ が均一に作用しています．この微小面積に作用する力 $\sigma \times dA$ は，中立軸回りに $\sigma dA \times y$ なるモーメントを引き起こします．このモーメ

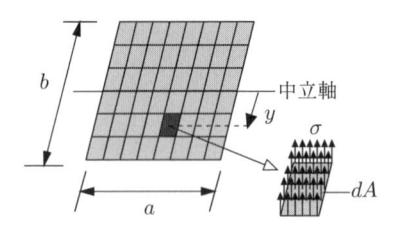

図 4.14 微小面積に作用する曲げ応力度

ントを断面全体で足し合わせたものが**曲げモーメント** M になりますので，

$$M = \int_A \sigma y \, dA \tag{4.17}$$

が成り立ちます．

曲げによって変形した断面が平面を保持する (**平面保持の仮定**) とするならば，中立軸から距離 y 離れた位置での小片の伸縮量は，図 4.15 に示すように，$d\theta y$ で与えられますので，その位置でのひずみ度は $\varepsilon = \phi y$ となります．ここで，ϕ は曲率を表しています．ひずみ度が点の変形を表すのに対して，**曲率**は断面の変形を表すものです．また，**フックの法則**が成り立ちますので，垂直応力度は，$\sigma = E\varepsilon = E\phi y$ で表されます．この式を式 (4.17) に代入します．このときヤング係数と曲率は一定ですから，これらを式 (4.17) 中の積分の外に出すことができます．

$$M = E\phi \int_A y^2 \, dA = EI\phi \tag{4.18}$$

ここで，

$$I = \int_A y^2 \, dA \tag{4.19}$$

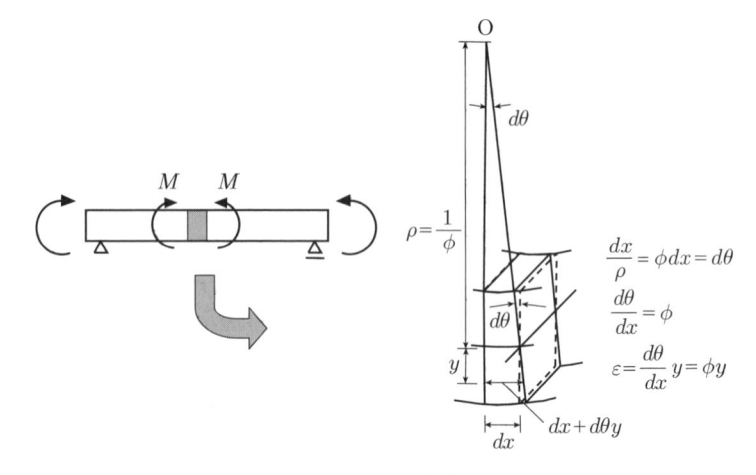

図 4.15 はりの曲げ変形

は，**断面 2 次モーメント**と呼ばれる係数です．断面 2 次モーメントについては，第 5 章で詳述します．また，式 (4.18) に，$\sigma = E\phi y$ の関係を再代入して，曲率 ϕ を消去すれば，曲げに伴う垂直応力度は，

$$\sigma = \frac{M}{I} y \tag{4.20}$$

と表すことができます．

なお，式 (4.18) の導出は，7.1.2 項においても再度詳述します．また，曲率の単位は 1/m または 1/mm です．また，断面 2 次モーメントの単位は m^4 または mm^4 です．

4.3.2 応力と応力度，応力と変形の関係

以上のことを応力と応力度についてまとめますと以下の通りになります．

$$\sigma = \frac{N}{A}, \qquad \bar{\tau} = \frac{Q}{A}, \qquad \sigma = \frac{M}{I} y \tag{4.21}$$

一方，応力と変形の関係でまとめますと以下の通りになります．

$$N = EA\varepsilon, \qquad Q = GA\gamma, \qquad M = -EI\phi \ ^{1)} \tag{4.22}$$

例題 4.3

図 4.16 に示すように長方形はり断面 ($b \times h = 180 \text{ [mm]} \times 240 \text{ [mm]}$) に曲げモーメント ($M = 50 \text{ [kNm]}$) が作用するとき，はり断面に生じる曲率と最大垂直応力度 (**縁応力度**) を求めなさい．ただし，はり材のヤング係数は $2.0 \times 10^5 \text{ N/mm}^2$ とし，長方形断面の断面 2 次モーメントは $I = bh^3/12$ で与えられる．

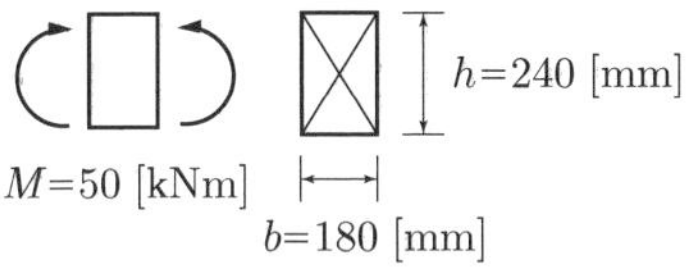

図 4.16 曲げを受けるはりの小片

解答

$$I = \frac{180 \times 240^3}{12} = 2.074 \times 10^8 \text{ [mm}^4\text{]}$$

$$\phi = -\frac{M}{EI} = -\frac{50 \times 10^6}{2 \times 10^5 \times 2.074 \times 10^8} = -1.205 \times 10^{-6} \text{ [1/mm]}$$

$$\sigma = \frac{M}{I} \times \frac{h}{2} = \frac{50 \times 10^6}{2.074 \times 10^8} \times \frac{240}{2} = 28.9 \text{ [N/mm}^2\text{]}$$

---

1) はりの場合，曲げモーメントは通常微小片が下に凸のとき正であるのに対して，曲率は上に凸のとき正になっています．そのため，$M = -EI\phi$ と負の符号が付きます．

演習問題 4

4.1 軸方向応力と変形

(1) 次の問に答えよ．
  ① 長さ 6 m，直径 25 mm の丸鋼の両端を 150 kN の力で引っ張るとき，棒の垂直応力度と垂直ひずみ度はいくらか．また，このとき棒はどの程度伸びるか．ただし，棒のヤング係数は 2.0×10^5 N/mm^2 とする．
  ② ① の丸鋼の降伏強度が 200 N/mm^2 であるとき，この棒の降伏荷重はいくらか．また，そのときの垂直ひずみ度と伸び量も求めよ．

(2) 図 4.17 に示す直径 150 mm，高さ 300 mm の円柱形のコンクリートの供試体に 120 kN の圧縮力を加えたとき，縦 (材軸) 方向に 0.1 mm 縮んで，横 (直径) 方向に 0.008 mm 伸びた．この場合について，次の問に答えよ．
  ① このコンクリートのヤング係数はいくらか．
  ② このコンクリートのポアソン比はいくらか．

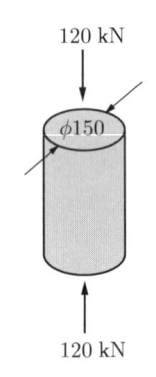

図 4.17 円柱形のコンクリート供試体

(3) 単位に関する次の質問に答えよ．
  ① 1 kgf は 9.81 N である．では，1 N は何 kgf であるか．
  ② 1 kgf/cm^2 は何 N/mm^2 であるか．
  ③ 1 N/mm^2 は何 kgf/cm^2 であるか．
  ④ 1 N/mm^2 は何 kN/m^2 であるか．

4.2 せん断応力と変形

(1) 50kN のせん断力を生じるはりがある．このはり断面に生じる平均せん断応力度と最大せん断応力度を求めよ．ただし，はりは $b \times D = 50 \times 100$ [mm^2] の長方形断面とする．

(2) 1 辺 50 cm の鋼製の立方体の上下面および左右側面に $Q = 500$ [kN] のせん断力を加えた場合，次の問に答えよ．ただし，この鋼材のせん断弾性係数は 8.0×10^4 N/mm^2，ポアソン比は 0.28 とする (図 4.12 参照)．

① この立方体のせん断力による水平方向の変形量 (下面に対する上面の相対変形量)δ はいくらか.
② この鋼材のヤング係数はいくらか.

4.3 曲げ応力と変形

(1) 図 4.18 に示す長さ 2 m の先端に集中荷重 20 kN が作用する片持ばりについて，以下の設問に答えよ．ただし，はり材のヤング係数は 2.0×10^4 N/mm² とする．

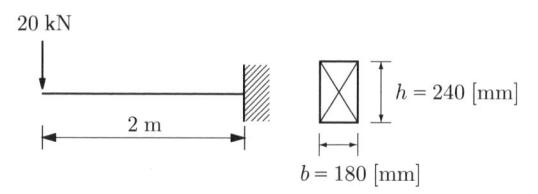

図 4.18 集中荷重を受ける片持ばり

① はりに生じる最大曲げモーメントはいくらか.
② 今，はり断面が $b \times h =$ 180 [mm] × 240 [mm] なる長方形断面を有しているとき，はりに最大曲げモーメントが生じる断面での曲率と最大垂直応力度 (縁応力度) を求めよ．

(2) 図 4.19 に示す等分布荷重 36 kN/m を受ける長さ 4 m の単純ばりについて，以下の設問に答えよ．ただし，はり材のヤング係数は 2.0×10^4 N/mm² とする．
① はりに生じる最大曲げモーメントはいくらか.
② 今，はり断面が $b \times h =$ 200 [mm] × 300 [mm] なる長方形断面を有しているとき，はりに最大曲げモーメントが生じる断面での曲率と最大垂直応力度 (縁応力度) を求めよ．

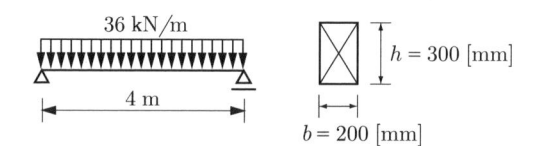

図 4.19 等分布荷重を受ける単純ばり

第5章 断面の諸係数

　第4章では，皆さんは，部材の断面上に作用する応力度の分布とその大きさを学びました．また，応力と変形の関係についても学びました．本章では，応力や変形を求める際に必要な断面の諸係数について解説しています．

5.1 断面1次モーメントと図心

　本節では，断面の諸係数のひとつである断面1次モーメントを学びます．断面1次モーメントは断面の図心やせん断応力度を求めるときに使われます．

5.1.1 材軸線と断面1次モーメント

　材軸線の話をする前に，皆さんは，**バリニオンの定理**を知っておいてください．この定理は，「多くの平行な力が作用するとき，それらの力による任意点まわりのそれぞれの力によるモーメントの総和は，これらの力の合力によるその点まわりのモーメントに等しい」というものです．

　さて，皆さんは，第4章において，棒が引っ張られているとき，棒の断面には均一な垂直応力度が作用することを学びました．また，垂直応力度の合力が軸方向力であることも学びました．しかし，この軸方向力は断面上のどこに作用するのでしょうか．この作用線が**材軸線**と呼ばれているもので，構造力学では，構造物をこの線上に断面が集約されていると理想化して解法を行っています．

　図 5.1(a) に示すように，はり断面に対して直交座標系を決めます．x 軸からの距離 y の位置にあるはりの微小断面に垂直応力度 σ が均一に作用しているとします．この垂直応力度は，部材が引っ張られているとき，図 5.1(b) に示すように断面全体に均一に生じています．一方，軸方向力は，x 軸からの距離 y_o の位置にあるとします．これらの力に対して，バリニオンの定理を適用すると，次式が成り立ちます．

$$N \times y_\mathrm{o} = \int_A \sigma y\, dA \quad \rightarrow \quad \sigma A y_\mathrm{o} = \sigma \int_A y\, dA \tag{5.1}$$

ここで，σ を消去すると，

$$y_\mathrm{o} = \frac{\int_A y\, dA}{A} \tag{5.2}$$

となります．これは，y 軸に関しても言えますので，式 (5.2) において右辺分子の積分を**断面 1 次モーメント**と称し，

$$S_x = \int_A y\, dA, \qquad S_y = \int_A x\, dA \tag{5.3}$$

と定義すれば，材軸線の座標 $(x_\mathrm{o}, y_\mathrm{o})$ は，

$$x_\mathrm{o} = \frac{S_y}{A}, \qquad y_\mathrm{o} = \frac{S_x}{A} \tag{5.4}$$

で与えられます．ここで，添え字の y は y 軸を基準にしたときの断面 1 次モーメントを表していますので，得られる図心の距離は x_o です．逆に，x 軸を基準にした場合は，y_o が得られます．

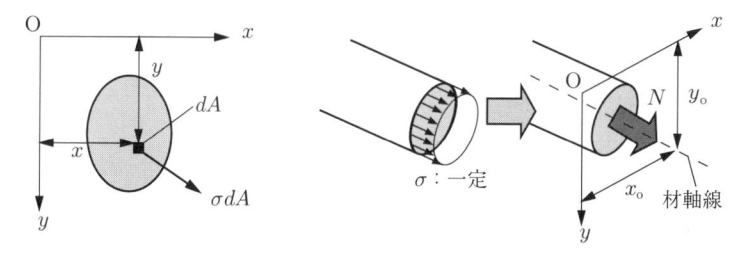

（a）断面と直交座標系　　　　　（b）垂直応力度と軸方向力

図 5.1 材軸線とその位置

5.1.2 図心と断面 1 次モーメント

材軸線の座標 $(x_\mathrm{o}, y_\mathrm{o})$ は，**断面の図心**にあたります．式 (5.4) は変形すると，断面 1 次モーメントは，断面積と図心までの距離との積で表記することができます．このことは，もし断面がいくつかの基本図形で構成されているなら，断面 1 次モーメントは各図形の断面積とその図心までの距離との積をそれぞれ求めた後に足し合わせて求められることを意味しています (5.1.3 項参照)．

それでは，図 5.2(a) に示すような長方形断面の断面 1 次モーメントを求めてみましょう．

$$S_x = \int_0^h by\, dy = b\left[\frac{y^2}{2}\right]_0^h = \frac{bh^2}{2} \tag{5.5}$$

となります．$A = bh$ ですから，図心 y_o は $y_o = h/2$ です．では，図心を通る断面1次モーメントはどうなるのでしょうか．図 5.2(b) から，それは，

$$S_x = \int_{-h/2}^{h/2} by\,dy = b\left[\frac{y^2}{2}\right]_{-h/2}^{h/2} = b\left(\frac{h^2}{8} - \frac{h^2}{8}\right) = 0 \tag{5.6}$$

となります．すなわち，図心とは，断面1次モーメントが0となる点です．

表 5.1 に主な基本図形の図心を示します．

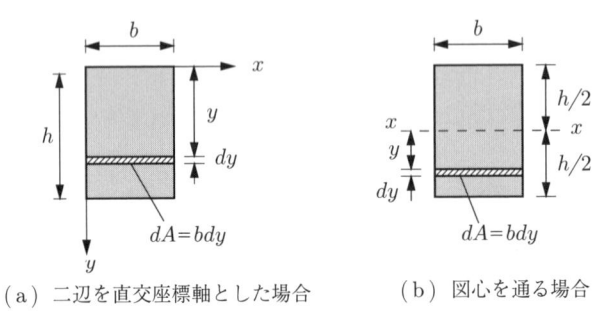

(a) 二辺を直交座標軸とした場合　　(b) 図心を通る場合

図 5.2 長方形断面の断面1次モーメント

表 5.1 基本図形の図心

	長方形	三角形	円
図　形			
図　心	G $(b/2, h/2)$	G $(b/3, h/3)$	G (r, r)

5.1.3　図心の計算と解法

図 5.3 に示すようないくつかの図形が組み合わされて構成されている断面の図心 (x_o, y_o) を求めるにはどうしたらよいでしょう．まず，任意の点に原点を置き，x, y 座標を定義します．次に，断面を図心位置が明らかな長方形または三角形に分割して，分割された i 番目の図形の図心位置を (x_i, y_i)，面積を A_i とすると，図心の座標は次式で与えられます．

5.1 断面1次モーメントと図心

$$x_\mathrm{o} = \frac{S_y}{A} = \frac{\sum_{i=1}^{n} x_i A_i}{\sum_{i=1}^{n} A_i}, \quad y_\mathrm{o} = \frac{S_y}{A} = \frac{\sum_{i=1}^{n} y_i A_i}{\sum_{i=1}^{n} A_i} \tag{5.7}$$

ここに，S_x, S_y は x, y 軸まわりの断面1次モーメントで，A は断面の総面積です．

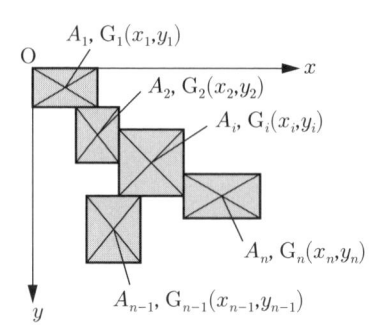

図 5.3 複数図形による断面

それでは，具体的な解法を説明します．図 5.4 に示す断面の (原点 O からの) 図心位置 G $(x_\mathrm{o}, y_\mathrm{o})$ を求めてみましょう．ただし，長さの単位は cm です．

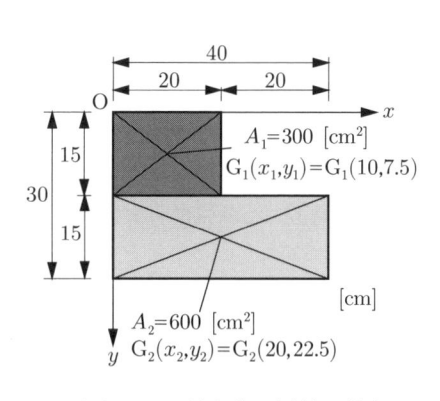

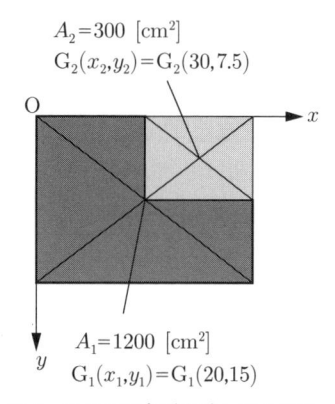

(a) 二つの長方形に分割する場合　　(b) 二つの長方形を差し引く場合

図 5.4 複数図形断面の図心

図 5.4(a) は，二つの長方形に分割した場合の例です．全断面積は，

$$A = A_1 + A_2 = 300 + 600 = 900 \ [\mathrm{cm}^2]$$

です．x 軸回りの断面1次モーメントは，

$$S_x = A_1 \times y_1 + A_2 \times y_2 = 300 \times 7.5 + 600 \times 22.5 = 15750 \ [\mathrm{cm}^3]$$

となります．一方，y 軸回りの断面 1 次モーメントは，

$$S_y = A_1 \times x_1 + A_2 \times x_2 = 300 \times 10 + 600 \times 20 = 15000 \ [\mathrm{cm}^3]$$

となります．したがって，断面の図心 $\mathrm{G}(x_\mathrm{o}, y_\mathrm{o})$ は，

$$x_\mathrm{o} = \frac{S_y}{A} = \frac{15000}{900} = 16.7 \ [\mathrm{cm}], \qquad y_\mathrm{o} = \frac{S_x}{A} = \frac{15750}{900} = 17.5 \ [\mathrm{cm}]$$

であることがわかります．

　この問題では，図 5.4(b) のように大きな長方形から小さい長方形を差し引くことでも図心を求めることができます．全断面積は，次のように計算できます．

$$A = A_1 - A_2 = 1200 - 300 = 900 \ [\mathrm{cm}^2]$$

また，x 軸回りの断面 1 次モーメントは，

$$S_x = A_1 \times y_1 - A_2 \times y_2 = 1200 \times 15 - 300 \times 7.5 = 15750 \ [\mathrm{cm}^3]$$

となります．一方，y 軸回りの断面 1 次モーメントは，

$$S_y = A_1 \times x_1 - A_2 \times x_2 = 1200 \times 20 - 300 \times 30 = 15000 \ [\mathrm{cm}^3]$$

となります．

5.2 断面 2 次モーメントと曲げ応力度

　本節では，曲げと深い関係にある断面 2 次モーメントを学びます．ラーメン構造では，比較的細長い部材を用いて骨組を構成しています．これは部材を曲げ材としてあつかうからです．したがって，断面 2 次モーメントは構造設計する上でも，非常に重要な係数です．

5.2.1 中立軸と図心

　曲げ応力度の中立軸は断面のどの位置にあるのでしょうか．曲げにともなう垂直応力度は，$\sigma = -E\phi y$ で表されます (4.3.1 項参照)．部材は曲げられているだけで軸方向力は作用していませんので，断面全体の垂直応力度の和は 0 になります．すなわち，下式が成立します．

$$\int_A \sigma \, dA = -\int_A E\phi y \, dA = -E\phi \int_A y \, dA = -E\phi S_x = 0 \tag{5.8}$$

ここで，ヤング係数 E と曲率 ϕ は 0 ではありませんので，断面 1 次モーメントは 0 になります．したがって，中立軸は断面の図心を通ります．

5.2.2 中立軸まわりの断面2次モーメント

はりの場合，一般に曲げはあるひとつの方向にしか作用しません．しかし，柱は，曲げを二方向から受けます．この場合は，柱断面上に直交座標軸をとって，2軸問題としてあつかいます．したがって，断面2次モーメントは，一般に，

$$I_x = \int_A y^2 \, dA, \qquad I_y = \int_A x^2 \, dA \tag{5.9}$$

と定義されます．ここで，図5.5(a)に示す添え字 x は x 軸を表し，y は y 軸を表しています．

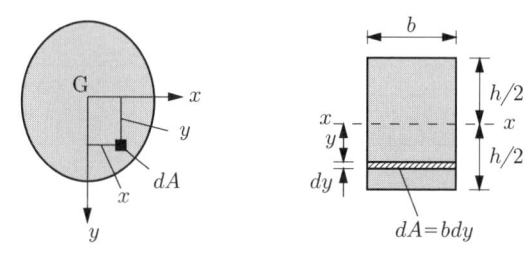

(a) 任意断面と直交座標軸　　(b) 長方形断面の場合

図 5.5 中立軸回りの断面2次モーメント

それでは，式(5.9)を用いて，図5.5(b)に示す長方形断面の断面2次モーメントを求めてみましょう．

$$I_x = \int_{-h/2}^{h/2} y^2 (b\,dy) = b \left[\frac{y^3}{3} \right]_{-h/2}^{h/2} = b \left\{ \frac{h^3}{24} - \left(-\frac{h^3}{24}\right) \right\} = \frac{bh^3}{12} \tag{5.10}$$

他方，y 軸まわりの断面2次モーメントも同様にして求めることができ，

$$I_y = \frac{b^3 h}{12} \tag{5.11}$$

となります．皆さんは，中立軸に対して断面のせいにあたる長さに3乗がつくことに気をつけてください．また，この長方形断面の断面2次モーメントは公式として覚えましょう．

表5.2に基本図形の図心まわりの断面2次モーメントを示します．

ところで，断面2次モーメントとはいったい何でしょうか．断面2次モーメントは式(5.9)で定義される係数ですが，これでは単なる公式にすぎません．そこで，次のことを考えてみます．

はりが曲げられるとき，はりの小片には曲げ応力度が生じます．中立軸を境にして断面の一方には引張応力度が作用し，もう一方の断面部分には圧縮応力度が作用することを皆さんは学びましたね．今，はりの断面が長方形であるならば，図5.6に示す

表 5.2 基本図形の図心まわりの断面2次モーメント

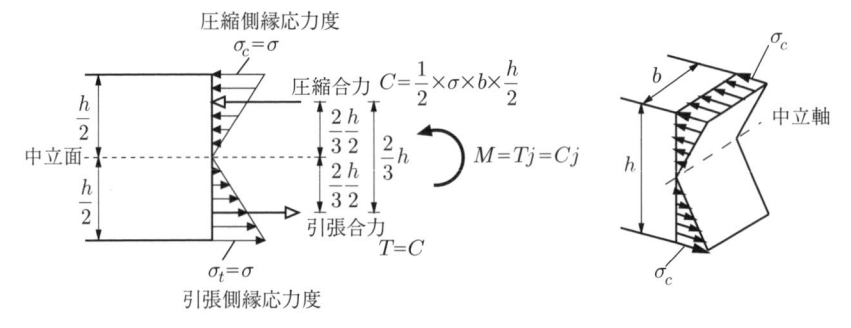

図形		長方形	三角形	円
断面2次モーメント	I_x	$\dfrac{bh^3}{12}$	$\dfrac{bh^3}{36}$	$\dfrac{\pi d^4}{64}$
	I_y	$\dfrac{b^3h}{12}$	$\dfrac{b^3h}{36}$	$\dfrac{\pi d^4}{64}$

図 5.6 曲げ応力度と縁応力度

ように引張応力度と圧縮応力度の分布はどちらも同じ三角柱の分布をしています．なお，このような断面上に分布している応力度の塊を**ストレスブロック**と言います．

引張応力度の合力 T の大きさは，ストレスブロックの体積を求めることによって求められますので，

$$T = \frac{1}{2} \times \sigma \times b \times \frac{h}{2} = \sigma \times \frac{bh}{4} \tag{5.12}$$

となります．圧縮応力度の合力 C も同じ大きさです．引張合力の作用線と圧縮合力の作用線間の最短距離を**応力中心間距離** j と呼びます．曲げモーメントは引張合力と応力中心間距離との積 $T \times j$ または圧縮合力と応力中心間距離との積 $C \times j$ で表せます．図 5.6 では，応力中心間距離は $j = 2h/3$ ですから，曲げモーメントは，

$$M = \left(\sigma \times \frac{bh}{4} \right) \times \frac{2}{3}h = \sigma \times \frac{bh^2}{6} \tag{5.13}$$

と表せ，さらに上式を変形すると，縁応力度は，

$$\sigma = \frac{M}{bh^3/12} \times \frac{h}{2} \tag{5.14}$$

と表せます．右辺の分母は，長方形断面の中立軸回りの断面2次モーメントです．式(5.14)は曲げモーメントと**縁応力度**(最大垂直応力度)との関係を表しています．$h/2$を中立軸からの距離 y に置き換えてやれば，中立軸からの距離 y での垂直応力度の大きさを求める式になります(式(4.20))．したがって，断面2次モーメントは，このように曲げ応力度の大きさを求める係数です．また，$M = -EI\phi$ ですから，断面2次モーメントは曲げ変形のしにくさを表す係数でもあります(4.3.1項参照)．

5.2.3 平行軸定理

ところで，中立軸の位置が断面の図心から離れている場合の断面2次モーメントは，どのように計算すれば良いのでしょうか．

図5.7に示すように，断面の図心から Y_o 離れた X 軸まわりの断面2次モーメント I_X は，X 軸と平行な断面の図心を通る x 軸まわりの断面2次モーメント I_x が既知であれば，

$$\begin{aligned} I_X &= \int_A Y^2 dA = \int_A (y + Y_\mathrm{o})^2 dA = \int_A (y^2 + 2yY_\mathrm{o} + Y_\mathrm{o}^2) dA \\ &= \int_A y^2 dA + 2Y_\mathrm{o} \int_A y\, dA + Y_\mathrm{o}^2 \int_A dA = I_x + 2Y_\mathrm{o} S_x + Y_\mathrm{o}^2 A = I_x + Y_\mathrm{o}^2 A \end{aligned} \tag{5.15}$$

となります．ここで，断面1次モーメント S_x は，x 軸が断面の図心を通るので0です．

式(5.15)は，断面の図心とは異なる軸まわりの断面2次モーメントは，その軸と平行な図心まわりの断面2次モーメントに，図心からその軸までの垂線の距離の二乗と断面積との積を加算することで求められることを意味しています．これを**平行軸定理**と呼びます．平行軸定理は，基本図形を組み合わせて構成される断面の図心まわり

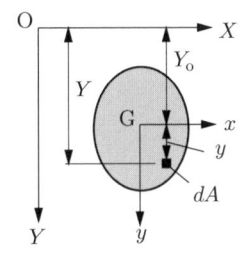

図 5.7 平行軸定理

の断面2次モーメントを計算する場合などに用いられます．次にその計算方法を説明します．

5.2.4 断面2次モーメントの計算

断面2次モーメントは，通常断面の図心を原点とする中立軸座標 x, y に関して計算されます．したがって，図心位置がわかっていない場合は，まず図心位置を求めます．そして，断面1次モーメントの計算と同様に，断面を図心位置が明らかな基本図形に分割して，分割された i 番目の図形の図心位置を (x_i, y_i) (ただし，この場合は断面全体の図心を原点とします)，面積を A_i，i 番目の図形の図心まわりの断面2次モーメントを I_{xi}, I_{yi} とすれば，断面全体の断面2次モーメントは次式で与えられます．

$$I_x = \sum_{i=1}^{n} \left(I_{xi} + y_i^2 A_i \right), \quad I_y = \sum_{i=1}^{n} \left(I_{yi} + x_i^2 A_i \right) \tag{5.16}$$

ここに，I_x, I_y は，x, y 軸まわりの断面2次モーメントです．

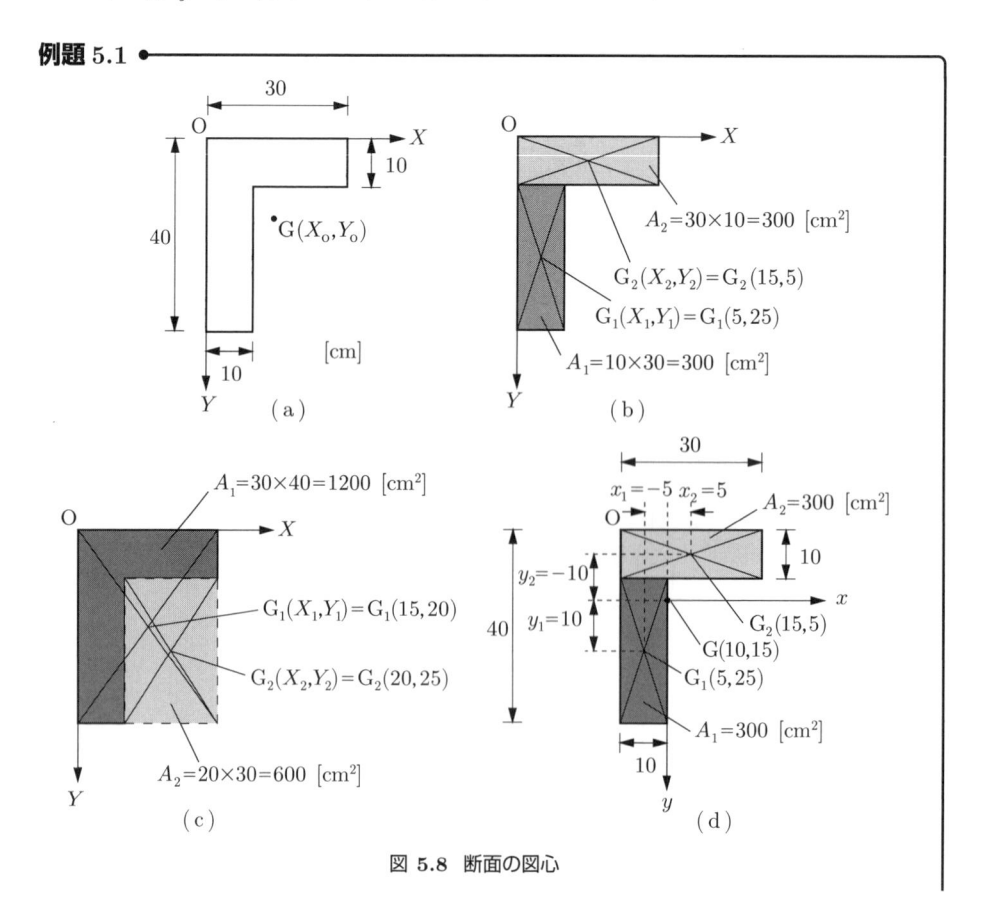

例題 5.1

図 5.8 断面の図心

(1) 図 5.8(a) に示す断面の (原点 O からの) 図心位置 $G(X_o, Y_o)$ を求めよ．ただし，長さの単位は cm である．

(2) 図 5.8(d) に示す断面の図心まわりの断面 2 次モーメント (I_x, I_y) を求めよ．ただし，長さの単位は cm である．

解答 (1) (解答 1) 図 5.8(b) 参照

$$A = A_1 + A_2 = 600 \, [\text{cm}^2]$$
$$S_X = A_1 \times Y_1 + A_2 \times Y_2 = 300 \times 25 + 300 \times 5 = 9000 \, [\text{cm}^3]$$
$$S_Y = A_1 \times X_1 + A_2 \times X_2 = 300 \times 5 + 300 \times 15 = 6000 \, [\text{cm}^3]$$
$$Y_o = \frac{S_X}{A} = \frac{9000}{600} = 15 \, [\text{cm}], \quad X_o = \frac{S_Y}{A} = \frac{6000}{600} = 10 \, [\text{cm}]$$

(解答 2) 図 5.8(c) 参照

$$A = A_1 - A_2 = 600 \, [\text{cm}^2]$$
$$S_X = A_1 \times Y_1 - A_2 \times Y_2 = 1200 \times 20 - 600 \times 25 = 9000 \, [\text{cm}^3]$$
$$S_Y = A_1 \times X_1 - A_2 \times X_2 = 1200 \times 15 - 600 \times 20 = 6000 \, [\text{cm}^3]$$

(2) 図 5.8(d) では，断面全体を二つの長方形に分割しています．図 5.8(d) 中には X, Y 軸に対する断面全体の図心や分割した図形の図心の座標を示していますが，これを断面全体の図心 G を原点にすると，二つの長方形の図心の座標は，$G_1(x_1, y_1) = G_1(-5, 10)$，$G_2(x_2, y_2) = G_1(5, -10)$ となります．したがって，式 (5.16) を用いれば，x, y 軸回りの断面 2 次モーメントを次のように求めることができます．

$$I_x = \frac{10 \times 30^3}{12} + y_1^2 \times A_1 + \frac{30 \times 10^3}{12} + y_2^2 \times A_2$$
$$= 22500 + 10^2 \times 300 + 2500 + (-10)^2 \times 300 = 85000 \, [\text{cm}^4]$$
$$I_y = \frac{30 \times 10^3}{12} + x_1^2 \times A_1 + \frac{10 \times 30^3}{12} + x_2^2 \times A_2$$
$$= 2500 + (-5)^2 \times 300 + 22500 + 5^2 \times 300 = 40000 \, [\text{cm}^4]$$

なお，この問題では図 5.8(c) に示すような大きな長方形と小さな長方形にも分割することができますが，読者の皆さんは挑戦してみてください．

5.3 断面相乗モーメントと主軸

本節では，断面相乗モーメントと，断面の主軸および主断面 2 次モーメントを学びます．

5.3.1 断面の主軸

たとえば，はりを設計するとき，はりはできるだけ丈夫で，変形しないことが望まれます．そのためには，はり断面に生じる垂直応力度や，曲率ができるだけ小さくなるように，つまり，断面 2 次モーメントができるだけ大きくなるように，はり断面を設計すれば良いことになります．

断面 2 次モーメントは，一般に図心を原点とする直交軸に対して計算されますが，直交軸は角度を変えれば無数に存在します．しかし，通常，その中のあるひとつの軸に対して断面 2 次モーメントの値は最大になります．他方，その軸とは直角な方向の軸に対する断面 2 次モーメントの値は最小になります．このように断面 2 次モーメントの値が最大や最小になる直交座標軸のことを**断面の主軸**と呼んでいます．また，主軸の断面 2 次モーメントを**主断面 2 次モーメント**と言います．

5.3.2 断面相乗モーメント

この主軸は，**断面相乗モーメント**という係数が 0 になる座標軸です．図 5.9(a) に示す断面相乗モーメントは，下式で定義される断面の諸係数のひとつです．

$$I_{xy} = \int_A xy\, dA \tag{5.17}$$

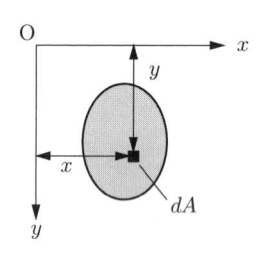

(a) 任意断面と直交座標系　　(b) 図心を座標軸とする長方形断面

図 5.9 断面相乗モーメント

図 5.9(b) に示す長方形の断面相乗モーメントを求めてみましょう．

$$I_{xy} = \int_{-h/2}^{h/2}\int_{-b/2}^{b/2} xy\, dxdy = \int_{-h/2}^{h/2} y\, dy \int_{-b/2}^{b/2} x\, dx = \left[\frac{y^2}{2}\right]_{-h/2}^{h/2}\left[\frac{x^2}{2}\right]_{-b/2}^{b/2} = 0 \tag{5.18}$$

すなわち，直交座標軸のどちらかの軸が対称であれば断面相乗モーメントは 0 になります．

5.3.3 断面相乗モーメントの計算

断面相乗モーメントは，通常断面の図心を原点とする座標 x, y に関して計算されます．したがって，図心位置がわかっていない場合は，図 5.10 のように X, Y 軸を設定し図心位置を求めます．そして，断面 1 次モーメントの計算と同様に，断面を図心位置が明らかな基本図形に分割して，分割された i 番目の図形の図心位置を (x_i, y_i)（ただし，この場合は断面全体の図心を原点とします），面積を A_i，断面相乗モーメントを I_{xyi} とします．このとき，断面全体の断面相乗モーメント I_{xy} は次式で与えられます．

$$I_{xy} = \sum_{i=1}^{n} (I_{xyi} + x_i y_i A_i) \tag{5.19}$$

なお，長方形の図心を原点とする断面相乗モーメント I_{xyi} は 0 になります．

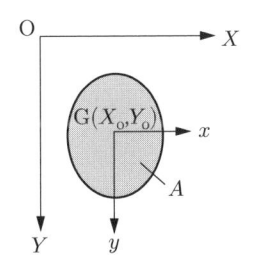

図 5.10 断面と座標軸

ところで，図心位置を X_o, Y_o，図心を原点とする座標軸 x, y に関する断面 2 次モーメントを I_x, I_y，断面相乗モーメントを I_{xy} とするとき，図心を求めた元の座標 X, Y に関する断面 2 次モーメントと断面相乗モーメントは次式から計算することもできます（図 5.10）．これの応用例を例題 5.2 の（解答 2）に示していますので，参考にしてください．

$$I_X = I_x + Y_o^2 A, \quad I_Y = I_y + X_o^2 A, \quad I_{XY} = I_{xy} + X_o Y_o A \tag{5.20}$$

5.3.4 主軸と主断面 2 次モーメント

今，図 5.11 に示す断面の直交座標軸の断面 2 次モーメント (I_x, I_y) が既知であるとき，この断面の主軸の方向 (θ) と主断面 2 次モーメント (I_X, I_Y) は下式で与えられます．

$$I_X = \frac{I_x + I_y}{2} + \sqrt{\left(\frac{I_x - I_y}{2}\right)^2 + I_{xy}^2} \tag{5.21}$$

$$I_Y = \frac{I_x + I_y}{2} - \sqrt{\left(\frac{I_x - I_y}{2}\right)^2 + I_{xy}^2} \tag{5.22}$$

$$\theta = \frac{1}{2} \tan^{-1} \left(\frac{-2I_{xy}}{I_x - I_y} \right) \tag{5.23}$$

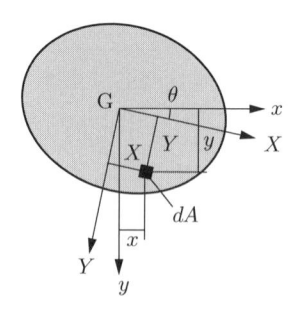

図 5.11 直交座標軸と座標変換

以下は，式 (5.21)〜(5.23) の誘導を示しています．数学の苦手な読者は例題 5.2 に進んでください．

最初に，主軸の角度式 (5.23) を導きます．

直交座標軸 $x-y$ と，$X-Y$ とのなす角度が θ のとき，$x-y$ 座標軸から $X-Y$ 座標軸へは次式を用いて変換できます．

$$X = x\cos\theta + y\sin\theta, \qquad Y = -x\sin\theta + y\cos\theta \tag{5.24}$$

そこで，直交座標軸 $X-Y$ に関する断面相乗モーメントの定義式に式 (5.24) を代入すると，

$$I_{XY} = \iint_S XY\,dXdY = \iint_S (x\cos\theta + y\sin\theta)(-x\sin\theta + y\cos\theta)\,dxdy$$
$$= \iint_S \left\{(y^2 - x^2)\sin\theta\cos\theta + xy(\cos^2\theta - \sin^2\theta)\right\}dxdy \tag{5.25}$$

となります．さらに三角関数の 2 倍角の公式

$$\sin 2\theta = 2\sin\theta\cos\theta, \qquad \cos 2\theta = \cos^2\theta - \sin^2\theta \tag{5.26}$$

を用いて変形すると，

$$I_{XY} = \frac{I_x - I_y}{2}\sin 2\theta + I_{xy}\cos 2\theta \tag{5.27}$$

を得ます．主軸の条件，すなわち断面相乗モーメントの値が 0 となる条件式 (5.28) から，式 (5.29) に示すように主軸の角度 θ について解くと式 (5.23) を得ます．

$$I_{XY} = \frac{I_x - I_y}{2}\sin 2\theta + I_{xy}\cos 2\theta = 0 \tag{5.28}$$

$$\frac{\sin 2\theta}{\cos 2\theta} = -\frac{2I_{xy}}{I_x - I_y} \quad \rightarrow \quad \tan 2\theta = -\frac{2I_{xy}}{I_x - I_y} \tag{5.29}$$

次に，主断面 2 次モーメントを導きます．X 軸と Y 軸の断面 2 次モーメントの定義式に座標変換式 (5.24) を代入すると，それぞれ式 (5.30) と式 (5.31) のごとく変形で

き，整理すると式 (5.32) になります．

$$
\begin{aligned}
I_X &= \iint_S Y^2 \, dXdY = \iint_S (-x\sin\theta + y\cos\theta)^2 \, dxdy \\
&= \iint_S (x^2 \sin^2\theta + y^2 \cos^2\theta - 2xy\cos\theta\sin\theta) \, dxdy \\
&= I_y \sin^2\theta + I_x \cos^2\theta - I_{xy} \sin 2\theta \\
&= I_y \left(\frac{1-\cos 2\theta}{2}\right) + I_x \left(\frac{1+\cos 2\theta}{2}\right) - I_{xy} \sin 2\theta \\
&= \frac{I_x + I_y}{2} + \frac{I_x - I_y}{2} \cos 2\theta - I_{xy} \sin 2\theta
\end{aligned} \tag{5.30}
$$

$$
\begin{aligned}
I_Y &= \iint_S X^2 \, dXdY = \iint_S (x\cos\theta + y\sin\theta)^2 \, dxdy \\
&= \iint_S (x^2 \cos^2\theta + y^2 \sin^2\theta + 2xy\cos\theta\sin\theta) \, dxdy \\
&= I_y \cos^2\theta + I_x \sin^2\theta + I_{xy} \sin 2\theta \\
&= I_y \left(\frac{1+\cos 2\theta}{2}\right) + I_x \left(\frac{1-\cos 2\theta}{2}\right) + I_{xy} \sin 2\theta \\
&= \frac{I_x + I_y}{2} - \frac{I_x - I_y}{2} \cos 2\theta + I_{xy} \sin 2\theta
\end{aligned} \tag{5.31}
$$

$$
\begin{aligned}
I_X &= \frac{I_x + I_y}{2} + \left(\frac{I_x - I_y}{2} \cos 2\theta - I_{xy} \sin 2\theta\right) \\
I_Y &= \frac{I_x + I_y}{2} - \left(\frac{I_x - I_y}{2} \cos 2\theta - I_{xy} \sin 2\theta\right)
\end{aligned} \tag{5.32}
$$

式 (5.32) 中の括弧内は，次のように，三角形の加法定理を用いて変形します．

$$
\begin{aligned}
\left(\frac{I_x - I_y}{2} \cos 2\theta - I_{xy} \sin 2\theta\right) &= r\cos(2\theta + \alpha) \\
&= r\cos\alpha \cos 2\theta - r\sin\alpha \sin 2\theta
\end{aligned} \tag{5.33}
$$

式 (5.33) 式の左辺と右辺を比較すると，次式の関係を見いだすことができます．

$$
r\cos\alpha = \frac{I_x - I_y}{2}, \quad r\sin\alpha = I_{xy} \tag{5.34}
$$

最後に式 (5.34) から次式を得ることができるので，式 (5.21) と式 (5.22) を導くことができます．

$$
r = \sqrt{\left(\frac{I_x - I_y}{2}\right)^2 + I_{xy}^2}, \quad \tan\alpha = \frac{2I_{xy}}{I_x - I_y} \to \alpha = -2\theta \tag{5.35}
$$

例題 5.2

図 5.12 に示す断面について，以下の設問に答えよ．ただし，長さの単位は cm である．

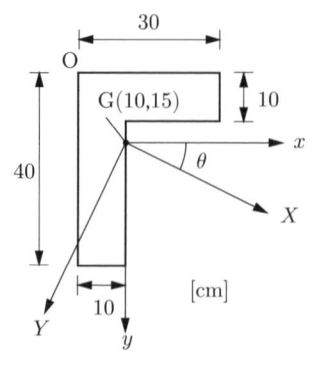

図 5.12 主軸と主断面 2 次モーメント

(1) 図心軸に関する断面相乗モーメントを求めよ．
(2) 図心軸に関する主断面 2 次モーメントおよび主軸を求めよ．

解答 (1) (解答 1) 図 5.8(d) 参照

$$I_{xy} = x_1 y_1 A_1 + x_2 y_2 A_2 = (-5) \times 10 \times 300 + 5 \times (-10) \times 300 = -30000 \ [\text{cm}^4]$$

(解答 2)

$$I_{XY} = I_{xy} + X_o Y_o A, \qquad I_{xy} = I_{XY} - X_o Y_o A$$

$$I_{XY} = 15 \times 20 \times 30 \times 40 - 20 \times 25 \times 20 \times 30 = 360000 - 300000 = 60000 \ [\text{cm}^4]$$

$$I_{xy} = 60000 - 10 \times 15 \times 600 = -30000 \ [\text{cm}^4]$$

(2) 例題 5.1 (2) から，

$$I_x = 85000 \ [\text{cm}^4], \qquad I_y = 40000 \ [\text{cm}^4]$$

$$I_X = \frac{85000 + 40000}{2} + \sqrt{\left(\frac{85000 - 40000}{2}\right)^2 + (-30000)^2}$$

$$= 62500 + 37500 = 100000 \ [\text{cm}^4]$$

$$I_Y = \frac{85000 + 40000}{2} - \sqrt{\left(\frac{85000 - 40000}{2}\right)^2 + (-30000)^2}$$

$$= 62500 - 37500 = 25000 \ [\text{cm}^4]$$

$$\tan 2\theta = \frac{-2 \times (-30000)}{85000 - 40000} = 1.333$$

$$2\theta = 53.13 \qquad \therefore \theta = 26.57°$$

演習問題 5

5.1 断面の図心

図 5.13 に示す断面の (原点 O からの) 図心位置 $G(x_o, y_o)$ を求めよ．ただし，長さの単位は cm である．

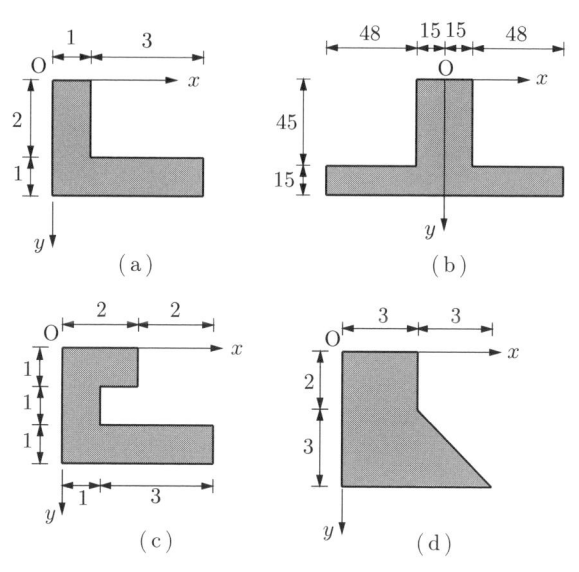

図 5.13 断面の図心

5.2 断面 2 次モーメント

図 5.14 に示す断面の図心軸に関する断面 2 次モーメントを求めよ．

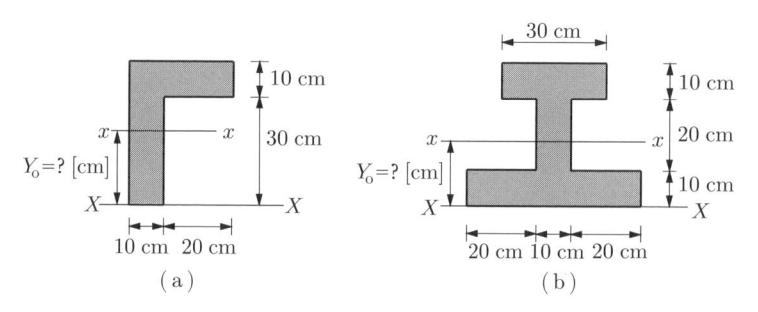

図 5.14 断面 2 次モーメント

5.3 縁応力度

図 5.15 のはり断面をもつ部材に，60 kNm の曲げモーメントが作用している．断面の上端と下端の縁応力度 [N/mm^2] はいくらか．

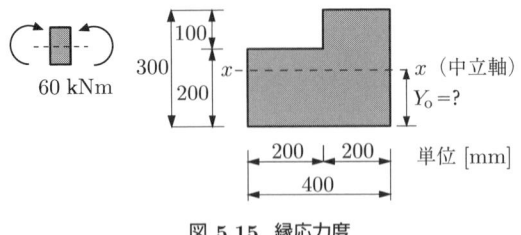

図 5.15 縁応力度

5.4 主軸と主断面 2 次モーメント

図 5.16 に示す断面について，以下の問に答えよ．

① 図心 $G(X_o, Y_o)$ を求めよ．
② 図心軸に関する断面 2 次モーメント I_x, I_y を求めよ．
③ 図心軸に関する断面相乗モーメント I_{xy} を求めよ．
④ 図心軸に関する主断面 2 次モーメント I_X, I_Y および主軸 θ を求めよ．

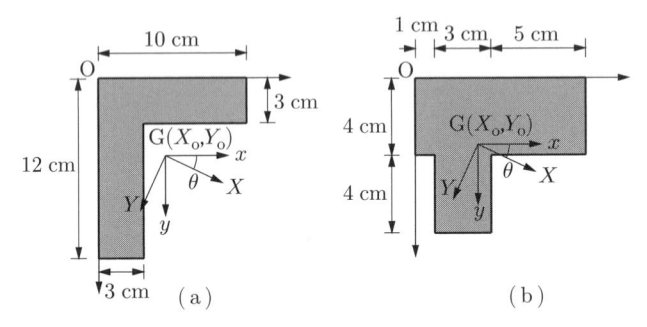

図 5.16 主軸と主断面 2 次モーメント

第6章

許容応力度設計の基礎

　皆さんは，前章までに静定構造物の応力計算や応力度の計算方法などを学びました．これらの応力や応力度は，「構造設計」に使われます．

　本章では，構造設計の基本概念である許容応力度設計の基礎を学びます．構造設計の手法は，現在も進化を続けています．たとえば，近年では限界耐力計算法という耐震設計法が登場しています．限界耐力計算法では，地震による建物の振動現象を耐震設計法の中にとり入れています．しかし，この設計法も，許容応力度設計法をベースにしながら，新しい概念 (限界設計法) をとり入れて発展させたものです．

6.1 許容応力度設計法と耐震設計

　本節では，皆さんは許容応力度設計法の概念を理解してください．また，その上で建築構造物の耐震設計はどうあるべきかを学びます．

6.1.1 許容応力度設計法と静的震度法

　許容応力度設計のもともとの考え方は，**静的震度法**という**耐震設計法**から生まれました．図 6.1 に示すように，静的震度法は建物重量 W の何割かの重さ kW が水平力 (つまり地震力) として作用するという考えにもとづくものです．この割合 k を**水平震度**と呼んでいます．水平震度をもう少し詳しく説明しましょう．建物重量 W は建物の**質量** m と**重力加速度** g の積で与えられます．言い換えれば，建物の質量は建物重量を重力加速度で割ったものです．**慣性力**は質量 m と加速度 a の積ですから，水平外力 P は，$P = a/g \times W$ で表されます．ここで，$k = a/g$ とおくと，$P = kW$ となります．つまり，水平震度は，重力加速度に対する建物の最大応答加速度の比を表しています．

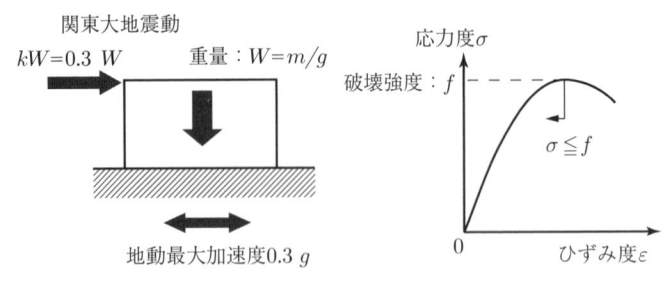

図 6.1 静的震度法

静的震度法では，図 6.1 に示すように関東大震災 (大正 12 年，1923) の地動の最大加速度を $0.3g$ と考え，この極めて大きい地震動に対しては，建物の主要構造部材はその**破壊強度**を超えないように設計してやろうというものです．しかし，関東大震災のような非常に大きな地震は頻繁には起きません．そこで，図 6.2 に示すように比較的頻繁に起きる地震動を関東大地震動の 3 分の 1 と考えて設計することにしました．つまり，3 分の 1 の大きさの地震動に対して，主要部材の応力は，その破壊強度の 3 分の 1 を超えないように設計すれば良いことになります．関東大地震動の 3 分の 1 の大きさは，水平震度では 0.1 になります．また，現在では，水平震度のことを**標準層せん断力係数**と呼んでいます．一方，この破壊強度の 3 分の 1 の応力度を許容応力度と呼んでいます．すなわち，**許容応力度設計**とは，部材の (最大曲げモーメントや最大せん断力が生じる) 危険断面での最大応力度が許容応力度を超えないように設計するという手法なのです．

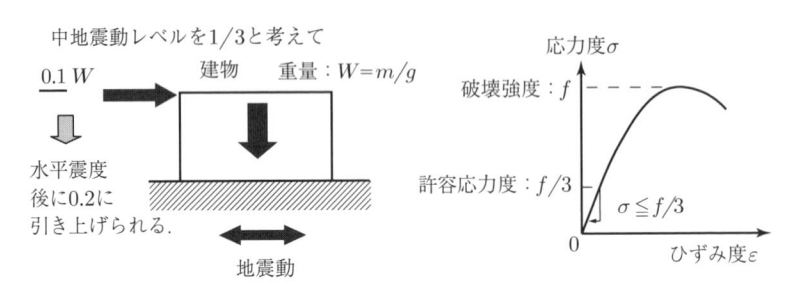

図 6.2 許容応力度設計の概念

6.1.2 許容応力度

許容応力度に対する破壊強度の比を**安全率**といいます．言い換えれば，許容応力度は，破壊強度を安全率で割った応力度とも言えます．現行の許容応力度は，材料と応力度の種類によって，行政や学会からきめ細かく決められています．また，許容応力度には，長期と短期があります．**長期許容応力度**は，常時の鉛直荷重に対して，また，

(a) 鋼材の許容引張応力度

(b) コンクリートの許容圧縮応力度

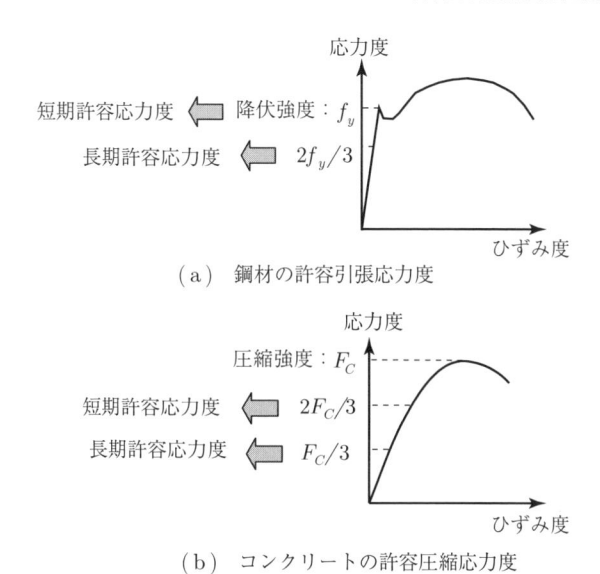

図 6.3 代表的な許容応力度

短期許容応力度は，地震時や暴風時，積雪時に対して，検討を行うための応力度です．

次に，代表的な材料の許容応力度を図 6.3 に示します．鋼材の破壊強度は，**降伏強度**になります．鋼材の長期許容引張応力度は，降伏強度の3分の2です．安全率は1.5になります．また，鋼材の短期許容引張応力度は，長期の1.5倍，すなわち，降伏強度と同値です．この場合の安全率は1.0です．一方，コンクリートの破壊強度は**圧縮強度**，すなわち，最大圧縮応力度になります．コンクリートの長期許容圧縮応力度は，圧縮強度の3分の1です．このときの安全率は3.0です．また，コンクリートの短期許容圧縮応力度は，長期の2倍です．すなわち，圧縮強度の3分の2です．このときの安全率は1.5になります．

なお，前項で述べた水平震度は後に 0.2 に引き上げられました．また，これにともなって，許容応力度も破壊強度の3分の2になりますが，この許容応力度は現行のコンクリートの短期許容応力度に対応しています．

6.1.3 ねばりのある設計

許容応力度設計は，予想される荷重を骨組に作用させて，構造力学のテクニックや材料力学の知識を使って，各部材内部に働く応力を求め，危険断面での最大応力度が材料の許容応力度を超えないように部材断面を決めていく設計法でした．しかし，本当にこれで大丈夫なのでしょうか．

建物は，ある程度までは弾性的な挙動をします．弾性的な挙動とは，**フックの法則**が成り立つ範囲です．つまり，図 6.4 ①のように荷重が除かれると建物はもとの状

態に戻ります．しかし，建物は荷重を徐々に増大させていくと，少しずつ損傷を起こしていきます．図6.4②のようにコンクリート系の建物ではコンクリートの表面にひび割れが生じます．さらに荷重を増大させると，鉄骨構造でははりや柱の一部が**塑性域**に入ります．塑性域とは，材料の**降伏点**を超えてひずみ度が進行する領域です．一方，鉄筋コンクリート構造では，はりや柱の主筋の一部が降伏します．鋼材は，降伏点を過ぎると，応力度の増大は小さくなりひずみ度が急激に伸びます（図4.7(a)）．建物は多くの部材が降伏すると，荷重が上がらなくなり大きく変形します．最後は建物が倒壊してしまいます．この倒壊する直前の状態を**終局状態**と呼んでいます（図6.4③）．このときの荷重が**崩壊荷重**です．

また，図6.5に示すように建物のどの部分が損傷を起こし崩壊していくのかを表したメカニズムを**崩壊機構**と呼んでいます．図6.5中の**塑性ヒンジ**と呼ばれる箇所が部材の損傷する位置を表しています．許容応力度設計法の最大の欠点は，建物の終局状態，すなわち，崩壊機構がどのように形成されていくのかを設計の段階で考えていな

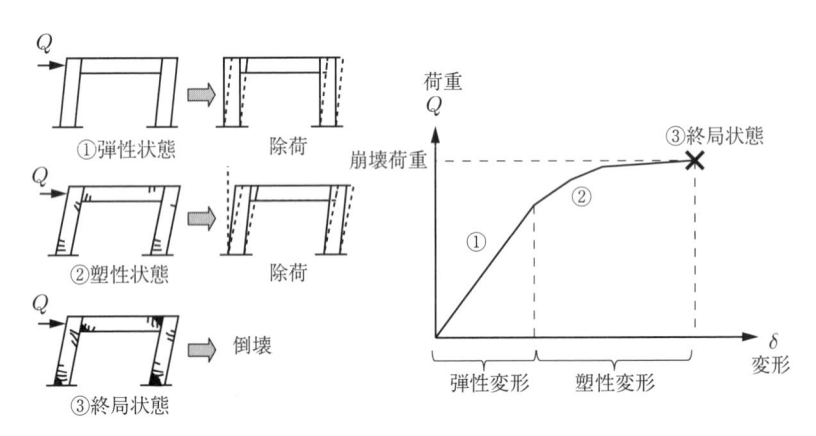

図 6.4 構造物の荷重－変形曲線

(a) 危険な崩壊機構　　(b) ねばりのある崩壊機構

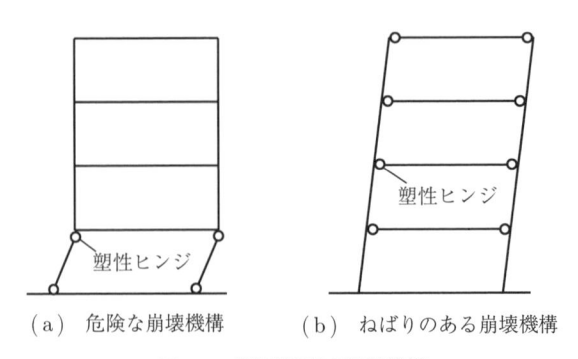

図 6.5 建築構造物の崩壊機構

いことにあります．では，どうすれば良いのでしょうか．一口で言えば，ねばりのある設計を心がけることです．図 6.5(a) のようにある層の柱頭柱脚に塑性ヒンジが生じるような崩壊機構は大変危険な崩壊機構の一例です．これに対して，図 6.5(b) に示す各層のはり端に塑性ヒンジが生じるような崩壊機構を形成する骨組はねばりのある骨組であると言えます．

6.1.4 構造設計の手順

構造設計の一般的な手順を図 6.6 に説明します．

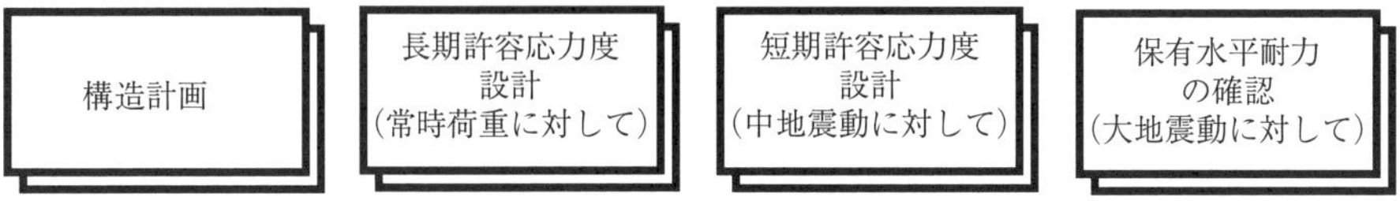

| 構造計画 | 長期許容応力度設計
(常時荷重に対して) | 短期許容応力度設計
(中地震動に対して) | 保有水平耐力の確認
(大地震動に対して) |

図 6.6 構造設計の手順

(1) 最初に**構造計画**をきちんと立てることです．構造計画には，いくつかのポイントがあります．
    ① ひとつは，耐震要素の高さ方向のバランスをとることに心がけましょう．
    ② 二つ目に，耐震要素の平面的なバランスをとることに心がけましょう．
    ③ 最後に，ねばりのある崩壊機構を形成させるように，部材断面の大きさを決めるように心がけましょう．

ここで，**耐震要素**とは，柱やはり，耐震壁やブレースなど地震力を受け止める主要構造部材を言います．

(2) 次に，常時荷重に対して許容応力度設計を行います．このときの許容応力度には長期許容応力度を用います．また，中小地震動に対しては建物に損傷が起こらないことを確かめます．これも許容応力度設計ですが，このときは短期の許容応力度を用います．

(3) 最後に，大地震動に対して建物が危険な崩壊を招かず人命を確保できることを確かめます．ここでは許容応力度設計ではなく，**保有水平耐力**の確認をします．つまり，大地震動の地震力よりも建物の崩壊荷重の方が大きいことを確かめます．また，前述の耐震要素の高さ方向のバランスや平面的なバランスの検証も行いますし，建物の変形に対しても安全性を確かめます．

なお，本書では，静定構造物の変位計算は第 7 章であつかっています．しかし，一般に建築物は不静定構造物です．不静定構造物の基本解法は第 8 章で，実用的解法は第 9 章と第 10 章でとり上げています．また，崩壊荷重の計算も 10.3 節で解説しています．

6.2 曲げに対する設計

本節では，はりと柱の曲げ設計の基本を学びます．はりの曲げ設計では，曲げ応力度をもう一度復習します．その上で断面係数を学びます．一方，柱の曲げ設計では，組み合わせ応力を学びます．

6.2.1 はりの曲げ設計

最初に**曲げ応力度**について復習しておきましょう．はりを曲げると，図 6.7 に示すように部材断面に曲げ応力度が生じます．この応力度は，断面に垂直に生じますから，垂直応力度です．しかし，断面に対して均一には生じません．断面の**中立軸**(面) を境にして，圧縮応力度が生じる部分と引張応力度が生じる部分に分かれます．しかも，中立軸 (面) から離れれば離れるほど，この垂直応力度は大きくなります．はり断面の上端や下端において最も大きな垂直応力度になります．このはり断面の上端や下端での垂直応力度のことを**縁応力度**と呼んでいます．曲げに対する設計を行うときは，この縁応力度の大きさが**許容応力度**を超えないように設計します．

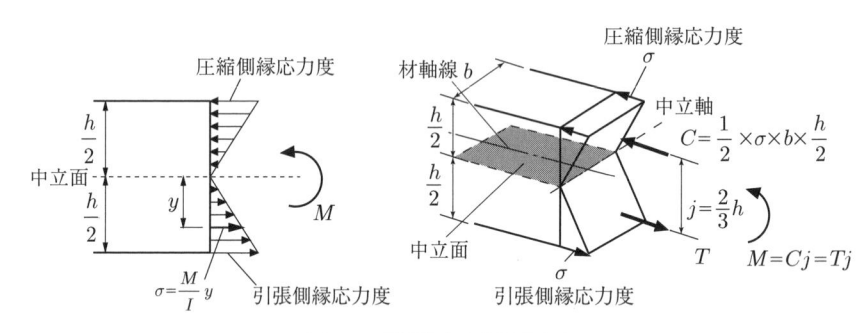

図 6.7 曲げ応力度と縁応力度

それでは，縁応力度はどうやって求めたら良いのでしょうか．曲げ応力度は，図 6.7 に示すようにその断面に作用する曲げモーメント M を断面 2 次モーメント I で割り，それに中立軸から求めたい位置までの距離 y をかけてやれば，その位置での垂直応力度の大きさを求めることができます (式 (4.20))．つまり，縁応力度の大きさは，中立軸位置からはり断面の上端や下端までの距離をかけてやれば，求めることができます ($\sigma = (M/I) \times (h/2)$)．

断面 2 次モーメントと中立軸位置からはり断面の上端や下端までの距離は，断面の形状と寸法が決まれば自ずと決まります．したがって，断面の形状に応じて，あらかじめ断面 2 次モーメントを中立軸位置からはり断面の上端または下端までの距離で割って求めておけば，簡単に縁応力度を求めることができます．

この係数のことを断面係数と呼び，Z の記号で表します．結局，縁応力度は，断面に作用する曲げモーメントを断面係数で割って求めることになります．設計では，縁応力度 $\sigma_{c,t}$ が許容応力度 f を超えないように設計することになります．

$$\sigma_{c,t} = \left|\frac{M}{Z}\right| \leqq f \tag{6.1}$$

6.2.2 断面係数

長方形断面の断面係数を具体的に求めてみましょう．図 6.7 に示すように，今，中立面を境にして，断面の上部に圧縮応力度，断面の下部に引張応力度が作用しているとしましょう．**フックの法則**と**平面保持の仮定**が成り立つと仮定すれば，圧縮応力度と引張応力度の応力分布の形状は三角形になります．しかし，実際にははり幅がありますので，**ストレスブロック**は，三角柱の形状をしています．この三角柱の体積が圧縮や引張の合力の大きさ C, T になります．圧縮応力度も引張応力度も同じ大きさの三角柱ですから，当然，体積つまり合力の大きさは同じです（もし，大きさが違えば，軸方向の力の釣り合いが成り立ちません）．縁応力度の大きさを σ とすれば，

$$C = T = \frac{1}{2} \times \sigma \times b \times \frac{h}{2} = \frac{bh}{4} \times \sigma \tag{6.2}$$

となります．

圧縮合力 C と引張合力 T の二つの作用線はお互いに並行で，一方の作用線からもう一方の作用線に向かって引いた垂線の距離のことを**応力中心間距離** j と呼んでいます．この応力中心間距離は，今の場合，圧縮応力度も引張応力度も三角形の分布形状をしていますから，はりせいの 3 分の 2 になります．したがって，この断面に作用する曲げモーメント M は，圧縮合力 C または引張合力 T と応力中心間距離 j との積になります．すなわち，

$$M = Cj = Tj = \frac{bh}{4} \times \sigma \times \frac{2}{3}h = \frac{bh^2}{6} \times \sigma = Z \times \sigma \tag{6.3}$$

上式から，長方形断面の断面係数は，

$$Z = \frac{bh^2}{6} \tag{6.4}$$

になることがわかります．

断面係数は，断面 2 次モーメントを中立軸位置からはり断面の上端や下端までの距離で割って求めることもできます．長方形断面の場合，

$$Z = \frac{I}{h/2} = \frac{bh^3/12}{h/2} = \frac{bh^2}{6} \tag{6.5}$$

となり，式 (6.4) に一致します．

断面係数は，ひとつの中立軸に対して二つ存在しますが，長方形断面のように中立軸に対して，対称な断面の場合は二つの断面係数の大きさは同じになります．断面が中立軸に対して対称でない場合は，どちらかの縁応力度の方が大きくなります．設計の時は，一番大きい応力度が許容応力度を超えていなければ，それ以外の部分はすべて許容応力度を超えていないと判断されるので，縁応力度が大きい方が対象になります．縁応力度は曲げモーメントを断面係数で割って求めますので，設計では，断面係数の小さい方が使用されます．

例題 6.1

図 6.8 に示すはり断面について，以下の問いに答えよ．

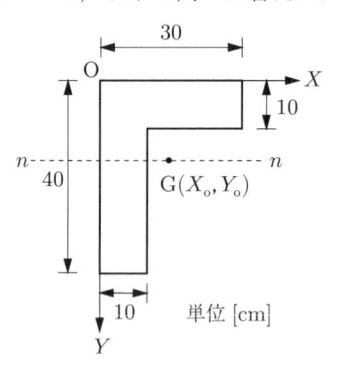

図 6.8 はりの安全性

(1) 断面係数を求めよ．

(2) はり断面に $M_x = 80$ [kNm] の曲げモーメントが生じるとき，断面に生じる最大縁応力度を求めよ．また，許容応力度が $f = 25$ [N/mm^2] であるとき，このはりの安全性を検討せよ．

解答 (1) $A = 600$ [mm^2], $\quad S_X = 9000$ [mm^2], $\quad Y_o = 15$ [cm]

$$I_x = 8.5 \times 10^4 \text{ [cm}^2\text{]} = 8.5 \times 10^8 \text{ [mm}^2\text{]}$$

$$Z_{x,\text{top}} = \frac{8.5 \times 10^8}{150} = 5.7 \times 10^6 \text{ [mm}^3\text{]}$$

$$Z_{x,\text{bottom}} = \frac{8.5 \times 10^8}{400 - 150} = 3.4 \times 10^6 \text{ [mm}^3\text{]}$$

(2) $\sigma_{\max} = \left| \dfrac{80 \times 10^6}{3.4 \times 10^6} \right| = 23.5$ [N/mm^2] $< f = 25$ [N/mm^2] （可）

6.2.3 柱の曲げ設計

　柱は，建物の重量を支える重要な部材です．したがって，柱は，曲げのほかに軸 (方向) 力 (通常は圧縮力) を受けます．曲げと軸力を受ける断面の応力はどのように計算すれば良いのでしょうか．それは，曲げと軸力の二つの力によって引き起こされる断面の応力をそれぞれ別々に求め，後から足したり引いたりして計算します．

　今，図 6.9 に示すように，柱に作用する軸力が図心から一方向にずれている場合を考えてみましょう．もし，軸力 P が柱の図心位置に作用していれば，柱には，断面に均一な垂直応力度 P/A が生じます．しかし，この軸力は，図心から e (**偏心距離**) だけ離れた距離に作用していますので，断面には $M = Pe$ の大きさの曲げが同時に作用していることになります．この曲げのみによる応力度分布は，三角形の分布になっています．この曲げのみによる縁応力度は，M/Z で求めることができます．したがって，**偏心荷重**が加わる場合，すなわち曲げと軸力が同時に作用する場合の縁応力度は，垂直応力度 P/A と曲げによる縁応力度 M/Z を足したり引いたりして求めることになります．すなわち，

$$\sigma = \frac{P}{A} \pm \frac{M}{Z} = \frac{P}{A} \pm \frac{Pe}{Z} \tag{6.6}$$

　ここで，通常，柱には軸力として圧縮力が作用しているので，断面の縁応力度は一般に圧縮応力度の方が大きくなります．

　しかし，柱断面には，図 6.10 のように x 方向と y 方向の二つの方向がありますから，軸力は二つの方向に同時に偏心することが考えられます．この場合の方がより一般的であると言えるでしょう．

$$\sigma = \frac{P}{A} \pm \frac{M_x}{Z_x} \pm \frac{M_y}{Z_y} = \frac{P}{A} \pm \frac{Pe_y}{Z_x} \pm \frac{Pe_x}{Z_y} \tag{6.7}$$

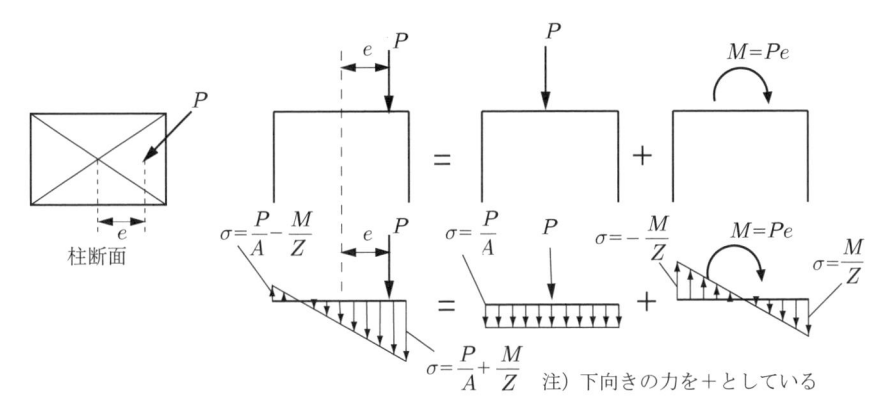

図 6.9 柱の曲げ応力度

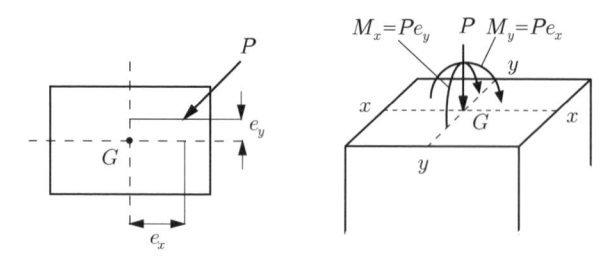

図 6.10 柱の曲げ応力度 (二方向偏心の場合)

例題 6.2

図 6.11 の柱が曲げに対して安全であるかどうか検討せよ．ただし，許容応力度を $f = 10 \ [\text{N/mm}^2]$ とする．

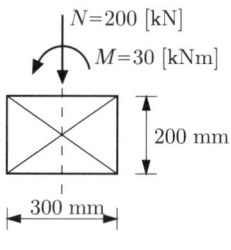

図 6.11 柱の安全性

解答 断面係数を求める．幅とせいに気を付けて，

$$Z = \frac{200 \times 300^2}{6} = 3 \times 10^6 \ [\text{mm}^3]$$

次に，縁応力度を求める．
(圧縮側)

$$\sigma = \frac{N}{A} + \frac{M}{Z} = \frac{-200 \times 10^3}{200 \times 300} + \frac{-30 \times 10^6}{3 \times 10^6} = -13.3 \ [\text{N/mm}^2]$$

(引張側)

$$\sigma = \frac{N}{A} - \frac{M}{Z} = \frac{-200 \times 10^3}{200 \times 300} - \frac{-30 \times 10^6}{3 \times 10^6} = 6.7 \ [\text{N/mm}^2]$$

最後に，最大縁応力度と許容応力度を比較して，柱の安全性を確かめる．

$$\sigma_{\max} = 13.3 \ [\text{N/mm}^2] > f = 10 \ [\text{N/mm}^2] \quad (不可)$$

であるから，この例題の場合，柱は安全ではない．

例題 6.3

図 6.12 に示す H 形柱断面において次の問に答えよ．ただし，曲げに対してはフランジのみが有効に働くものとする．

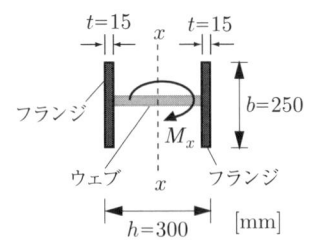

図 6.12 強軸回りの曲げを受ける H 形柱断面

(1) H 形柱が曲げ応力 ($M = 200$ [kNm]) のみによって引き起こされるフランジに生じる垂直応力度を求めよ．ただし，断面 2 次モーメントは，フランジ (ひとつ分) の断面積を A として，$I = 2A(1 - 2t/h) \times (h/2)^2$ で求めることができる．

(2) 柱に曲げ応力の他に圧縮応力 ($P = 80$ [kN]) が作用するとき，曲げと軸力によって引き起こされるフランジに生じる圧縮垂直応力度と引張垂直応力度を求めよ．また，許容応力度が $f = 210$ [N/mm²] であるとき，この柱が曲げと軸力に対して安全であるかどうか検討しなさい．ただし，ウェブ断面積は無視できるものとする．

(3) もし，H 形断面柱が図 6.13 に示すように 90°回転して据え付けられていた場合，この柱の安全性はどうなるか検討せよ．

(4) 図 6.12 に示す強軸回りの H 形断面柱の許容応力度が $f = 180$ [N/mm²] である場合，柱せい h をいくらにすればこの柱は安全になるか検討せよ．

解答 (1) 最初に，断面 2 次モーメントは，次のように誘導している．

$$I = 2 \times \left\{ \frac{bt^3}{12} + bt \times \left(\frac{h-t}{2} \right)^2 \right\} = 2A \left\{ 1 - \frac{2t}{h} + \frac{1}{3}\left(\frac{2t}{h}\right)^2 \right\} \times \left(\frac{h}{2}\right)^2$$

$$\fallingdotseq 2A\left(1 - \frac{2t}{h}\right) \times \left(\frac{h}{2}\right)^2$$

また，断面係数は，

$$Z = \frac{2A(1-2t/h)(h/2)^2}{h/2} = 2A\left(1 - \frac{2t}{h}\right) \times \frac{h}{2} = A(h-2t)$$

となる．したがって，フランジに働く垂直応力度は，

$$\sigma = \mp \frac{M}{Z} = \mp \frac{M}{A(h-2t)} = \mp \frac{200 \times 10^6}{250 \times 15 \times (300 - 2 \times 15)} = \mp 197.5 \; [\text{N/mm}^2]$$

となる．

(2) (圧縮応力度)

$$\sigma = \frac{P}{2A} + \frac{M}{Z} = -\frac{80 \times 10^3}{2 \times 250 \times 15} - 197.5 = -208.2 \ [\text{N/mm}^2]$$

(引張応力度)

$$\sigma = \frac{P}{2A} - \frac{M}{Z} = -\frac{80 \times 10^3}{2 \times 250 \times 15} + 197.5 = 186.8 \ [\text{N/mm}^2]$$

(安全に対する検討)

$$\sigma_{\max} = 208.2 \ [\text{N/mm}^2] < f = 210 \ [\text{N/mm}^2] \quad (可)$$

したがって，安全である．

（3）この柱の断面 2 次モーメントは，

$$I = 2 \times \frac{tb^3}{12} = \frac{tb^3}{6}$$

となるので，断面係数は，

$$Z = \frac{tb^3/6}{b/2} = \frac{tb^2}{3}$$

となる．したがって，フランジに働く垂直応力度は，

(圧縮応力度)

$$\sigma = \frac{P}{2A} + \frac{M}{Z} = -10.7 - \frac{200 \times 10^6}{15 \times 250^2/3} = -650.7 \ [\text{N/mm}^2]$$

(引張応力度)

$$\sigma = \frac{P}{2A} - \frac{M}{Z} = -10.7 + \frac{200 \times 10^6}{15 \times 250^2/3} = 629.3 \ [\text{N/mm}^2]$$

(安全に対する検討)

$$\sigma_{\max} = 650.7 \ [\text{N/mm}^2] > f = 210 \ [\text{N/mm}^2] \quad (不可)$$

となる．したがって，安全でない．

このように，断面の配置の仕方によって，部材の抵抗能力は変わることがあるので気を付けてください．なお，図 6.12 のような中立軸を**強軸**，図 6.13 のような中立軸を**弱軸**と呼んでいます．最近は柱材に鋼管材を使用することが多く，H 形鋼を用いることは少なくなりましたが，H 形鋼を柱材に用いる場合は，妻行き側が強軸になるように H 形柱断面を配置してラーメン構造にし，桁行き側にはブレースを設けて水平力に抵抗させます．

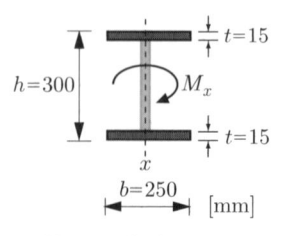

図 **6.13** 弱軸回りの曲げを受ける H 形柱断面

(4) 許容応力度設計では，次式を満たすことが条件になります．
$$\sigma = \left|\frac{P}{2A}\right| + \left|\frac{M}{Z}\right| \leqq f$$
ここで，$Z = A(h - 2t)$ ですから，これを代入して，hについて解くと，
$$h \geqq \frac{|M|}{Af - |P|/2} + 2t = \frac{200 \times 10^6}{250 \times 15 \times 180 - 80 \times 10^3/2} + 2 \times 15 = 344.96 \text{ [mm]}$$
$$\therefore h = 345 \text{ [mm]}$$

6.3 せん断に対する設計

6.3.1 せん断力と曲げモーメントの関係

図 6.14(a) に示すように，単純ばりに分布荷重が作用しているとき，はりの小片を切り出すとはりの小片には図 6.14(b) に示すような分布荷重と応力が作用しています．この小片に働く分布荷重は小片の幅が非常に小さいので一定であるとみなします．この小片の A 点回りのモーメントの釣り合いをとると次式が成り立ちます．

$$M - (M + dM) + Q \times dx + w \times dx \times \frac{dx}{2} = 0 \tag{6.8}$$

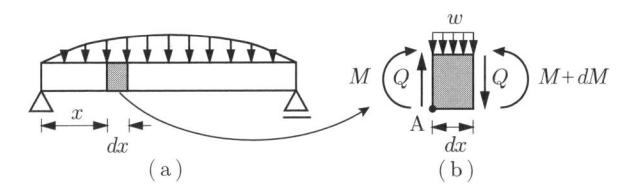

図 6.14 曲げモーメントとせん断力の関係

上式の最後の項は，高次の微小項ですので，無視することができます．したがって，

$$Q = \frac{dM}{dx} \tag{6.9}$$

が成り立ちます．すなわち，はりのせん断力は，曲げモーメントの変化率です．図で表せば，曲げモーメント図の傾きの大きさになります．

6.3.2 はりのせん断力とは

さて，はりに生じるせん断力とは，部材を材軸方向と直角の方向にせん断する力でしたね．しかし，次のように考えることもできます．図 6.15(a) のはりは薄板を何枚か重ねて造られています．板と板の間は自由に動く (ずれる，滑る) ことができます．今，はりの中央を押すと，はりはたわみます．このとき，薄板は，お互いに滑るので，

両端では，板が少しずれて段状になります．しかし，図 6.15(b) に示すように，実際のはりは，段状にはなりません．つまり，はりの各層は常に滑ろうとしていますが，滑りは起きません．滑りを引き起こさせない抵抗力がはりの内部に存在するのです．この滑りを引き起こさせない抵抗力が**せん断力**であると解釈することができます．

(a) 薄板を重ねたはり　　　　(b) 実際のはり

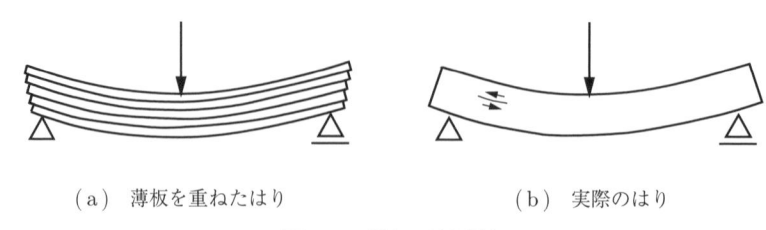

図 6.15　はりのせん断力

6.3.3　はりのせん断応力度

図 6.14(b) に示すはりの小片の断面には，図 6.16 に示す曲げ応力度が生じています．このはりの場合，中立軸を境にはりの上部に圧縮応力度，下部に引張応力度が生じています．中立軸から y だけ離れた位置で生じている垂直応力度の大きさを左側の断面では σ，右側の断面では $\sigma + d\sigma$ と表しましょう．つまり，垂直応力度は左側の断面よりも右側の断面の方が $d\sigma$ だけ大きいことを表しています．なお，図 6.16 では，y を下側にとっていますが，これは，座標軸の正の方向を下向きにとっているからです．そこで，y よりも下側の灰色で示した部分をさらに切り出してみます．

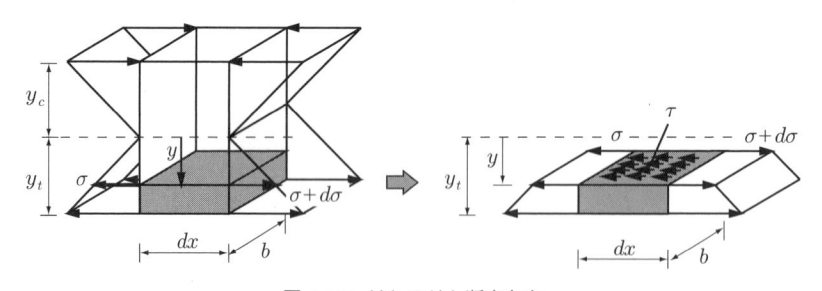

図 6.16　はりのせん断応力度

すると，右側の断面に生じている垂直応力度の合力の方が左側の合力よりも大きいことになります．このままだと，材軸方向の力の釣り合いは成り立ちません．材軸方向の力の釣り合いが成り立つためには，中立軸から y だけ離れた距離で材軸方向に切断した断面上に，断面と平行な応力度が生じていなければならないことになります．この応力度は，断面に対して平行に働いているので，**せん断応力度** τ です．

このせん断応力度がはりの各層のずれを引き起こさせない働きをもっているのです．右側の断面に作用する垂直応力度の合力と左側の断面に作用する垂直応力度の合力と

の差が，せん断応力度 τ とそれが作用している面の面積 $b \times dx$ との積に等しくなります．すなわち，

$$\tau b\,dx = \int_y^{y_t} \frac{M+dM}{I} y\,dA - \int_y^{y_t} \frac{M}{I} y\,dA = \frac{dM}{I} \int_y^{y_t} y\,dA$$

$$\tau = \frac{dM}{dx} \frac{1}{bI} \int_y^{y_t} y\,dA = \frac{Q}{bI} \int_y^{y_t} y\,dA = \frac{QS(y)}{bI} \tag{6.10}$$

この式において，Q はせん断力，b ははり幅，I は断面 2 次モーメントを表しています．また，積分 $S(y)$ は**断面 1 次モーメント**を表しています．しかし，図心を求めるときに使用した断面 1 次モーメントとは異なります．図 6.17 を用いて説明しましょう．図 (a) の①の位置のせん断応力度を求めるときの断面 1 次モーメント $S(y)$ は，図 (b) に示す灰色部分の断面積 A と中立軸 (n–n) から灰色断面の重心位置までの距離 Y との積になります．同様に，図 (a) の③の位置のせん断応力度のときは図 (c) に示す灰色部分の断面積が対象になります．また，中立軸位置②でのせん断応力度は，図 (d) または図 (e) を考えれば良いことになります．なお，このとき灰色部分の断面積が一番大きくなるので，せん断応力度は通常中立軸の位置で最大になります．しかし，はり幅 b はせん断応力度を求める位置での幅になりますから，たとえば T 形断面のようにはり幅が大きく変化する断面では，最大せん断応力度の位置と中立軸の位置が異なることがあります．なお，断面 2 次モーメント I は中立軸回りの断面全体が対象になります．

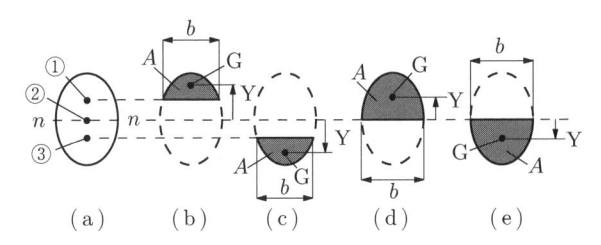

図 6.17 せん断応力度を求めるときの断面 1 次モーメント

6.3.4 はりのせん断設計

せん断応力度の最大値は，一般に断面の図心位置 (中立軸) に生じます．逆に，断面の上端と下端ではせん断応力度は 0 になります．せん断応力度の分布は，放物線になります．一方，曲げ応力度は，断面の上端や下端で最大になり，中立軸位置では 0 になります．曲げ応力度の分布は，三角形で，中立軸からの距離に比例して変化します．

皆さんは，平均せん断応力度に対する最大せん断応力度の比を**形状係数** κ と呼ぶことをすでに学んでいます．形状係数は，断面の形状によって変わり，長方形 (正方形をふくむ) の場合は 1.5 でした．

設計では，最大せん断応力度 $\tau_{\max}$ が許容応力度 f を超えないように設計することになります．

$$\tau_{\max} = \left|\kappa \frac{Q}{A}\right| \leq f \tag{6.11}$$

例題 6.4

図 6.18(a) に示す長方形はり断面に $Q = 60$ [kN] のせん断力が作用するとき，以下の問いに答えよ．

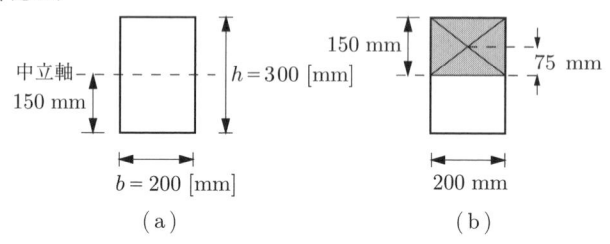

図 6.18 せん断力を受ける長方形はり断面

(1) はり断面に生じる最大せん断応力度を求めよ．
(2) 許容応力度が 2 N/mm^2 であるとき，このはりの安全性を検討せよ．
(3) 平均せん断応力度を求めよ．また，形状係数を求めよ．

解答 (1) $S(0) = 200 \times 150 \times 75 = 2.25 \times 10^6$ [mm^3]　（図 6.18(b) 参照）

$$I = \frac{200 \times 300^3}{12} = 4.5 \times 10^8 \text{ [mm}^4\text{]}$$

$$\tau_{\max} = \frac{QS(0)}{bI} = \frac{60 \times 10^3 \times 2.25 \times 10^6}{200 \times 4.5 \times 10^8} = 1.5 \text{ [N/mm}^2\text{]}$$

(2) $\tau_{\max} = 1.5 \text{ [N/mm}^2\text{]} < f = 2.0 \text{ [N/mm}^2\text{]}$　（可）

(3) $\bar{\tau} = \dfrac{60 \times 10^3}{200 \times 300} = 1.0 \text{ [N/mm}^2\text{]}, \qquad \kappa = \dfrac{\tau_{\max}}{\bar{\tau}} = 1.5$

例題 6.5

図 6.19(a) に示す等分布荷重を受ける単純ばりの A 部分について，以下の設問に答えよ．ただし，はり材のヤング係数を $E = 2 \times 10^5$ [N/mm^2] とする．

(1) 図 6.19(b) に示す A 部分の左右の曲げモーメント M_1, M_2 の大きさ [kNm] を求めよ．

(2) 平面保持の仮定が成り立つものとして，図 6.19(c) に示す A 部分の左右の縁応力度 σ_1, σ_2 の大きさ [N/mm^2] を求めよ．

(3) 中立軸面に生じるせん断応力度 τ の大きさ [N/mm^2] を，図 6.19(d) に示す軸方向の釣り合いから求めよ．

(4) 左端の支持点から 1.05 m の位置でのせん断力 Q を求め，それを断面積で除した値 $\bar{\tau}$ と (3) で求めたせん断応力度 τ の値を比較せよ．

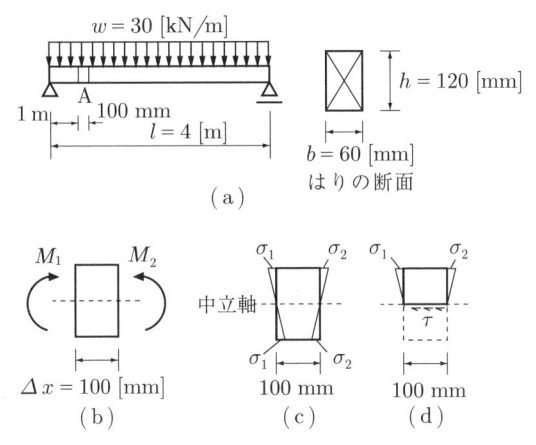

図 **6.19** 等分布荷重を受ける単純ばり

解答　(1) はり左側支点からの距離を x とすれば，距離 x の位置での曲げモーメントは，
$$M_x = -\frac{wx^2}{2} + \frac{wlx}{2} = -15x^2 + 60x$$
で表される．したがって，
$$M_1 = -15 \times 1^2 + 60 \times 1 = 45 \text{ [kNm]}$$
$$M_2 = -15 \times 1.1^2 + 60 \times 1.1 = 47.85 \text{ [kNm]}$$

(2) $Z = \dfrac{bh^2}{6} = \dfrac{60 \times 120^2}{6} = 1.44 \times 10^5 \text{ [mm}^3\text{]}$

$\sigma_1 = \dfrac{M_1}{Z} = \dfrac{45 \times 10^6}{1.44 \times 10^5} = 312.5 \text{ [N/mm}^2\text{]}$

$\sigma_2 = \dfrac{M_2}{Z} = \dfrac{47.85 \times 10^6}{1.44 \times 10^5} = 332.3 \text{ [N/mm}^2\text{]}$

(3) $\dfrac{1}{2} \times \sigma_2 \times \dfrac{h}{2} \times b - \dfrac{1}{2} \times \sigma_1 \times \dfrac{h}{2} \times b - \tau b \Delta x = 0$

$\tau = \dfrac{h}{4\Delta x} \times (\sigma_2 - \sigma_1) = \dfrac{120}{4 \times 100} \times (332.3 - 312.5) = 5.94 \text{ [N/mm}^2\text{]}$

(4) $Q_x = \dfrac{dM_x}{dx} = -wx + \dfrac{wl}{2} = -30x + 60, \quad Q_A = -30 \times 1.05 + 60 = 28.5 \text{ [kN]}$

$\bar{\tau} = \dfrac{Q_A}{bh} = \dfrac{28.5 \times 10^3}{60 \times 120} = 3.96 \text{ [N/mm}^2\text{]}, \quad \kappa = \dfrac{\tau}{\bar{\tau}} = \dfrac{5.94}{3.96} = 1.5$

中立軸位置でのせん断応力度は最大せん断応力度ですから，平均せん断応力度との比は形状係数になります．長方形断面の場合，形状係数は 1.5 であることがわかります．

6.4 圧縮材に対する設計

6.4.1 柱の座屈

構造部材には，圧縮を受ける部材があります．柱はその代表格です．柱以外にも，トラス材やブレース材，ラチス材といったものがあります．ブレースは筋交いともいい，はりや柱の構面に斜め材として設けられています．この部材は，主に地震などの水平力に抵抗します．一方，図 6.20 に示すように細長い鋼材を組み合わせてはりや柱をつくることがありますが，ラチス材とは，このときせん断力を負担するために設けられる斜め材を指します．どちらも，細長い部材で，引張力や圧縮力を負担します．これらの部材に圧縮力が作用するとき，図 6.21 のような座屈という現象が起こりやすくなります．

図 6.20 ラチスばり　　図 6.21 ブレース材の座屈　　図 6.22 丸鋼の破断

この項では，この座屈について学びます．材料力学の世界では，応力度とひずみ度との間には常に比例関係が成り立っていますが，現実の世界では，非常に大きな力を受けると，この関係は成り立たなくなってしまいます．棒を引っ張ると，図 6.22 のように最後は引きちぎれてしまいます．これを破断と呼んでいます．**破断**は，引張応力度がその材料固有の限界応力 (**破壊強度**) に達したために生じたものです．しかし，破断するまでは，棒は少しずつ伸びていく，安定した現象を示します．逆に棒の両端を押すとどうなるでしょうか．ふと短い棒では，棒は破断強度までじわじわ縮んで，最後に**圧壊**します．しかし，細長い棒を押すと，押している途中で，急に棒は面外に変形してしまうことがあります (図 6.21)．この現象を**座屈**と呼んでいます．座屈は，ある釣り合い状態からある釣り合い状態へ分岐する現象です．これは，材料の構造が不安定になって崩壊してしまう現象なので，**不安定現象**と言います．柱の座屈は，圧縮の釣り合い状態から，曲げの釣り合い状態に分岐する不安定現象です．

では，その座屈荷重はどうやって求めるのでしょうか．それは，次の**オイラーの座屈荷重式**を用いて求めます．

6.4 圧縮材に対する設計

$$P_k = \frac{\pi^2 EI}{l_k^2} \tag{6.12}$$

オイラーの座屈荷重式をみると，座屈荷重 P_k は，部材の**曲げ剛性** EI/l_k と**座屈長さ** l_k によって決まることがわかります．設計する上では，応力度で表す方が良いので，座屈荷重を柱の断面積 A で割って応力度を求めてみましょう．

$$\sigma_k = \frac{P_k}{A} = \frac{\pi^2 E}{(l_k/i)^2} = \frac{\pi^2 E}{\lambda^2} \tag{6.13}$$

ここで，$i = \sqrt{I/A}$ は，**断面2次半径**(単位 [mm]) と呼んでいます．

さて，この応力度 σ_k のことを**座屈応力度**と呼んでいます．座屈応力度の分母は，**細長比** $\lambda = l_k/i$ と呼ばれる係数の二乗で表されます．つまり，座屈応力度は細長比の二乗に反比例しています (細長いほど座屈しやすい)．しかし，材料にはその材料の破壊強度と呼ばれる限界があります．鋼材では降伏強度 (図 4.7(a)) です．したがって，上に示す座屈応力度は，弾性範囲内で，降伏強度以下で成り立ちます．設計では，図 6.23 のように座屈破壊を考慮して細長比に応じて許容応力度を低減しています．

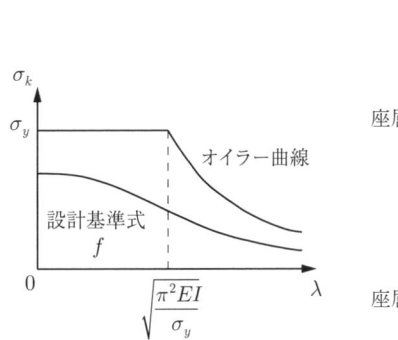

図 6.23 座屈応力度と細長比

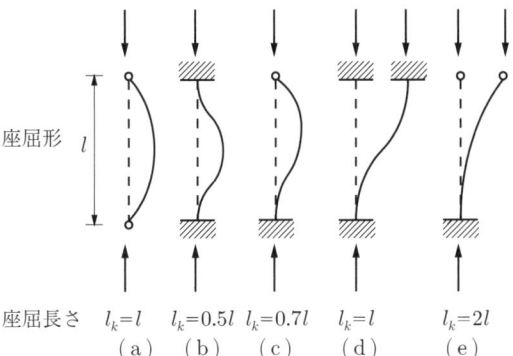

図 6.24 支持条件と座屈長さ

最後に，l_k のことを部材長さと呼ばずに**座屈長さ**と呼んでいました．これには理由があって，オイラーの座屈荷重は，実は柱の両端がピン支点のときの荷重なのです．したがって，支持条件が違えば，それに応じて座屈長さを変えてやらなければなりません．図 6.24 に支持条件と座屈長さの関係を示します．

例題 6.6

(1) 柱頭柱脚がピンで支持されている長さ $l = 8$ [m] の柱がある．柱の断面が図 6.25 に示すような形状であるとき，柱の座屈荷重，座屈応力度，断面2次半径および細長比を答えよ．ただし，材料のヤング係数を $E = 2 \times 10^5$ [N/mm^2] とする．また，円の断面2次モーメントは，$I = \pi d^4/64$ (d：直径) で与えられる．

(2) 柱が両端固定支持であるとき，座屈荷重を答えよ．

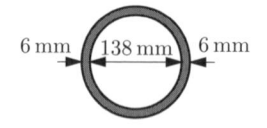

図 6.25 円形管断面

解答 (1) $A = \dfrac{\pi(150^2 - 138^2)}{4} = 2713 \text{ [mm}^2]$

$I = \dfrac{\pi(150^4 - 138^4)}{64} = 7.04 \times 10^6 \text{ [mm}^4]$

$P_{k(a)} = \dfrac{\pi^2 \times 2.0 \times 10^5 \times 7.04 \times 10^6}{(8000)^2} = 216.9 \text{ [kN]}$

$i = \sqrt{\dfrac{7.04 \times 10^6}{2713}} = 50.9 \text{ [mm]}$

$\lambda = \dfrac{8000}{50.9} = 157.2, \quad \sigma = \dfrac{3.14^2 \times 2 \times 10^5}{(157.2)^2} = 79.8 \text{ [N/mm}^2]$

(2) $P_{k(b)} = \dfrac{\pi^2 EI}{l_k^2} = \dfrac{\pi^2 EI}{(0.5l)^2} = \dfrac{\pi^2}{0.25}\dfrac{EI}{l^2} = 4 \times P_k = 4 \times 216.9 = 867.6 \text{ [kN]}$

例題 6.7

圧縮力 50 kN を受ける長さ 2 m のトラス部材の断面設計を行え．ただし，断面は円形とし，その直径 d ([mm] 単位で整数) を決定すること．なお，材料のヤング係数と降伏強度は $E = 2 \times 10^5$ [N/mm^2]，$f_y = 200$ [N/mm^2] とし，許容圧縮応力度 f_c は，次式で与えられるものとする．

$$f_c = 0.6 f_y \quad \left(\lambda \leq \sqrt{\dfrac{\pi^2 E}{1.302 f_y}}\right)$$

$$f_c = \dfrac{1}{2.17}\dfrac{\pi^2 E}{\lambda^2} \quad \left(\lambda > \sqrt{\dfrac{\pi^2 E}{1.302 f_y}}\right)$$

ここで，$\lambda = 4lk/d$ (lk：部材の座屈長)．

解答 この問題では，細長比によって材料の許容圧縮応力度の算定式が異なります．このような場合，構造設計では通常計算の楽な方から解いていきます．

今，材料の許容圧縮応力度を $f_c = 0.6 f_y$ と仮定し，圧縮力を N とすれば，次式が成り立ちます．

$$N \leq f_c \dfrac{\pi d^2}{4} = 0.6 f_y \times \dfrac{\pi d^2}{4}$$

$$d^2 \geq \frac{4N}{0.6\pi f_y} = \frac{4 \times 50 \times 10^3}{0.6 \times 3.14 \times 200} = 530.79$$

$$d \geq 23.039$$

$$d = 24 \text{ [mm]}$$

次に，条件を満足しているかどうか検討します．

$$\lambda = \frac{4l_k}{d} = \frac{4 \times 2000}{24} = 333.3 > \sqrt{\frac{\pi^2 E}{1.302 f_y}} = \sqrt{\frac{3.14^2 \times 2 \times 10^5}{1.302 \times 200}} = 87.02 \quad (\text{不可})$$

この問題の場合は不可でしたが，もし条件を満足していれば，$d = 24$ [mm] が答えになります．ここでは，条件を満足していませんでしたので，$f_c = 1/2.17 \cdot \pi^2 E/\lambda^2$ と仮定して解いていきます．

$$N \leq f_c \frac{\pi d^2}{4} = \frac{1}{2.17} \frac{\pi E}{(4l_k/d)^2} \times \frac{\pi d^2}{4} = \frac{\pi^3}{138.9} \frac{E}{l_k^2} d^4$$

$$d^4 \geq \frac{138.9 \times N}{\pi^3} \frac{l_k^2}{E} = \frac{138.9 \times 50 \times 10^3}{3.14^3} \times \frac{2000^2}{2 \times 10^5} = 4486558$$

$$d \geq 46.02$$

$$d = 47 \text{ [mm]}$$

$$\lambda = \frac{4l_k}{d} = \frac{4 \times 2000}{47} = 170.2 > \sqrt{\frac{\pi^2 E}{1.302 f_y}} = \sqrt{\frac{3.14^2 \times 2 \times 10^5}{1.302 \times 200}} = 87.02 \quad (\text{可})$$

演習問題6

6.1 曲げに対する安全性

(1) 図 6.26 に示すはりに $M_x = 120$ [kNm] の曲げモーメントが生じるとき，図 (a) と図 (b) に示すはり断面についてそれぞれ以下の問いに答えよ．
  ① 断面係数を求めよ．
  ② 最大縁応力度を求めよ．
  ③ 許容応力度が 30 N/mm² のとき，このはりの安全性を検討せよ．
(2) 図 (c) に示す柱断面の C 点に荷重 (圧縮力)$P = 100$ [kN] が作用した場合について，A，B，C 点に生ずる応力度を求めよ．また，垂直応力度の分布図を図示せよ．
(3) 図 (d) に示す H 形柱断面において次の問に答えよ．ただし，曲げに対してはフランジのみが有効に働くものとする．
  ① H 形柱が曲げ応力 ($M = 80$ [kNm]) のみによって引き起こされるフランジに生じる最大の垂直応力度を求めよ．ただし，断面 2 次モーメントは，フランジ (ひとつ分) の断面積を A として，$I = 2A(1 - 2t/h) \times (h/2)^2$ で求めることができる．
  ② 柱に曲げ応力の他に圧縮力 ($P = 20$ [kN]) が作用するとき，曲げと軸力によって引き起こされるフランジに生じる圧縮垂直応力度と引張垂直応力度を求めよ．また，

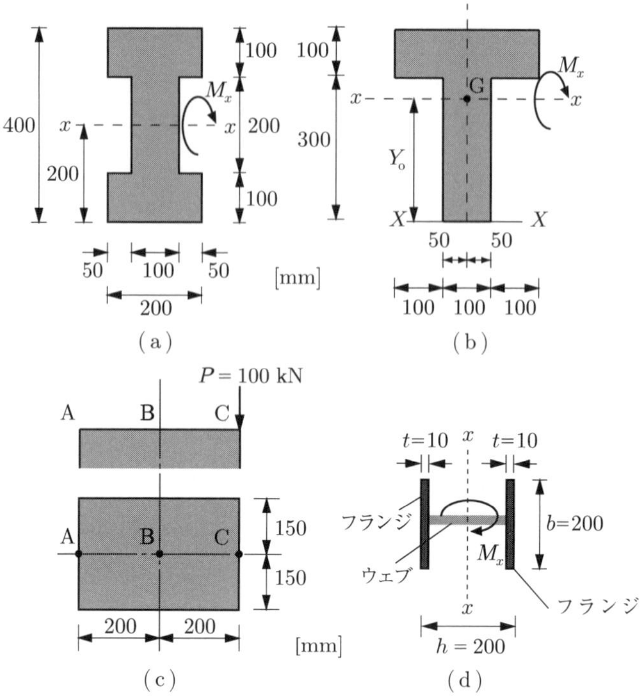

図 6.26 部材断面

許容応力度が $f = 240$ [N/mm²] であるとき，この柱が曲げと軸力に対して安全であるかどうか検討せよ．ただし，ウェブ断面積は無視できるものとする．
③ もし，H 形断面柱が 90°回転して据え付けられていた場合，この柱の安全性はどうなるか検討せよ (図 6.13 参照)．
④ 図 (d) に示す強軸回りの H 形断面柱の許容応力度が $f = 200$ [N/mm²] である場合，柱せい h をいくらにすればこの柱は安全になるか検討せよ．

6.2 せん断に対する安全性

(1) 例題 6.4 のはり断面が，図 6.26 (a), (b) に示すはり断面である場合について，以下の問に答えよ．
① はり断面に生じる最大せん断応力度を求めよ．
② 許容応力度が 2 N/mm² であるとき，このはりの安全性を検討せよ．
③ 平均せん断応力度を求めよ．また，形状係数を求めよ．

(2) 図 6.27(a) に示す等分布荷重を受ける単純ばりの A 部分について，以下の設問に答えよ．ただし，はり材のヤング係数を $E = 20000$ [N/mm²] とする．
① 図 6.27(b) に示す A 部分の左右の曲げモーメント M_1, M_2 の大きさ [kNm] を求めよ．
② 平面保持の仮定が成り立つものとして，図 6.27(c) に示す A 部分の左右の縁応力度 σ_1, σ_2 の大きさ [N/mm²] を求めよ．

$w=60$ kN/m

$h = 300$ [mm]
$b = 200$ [mm]
はりの断面

1 m A 100 mm
$l = 8$ [m]

（a）

M_1 M_2
$\Delta x = 100$ [mm]
（b）

σ_1 σ_2
中立軸
σ_1 σ_2
100 mm
（c）

σ_1 σ_2
τ
100 mm
（d）

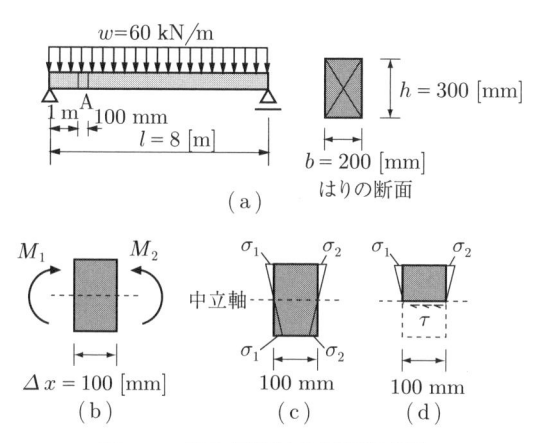

図 6.27　等分布荷重を受ける単純ばり

③ 中立軸面に生じるせん断応力度 τ の大きさ [N/mm^2] を，図 6.27(d) に示す軸方向の釣り合いから求めよ．

④ 左端の支持点から 1.05 m の位置でのせん断力 Q を求め，それを断面積で除した値 $\bar{\tau}$ と③で求めたせん断応力度 τ の値を比較せよ．

6.3 座屈に対する安全性

(1) 例題 6.6 において，柱の支持条件が図 6.24 (c)〜(e) であるとき，それぞれ座屈荷重はいくらになるか答えよ．

(2) 例題 6.6 において，柱断面が図 6.28 の H 形断面であるとき，柱の座屈荷重，座屈応力度，断面 2 次半径および細長比を，強 (x) 軸回りと弱 (y) 軸回りについて答えよ．ただし，ウェブ材は曲げに対して抵抗しないものとする．また，$I_x = bth(h-2t)/2$, $I_y = b^3t/6$ として計算してよい．

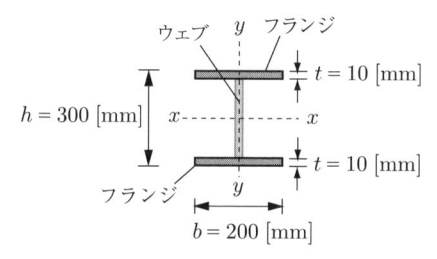

ウェブ　y　フランジ
$t = 10$ [mm]
$h = 300$ [mm]　x ------ x
$t = 10$ [mm]
フランジ　y
$b = 200$ [mm]

図 6.28　H 形柱断面の座屈に対する安全性

(3) 圧縮力 70 kN を受ける長さ 5 m のトラス部材の断面設計を行え．ただし，部材断面は円形 (直径 d) とし，材料のヤング係数を $E = 2 \times 10^5$ [N/mm^2] とし，許容引張応力度は，$f_y = 200$ [N/mm^2] とする．また，許容圧縮応力度は，座屈長さを l_k として，$f_c = 58500 \times (d/l_k)^2$ で与えられるものとする．なお，円周率は 3.14 として計算し，円形断面の直径 d [mm] を決定すること．

第7章

静定骨組の変位

　第4章では，骨組の応力(断面力)と応力度，応力度と変形(ひずみ)，変形と変位の関係を学びました．そして，軸方向力が加わった場合の変位(伸縮量)の計算，せん断力が加わった場合の小片の変形量(せん断変形角)，曲げモーメントが加わった場合の小片の曲率の計算法などを学びました．本章では，第4章で学んだ考え方を発展させて，単純ばり・片持ばりの変位(たわみやたわみ角)や静定ラーメン・静定トラスの変位を求める方法について学びます．

　本章では，はりの曲げモーメントによる変位を求める方法として，弾性曲線式を用いる方法とモールの定理を用いる方法を学びます．また，ラーメンやトラスの変位を求める方法として，仮想仕事法を用いる方法を学びます．

　本章で学ぶ方法は，微分や積分が出てくるため，少し難解だと思われるかも知れませんが，不静定力学の基礎となる部分ですから，我慢してぜひ習得してください．また，本章では，構造力学を教える側にも配慮して，それぞれの手法の背景となる理論についても少し詳しく解説しています．この辺は，学ぶ側の人は，読み飛ばしても構いませんが，将来，構造の専門家を目指している人はぜひ読み解いてください．

7.1 弾性曲線式を用いてはりの変位を求める方法

　本節では，はりの曲げモーメントによる変位(たわみとたわみ角)を，たわみ曲線の微分方程式(弾性曲線式)を解くことによって求める方法を説明します．**たわみ曲線**とは，図7.1に示すように，はりの材軸が力を受けて曲がった状態を表す曲線のことです．このたわみ曲線式は，微分方程式で表すことができます．また，**たわみ**とは，図7.1に示すように，変形前の材軸に垂直方向(y方向)の変位を表し，**たわみ角**とは，たわみ曲線の接線の角度(傾き)を表します．

7.1 弾性曲線式を用いてはりの変位を求める方法

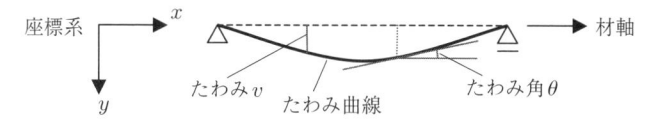

図 7.1 単純ばりのたわみとたわみ角

7.1.1 弾性曲線式

まず，はりのたわみ曲線を表す微分方程式を求めてみましょう．4.3 節で学んだように，部材断面に働く曲げモーメントとそれによって生じる変形 (曲率) の関係は，次式のように表されます．

$$M = -EI\phi \tag{7.1}$$

ここで，M は曲げモーメント，E はヤング係数，I は断面 2 次モーメント，ϕ は曲率を表します．

ところで，この**曲率** ϕ は，曲線の曲がりぐあいを表す物理量です．図 7.2(a) に示すように，曲線の曲がり方が急な場合は，曲線の接線の角度 (たわみ角) は大きく変化し，図 7.2(b) に示すように曲がり方が緩やかな場合は，曲線の接線の角度は緩やかに変化します．したがって，曲線がどれくらい曲がっているかを表す曲率 ϕ は，曲線の接線の角度がどれくらい変化しているかに関係していることがわかります．

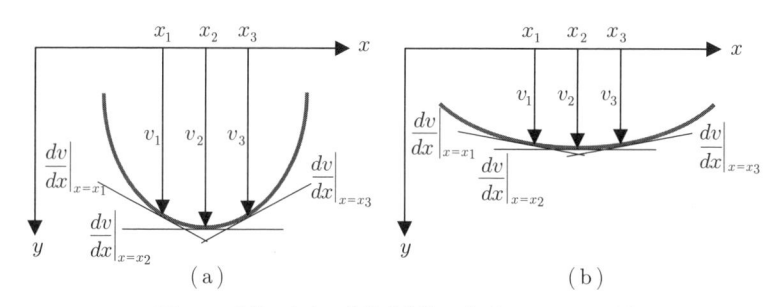

図 7.2 曲線の角度の変化と曲線の曲がりぐあいの関係

曲線の接線の角度は，曲線を表す関数の微分で表されることはすでに学んでいることと思います．ここでは，たわみ曲線の関数を $y = v(x)$ と表すことにします．そうすると，x 点の接線の角度 (たわみ角) は，$y' = dv/dx$ で表されます．

曲率 ϕ は，接線の角度の変化ですから，接線の角度をさらに微分することによって，次式で表すことができます (変化率は微分で表せます)．

$$\phi = \frac{d}{dx}\left(\frac{dv}{dx}\right) = \frac{d^2v}{dx^2} \tag{7.2}$$

また，曲線の曲がりぐあいは，図 7.3 に示すような，曲線の近傍の 2 点に垂直な線 (断面) を延長し，交わった点 O からの距離 (長さ) でも表すことができます．すなわち，O から曲線までの距離が長いときは，曲線の曲がり方は緩やかで，短いときは急になります．したがって，O から曲線までの距離も曲率に関係し，次式のような関係式が成り立ちます．

$$\phi = \frac{1}{\rho} \tag{7.3}$$

ここで，ρ は曲率半径と呼ばれます．したがって，曲率の単位は，[1/m] になります．

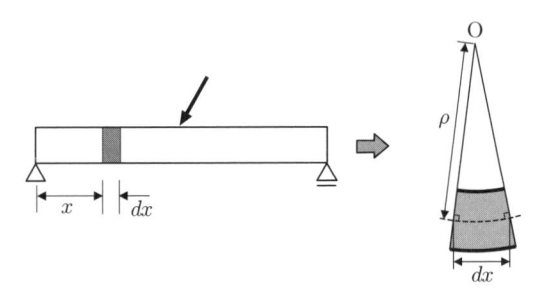

図 7.3 曲率半径 ρ

また，式 (7.1) の右辺に負の符号が付くのは，図 7.4 に示すように，曲げモーメントが正のとき曲率が負になる関係にあるからです．

式 (7.1) に式 (7.2) を代入すると，次式のたわみ曲線 $y = v(x)$ の微分方程式 (弾性曲線式) が得られます．

$$\frac{d^2 v}{dx^2} = -\frac{M}{EI} \tag{7.4}$$

以下では，この弾性曲線式を用いて，たわみ v とたわみ角 $\theta (= dv/dx)$ を求めます．

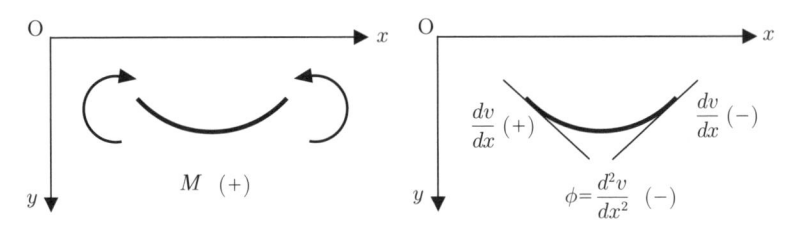

図 7.4 曲げモーメントと曲率の正負符号の関係

7.1.2 弾性論にもとづく弾性曲線式の導出

式 (7.4) の解き方を説明する前に，式 (7.4) の**弾性論**にもとづく導出法を示しておきます．ここは，構造の専門家を目指す読者のために書いているので，数学が苦手な読

者は 7.1.3 項に進んで下さい．ただし，ここを理解すると，高度な構造解析の本がずっと読みやすくなります．

図 7.5 は，曲げ変形している部材の一部を示しています．ただし，部材の材軸と断面は垂直であると仮定します．この時，材軸の接線の傾きは，たわみ曲線 $y = v(x)$ の x に関する微分 $v'(= dv/dx)$ となります．また，材軸と断面が垂直であることから，断面の傾きも v' となります．

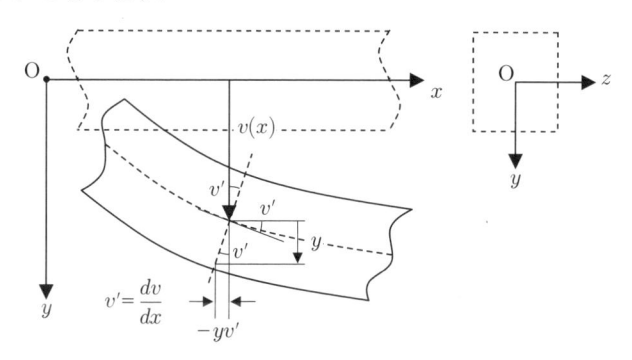

図 7.5 部材の曲げ変形と角度・変位の関係

このとき，断面の x 方向の変位 $u(x)$ は，次式で表すことができます．

$$u = -yv' \tag{7.5}$$

ここで，y は断面の図心 O を原点とする座標ですが，読者の中には，y ではなくて $(y - v)$ ではないか，また，yv' ではなくて，$y\tan(v')$ ではないかと思われる方もあるかと思います．しかし，v が微小であると仮定すると，式 (7.5) のような近似が成り立ちます．このように，構造力学は微小変形の仮定のもとに成り立つ理論です．

弾性論のひずみ度と変位の関係式より，x 方向のひずみ度 ε は次式となります．

$$\varepsilon = \frac{du}{dx} = -yv'' = -y\phi \tag{7.6}$$

ここで，ϕ は式 (7.2) で定義される曲率を表します．

骨組解析理論 (材料力学) における応力度とひずみ度の関係式より，x 方向の応力度は次式のように表されます．

$$\sigma = E\varepsilon = -Eyv'' = -Ey\phi \tag{7.7}$$

ここで，E はヤング係数を表します．

また，**曲げモーメント**は，断面に生じる断面に垂直な応力度 σ に図心からの距離を掛けて積分したものですから，次式のように表されます．

$$M = \iint y\sigma\, dydz = -E \iint y^2\, dydz \cdot \phi = -EI\phi \tag{7.8}$$

ここで，I は断面2次モーメントを表します．式 (7.8) は，式 (7.1) および式 (7.4) と一致します．

7.1.3 弾性曲線式による変位の求め方

次に，弾性曲線式 (7.4) から，たわみ v とたわみ角 θ を求める方法について説明します．なお，たわみ角 θ は，たわみ曲線 $v(x)$ の接線の角度ですから，$\theta = dv/dx$ となります．

式 (7.4) を x に関して積分すると，

$$\theta = \frac{dv}{dx} = -\int \frac{M}{EI}\,dx + C_1, \qquad v = -\iint \frac{M}{EI}\,dx + C_1 x + C_2 \tag{7.9}$$

ここで，C_1 と C_2 は積分定数です．これらの積分定数は，**境界条件**を与えることによって求まります．

数学が不得意な人は，高校数学の不定積分や微分方程式のところを少し復習してみて下さい．また，以下に述べることは少し専門的な話なので，頭の痛い読者は，図 7.7 に進んでください．ただし，構造の専門家をめざしている読者にはぜひ理解してほしいところです．

一般に微分方程式は，図 7.6(a) のように境界の無い物体 (無限体) で成り立つ式です．しかし，実際の物体は無限に広がりをもつわけではありません．したがって，これに境界条件を課すことで，実際の有限物体の現象を表すことができます．すなわち，**境界条件**とは，図 7.6(a) に示すように境界の無い物体に境界を与えるための条件です．ちなみに，運動方程式などの時間に関する微分方程式では，境界条件は初期条件 (初期変位，初速度など) となります．

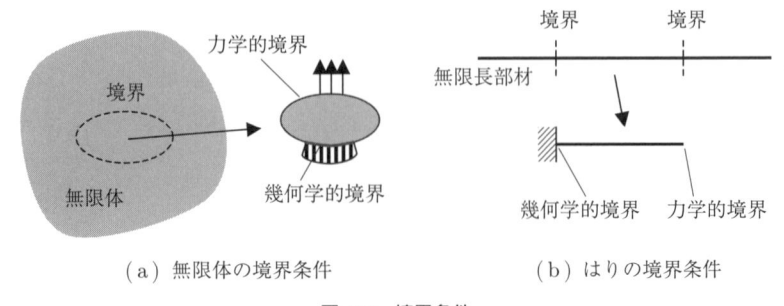

(a) 無限体の境界条件　　　　(b) はりの境界条件

図 7.6 境界条件

また，図 7.6 に示すように境界条件には，変位で与えられる条件 (**幾何学的境界条件**) と力で与えられる条件 (**力学的境界条件**) があります．力が 0 の境界も自由境界と呼ばれ，力学的境界に属します．ただし，構造力学であつかう部材は線ですから，

7.1 弾性曲線式を用いてはりの変位を求める方法

図 7.6(b) に示すように部材の境界は部材の両端 (点) になります．また，式 (7.4) は，曲げモーメント分布を既知としているので，力学的境界条件はすでに与えられており，変位の境界条件のみで解くことのできる微分方程式となっています．

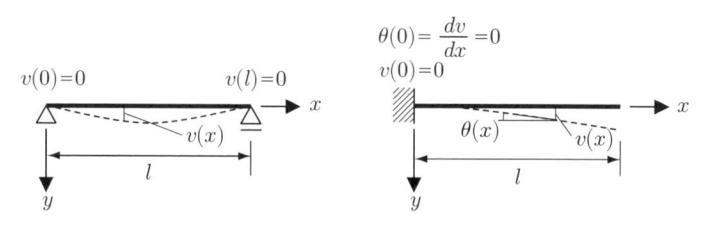

図 7.7 単純ばりの境界条件

図 7.8 片持ばりの境界条件

図 7.7 の単純ばりの変位の境界条件は，$x=0$ と $x=l$ でたわみ v が 0 になるという条件になります．また，図 7.8 の片持ばりでは，$x=0$ で，たわみ v とたわみ角 θ が 0 になるという条件になります．ちなみに，単純ばりの力学的境界条件は，$x=0$ と $x=l$ で曲げモーメントが 0 になるという条件で，片持ばりでは，$x=l$ で曲げモーメントとせん断力が 0 になるという条件になります．

また，図 7.9 に示すように，たわみ角 θ の符号は，曲げモーメントの正負と同様に時計まわりが正になります．これは，直交右手座標系で，z 方向に右ねじをねじる方向です．また，たわみ v の正負は，y 座標の正負に一致します．

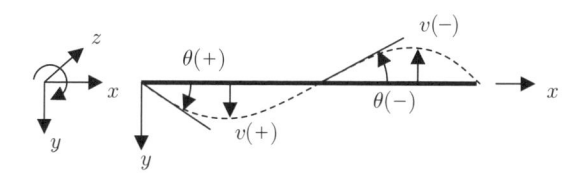

図 7.9 たわみとたわみ角の正負の符号

7.1.4 単純ばりの解法

次に，図 7.10 に示す単純ばりにおいて，たわみ角 θ とたわみ v を求める方法を説明します．

図 7.11 は，曲げモーメント図を示します．なお，ここでは，外力のモーメント M

図 7.10 単純ばり

図 7.11 曲げモーメント図

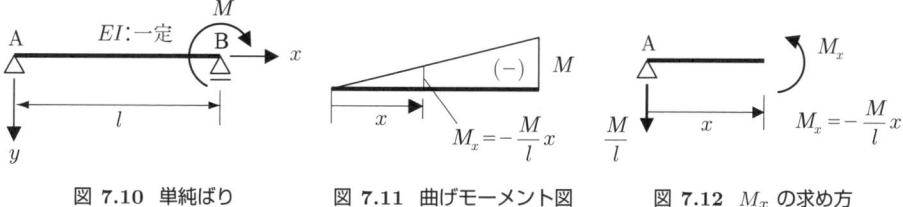

図 7.12 M_x の求め方

と内力の曲げモーメントを区別するため，内力の曲げモーメントは M_x と表すことにします．なお，下添字の x は，x の関数であることを表します．また，曲げモーメントの正負は，はりの下側に描かれる場合を正，上側に描かれる場合を負とします (y 軸の正負と一致する)．

図 7.11 の M_x は，まず，図 7.10 の A 点の反力を求め，図 7.12 に示すように，x 点のモーメントの釣り合い式を立てることによって求めることができます．

式 (7.4) に代入して，

$$\frac{d^2v}{dx^2} = -\frac{M_x}{EI} = \frac{M}{EIl}x \tag{7.10}$$

式 (7.9)，(7.10) により，

$$\theta(x) = \frac{dv}{dx} = -\int \frac{M_x}{EI}dx + C_1 = \frac{M}{EIl}\int x\,dx + C_1 = \frac{M}{2EIl}x^2 + C_1 \tag{7.11}$$

$$v(x) = -\iint \frac{M_x}{EI}dx + C_1 x + C_2 = \frac{M}{2EIl}\iint x^2\,dx + C_1 x + C_2$$

$$= \frac{M}{6EIl}x^3 + C_1 x + C_2 \tag{7.12}$$

また，単純ばりの境界条件は $v(0)=0$ と $v(l)=0$ であることから，式 (7.12) より次式のように積分定数が求められます．

$$v(0) = 0 \quad \rightarrow \quad C_2 = 0 \tag{7.13}$$

$$v(l) = 0 \quad \rightarrow \quad \frac{M}{6EI}l^2 + C_1 l = 0 \tag{7.14}$$

$$\therefore \quad C_1 = -\frac{Ml}{6EI} \tag{7.15}$$

式 (7.13)，(7.15) で求めた C_1, C_2 を式 (7.11)，(7.12) に代入すると次式が得られます．

$$\theta(x) = \frac{M}{2EIl}x^2 - \frac{Ml}{6EI} \tag{7.16}$$

$$v(x) = \frac{M}{6EIl}x^3 - \frac{Ml}{6EI}x \tag{7.17}$$

式 (7.16)，(7.17) によれば，任意の x 点のたわみ角とたわみを求めることができます．たとえば，A 点と B 点のたわみ角は次のように求まります．

$$\theta_A = \theta(0) = -\frac{Ml}{6EI}, \quad \theta_B = \theta(l) = \frac{Ml}{3EI} \tag{7.18}$$

また，**最大たわみ** $v_{\max}$ は，$\theta(x)=0$ となる x を求め，得られた x を式 (7.17) に代入することによって求められます．まず，$\theta=0$ になる x を求めると，

$$\theta(x) = \frac{M}{2EIl}x^2 - \frac{Ml}{6EI} = 0 \quad \rightarrow \quad x = \frac{l}{\sqrt{3}} \tag{7.19}$$

次に，式 (7.19) を式 (7.17) に代入すると，次のように最大たわみが求められます．

$$v_{\max} = \frac{M}{6EIl}\left(\frac{l}{\sqrt{3}}\right)^3 - \frac{Ml}{6EI}\left(\frac{l}{\sqrt{3}}\right) = -\frac{Ml^2}{9\sqrt{3}EI} \tag{7.20}$$

以上より，図 7.13 に示すような変位図を描くことができます．

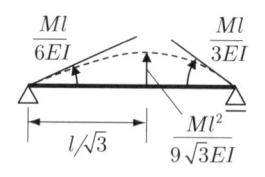

図 7.13 変位図

7.1.5 片持ばりの解法

次に，図 7.14 に示す片持ばりにおいて，たわみ角 θ とたわみ v を求める方法を説明します．図 7.15 は，この片持ばりの曲げモーメント図を示します．

図 7.14 片持ばり　　**図 7.15 曲げモーメント図**　　**図 7.16 M_x の求め方**

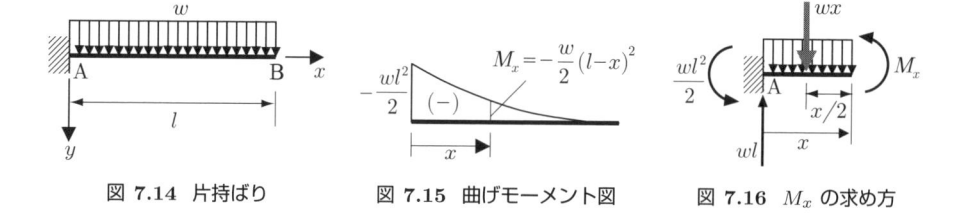

図 7.15 の M_x は，まず，図 7.14 の A 点の反力を求め，図 7.16 に示すように，x 点のモーメントの釣り合い式を立てることによって求めることができます．なお，この場合，B 点を原点にすることも考えられますが，座標の向きが変わるとたわみ角やたわみ曲線式の符号が変化するため，注意する必要があります．

式 (7.4) に x 点のモーメント式を代入して，

$$\frac{d^2v}{dx^2} = -\frac{M_x}{EI} = \frac{w}{2EI}(l-x)^2 \tag{7.21}$$

式 (7.9)，(7.21) により，

$$\theta(x) = \frac{dv}{dx} = -\int \frac{M_x}{EI}\,dx + C_1 = -\frac{w}{2EI}\int X^2\,dX + C_1$$

$$= -\frac{w(l-x)^3}{6EI} + C_1 \tag{7.22}$$

$$v(x) = -\iint \frac{M_x}{EI}\,dx + C_1 x + C_2 = \frac{w(l-x)^4}{24EI} + C_1 x + C_2 \tag{7.23}$$

ただし，式 (7.22), (7.23) では，$X = l - x$ と置いて，**置換積分** ($x \to X$ に置換) を行っています．この場合，$dX/dx = -1$ より $dx = -dX$ になることに注意が必要です．よくわからない読者は高校数学の置換積分のところを少し復習してみてください．

片持ばりの境界条件は $v(0) = 0$ と $\theta(0) = 0$ であることから，式 (7.22), (7.23) より，次式のように積分定数が求まります．

$$\theta(0) = 0 \quad \to \quad -\frac{wl^3}{6EI} + C_1 = 0 \tag{7.24}$$
$$\therefore \ C_1 = \frac{wl^3}{6EI}$$

$$v(0) = 0 \quad \to \quad \frac{wl^4}{24EI} + C_2 = 0 \tag{7.25}$$
$$\therefore \ C_2 = -\frac{wl^4}{24EI}$$

式 (7.24), (7.25) で求めた C_1, C_2 を式 (7.22), (7.23) に代入すると次式が得られます．

$$\theta(x) = -\frac{w(l-x)^3}{6EI} + \frac{wl^3}{6EI} \tag{7.26}$$

$$v(x) = \frac{w(l-x)^4}{24EI} + \frac{wl^3}{6EI}x - \frac{wl^4}{24EI} \tag{7.27}$$

上式より，図 7.17 のような変位図が求められます．

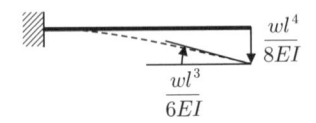

図 7.17 変位図

7.1.6 曲げモーメント分布が不連続となるはり

これまでの例題は，構造内部の曲げモーメントがひとつの関数として表されました．しかし，部材内に集中荷重が加わる問題では，曲げモーメントの関数がその集中荷重の前後で異なる関数となります (ひとつの関数として表せません)．そこで，ここでは，曲げモーメント M_x が，ひとつの関数として表せない問題の解き方について説明します．

図 7.18 の単純ばりでは，図 7.19 に示すような曲げモーメント図となります．曲げモーメント関数 M_x の求め方は，まず，A, B 点の反力を求め，AC 間と BC 間の断面を切って，それぞれの断面で M_x を定義し，モーメントの釣り合い式を立てて解くことにより求められます．

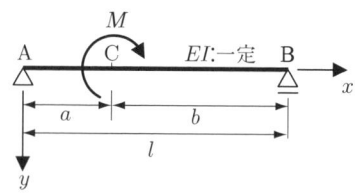

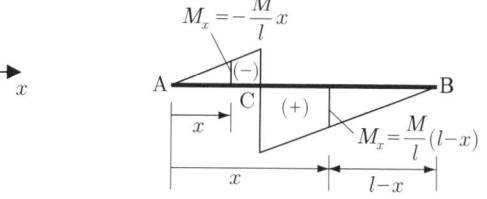

7.1 弾性曲線式を用いてはりの変位を求める方法

図 7.18 曲げモーメントが不連続となる単純ばり

図 7.19 曲げモーメント図

　このような問題では，AC 間と BC 間で，それぞれ弾性曲線式を立て，A, B 点の境界条件の他に，C 点での変位 (たわみとたわみ角) の連続条件を用いて，方程式を解きます．連続条件とは，変形後に C 点で部材がつながっているというたわみの連続条件と，C 点で部材が折れ曲がっていないというたわみ角の連続条件になります．

AC 間 $(0 \leqq x \leqq a)$

式 (7.4) に AC 間の x 点のモーメント式を代入して，

$$\frac{d^2v}{dx^2} = -\frac{M_x}{EI} = \frac{M}{EIl}x \tag{7.28}$$

式 (7.9)，(7.28) により，

$$\theta(x) = \frac{dv}{dx} = -\int \frac{M_x}{EI}dx + C_1 = \frac{M}{2EIl}x^2 + C_1 \tag{7.29}$$

$$v(x) = -\iint \frac{M_x}{EI}dx + C_1 x + C_2 = \frac{M}{6EIl}x^3 + C_1 x + C_2 \tag{7.30}$$

CB 間 $(a \leqq x \leqq l)$

式 (7.4) に CB 間の x 点のモーメント式を代入して，

$$\frac{d^2v}{dx^2} = -\frac{M_x}{EI} = -\frac{M}{EIl}(l-x) \tag{7.31}$$

式 (7.9)，(7.31) により

$$\theta(x) = \frac{dv}{dx} = -\int \frac{M_x}{EI}dx + C_3 = \frac{M}{2EIl}(l-x)^2 + C_3 \tag{7.32}$$

$$v(x) = -\iint \frac{M_x}{EI}dx + C_3 x + C_4 = -\frac{M}{6EIl}(l-x)^3 + C_3 x + C_4 \tag{7.33}$$

ただし，式 (7.32)，(7.33) では，$X = l - x$ と置いて置換積分を行っています．

　A, B 点の境界条件 $v(0) = 0$, $v(l) = 0$ を式 (7.30)，(7.33) に代入すると，

$$v(0) = 0 \quad \rightarrow \quad C_2 = 0 \tag{7.34}$$

$$v(l) = 0 \quad \rightarrow \quad C_3 l + C_4 = 0 \tag{7.35}$$

式 (7.29)，(7.30)，(7.32)，(7.33) では，四つの積分定数があるため，式 (7.34)，(7.35)

の他に2式が必要となります．これが，次式のC点の変位(たわみ角とたわみ)の連続条件です．

$$\theta(a)\big|_{\text{AC}} = \theta(a)\big|_{\text{CB}}, \quad v(a)\big|_{\text{AC}} = v(a)\big|_{\text{CB}} \tag{7.36}$$

式 (7.36) と式 (7.34)，(7.35) より，

$$\theta(a)\big|_{\text{AC}} = \theta(a)\big|_{\text{CB}} \quad \to \quad \frac{M}{2EIl}a^2 + C_1 = \frac{M}{2EIl}(l-a)^2 + C_3 \tag{7.37}$$

$$v(a)\big|_{\text{AC}} = v(a)\big|_{\text{CB}} \quad \to \quad \frac{M}{6EIl}a^3 + C_1 a = -\frac{M}{6EIl}(l-a)^3 - C_3(l-a) \tag{7.38}$$

式 (7.37) に a を掛けて式 (7.38) を引くと，

$$\frac{M}{3EIl}a^3 = \frac{M}{6EIl}(l-a)^2(2a+l) + C_3 l \quad \to \quad C_3 = \frac{M}{6EIl}(3a^2 - l^2) \tag{7.39}$$

式 (7.39) を式 (7.37)，(7.35) に代入して，

$$C_1 = \frac{M}{6EIl}(3a^2 - 6al + 2l^2) \tag{7.40}$$

$$C_4 = -\frac{M}{6EI}(3a^2 - l^2) \tag{7.41}$$

式 (7.34)，(7.39)，(7.40)，(7.41) を式 (7.29)，(7.30)，(7.32)，(7.33) に代入すると，

AC 間 $(0 \leqq x \leqq a)$

$$\theta(x) = \frac{M}{2EIl}x^2 + \frac{M}{6EIl}(3a^2 - 6al + 2l^2) \tag{7.42}$$

$$v(x) = \frac{M}{6EIl}x^3 + \frac{M}{6EIl}(3a^2 - 6al + 2l^2)x \tag{7.43}$$

CB 間 $(a \leqq x \leqq l)$

$$\theta(x) = \frac{M}{2EIl}(l-x)^2 + \frac{M}{6EIl}(3a^2 - l^2) \tag{7.44}$$

$$v(x) = -\frac{M}{6EIl}(l-x)^3 + \frac{M}{6EIl}(3a^2 - l^2)x - \frac{M}{6EI}(3a^2 - l^2) \tag{7.45}$$

以上のように，計算は多少複雑になりますが，要点は，二つの境界条件と，部材内部の曲げモーメントの関数の不連続点におけるたわみとたわみ角の連続条件の4元連立方程式を解けば良いということです．

解き方を身につけるには，演習が大事ですから，演習問題をしっかり解いてください．演習問題の解答は，途中計算をチェックできるように詳しく書かれていますので，参考にしてください．

7.2 モールの定理を用いてはりの変位を求める方法

本節では，はりの曲げモーメントによる変位(たわみとたわみ角)を，モールの定理によって求める方法を説明します．モールの定理を用いる方法は，弾性曲線式を解く方法に比較して，より簡単にたわみやたわみ角を求めることができます．

7.2.1 モールの定理

モールの定理は，弾性曲線式の性質をうまく利用したものです．その原理は少し複雑です．数学が苦手な読者は，図7.22の下の文章に進んでも構いませんが，できればここは我慢して読み解いてほしい内容です．

式(7.4)の弾性曲線式を変形すると，次のように表せます．

$$\frac{d^2v}{dx^2} = \frac{d}{dx}\left(\frac{dv}{dx}\right) = \frac{d\theta}{dx} = -\frac{M_x}{EI} \tag{7.46}$$

上式により，たわみ v とたわみ角 θ と曲率 M_x/EI の関係式が得られます．

次に，式(7.46)と同様の形式で，曲げモーメント，せん断力と荷重の関係式を導きます．図7.20は，分布荷重が作用する部材の一部を切り出して，内力(応力)を示したものです．左側の断面の応力(曲げモーメント，せん断力)に比較して，右側の断面の応力は，少し変化が生じているはずですから dM_x, dQ_x が付加されています．

図7.20に示す微小要素に作用する力に対して釣り合い式を立てると，まず，y 方向の釣り合いから，

$$w_x dx - Q_x + (Q_x + dQ_x) = 0 \quad \rightarrow \quad \frac{dQ_x}{dx} = -w_x \tag{7.47}$$

が得られ，モーメントの釣り合いから，

$$Q_x dx + M_x - (M_x + dM_x) - w_x dx \left(\frac{dx}{2}\right) = 0 \quad \rightarrow \quad \frac{dM_x}{dx} = Q_x \tag{7.48}$$

が得られます．ただし，式(7.48)の左側の式の第4項は高次の微小量(微小量×微小量)なので無視されています．

式(7.47)と式(7.48)より，次のような関係式が導かれます．

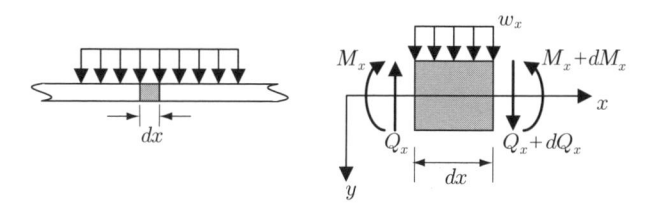

図 7.20 微小部分の内力と外力

$$\frac{d^2 M_x}{dx^2} = \frac{d}{dx}\left(\frac{dM_x}{dx}\right) = \frac{dQ_x}{dx} = -w_x \tag{7.49}$$

式 (7.46) がたわみとたわみ角を求める微分方程式であるのに対して，式 (7.49) は，曲げモーメントとせん断力を求める微分方程式になっています．例として，式 (7.49) を用いて，図 7.21 に示す片持ばりの曲げモーメントとせん断力を求めてみます．なお，図 7.21 には，力の釣り合いから求めた Q 図と M 図を示しています．

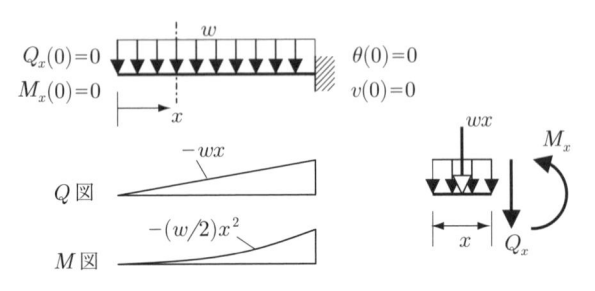

図 7.21 片持ばりと Q 図と M 図

弾性曲線式の解法と同様に，式 (7.49) に $w_x = w$ を代入し，積分すると，

$$\frac{d^2 M_x}{dx^2} = -w \quad \rightarrow \quad Q_x = \frac{dM_x}{dx} = -wx + C_1 \quad \rightarrow \quad M_x = -\frac{w}{2}x^2 + C_1 x + C_2 \tag{7.50}$$

これに，自由端 (左端) の境界条件 $Q_x(0) = 0$，$M_x(0) = 0$ を代入すると，$C_1 = C_2 = 0$ となるため，$Q_x = -wx$，$M_x = -(w/2)x^2$ となります．したがって，式 (7.49) から得られたせん断力と曲げモーメントは，図 7.21 に示す力の釣り合いから求めたものと一致します．したがって，力の釣り合いによってせん断力と曲げモーメントを求めることは，式 (7.49) の微分方程式を解くことと同じことになります．

ところで，式 (7.46) と式 (7.49) を比較すると，図 7.22 に示すようにまったく同じ形式の微分方程式となっています．すなわち，たわみ v が曲げモーメント M_x に，たわみ角 θ がせん断力 Q_x に，また，M_x/EI は荷重 w_x に対応していることがわかります．

したがって，式 (7.49) の w_x を M_x/EI に置き換えて，力の釣り合いにより曲げモーメントとせん断力の分布を求めれば，すなわち，それがたわみとたわみ角の分布を求

図 7.22 変位の微分方程式と応力の微分方程式

7.2 モールの定理を用いてはりの変位を求める方法 129

めることになります．これがモールの定理と呼ばれるものです．

ただし，式 (7.46) は変位に関する微分方程式で，式 (7.49) は力に関する微分方程式であるため，境界条件に注意する必要があります．すなわち，モールの定理を用いる場合，力に関する微分方程式を用いて変位を求めるわけですから，式 (7.46) の変位の境界条件は，式 (7.49) の力の境界条件に置き換える必要があります．

具体的には，式 (7.46) (原問題) で，変位で与えられる境界条件は，式 (7.49) では力で与える必要があり，また，式 (7.46) で，力で与えられる境界条件は，式 (7.49) では変位で与える必要があります．すなわち，力の境界条件と変位の境界条件が入れ替わるわけです．

ここまでが，少し頭が痛い理論です．数学が不得意な読者は，原問題 (もとの問題) の曲げモーメント M_x を求め，これを EI で割ったものを分布荷重にした新たな問題を設定し，この問題の曲げモーメントとせん断力が，原問題のたわみ v とたわみ角 θ になると理解して下さい．ただし，後者の問題の境界条件は，原問題の力の境界条件を変位の境界条件に，変位の境界条件を力の境界条件に置き換える必要があります．

図 7.23 は，単純ばりと片持ばりで，力の境界条件と変位の境界条件を入れ替えた例です．単純ばりの場合，ピンおよびローラー支点で，たわみと曲げモーメントが 0 になります．この場合は，力と変位の境界条件が入れ替わっても同じ条件になります．これに対して，片持ばりでは，固定端で，たわみとたわみ角が 0 になり，自由端で曲げモーメントとせん断力が 0 になります．この場合は，力と変位の境界条件を入れ替えると，固定端が左右入れ替わることになります．以上の原理にしたがえば，図 7.24 に示す境界条件の変化も容易に理解できます．

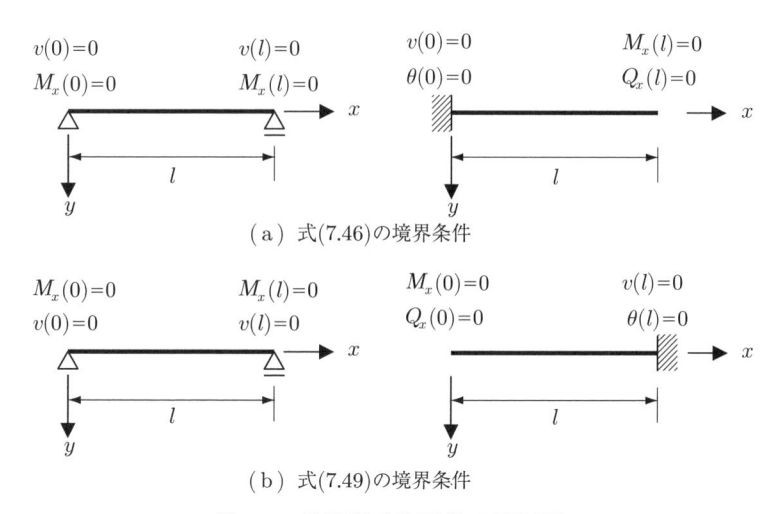

図 7.23 単純ばりと片持ばりの境界条件

(a) 式(7.46)の境界条件

(b) 式(7.49)の境界条件

130 第7章 静定骨組の変位

(a) 式(7.46)の境界条件

(b) 式(7.49)の境界条件

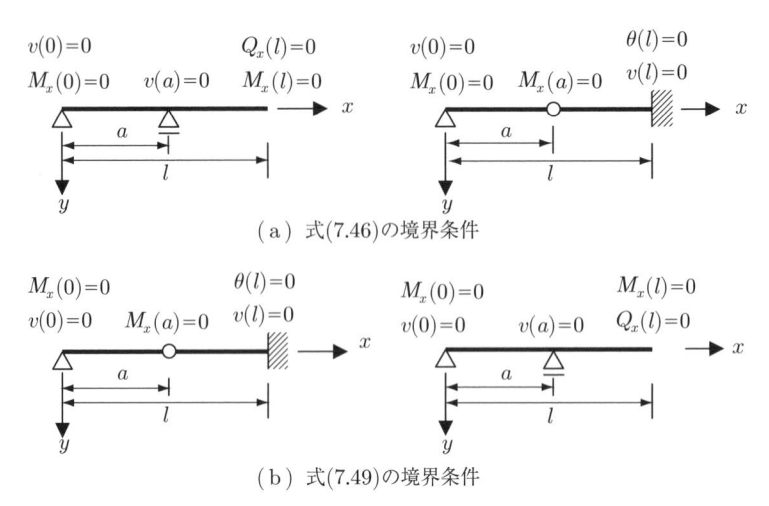

図 7.24 張出ばりとゲルバーばりの境界条件

7.2.2 単純ばりの解法

次に，図 7.25 に示す単純ばりについてモールの定理による解法の手順について説明します．図 7.26 は，曲げモーメント図を示します．

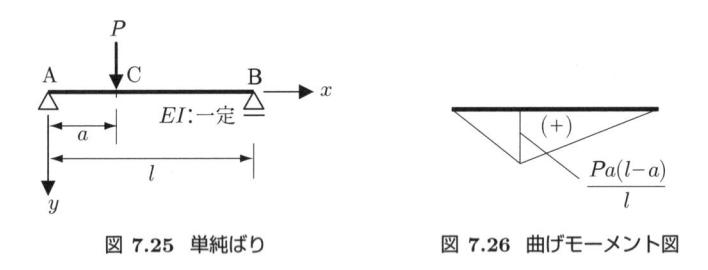

図 7.25 単純ばり　　　**図 7.26** 曲げモーメント図

モールの定理では，曲げモーメント M_x を EI で割ったものを分布荷重 w_x とします．曲げモーメントの符号が正なら分布荷重の符号も正になるため，このはりでは，下向き (y 軸の正方向) の分布荷重になります．また，図 7.23 より，単純ばりの境界条件は変化しないため，式 (7.49) の問題は，図 7.27 のようになります．図 7.27 の問題は，図 7.25 の原問題に対する**共役問題**と呼ばれます．また，図 7.27 のような図は**仮想荷重図 (弾性荷重図)** と呼ばれます．

図 7.27 の問題で，曲げモーメントを求めれば，それがたわみ v になり，せん断力を求めれば，それがたわみ角 θ になります．

単純ばりの問題で，内力 (曲げモーメント，せん断力) を求めるには，まず，反力を求める必要があります．図 7.27 の問題の反力は，図 7.28 に示すように，分布荷重を集中荷重 (合力) に直し，力の釣り合い式を立てることによって求められます．

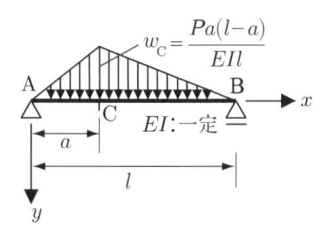

図 7.27 共役問題の仮想荷重図

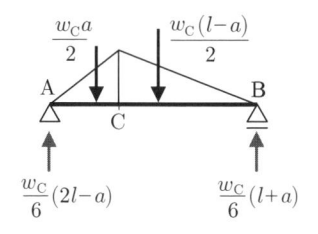

図 7.28 反力の計算

次に，AC 間および CB 間の曲げモーメントとせん断力を x の関数として求めれば，弾性曲線式で求めたものと同様のたわみとたわみ角の関数を得ることができます．しかしながら，通常必要になるのは，たわみやたわみ角の最大値ですから，ここでは，C 点のたわみと，A, B 点のたわみ角を求めてみます．

まず，C 点のたわみは，図 7.29 に示すように C 点の断面の曲げモーメントを求めることによって求まります．一方，A, B 点のたわみ角は，図 7.30 に示すように，A, B 点のせん断力を求めることによって求まります．

図 7.29，図 7.30 より，C 点のたわみと A, B 点のたわみ角は，

$$v_C = \frac{Pa^2(l-a)^2}{3EIl}, \quad \theta_A = \frac{Pa(l-a)(2l-a)}{6EIl}, \quad \theta_B = \frac{Pa(l-a)(l+a)}{6EIl} \tag{7.51}$$

となります．なお，たわみとたわみ角の正負は，曲げモーメントとせん断力の正負と一致します．

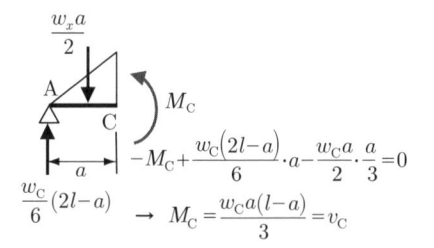

図 7.29 C 点のたわみの計算

図 7.30 A, B 点のたわみ角の計算

7.2.3 片持ばりの解法

次に，図 7.31 に示す片持ばりの解法の手順について説明します．

図 7.32 は，曲げモーメント図を示します．また，図 7.33 は，共役問題の仮想荷重図を示し，図 7.34 は，反力計算を示しています．片持ばりでは，図 7.33 に示すように共役問題で固定端と自由端が入れ替わることに注意が必要です．

図 7.31 片持ばり

図 7.32 曲げモーメント図

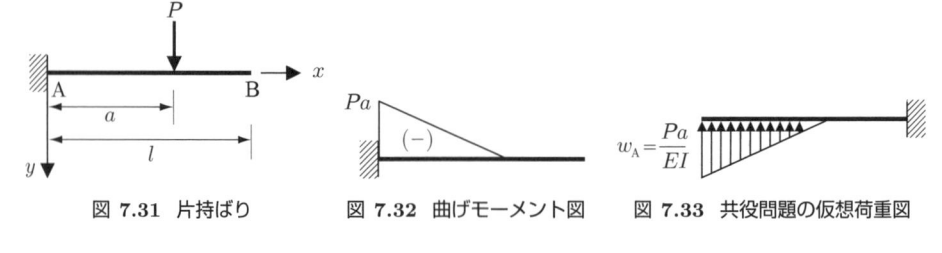

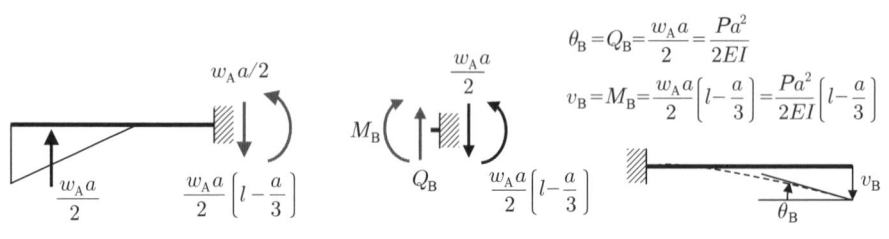

図 7.33 共役問題の仮想荷重図 $w_A = \dfrac{Pa}{EI}$

図 7.34 反力の計算

図 7.35 B 点のたわみとたわみ角の計算

$$\theta_B = Q_B = \frac{w_A a}{2} = \frac{Pa^2}{2EI}$$

$$v_B = M_B = \frac{w_A a}{2}\left(l - \frac{a}{3}\right) = \frac{Pa^2}{2EI}\left(l - \frac{a}{3}\right)$$

この問題で，B 点のたわみとたわみ角を求めると，図 7.35 に示す解が求まります．

7.2.4 張出ばりの解法

次に，図 7.36 に示す張出ばりの解法を示します．図 7.37 は，曲げモーメント図を示します．また，図 7.38 は，共役問題の仮想荷重図を示し，図 7.39 は，反力計算を示しています．反力の計算では，C 点のモーメントが 0 であることを用いて，A 点の反力を求め，次に C 点の反力を計算します．

この問題で，B 点のたわみとたわみ角を求めると，次のようになります．

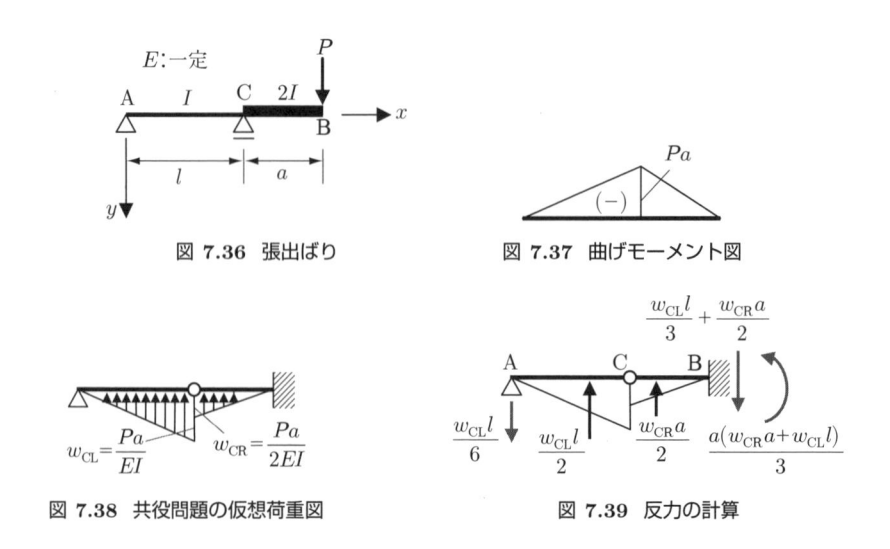

図 7.36 張出ばり

図 7.37 曲げモーメント図

図 7.38 共役問題の仮想荷重図 $w_{CL} = \dfrac{Pa}{EI}$, $w_{CR} = \dfrac{Pa}{2EI}$

図 7.39 反力の計算

$$\theta_{\mathrm{B}} = Q_{\mathrm{B}} = \frac{w_{\mathrm{CL}}l}{3} + \frac{w_{\mathrm{CR}}a}{2} = \frac{Pal}{3EI} + \frac{Pa^2}{4EI}$$
$$v_{\mathrm{B}} = M_{\mathrm{B}} = \frac{a(w_{\mathrm{CR}}a + w_{\mathrm{CL}}l)}{3} = \frac{Pa^2}{6EI}(a+2l) \tag{7.52}$$

以上のように，モールの定理による方法では，弾性曲線式を用いる方法に比較して，部材の中間に荷重が作用する問題や部材間に支点がある問題などが，より容易に解けることがわかったと思います．

7.3 仮想仕事法を用いてラーメンやトラスの変位を求める方法

これまで説明した弾性曲線式やモールの定理を用いる方法は，はりなどの直線部材の変形(変位)を求めるために用いられます．ラーメン構造などでは，柱とはりで材軸(x軸)の方向が異なるため，このような方法の適用ができません．

このような材軸の方向が異なる部材が組み合わされた骨組構造物の変位を求める方法として仮想仕事法があります．本節では，静定ラーメンの曲げによる変位(たわみとたわみ角)と静定トラスの軸方向力による変位(伸縮)を，仮想仕事法によって求める方法について説明します．

7.3.1 仮想仕事法

まず，変位を求めるための仮想仕事式を導きます．仮想仕事式の導出もかなり難解です．他の構造力学の教科書でもあまり詳しく説明してありません．しかし，原理をしっかりと押さえておくことは重要なので，ここでは詳しく説明します．数学が不得意な読者は，図 7.41 を見て，原問題(もとの問題)に対して変位を求めたい点に大きさ 1 の仮想荷重を加え，原問題と仮想荷重問題の曲げモーメント $M, \overline{M}$ から式 (7.59)により，変位が求まると理解して，図 7.42 の下の文に進んでください．

仮想仕事法は，外力のなした仕事量(外力 × 変位)の総和が，内力のなした仕事量(内力 × 変形)の総和に等しいとする**エネルギー保存則**にもとづく方法です．

構造力学における**内力**は，曲げモーメント，軸方向力，せん断力です．また，曲げモーメントに対する変形は曲率，軸方向力に対する変形は垂直ひずみ度，せん断力に対する変形はせん断ひずみ度となります．したがって，内力の総和は，内力と変形を掛けたものを部材の軸方向に積分したものとなります．たとえば，図 7.40 に示すような長さ l のひとつの部材の内力仕事量は次のように表すことができます．

軸方向力による仕事量： $\displaystyle\int_0^l N\varepsilon\,dx$

曲げモーメントによる仕事量： $\displaystyle\int_0^l M\phi\,dx$

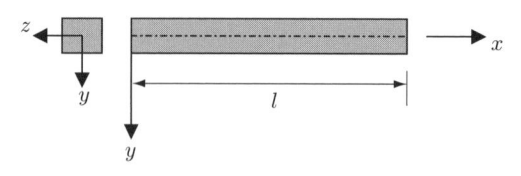

図 7.40 長さ l の部材

せん断力による仕事量： $\int_0^l Q\gamma\,dx$

ここで，N は軸方向力，ε は垂直ひずみ度，M は曲げモーメント，ϕ は曲率，Q はせん断力，γ はせん断ひずみ度を表します．

第 4 章で学んだように，応力と変形の関係は次式のようになります．

$$N = EA\varepsilon, \quad M = EI\phi, \quad Q = GA\gamma \tag{7.53}$$

式 (7.53) を内力の仕事量の式に代入すると，**内力の仕事量** V は次式となります．

$$V = \int_0^l \frac{N \cdot N}{EA}\,dx + \int_0^l \frac{M \cdot M}{EI}\,dx + \int_0^l \frac{Q \cdot Q}{GA}\,dx \tag{7.54}$$

一方，集中荷重 $P_1, P_2, P_3, \cdots, P_n$ の作用点の変位を $\delta_1, \delta_2, \delta_3, \cdots, \delta_n$ とし，モーメント荷重 $M_1, M_2, M_3, \cdots, M_m$ の作用点の回転角を $\theta_1, \theta_2, \theta_3, \cdots, \theta_m$ とすると，外力の仕事量 W は，次式となります．

$$W = \sum_{i=1}^{n} P_i \delta_i + \sum_{i=1}^{m} M_i \theta_i \tag{7.55}$$

エネルギー保存則より，**外力の仕事量** W と内力の仕事量 V は等しいので，次式が成り立ちます．

$$\sum_{i=1}^{n} P_i \delta_i + \sum_{i=1}^{m} M_i \theta_i = \int_0^l \frac{N \cdot N}{EA}\,dx + \int_0^l \frac{M \cdot M}{EI}\,dx + \int_0^l \frac{Q \cdot Q}{GA}\,dx \tag{7.56}$$

ただし，通常の骨組構造物では，せん断変形は曲げ変形に比較して小さいため，せん断力による仕事量は無視されます．また，曲げが加わる構造物では，曲げ変形に比較して軸方向の変形は小さいので軸方向力による仕事量は無視されます．また，トラス構造物では，軸方向力のみが働くので，曲げモーメントおよびせん断力による仕事量は 0 になります．

以上より，曲げ変形が支配的な構造物では，次式が用いられます．

$$\sum_{i=1}^{n} P_i \delta_i + \sum_{i=1}^{m} M_i \theta_i = \int_0^l \frac{M \cdot M}{EI}\,dx \tag{7.57}$$

一方，トラス構造物では，次式が用いられます．

7.3 仮想仕事法を用いてラーメンやトラスの変位を求める方法

$$\sum_{i=1}^{n} P_i \delta_i = \int_0^l \frac{N \cdot N}{EA} dx \tag{7.58}$$

以上は，実際の変位を用いたエネルギー保存則ですが，以下の変位を求めるための仮想仕事法は，[仮想荷重×実変位＝仮想荷重の内力×実変形] という式を用います．これを図 7.41 に示す単純ばりの例で説明します．

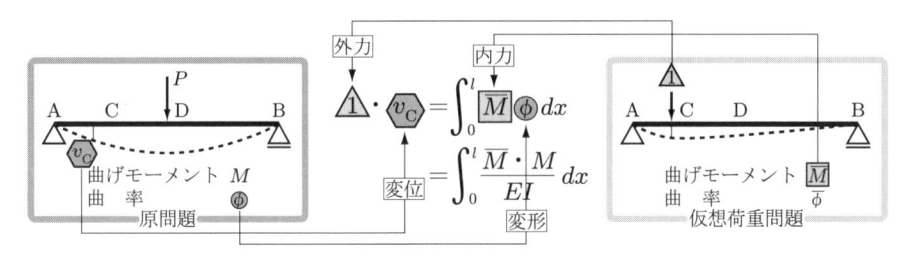

図 7.41 変位を求めるための仮想仕事法

図 7.41 は，荷重 P が作用する単純ばりの C 点のたわみ v を求める問題です．この場合，仮想仕事法では，C 点に大きさ 1 の荷重が加わる問題 (仮想荷重問題) をもうひとつ用意します．そして，図に示すように，式 (7.57) のエネルギー保存則を，原問題と仮想荷重問題に対して，交差的に適用します．そうすると，仮想荷重問題の荷重 1 とその作用点の原問題の変位 v_C を掛けた仕事量が，仮想荷重問題の内力 (曲げモーメント $\overline{M}$) と原問題の変形 (曲率 ϕ) を掛けて積分したものに等しいという次式が導かれます．

$$1 \cdot v_C = \int_0^l \overline{M} \phi \, dx = \int_0^l \frac{\overline{M} \cdot M}{EI} dx \tag{7.59}$$

上式が，構造力学の仮想仕事法で用いられる原理式となります．

以上の原理を，もう少し数学的に説明します．図 7.42 に示すように，実荷重 P と仮想荷重 1 が同時に加わる問題を考え，実荷重 P による C 点，D 点の変位を v_C, v_D，内力と変形を M, ϕ，仮想荷重 1 による変位を $\overline{v}_C$, $\overline{v}_D$，内力と変形を $\overline{M}, \overline{\phi}$ とします．このとき，実荷重と仮想荷重が同時に加わる問題の外力仕事と内力仕事の釣り合い式は次のようになります．

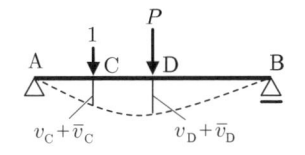

図 7.42 実荷重と仮想荷重が同時に加わる問題

$$1 \cdot (v_\mathrm{C} + \overline{v}_\mathrm{C}) + P \cdot (v_\mathrm{D} + \overline{v}_\mathrm{D}) = \int_0^l (M + \overline{M})(\phi + \overline{\phi})\, dx$$

$$\rightarrow \quad 1 \cdot v_\mathrm{C} + P \cdot \overline{v}_\mathrm{D} = \int_0^l \overline{M}\phi\, dx + \int_0^l M\overline{\phi}\, dx \tag{7.60}$$

$$- \left[1 \cdot \overline{v}_\mathrm{C} - \int_0^l \overline{M}\,\overline{\phi}\, dx \right] - \left[P \cdot v_\mathrm{D} - \int_0^l M\phi\, dx \right]$$

外力仕事と内力仕事は，実荷重および仮想荷重が加わる問題で個別に釣り合うため，

$$P \cdot v_\mathrm{D} = \int_0^l M\phi\, dx, \quad 1 \cdot \overline{v}_\mathrm{C} = \int_0^l \overline{M}\,\overline{\phi}\, dx \tag{7.61}$$

また，**相反定理** (reciprocal theorem)[1] により，

$$P \cdot \overline{v}_\mathrm{D} = 1 \cdot v_\mathrm{C} \tag{7.62}$$

さらに，曲率と曲げモーメントの関係式より，次式が成り立ちます．

$$\phi = \frac{M}{EI}, \quad \overline{\phi} = \frac{\overline{M}}{EI} \tag{7.63}$$

式 (7.61)～(7.63) を式 (7.60) 式に代入すると，式 (7.59) が成り立つことが証明されます．

式 (7.59) は，具体的には，図 7.43 の M および $\overline{M}$ 図より，次式のように計算されます．

$$\begin{aligned}
v_\mathrm{C} &= \frac{1}{EI}\left\{ \int_0^{\frac{l}{4}} \frac{Px}{2}\frac{3x}{4}\, dx + \int_{\frac{l}{4}}^{\frac{l}{2}} \frac{Px}{2}\frac{(l-x)}{4}\, dx + \int_{\frac{l}{2}}^{l} \frac{P(l-x)}{2}\frac{(l-x)}{4}\, dx \right\} \\
&= \frac{P}{8EI}\left\{ 3\int_0^{\frac{l}{4}} x^2\, dx + \int_{\frac{l}{4}}^{\frac{l}{2}} x(l-x)\, dx + \int_{\frac{l}{2}}^{l} (l-x)^2\, dx \right\} = \frac{11}{768}\left(\frac{Pl^3}{EI} \right)
\end{aligned} \tag{7.64}$$

---

[1] 相反定理：釣り合い状態にある 2 組の弾性体において，第 1 の組の外力が第 2 の組の変位に対してなす仕事は，第 2 の組の外力が第 1 の組の変位に対してなす仕事に等しいとする定理．図 7.42 の場合，最初に仮想荷重 1 を受けるはりに実荷重 P を作用させた場合の外力仕事の総和と，最初に実荷重 P を受けるはりに仮想荷重 1 を作用させた場合の外力仕事の総和を等値することにより，式 (7.62) を導くことができる．なお，$1 \cdot v_\mathrm{C}$ と $P \cdot \overline{v}_\mathrm{D}$ は，それぞれ仮想荷重 1 や実荷重 P とは無関係に仕事をなしているので，これらを仮想仕事と呼ぶ．

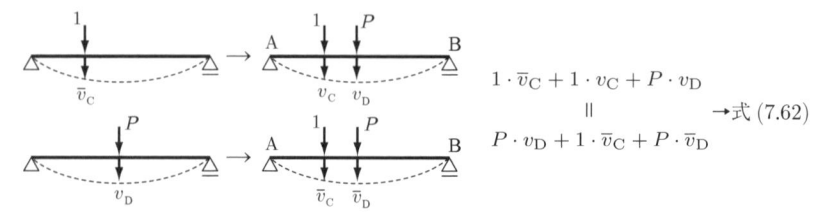

$$\begin{array}{c} 1 \cdot \overline{v}_\mathrm{C} + 1 \cdot v_\mathrm{C} + P \cdot v_\mathrm{D} \\ \| \\ P \cdot v_\mathrm{D} + 1 \cdot \overline{v}_\mathrm{C} + P \cdot \overline{v}_\mathrm{D} \end{array} \rightarrow 式\ (7.62)$$

7.3 仮想仕事法を用いてラーメンやトラスの変位を求める方法

定積分の計算法を忘れた読者は，高校の教科書を見て思い出してください．

次に，図 7.43 の例で A 点のたわみ角を求める方法について説明します．たわみ角を求める場合は，図 7.44 に示すように，求めたい点 (この場合は A 点) に単位の大きさのモーメントを加える仮想荷重問題を用意します．そして，式 (7.59) と同様の式を立てると，

$$1 \cdot \theta_A = \int_0^l \overline{M} \phi \, dx = \int_0^l \frac{\overline{M} \cdot M}{EI} \, dx \tag{7.65}$$

となります．式 (7.65) を計算すると，θ_A が次のように求められます．

$$\begin{aligned}
\theta_A &= \frac{1}{EI} \left\{ \int_0^{\frac{l}{2}} \frac{Px}{2} \left(\frac{l-x}{l} \right) dx + \int_{\frac{l}{2}}^l \frac{P(l-x)}{2} \left(\frac{l-x}{l} \right) dx \right\} \\
&= \frac{P}{2EIl} \left\{ \int_0^{\frac{l}{2}} x(l-x) \, dx + \int_{\frac{l}{2}}^l (l-x)^2 \, dx \right\} = \frac{1}{16} \left(\frac{Pl^2}{EI} \right)
\end{aligned} \tag{7.66}$$

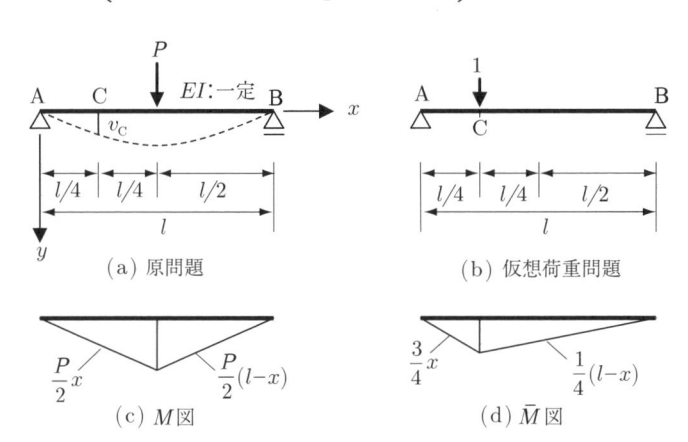

図 7.43 原問題と仮想荷重問題の曲げモーメント図

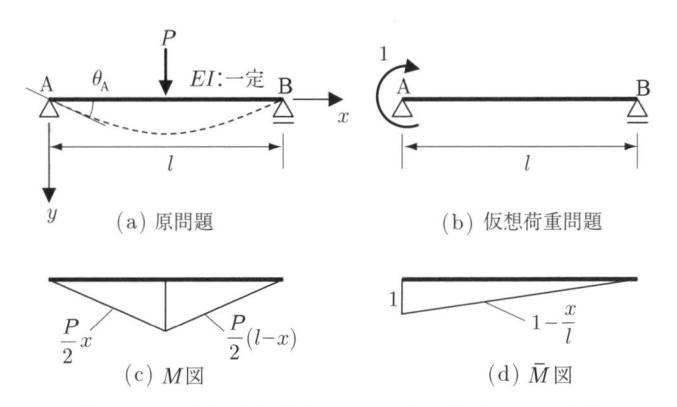

図 7.44 原問題と仮想荷重問題およびその曲げモーメント図

また，静定トラス構造物についても同様の方法が適用できます．たとえば，図 7.45 に示す静定トラスの D 点の鉛直変位 v_D を求める問題の場合，原問題と仮想荷重問題のそれぞれの部材の軸方向力をそれぞれ $N_1, N_2, \cdots, N_9$ および $\overline{N}_1, \overline{N}_2, \cdots, \overline{N}_9$ とし，部材内で軸方向力が一定であるとすると，仮想仕事式は次式で表されます．

$$1 \cdot v_\mathrm{D} = \sum_{i=1}^{9} \int_0^{l_i} \overline{N}_i \varepsilon_i dx = \sum_{i=1}^{9} \int_0^{l_i} \frac{\overline{N}_i \cdot N_i}{EA_i} dx = \sum_{i=1}^{9} \frac{\overline{N}_i \cdot N_i \cdot l_i}{EA_i} \tag{7.67}$$

ただし，l_i, A_i は i 番目要素の長さと断面積を示します．なお，具体的な解き方については，7.3.4 項で示します．

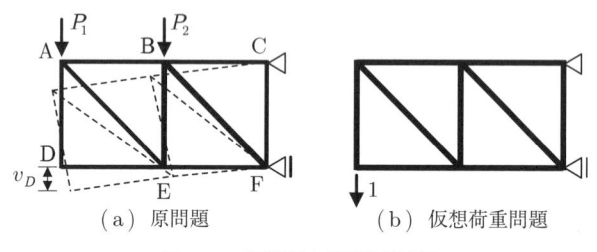

図 7.45 原問題と仮想荷重問題

7.3.2 単純ばり型ラーメンの解法

図 7.46 (a) に示す単純ばり型ラーメンの C 点の水平変位 u_C と A 点の回転角 θ_A を求めてみます．図 7.46 には，u_C を求めるための仮想荷重問題 1 (図 (b)) と，θ_A を求めるための仮想荷重問題 2 (図 (c))，およびそれぞれの問題の曲げモーメント図 (図

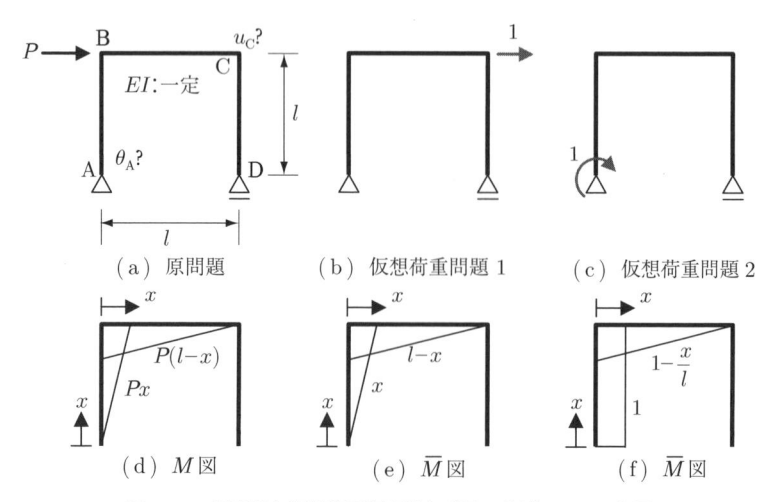

図 7.46 原問題と仮想荷重問題およびその曲げモーメント図

(d)～図 (f)) を示しています.

図に示すように，曲げモーメントは，それぞれの部材で x 軸を定義し，曲げモーメントの x に関する関数を求めます．なお，各部材の x 軸の定義は，原問題と仮想荷重問題で一致するようにします．原問題と仮想荷重問題の定義が一致していれば，向きおよび原点の位置は自由に決めることができます.

まず，図 (a) と図 (b) から，C 点の水平変位 u_C を求めると，

$$u_C = \frac{1}{EI}\left\{\int_0^l Px^2\,dx + \int_0^l P(l-x)^2\,dx\right\} = \frac{2}{3}\left(\frac{Pl^3}{EI}\right) \tag{7.68}$$

次に，図 (a) と図 (c) から，A 点の回転角 θ_A を求めると，

$$\theta_A = \frac{1}{EI}\left\{\int_0^l Px\,dx + \int_0^l \frac{P}{l}(l-x)^2\,dx\right\} = \frac{5}{6}\left(\frac{Pl^2}{EI}\right) \tag{7.69}$$

以上のように，それぞれの変位と回転角を求めることができます．

なお，曲げモーメントの符号を考える場合は，各部材を切った時の断面の曲げモーメントの回転方向を原問題と仮想荷重問題で同じ方向に定義します．

7.3.3 片持ばり型ラーメンの解法

図 7.47 (a) に示す片持ばり型ラーメンの C 点の鉛直変位 v_C と C 点の回転角 θ_C を求めてみます．図 7.47 には，v_C を求めるための仮想荷重問題 1 (図 (b)) と，θ_C を求めるための仮想荷重問題 2 (図 (c))，およびそれぞれの問題の曲げモーメント図 (図 (d)～図 (f)) を示しています．

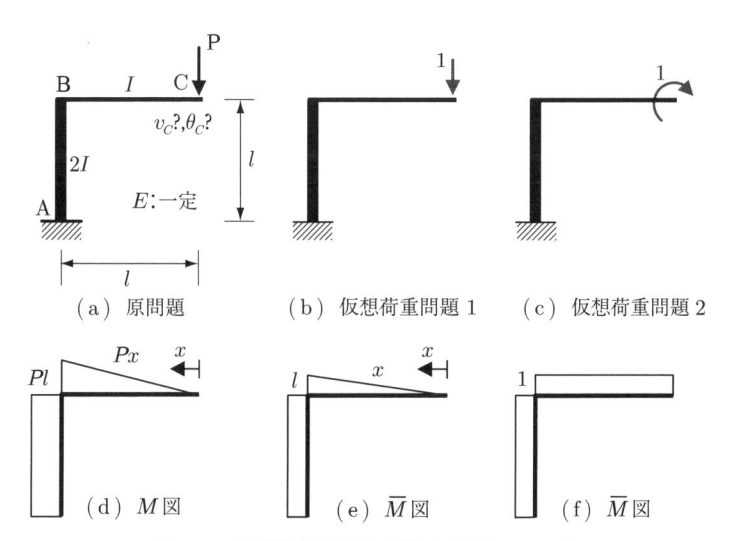

図 7.47 原問題と仮想荷重問題の曲げモーメント

図 (a) と図 (b) から，C 点の鉛直変位 v_C を求めると，

$$v_C = \frac{1}{EI}\left\{\int_0^l Px^2\,dx + \frac{Pl^2}{2}\int_0^l dx\right\} = \frac{5}{6}\left(\frac{Pl^3}{EI}\right) \tag{7.70}$$

図 (a) と図 (c) から，C 点の回転角 θ_C を求めると，

$$\theta_C = \frac{1}{EI}\left\{\int_0^l Px\,dx + \frac{Pl}{2}\int_0^l dx\right\} = \frac{Pl^2}{EI} \tag{7.71}$$

以上のように，それぞれの変位を求めることができます．

7.3.4 トラス構造の解法

図 7.48 に示すトラス構造の D 点の鉛直変位 v_D を求めてみます．図には，v_D を求めるための仮想荷重問題と，それぞれの問題の軸力図を示しています．トラス問題では，式 (7.67) を用いて変位を求めることができますが，この場合，表 7.1 に示すような表を用いると容易に計算できます．

表 7.1 で，すべての $N\overline{N}l$ を足し合わせて，EA で割れば，D 点の鉛直変位 v_D が次式のように求められます．

$$v_D = (11 + 6\sqrt{2})\frac{Pl}{EA} \tag{7.72}$$

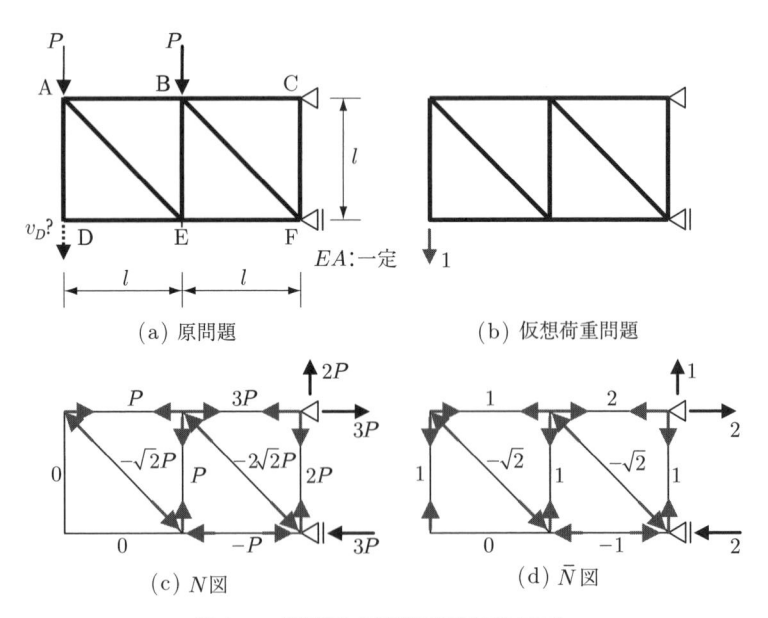

図 7.48 原問題と仮想荷重問題の軸方向力

表 7.1 トラス構造の変位の計算表

部材	長さ	N	$\overline{N}$	$N\overline{N}l$
AB	l	P	1	Pl
BC	l	$3P$	2	$6Pl$
DE	l	0	0	0
EF	l	$-P$	-1	Pl
AD	l	0	1	0
BE	l	P	1	Pl
CF	l	$2P$	1	$2Pl$
AE	$\sqrt{2}l$	$-\sqrt{2}P$	$-\sqrt{2}$	$2\sqrt{2}Pl$
BF	$\sqrt{2}l$	$-2\sqrt{2}P$	$-\sqrt{2}$	$4\sqrt{2}Pl$
			$\sum$	$[(11+6\sqrt{2})Pl]$

演習問題 7

7.1 弾性曲線式を用いる方法

図 7.49 の指定された点のたわみ v およびたわみ角 θ を,弾性曲線式を用いて求めよ.ただし,指定のない問題の EI は一定とする.

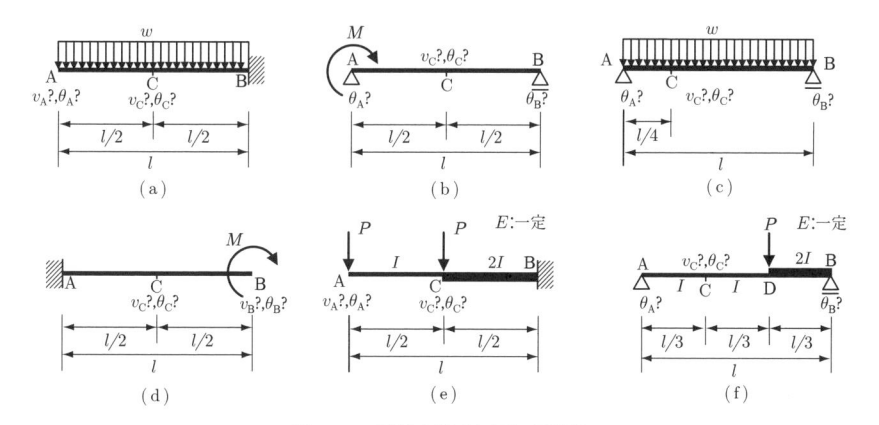

図 7.49 弾性曲線式を用いる問題

7.2 モールの定理を用いる方法

図 7.50 の指定された点のたわみ v およびたわみ角 θ を,モールの定理を用いて求めよ.ただし,指定のない問題の EI は一定とする.

7.3 仮想仕事法を用いる方法

図 7.51 の指定された点の水平変位 (u),鉛直変位 (v) および回転角 (θ) を,仮想仕事法を用いて求めよ.ただし,指定のない問題の EI は一定とする.なお,水平変位は右向きを正,鉛直変位は下向きを正,回転角は時計まわりを正とする.

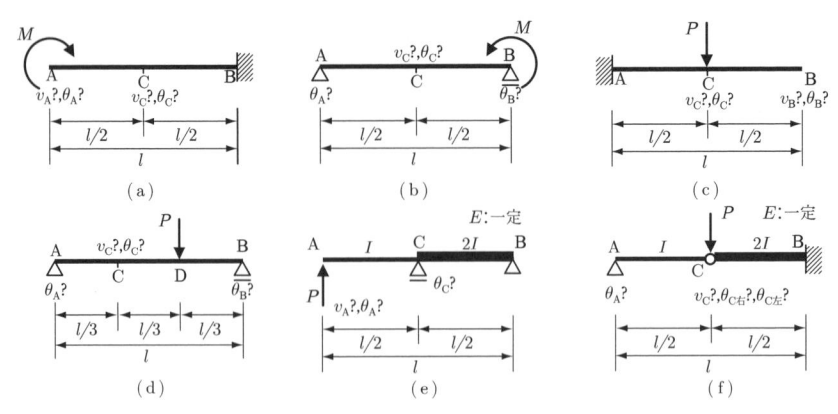

図 7.50 モールの定理を用いる問題

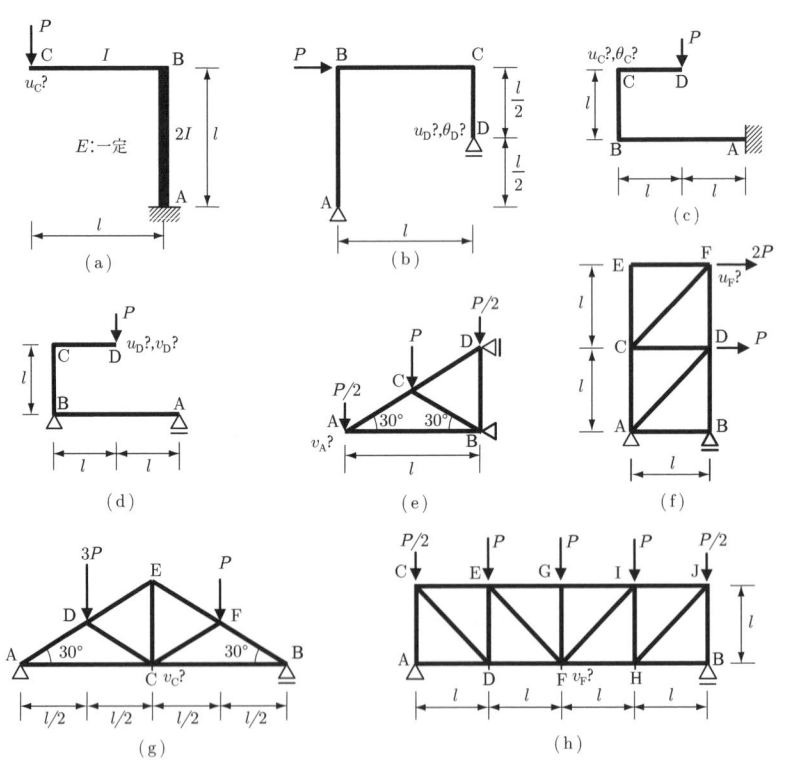

図 7.51 仮想仕事法を用いる問題

第8章

不静定骨組の応力

　本章では，第7章に示した仮想仕事法を用いて，不静定骨組の応力を求める方法を学びます．

　静定骨組では，力の釣り合い式だけで応力 (内力) を求めることができましたが，不静定骨組では，力の釣り合い式だけでは応力は求まりません (だから不静定と呼ばれます)．不静定骨組の応力を求めるためには，反力または内力 (応力) を未知の不静定力として，変位の条件式 (適合条件式) を立てて解く必要があります．この方法は力を未知量とするため，"応力法" と呼ばれています．

　本章では，反力を不静定力とする不静定骨組の解法を示し，次に内力を不静定力とする合成骨組の解法を示します．

8.1 仮想仕事法を用いて不静定骨組の応力を求める方法

　本節では，仮想仕事法を用いて不静定骨組構造物の応力 (断面力) を求める方法について説明します．

　不静定構造物とは，力の釣り合いだけでは応力を求めることができない構造物です．たとえば，図 8.1 に示す構造物は，反力が四つ存在するため，力の釣り合いだけでは，反力も部材の応力も求めることができません．しかし，支持条件 (境界条件) が図 8.2 に示す形になれば，力の釣り合いで反力が求まり，部材の応力も求まります．ここで，図 8.2 に示すような力 X を**不静定力**と呼びます．また，不静定問題を静定問題と不静定力に置き換えた形を**静定基本形**と呼んでいます．

　この問題の場合，不静定力がひとつだけなので，1次の不静定問題と呼びます．ちなみに，このような不静定力が二つ出てくれば2次の不静定問題，三つ出てくれば3次の不静定問題と呼びます．しかし，仮想仕事法で，手計算で解けるのはせいぜい2次の不静定問題ですから，ここでは，主に1次の不静定問題の解法について説明します．なお，多層ラーメン構造などの高次の不静定問題については，第9章に示す方法

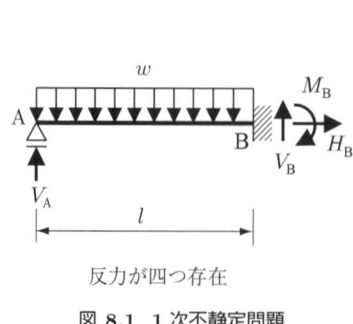

図 8.1 1次不静定問題

反力が四つ存在

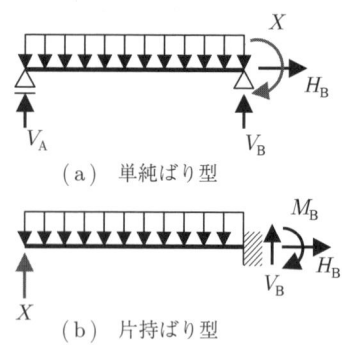

図 8.2 静定基本形

(a) 単純ばり型

(b) 片持ばり型

で解かれます．

8.1.1 静定基本形を単純ばり型とする解法

ここでは，図 8.1 に示す 1 次不静定ばりを図 8.2(a) の単純ばり型の静定基本形に直した場合の解き方について説明します．

図 8.3 は，原問題を静定基本形に直し，さらに，その静定基本形問題を荷重のみが加わる問題と不静定力のみが加わる問題に分離した図を示しています．また，図には，それぞれの問題の曲げモーメント図も示しています．なお，不静定力 X の向きはどちらに定義してもかまいませんが，とりあえず正の方向に定義します (正解が逆方向ならば負の答えが求まります)．

次に，不静定力 X を求めるための条件式を導きます．まず，原問題と静定基本形を

静定基本形

二つの問題に分離

M_1図： $-\dfrac{wx^2}{2}+\dfrac{wlx}{2}$，$\dfrac{wl^2}{8}$

M_2図： $-\dfrac{x}{l}X$，$-X$

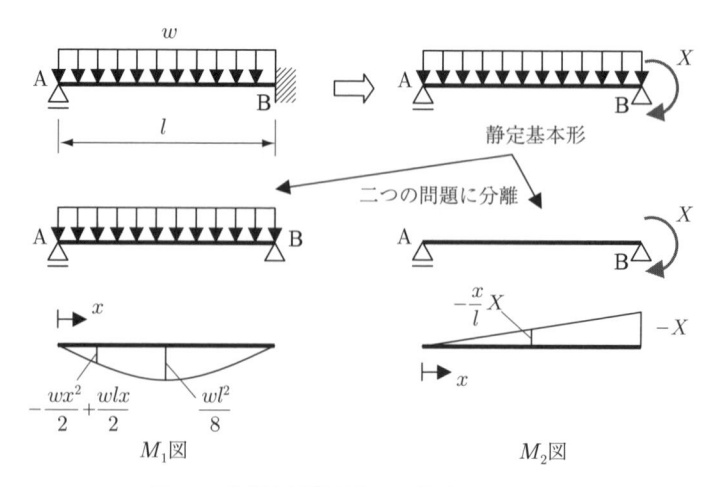

図 8.3 静定基本形問題とその曲げモーメント図

8.1 仮想仕事法を用いて不静定骨組の応力を求める方法

比較すると，不静定力 X は，B 点のたわみ角 θ_B が 0 になるように定める必要があることがわかります．したがって，図 8.4 に示すように，図 8.3 の静定基本形を二つに分離した問題で，それぞれ B 点のたわみ角 θ_{B1}, θ_{B2} を求め，これらを加えたものは 0 になる必要があります．

図 8.4 に示す条件式 ($\theta_B = \theta_{B1} + \theta_{B2} = 0$) から不静定力 X を求めることができます．なお，この条件式は，変位の**適合条件式**と呼ばれます．

B 点のたわみ角 θ_{B1} および θ_{B2} は，7.3 節で学んだ仮想仕事法によって求めます．図 8.5 は θ_{B1}, θ_{B2} を求めるための仮想荷重問題とその曲げモーメント図を示します．

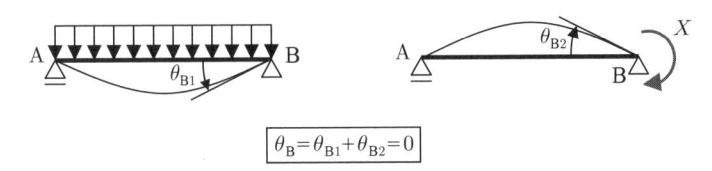

図 8.4 不静定力 X が満たすべき条件

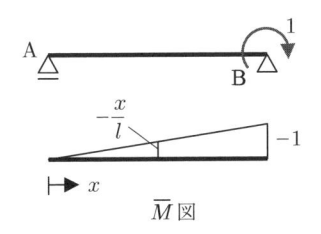

図 8.5 仮想荷重問題とその曲げモーメント図

図 8.3 の M_1 図，M_2 図と，図 8.5 の $\overline{M}$ 図より，図 8.4 の θ_{B1}, θ_{B2} は，次式から求めることができます．

$$1 \cdot \theta_{B1} = \int_0^l \overline{M} \phi_1 \, dx = \int_0^l \frac{\overline{M} \cdot M_1}{EI} \, dx = -\frac{1}{EI} \int_0^l \frac{x}{l} \cdot \left(-\frac{wx^2}{2} + \frac{wlx}{2} \right) dx$$
$$= -\frac{wl^3}{24EI} \tag{8.1}$$

$$1 \cdot \theta_{B2} = \int_0^l \overline{M} \phi_2 \, dx = \int_0^l \frac{\overline{M} \cdot M_2}{EI} \, dx = \frac{1}{EI} \int_0^l \frac{x}{l} \cdot \frac{x}{l} X \, dx = \frac{l}{3EI} X \tag{8.2}$$

変位の適合条件式 ($\theta_{B1} + \theta_{B2} = 0$) より，

$$-\frac{wl^3}{24EI} + \frac{l}{3EI} X = 0 \quad \rightarrow \quad X = \frac{wl^2}{8} \tag{8.3}$$

以上のようにして，不静定力 X が求まれば，図 8.6 に示すように，図 8.3 の M_1 図と M_2 図を重ね合わせることにより，原問題の曲げモーメント図を求めることができます．ただし，M 図の曲げモーメント関数 M_x は，図 8.3 の M_1 図と M_2 図の M_x を

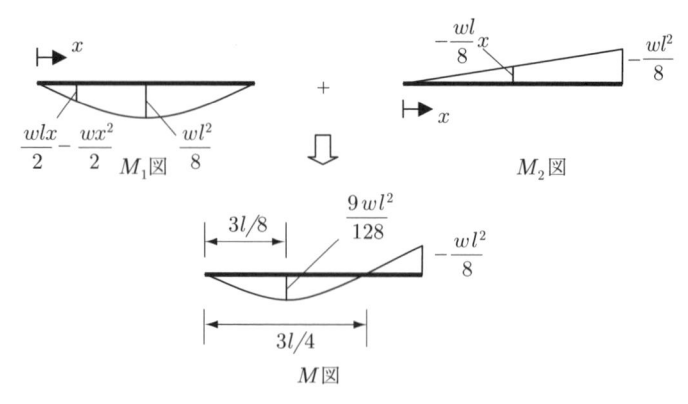

図 8.6 原問題の曲げモーメント図の求め方

加えたものですから，次式のようになります．

$$M_x = -\frac{wx^2}{2} + \frac{wlx}{2} - \frac{x}{l}X = -\frac{wx^2}{2} + \frac{3wlx}{8} = -\frac{w}{2}x\left(x - \frac{3}{4}l\right) \tag{8.4}$$

式 (8.4) から，M_x は $x = 3l/4$ で 0 になることがわかります．また，式 (8.4) を x で微分すると，

$$\frac{dM_x}{dx} = -wx + \frac{3wl}{8} \tag{8.5}$$

となり，上式から曲げモーメントの極値 (微分が 0 になる点) は，$x = 3l/8$ で生じることがわかります．これを式 (8.4) に代入すると，極値は，$9wl^2/128$ となることがわかります．図 8.6 の M 図はこのような計算にもとづいて描いています．

なお，図 8.3 では，静定基本形問題を二つの問題に分離しましたが，分離せずに，荷重と不静定力が同時に加わる静定問題の曲げモーメント関数，

$$M_x = -\frac{wx^2}{2} + \frac{wlx}{2} - \frac{x}{l}X \tag{8.6}$$

を求め，直接 $\theta_B = 0$ の条件から X を求めることもできます．この場合，式 (8.1) と式 (8.2) がひとつの式になるだけということが容易にわかると思います．しかし，計算に慣れるまでは，分離して解くやり方を憶えてください．

8.1.2 静定基本形を片持ばり型とする解法

次に，図 8.1 に示す 1 次不静定ばりを，図 8.2(b) の片持ばり型の静定基本形に直した場合の解き方について説明します．

図 8.7 は，原問題を静定基本形に直し，さらに，その静定基本形問題を荷重のみが加わる問題と不静定力のみが加わる問題に分離した図を示しています．また，図には，それぞれの問題の曲げモーメント図も示しています．なお，不静定力 X の向きは，仮

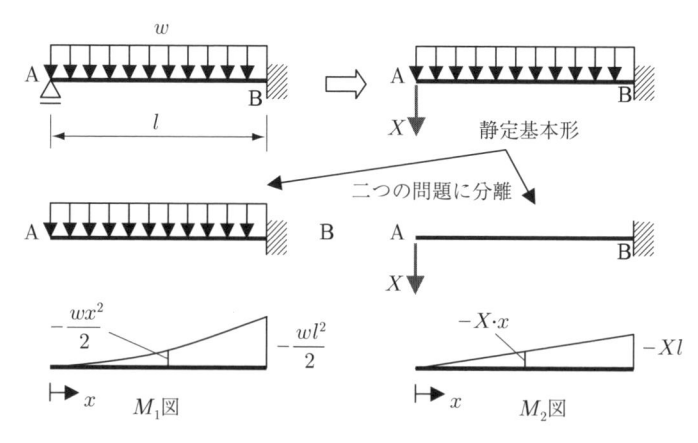

8.1 仮想仕事法を用いて不静定骨組の応力を求める方法

図 8.7 静定基本形問題とその曲げモーメント図

に正方向に定義します(逆向きならば負の答えが求まります).

この場合,不静定力 X は,A点のたわみ v_A が 0 になるように定める必要があります.具体的には,図 8.8 に示すように,図 8.7 の静定基本形を二つに分離した問題で,A 点のたわみ v_{A1}, v_{A2} を求め,これらを加えたものが 0 になる条件から不静定力 X を求めることができます.なお,この問題の場合,X が逆向き (負) で求まることは容易に推測できます.

A 点のたわみ v_{A1} および v_{A2} は,仮想仕事法によって求めます.図 8.9 は,v_{A1}, v_{A2} を求めるための仮想荷重問題とその曲げモーメント図を示します.

図 8.7 の M_1 図,M_2 図と,図 8.9 の $\overline{M}$ 図より,図 8.8 の v_{A1}, v_{A2} は,次式から求

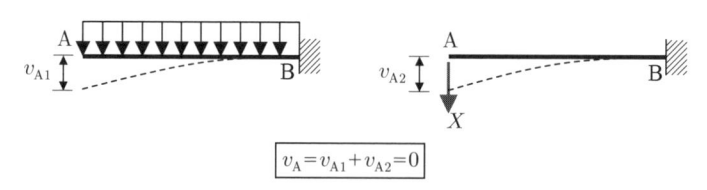

$$v_A = v_{A1} + v_{A2} = 0$$

図 8.8 不静定力 X が満たすべき条件

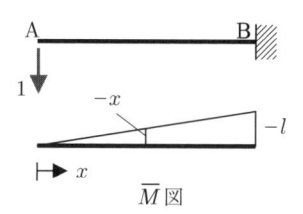

図 8.9 仮想荷重問題とその曲げモーメント図

めることができます．

$$1 \cdot v_{A1} = \int_0^l \overline{M}\phi_1\, dx = \int_0^l \frac{\overline{M}\cdot M_1}{EI}\, dx = \frac{1}{EI}\int_0^l x\cdot \frac{wx^2}{2}\, dx = \frac{wl^4}{8EI} \qquad (8.7)$$

$$1 \cdot v_{A2} = \int_0^l \overline{M}\phi_2\, dx = \int_0^l \frac{\overline{M}\cdot M_2}{EI}\, dx = \frac{1}{EI}\int_0^l x\cdot xX\, dx = \frac{l^3}{3EI}X \qquad (8.8)$$

変位の適合条件式 ($v_{A1} + v_{A2} = 0$) より，

$$\frac{wl^4}{8EI} + \frac{l^3}{3EI}X = 0 \quad \rightarrow \quad X = -\frac{3wl}{8} \qquad (8.9)$$

以上のようにして，不静定力 X が求まれば，図 8.10 に示すように，図 8.7 の M_1 図と M_2 図を重ね合わせることにより，原問題の曲げモーメント図を求めることができます．図より，図 8.6 と同じ結果が得られることがわかります．

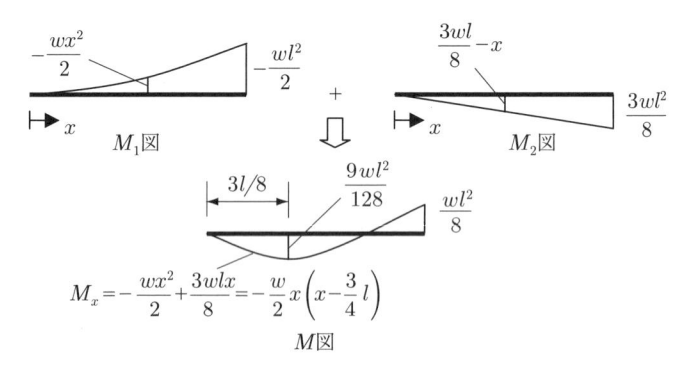

図 8.10 原問題の曲げモーメント図

8.1.3 ラーメン構造の解法

次に，図 8.11 に示すラーメン構造の例題を解いてみます．図 8.11 には，この問題の静定基本形と，静定基本形を荷重 P が加わる問題と不静定力 X が加わる問題に分離したもの，および D 点の水平変位を求めるための仮想荷重問題が示されています．また，それぞれの問題の曲げモーメント図も示されています．

図 8.11 より，仮想仕事法によって u_{D1}, u_{D2} を求めると，

$$\begin{aligned}
1 \cdot u_{D1} &= \sum \int_0^l \overline{M}\phi_1\, dx = \sum \int_0^l \frac{\overline{M}\cdot M_1}{EI}\, dx \\
&= \frac{P}{EI}\int_0^l x^2\, dx + \frac{Pl}{EI}\int_0^l (l-x)\, dx = \frac{5Pl^3}{6EI}
\end{aligned} \qquad (8.10)$$

$$1 \cdot u_{D2} = \sum \int_0^l \overline{M}\phi_2\, dx = \sum \int_0^l \frac{\overline{M}\cdot M_2}{EI}\, dx$$

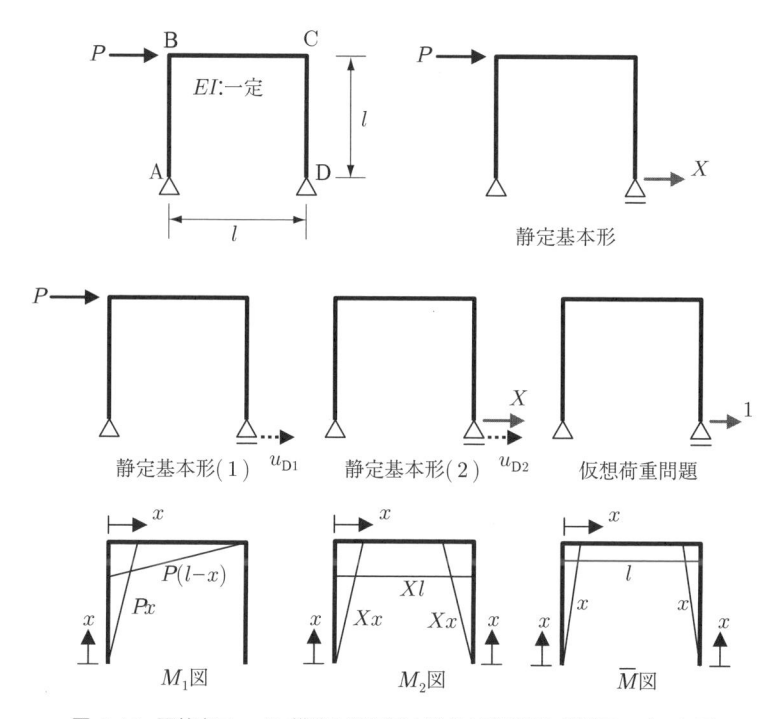

図 8.11 不静定ラーメン構造と静定基本形および必要な曲げモーメント図

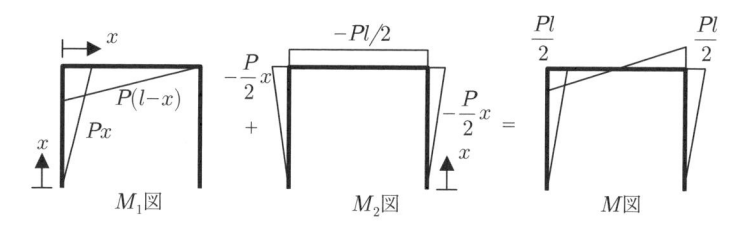

図 8.12 原問題の曲げモーメント図

$$= \frac{2X}{EI}\int_0^l x^2\,dx + \frac{Xl^2}{EI}\int_0^l dx = \frac{5l^3}{3EI}X \tag{8.11}$$

変位の適合条件式 $u_{D1} + u_{D2} = 0$ より，

$$\frac{5Pl^3}{6EI} + \frac{5l^3}{3EI}X = 0 \quad \rightarrow \quad X = -\frac{P}{2} \tag{8.12}$$

図 8.11 の M_1 図と M_2 図を合わせると，図 8.12 に示すように，原問題の M 図を求めることができます．

8.2 仮想仕事法を用いて合成骨組の応力を求める方法

前節であつかった不静定問題は，反力の一部を不静定力とし，静定基本形を作ることによって解くことのできる問題でしたが，**合成骨組**は，内力を不静定力とし，不静定構造物を二つの静定基本形に分けることによって解くことのできる問題です．

たとえば，図 8.13 の合成骨組は，図に示すような不静定力 (せん断力) を仮定すれば，二つの片持ばり (静定問題) に置き換えることができます．ただし，この場合，内力 (不静定力) は，大きさが同じで方向が逆 (曲げモーメントの場合は回転方向が逆) であれば，正負どちらに定義しても構いません (図 8.13 では負のせん断力の向きに不静定力を仮定しています)．なお，この問題では，C 点がヒンジであるため，曲げモーメントは生じませんが，C 点がヒンジでない場合は，せん断力と曲げモーメントの両方が不静定力となります．

図 8.13 の合成骨組は，C 点のたわみが連続するという条件から不静定力 X が求まり，これからもとの問題の曲げモーメント分布を求めることができます．

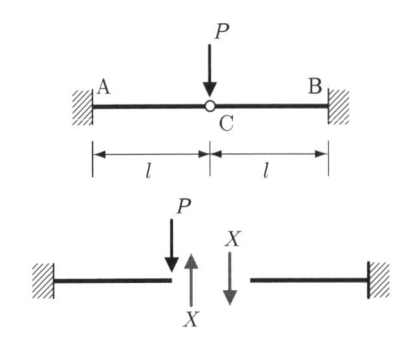

図 8.13 合成骨組 (原問題と静定基本形)

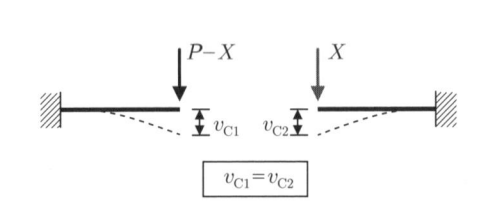

図 8.14 変位の適合条件

8.2.1 基本的な合成骨組の解法

まず，図 8.13 に示す合成骨組の解き方について説明します．図 8.13 の問題の変位の適合条件は，図 8.14 に示すように，$v_{C1} = v_{C2}$ となります．

図 8.15 は，静定基本形の曲げモーメント図と，C 点のたわみを求めるための仮想荷重問題の曲げモーメント図を示します．この場合，変位の適合条件を $v_{C1} = v_{C2}$ としているため，仮想荷重の向きを二つの静定基本形で同じ方向に定義していることに注意して下さい．なお，仮想荷重の向きを二つの静定基本形で逆方向に定義すると，変位の適合条件は，$v_{C1} + v_{C2} = 0$ となります．

図 8.15 から，仮想仕事法によって，v_{C1}, v_{C2} を求めると，

$$1 \cdot v_{C1} = \int_0^l \overline{M}_1 \phi_1\, dx = \int_0^l \frac{\overline{M}_1 \cdot M_1}{EI}\, dx = \frac{P-X}{EI} \int_0^l x^2\, dx = \frac{(P-X)l^3}{3EI} \tag{8.13}$$

$$1 \cdot v_{C2} = \int_0^l \overline{M}_2 \phi_2\, dx = \int_0^l \frac{\overline{M}_2 \cdot M_2}{EI}\, dx = \frac{X}{EI} \int_0^l x^2\, dx = \frac{Xl^3}{3EI} \tag{8.14}$$

変位の適合条件式 $v_{C1} = v_{C2}$ より,

$$\frac{(P-X)l^3}{3EI} = \frac{Xl^3}{3EI} \quad \rightarrow \quad X = \frac{P}{2} \tag{8.15}$$

X を図 8.15 の M_1 図と M_2 図に代入し, 重ね合わせると, 図 8.16 に示すように, 原問題の曲げモーメント図を求めることができます.

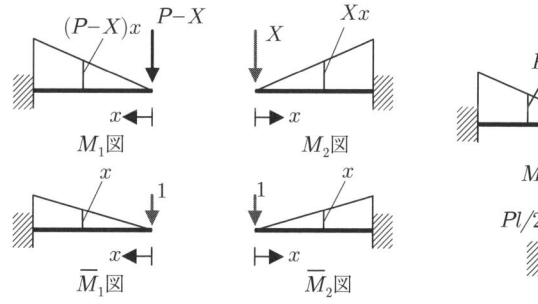

図 8.15 静定基本形および仮想荷重問題の曲げモーメント図

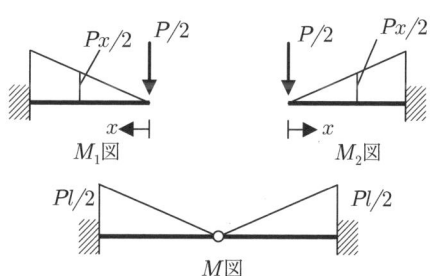

図 8.16 原問題の曲げモーメント図

8.2.2 交差ばりの解法

次に, 図 8.17 に示す**交差ばり**の曲げモーメント分布を求めてみます. 図には, この問題の静定基本形が示されています. 静定基本形では, 片持ばりと単純ばりの二つの

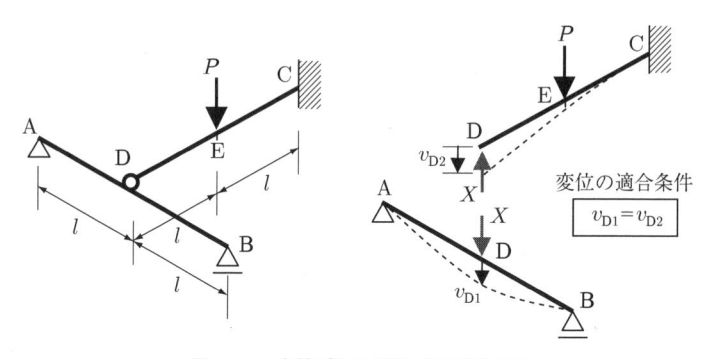

図 8.17 交差ばりの例題と静定基本形

静定問題に分かれます．不静定力 X は，D 点のたわみ v_D が連続する条件 ($v_{D1} = v_{D2}$) によって求められます．

図 8.18 は，静定基本形の曲げモーメント図と，D 点のたわみ v_{D1}, v_{D2} を求めるための仮想荷重問題の曲げモーメント図が示されています．

これらの図より，v_{D1}, v_{D2} は次式から求まります．

$$1 \cdot v_{D1} = \int_0^{2l} \overline{M}_1 \phi_1 \, dx = \int_0^{2l} \frac{\overline{M}_1 \cdot M_1}{EI} \, dx$$

$$= \frac{X}{4EI} \int_0^l x^2 \, dx + \frac{X}{4EI} \int_l^{2l} (2l-x)^2 \, dx = \frac{Xl^3}{6EI} \tag{8.16}$$

$$1 \cdot v_{D2} = \int_0^{2l} \overline{M}_2 \phi_2 \, dx = \int_0^{2l} \frac{\overline{M}_2 \cdot M_2}{EI} \, dx$$

$$= -\frac{X}{EI} \int_0^l x^2 \, dx - \frac{X}{EI} \int_l^{2l} x^2 \, dx + \frac{P}{EI} \int_l^{2l} x(x-l) \, dx$$

$$= -\frac{8Xl^3}{3EI} + \frac{5Pl^3}{6EI} \tag{8.17}$$

変位の適合条件式 $v_{D1} = v_{D2}$ より，

$$\frac{Xl^3}{6EI} = -\frac{8Xl^3}{3EI} + \frac{5Pl^3}{6EI} \quad \rightarrow \quad X = \frac{5P}{17} \tag{8.18}$$

不静定力 X を図 8.18 の M_1 図と M_2 図に代入して重ね合わせると，図 8.19 に示すように，原問題の M 図を求めることができます．

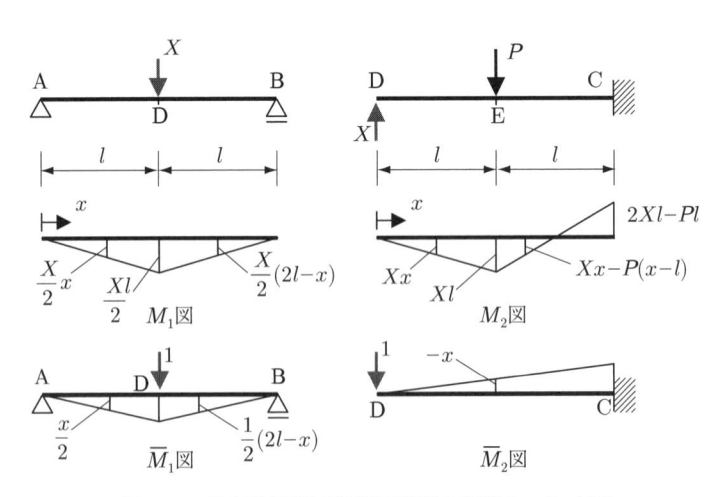

図 8.18 静定基本形と仮想荷重問題の曲げモーメント図

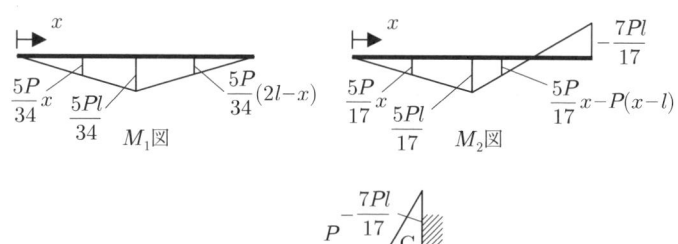

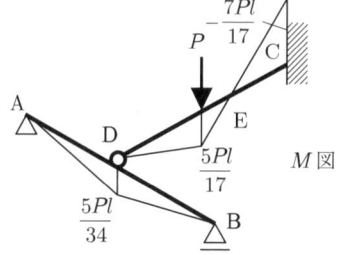

8.2 仮想仕事法を用いて合成骨組の応力を求める方法　153

$\dfrac{5P}{34}x$　$\dfrac{5Pl}{34}$　$\dfrac{5P}{34}(2l-x)$　　M_1図

$\dfrac{5P}{17}x$　$\dfrac{5Pl}{17}$　$-\dfrac{7Pl}{17}$　$\dfrac{5P}{17}x-P(x-l)$　　M_2図

$-\dfrac{7Pl}{17}$　$\dfrac{5Pl}{17}$　$\dfrac{5Pl}{34}$　　M図

図 8.19 原問題の曲げモーメント図

8.2.3　2次不静定合成骨組の解法

　これまで，あつかってきた問題は，不静定力がひとつのみの1次不静定問題でしたが，ここでは，不静定力が二つ存在する2次不静定問題の解法について説明します．

　図 8.20 に2次不静定合成骨組とその静定基本形を示します．図に示されるように，この合成骨組では，せん断力 Y と軸方向力 X が不静定力となります．また，変位の適合条件式も，C 点の水平・鉛直の両方向の変位に関して与えられます．これらの2式から不静定力 X, Y を求めることができます．

$u_{C1}=u_{C2}$
$v_{C1}=v_{C2}$

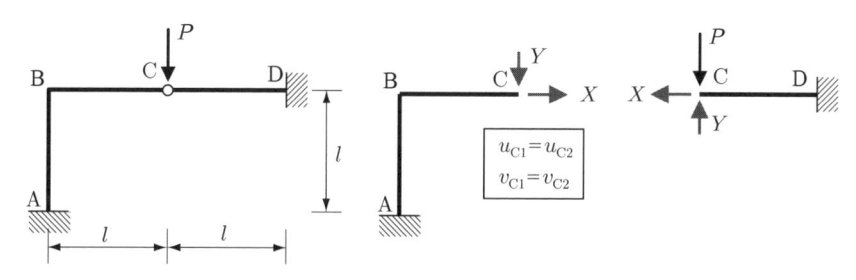

図 8.20　2次不静定合成骨組と静定基本形

　図 8.21 に静定基本形と仮想荷重問題の曲げモーメント図を示します．
　これらの図より，$u_{C1}, u_{C2}, v_{C1}, v_{C2}$ は次式から求まります．

$$1 \cdot u_{C1} = \sum \int_0^l \dfrac{\overline{M}_{1X} \cdot M_1}{EI} dx = \dfrac{X}{EI} \int_0^l x(Yl+Xx)\, dx \\ = \dfrac{Xl^3}{3EI} + \dfrac{Yl^3}{2EI} \tag{8.19}$$

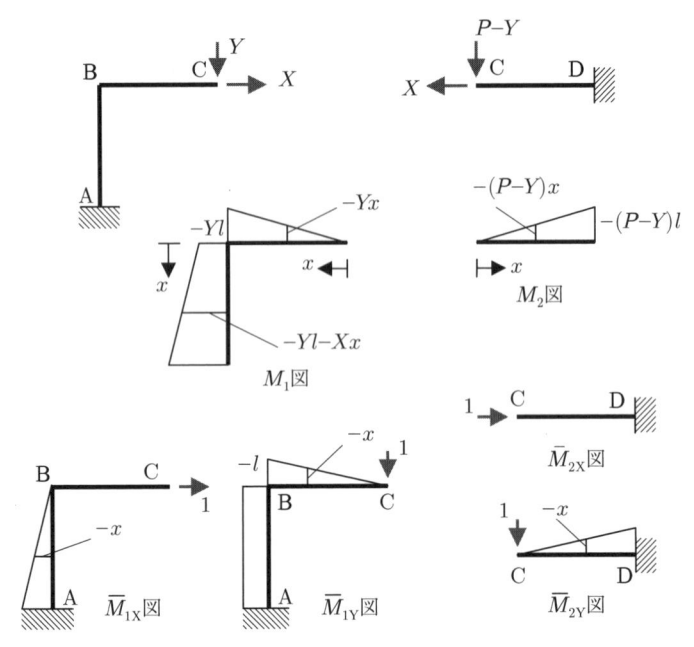

図 8.21 静定基本形と仮想荷重問題の曲げモーメント図

$$1 \cdot u_{C2} = \sum \int_0^l \frac{\overline{M}_{2X} \cdot M_2}{EI} \, dx = 0 \tag{8.20}$$

$$1 \cdot v_{C1} = \sum \int_0^l \frac{\overline{M}_{1Y} \cdot M_1}{EI} \, dx$$

$$= \frac{Y}{EI} \int_0^l x^2 \, dx + \frac{l}{EI} \int_0^l (Yl + Xx) \, dx = \frac{Xl^3}{2EI} + \frac{4Yl^3}{3EI} \tag{8.21}$$

$$1 \cdot v_{C2} = \sum \int_0^l \frac{\overline{M}_{2Y} \cdot M_2}{EI} dx = \frac{(P-Y)}{EI} \int_0^l x^2 \, dx = \frac{(P-Y)l^3}{3EI} \tag{8.22}$$

変位の適合条件式 $u_{C1} = u_{C2}$, $v_{C1} = v_{C2}$ より,

$$\frac{Xl^3}{3EI} + \frac{Yl^3}{2EI} = 0 \quad \rightarrow \quad 2X + 3Y = 0 \tag{8.23}$$

$$\frac{Xl^3}{2EI} + \frac{4Yl^3}{3EI} = \frac{(P-Y)l^3}{3EI} \quad \rightarrow \quad 3X + 10Y = 2P \tag{8.24}$$

上式を解くと,

$$X = -\frac{6}{11}P, \quad Y = \frac{4}{11}P \tag{8.25}$$

図 8.21 の M_1 図と M_2 図の合成により,図 8.22 に示すように M 図が求められます.

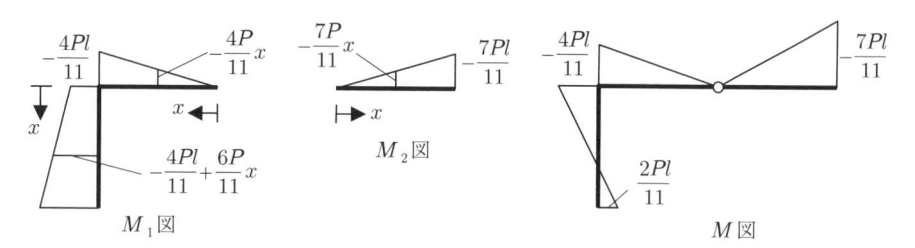

$-\dfrac{4Pl}{11}$　　$-\dfrac{4P}{11}x$　　$-\dfrac{7P}{11}x$　　$-\dfrac{7Pl}{11}$　　$-\dfrac{4Pl}{11}$　　$-\dfrac{7Pl}{11}$

x

$-\dfrac{4Pl}{11}+\dfrac{6P}{11}x$　　M_2図　　$\dfrac{2Pl}{11}$

M_1図　　　　　　　　　　　　　　　　　M図

図 8.22　原問題の曲げモーメント図

演習問題 8

8.1　不静定骨組の応力

図 8.23 の不静定問題の曲げモーメント図を求めよ．ただし，指定のない問題の EI は一定とする．

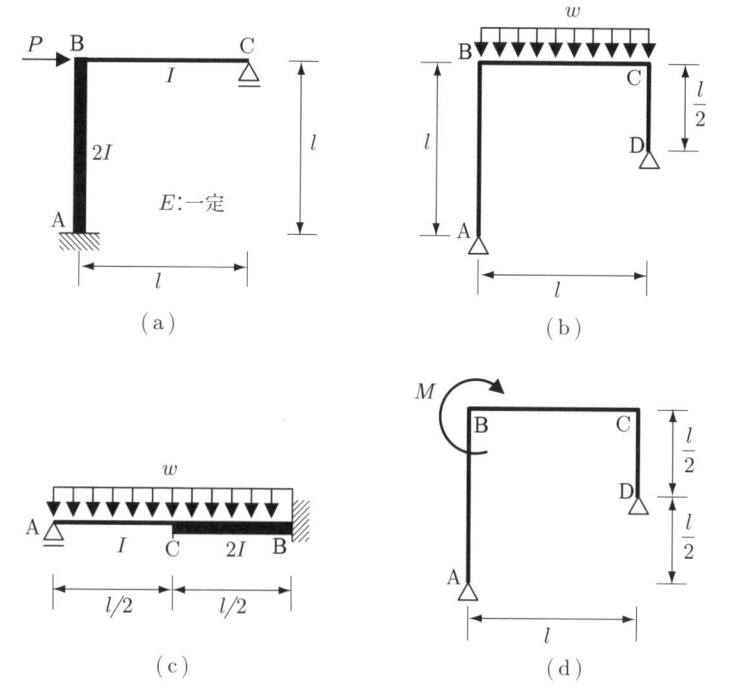

図 8.23　不静定骨組の応力

8.2 合成骨組の応力

図 8.24 の合成骨組の曲げモーメント図を求めよ．ただし，問題は，すべて 1 次不静定である．

(a)

(b)

(c) (a)の結果が利用可能

(d)

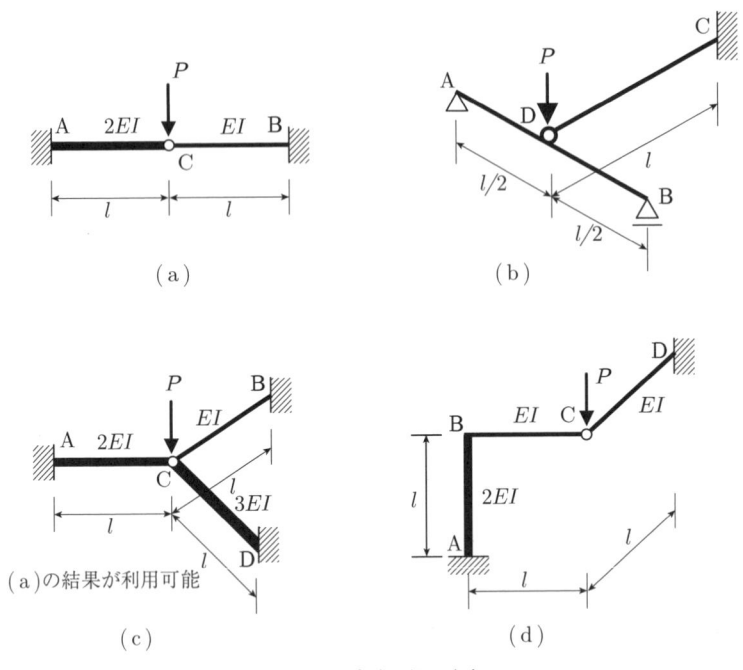

図 8.24 合成骨組の応力

第9章
ラーメン構造の実用的解法（その1）

　第7, 8章では，骨組構造物の変位と応力の基本的な求め方について学びました．しかし，第7, 8章の方法で応力を求めることができるのは，反力または内力の未知数が1または2程度の問題 (1次または2次不静定問題) に限られます．実際の建築骨組構造は，非常に高次の不静定問題になるため，このような方法で応力を求めることは困難です．そこで，第9, 10章では，このような高次の不静定問題を解くことのできる実用的な解法について学びます．

　現在，一般的に用いられている実用的解法は，変位を未知量として，力の釣り合い条件を用いて解く"変位法"と呼ばれる方法です．

　本章では，変位法の基礎となるたわみ角法とその発展形であるマトリクス法について学びます．たわみ角法は，実用的解法とは言えませんが，マトリクス法および第10章で学ぶ固定法，D値法の基礎となる方法です．また，固定法，D値法は手計算を前提とする方法で，マトリクス法はコンピュータの利用を前提とする方法です．

　本書では手計算で解ける方法をあつかっていますが，実務で用いられているマトリクス法の原理を知っておくことも重要と考えられるため，手計算で解ける範囲の問題をとり上げ，たわみ角法とマトリクス法の違い，マトリクス法の優れている点などを演習問題を通して学べるようにしています．

9.1 たわみ角法

　本節では，ラーメン構造の解法として古くから用いられている**たわみ角法**について説明します．ところで，たわみ角法とマトリクス法は，一般には異なる解法と考えられています．マトリクス有限要素法は飛行機やダムなどの応力を求める方法として発展してきたもので，後に，骨組問題にも応用され，これが現在では骨組解析の主流となっています．一方，たわみ角法は，骨組の応力を求める方法として開発されたもの

ですが，**マトリクス法**(骨組有限要素法) と非常に共通点が多く，よく整理すると同じ方法であることがわかります．

そこで，本書では，たわみ角法を，マトリクス法の観点から見直し，たわみ角法の式をベクトルとマトリクスの式で説明していきます．ベクトル・マトリクス形式は，一見，難解のように見えますが，慣れるとこちらの方が式を憶えやすく，計算間違いも少なくてすみます．また，次節のマトリクス法の理解も容易になります．線形代数学が苦手な読者には少し辛いかも知れませんが，ぜひ慣れてください．

9.1.1 たわみ角法とは

たわみ角法もマトリクス法も，図 9.1 に示すように，ラーメン構造 (骨組構造) を，柱やはりなどの直線部材 (要素) に分解して解く方法です．マトリクス法では，分解された柱・はりなどを**要素** (element) と呼びます．そして，要素の端部を**節点** (node) と呼びます．

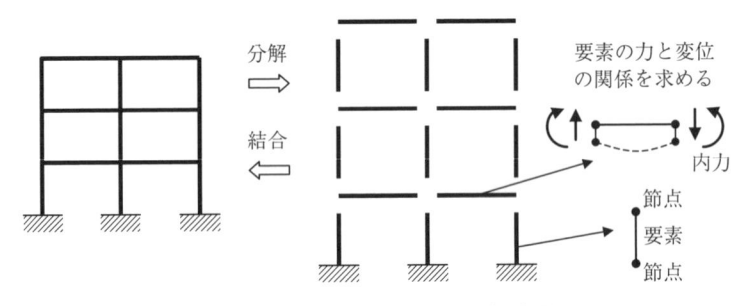

図 9.1 たわみ角法・マトリクス法の概要

次に，分解されたひとつひとつの要素に関して，要素の両端節点に作用する応力 (内力) とその応力によって生じる変位との関係式を求めます．そして，分解された要素を再び骨組として結合し，骨組の節点 (要素の結合点) における変位の連続条件 (**適合条件**) を考慮して，各節点における内力の釣り合い式を求めます．この内力の釣り合い式 (連立方程式) を柱脚の固定条件などを考慮して解くことにより，骨組の節点の変位が求まり，これから要素 (柱・はり) の曲げモーメントが求まります．

したがって，たわみ角法・マトリクス法の大まかな計算の流れは，次のようになります．

① 要素に働く応力 (内力) と節点変位の関係式 (**要素方程式**) を立てる．
② 節点における変位の連続性を考慮して，節点における内力の釣り合い式 (**節点方程式**) を立てる．
③ 節点方程式を解いて，節点変位を求める．
④ 要素方程式から要素に作用する応力 (内力) を求める．

ただし，たわみ角法は，曲げモーメントを求めることに特化した方法であり，マトリクス法は，すべての応力(曲げモーメント，軸方向力，せん断力)を求めることができる一般的な方法であると言えます．

たわみ角法と**マトリクス法**では，まず，要素の節点力と変位の方程式(要素方程式)の立て方に違いがあります．たわみ角法の要素方程式は，節点の曲げモーメントと節点の回転角(たわみ角)の関係式になります．一方，マトリクス法では，節点の軸方向力，せん断力，曲げモーメントと，節点の水平・鉛直変位および回転角の関係式になります．したがって，マトリクス法では，軸方向力，せん断力，曲げモーメントが直接求まりますが，連立数が多くなるため，一般にコンピュータを用いないと計算できません．これに対して，たわみ角法は，直接求まるのは曲げモーメントのみですが，手計算である程度の問題は解くことができます．なお，次節のマトリクス法のところで説明しますが，たわみ角法の要素方程式は，マトリクス法の簡略形となっています．すなわち，たわみ角法とマトリクス法は，基本的には同じような方法であると言えます．

9.1.2 たわみ角法の基本式

たわみ角法における要素節点に作用する内力(曲げモーメント)と変位(たわみ角)の関係式(**要素方程式**)を導きます．結論から言えば，式 (9.6)，(9.7) になります．ここは，数学の不得意な人も読んでみてください．

図 9.2 に示すように，長さ l の要素の両端に曲げモーメント M_{AB}, M_{BA} が加わり，これによって，たわみ角 α_{AB}, α_{BA} が生じるものとします．

まず，図 9.2 の要素に作用する曲げモーメントとこれによって生じる変位(たわみ角)の関係を求めるために，図 9.2 を図 9.3 に示すような単純ばりにモデル化します．

図 9.3 に示す問題のたわみ角 α_{AB}, α_{BA} は，図 9.4 に示すように，片側にモーメントが加わる二つの問題に分離して，それぞれの問題にモールの定理を適用すれば，次式のように求めることができます．

$$\begin{aligned}\alpha_{AB} &= \alpha_{AB1} + \alpha_{AB2} = \frac{M_{AB}l}{3EI} - \frac{M_{BA}l}{6EI} \\ \alpha_{BA} &= \alpha_{BA1} + \alpha_{BA2} = -\frac{M_{AB}l}{6EI} + \frac{M_{BA}l}{3EI}\end{aligned} \quad (9.1)$$

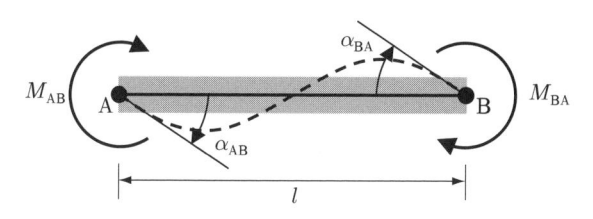

図 9.2 要素の曲げモーメントと回転角の関係

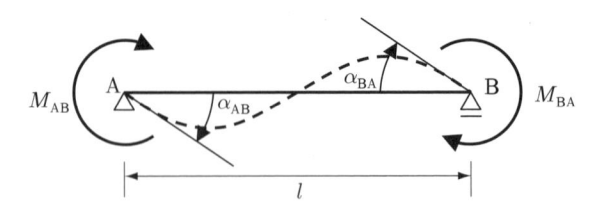

図 9.3 単純ばりのモーメントとたわみ角

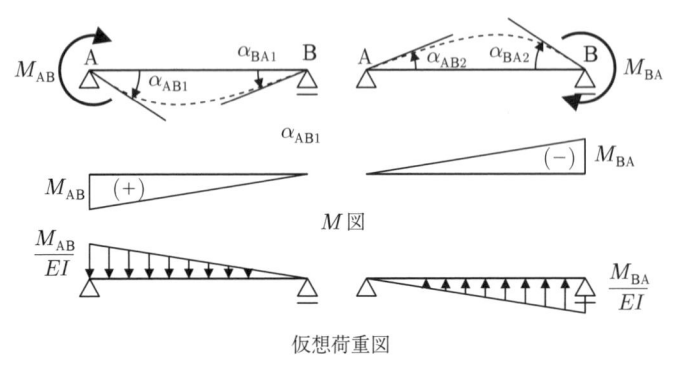

図 9.4 単純ばりのモーメントと回転角の関係

なお，モールの定理では，図 9.4 の仮想荷重図の A, B 点のせん断力が，たわみ角になります (7.2 節参照)．

式 (9.1) を，ベクトルとマトリクスを用いて表すと次のようになります．

$$\left\{\begin{array}{c} \alpha_{AB} \\ \alpha_{BA} \end{array}\right\} = \frac{l}{6EI} \left[\begin{array}{cc} 2 & -1 \\ -1 & 2 \end{array}\right] \left\{\begin{array}{c} M_{AB} \\ M_{BA} \end{array}\right\} \tag{9.2}$$

また，逆の関係を求めると，次のようになります．

$$\left\{\begin{array}{c} M_{AB} \\ M_{BA} \end{array}\right\} = 2E\frac{I}{l} \left[\begin{array}{cc} 2 & 1 \\ 1 & 2 \end{array}\right] \left\{\begin{array}{c} \alpha_{AB} \\ \alpha_{BA} \end{array}\right\} \tag{9.3}$$

以上のようなマトリクス演算は，線形代数学で学びましたが，忘れた人はよく復習しておいてください．

図 9.3 では，節点 A と節点 B は動かないことが前提になっていますが，図 9.2 の要素の節点 A, B は移動する可能性があります．図 9.5 は，節点移動がある場合の要素のたわみ角と曲げモーメントの関係を示しています．ここで，v_A, v_B は，節点 A, B のたわみ，R は節点のたわみによって生じる要素 (部材) の傾きを表し，**部材角**と呼ばれます．

図 9.5 からわかるように，節点が移動しても，曲げモーメント M_{AB}, M_{BA} によっ

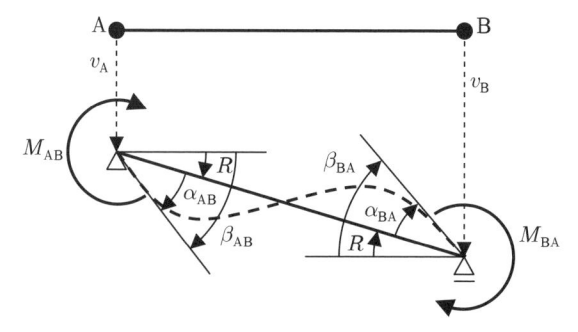

図 9.5 単純ばりのモーメントと回転角の関係 (節点移動がある場合)

て生じるたわみ角は，α_{AB}, α_{BA} に変わりありません．この α_{AB}, α_{BA} を，もとの要素からの角度で表すと，$\alpha_{AB} = \beta_{AB} - R$，$\alpha_{BA} = \beta_{BA} - R$ となり，これを式 (9.3) に代入すると，次式のようになります．

$$\begin{Bmatrix} M_{AB} \\ M_{BA} \end{Bmatrix} = 2E\frac{I}{l} \begin{bmatrix} 2 & 1 \\ 1 & 2 \end{bmatrix} \begin{Bmatrix} \beta_{AB} - R \\ \beta_{BA} - R \end{Bmatrix} \tag{9.4}$$

次に，要素の中間 (A と B の間) に荷重が加わる場合を考えてみます．この場合，単純ばりでは，図 9.6 に示すように，**中間荷重**によるたわみ角が生じます．ただし，単純ばりでは，要素間にどのような荷重が加わっても節点 A, B の曲げモーメントは，常に 0 になります．したがって，単純ばりの両端のモーメント M_{AB}, M_{BA} によって生じるたわみ角は，中間荷重が加わっても α_{AB}, α_{BA} です．

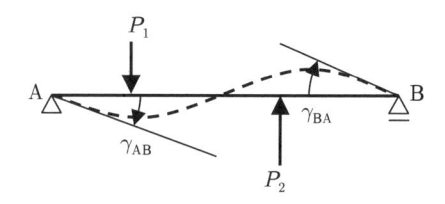

図 9.6 節点間に荷重が加わる場合のたわみ角

したがって，節点移動が生じ，しかも中間荷重が加わる問題では，図 9.7 に示すような変形になり，M_{AB}, M_{BA} によって生じるたわみ角は α_{AB}, α_{BA} であることを考慮すると，式 (9.4) は次のように書けます．

$$\begin{Bmatrix} M_{AB} \\ M_{BA} \end{Bmatrix} = 2E\frac{I}{l} \begin{bmatrix} 2 & 1 \\ 1 & 2 \end{bmatrix} \begin{Bmatrix} \theta_{AB} - R - \gamma_{AB} \\ \theta_{BA} - R - \gamma_{BA} \end{Bmatrix} \tag{9.5}$$

図 9.6 の問題は，静定問題であるため，モールの定理等を用いれば，あらかじめ節点のたわみ角 γ_{AB}, γ_{BA} を求めておくことが可能です．すなわち，γ_{AB}, γ_{BA} は既知量

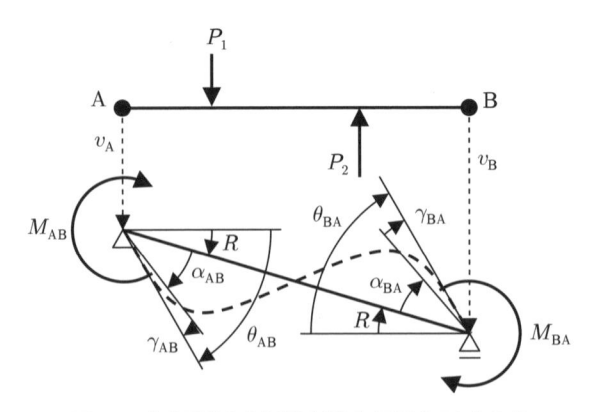

第 9 章 ラーメン構造の実用的解法 (その 1)

図 9.7 節点移動と中間荷重が加わる場合のたわみ角

としてあつかうことができます．そこで，式 (9.5) を次式のように変形します．

$$\left\{\begin{array}{c} M_{AB} \\ M_{BA} \end{array}\right\} = 2E\frac{I}{l}\begin{bmatrix} 2 & 1 \\ 1 & 2 \end{bmatrix}\left\{\begin{array}{c} \theta_{AB} - R \\ \theta_{BA} - R \end{array}\right\} + \left\{\begin{array}{c} C_{AB} \\ C_{BA} \end{array}\right\} \tag{9.6}$$

ただし，

$$\left\{\begin{array}{c} C_{AB} \\ C_{BA} \end{array}\right\} = 2E\frac{I}{l}\begin{bmatrix} 2 & 1 \\ 1 & 2 \end{bmatrix}\left\{\begin{array}{c} -\gamma_{AB} \\ -\gamma_{BA} \end{array}\right\} \tag{9.7}$$

ここで，C_{AB} と C_{BA} は，固定端モーメントと呼ばれ，γ_{AB}，γ_{BA} から計算されるモーメントです．固定端モーメントと呼ばれるのは，式 (9.6) からわかるように，要素端部 (A, B 節点) の回転角を固定した場合 ($\theta_{AB} - R = 0$，$\theta_{BA} - R = 0$) の曲げモーメントに一致するためです．図 9.8 は，$R = 0$ の場合の固定端モーメントを示したものです．また，図 9.9 は，中央集中荷重が加わる場合のモールの定理による固定端モーメントの計算を示したものです．

式 (9.6) が，**たわみ角法の基本式** (要素方程式) と呼ばれる式です．また，式 (9.6) の (I/l) は，曲がりにくさを表す物理量で，**剛度**と呼ばれます．すなわち，断面 2 次モーメントが大きいほど，また，要素長 (部材長) が短いほど，部材は曲がりにくくなります．式 (9.6) は重要な式なので憶えてください．

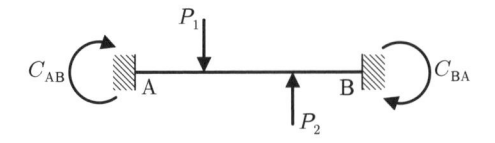

図 9.8 $R = 0$ の場合の固定端モーメント

$$\gamma_{AB} = \frac{Pl^2}{16EI} \quad \gamma_{BA} = \frac{Pl^2}{16EI}$$

$$\begin{Bmatrix} C_{AB} \\ C_{BA} \end{Bmatrix} = 2E\frac{I}{l}\begin{bmatrix} 2 & 1 \\ 1 & 2 \end{bmatrix}\begin{Bmatrix} -\gamma_{AB} \\ -\gamma_{BA} \end{Bmatrix}$$

$$= 2E\frac{I}{l}\begin{bmatrix} 2 & 1 \\ 1 & 2 \end{bmatrix}\begin{Bmatrix} -\dfrac{Pl^2}{16EI} \\ \dfrac{Pl^2}{16EI} \end{Bmatrix}$$

$$= \begin{Bmatrix} -\dfrac{Pl}{8} \\ \dfrac{Pl}{8} \end{Bmatrix}$$

図 9.9 中央集中荷重が加わる場合の固定端モーメントの求め方

9.1.3 節点移動のない不静定ラーメンの解法

次に，たわみ角法による不静定ラーメンの解法を説明します．まず，ここでは，図9.2 に示すような要素両端の節点移動がない問題をあつかいます．この場合，すべての要素に対して式 (9.6) の部材角 R が 0 となります．

図 9.10 は，節点移動が生じない不静定ラーメンを示します．節点移動が生じるかどうかは，図 9.11 に示すように，すべての部材を剛棒とし，すべての接合部をヒンジ (ピン接合) とした場合に，水平および垂直の力に対して節点が移動するかどうかを調べればわかります．図 9.11 より，この構造の場合，節点が移動しないことがわかると思います．なお，この構造では，柱とはりで断面 2 次モーメントが異なってるので注意してください．

図 9.10 節点移動のない不静定ラーメン

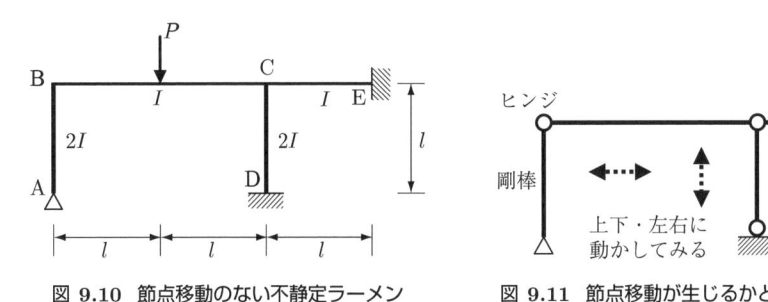

図 9.11 節点移動が生じるかどうかの確認

① 要素方程式 (**たわみ角法の基本式**) を立てる．

まず，AB, BC, CD, CE の各要素に対して，式 (9.6) の要素方程式 (たわみ角法基本式) を立てます．

AB 要素: $\left\{\begin{array}{c} M_{AB} \\ M_{BA} \end{array}\right\} = 2E\dfrac{2I}{l}\begin{bmatrix} 2 & 1 \\ 1 & 2 \end{bmatrix}\left\{\begin{array}{c} \theta_{AB} \\ \theta_{BA} \end{array}\right\}$

BC 要素: $\left\{\begin{array}{c} M_{BC} \\ M_{CB} \end{array}\right\} = 2E\dfrac{I}{2l}\begin{bmatrix} 2 & 1 \\ 1 & 2 \end{bmatrix}\left\{\begin{array}{c} \theta_{BC} \\ \theta_{CB} \end{array}\right\} + \left\{\begin{array}{c} C_{BC} \\ C_{CB} \end{array}\right\}$

CD 要素: $\left\{\begin{array}{c} M_{CD} \\ M_{DC} \end{array}\right\} = 2E\dfrac{2I}{l}\begin{bmatrix} 2 & 1 \\ 1 & 2 \end{bmatrix}\left\{\begin{array}{c} \theta_{CD} \\ \theta_{DC} \end{array}\right\}$

CE 要素: $\left\{\begin{array}{c} M_{CE} \\ M_{EC} \end{array}\right\} = 2E\dfrac{I}{l}\begin{bmatrix} 2 & 1 \\ 1 & 2 \end{bmatrix}\left\{\begin{array}{c} \theta_{CE} \\ \theta_{EC} \end{array}\right\}$

(9.8)

ただし，固定端モーメント C_{BC}, C_{CB} は，図 9.9 に示される結果より次式となります．

$$\left\{\begin{array}{c} C_{BC} \\ C_{CB} \end{array}\right\} = \left\{\begin{array}{c} -\dfrac{P \cdot 2l}{8} \\ \dfrac{P \cdot 2l}{8} \end{array}\right\} = \left\{\begin{array}{c} -\dfrac{Pl}{4} \\ \dfrac{Pl}{4} \end{array}\right\} \tag{9.9}$$

①′ 変位の連続条件 (**適合条件**) を導入する．

　次に，分解した要素をもとの骨組に組み合わせた時のことを考えます．この場合，ラーメン構造の接合部は剛に接合されているため，たとえば，B 点，C 点に繋がる各要素の回転角 (たわみ角) は，図 9.12 に示されるようにすべて等しくなります．すなわち，要素の回転角は，各節点についてひとつの変数 (角度) で表せるということです．したがって，$\theta_{BA} = \theta_{BC} = \theta_B$ で，$\theta_{CB} = \theta_{CD} = \theta_{CE} = \theta_C$ で表すことができます．

以上より，式 (9.8) は，次のように書けます．

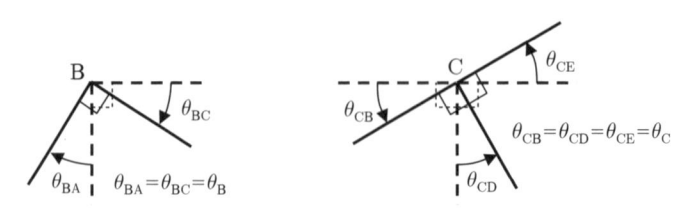

図 9.12　回転角の連続条件

AB 要素: $\left\{\begin{array}{c}M_{AB}\\M_{BA}\end{array}\right\} = 2E\dfrac{2I}{l}\begin{bmatrix}2&1\\1&2\end{bmatrix}\left\{\begin{array}{c}\theta_A\\\theta_B\end{array}\right\}$

BC 要素: $\left\{\begin{array}{c}M_{BC}\\M_{CB}\end{array}\right\} = 2E\dfrac{I}{2l}\begin{bmatrix}2&1\\1&2\end{bmatrix}\left\{\begin{array}{c}\theta_B\\\theta_C\end{array}\right\} + \left\{\begin{array}{c}C_{BC}\\C_{CB}\end{array}\right\}$

CD 要素: $\left\{\begin{array}{c}M_{CD}\\M_{DC}\end{array}\right\} = 2E\dfrac{2I}{l}\begin{bmatrix}2&1\\1&2\end{bmatrix}\left\{\begin{array}{c}\theta_C\\\theta_D\end{array}\right\}$

CE 要素: $\left\{\begin{array}{c}M_{CE}\\M_{EC}\end{array}\right\} = 2E\dfrac{I}{l}\begin{bmatrix}2&1\\1&2\end{bmatrix}\left\{\begin{array}{c}\theta_C\\\theta_E\end{array}\right\}$

(9.10)

なお，たわみ角法では，通常，式 (9.10) を立てるところからはじめます．

② **節点方程式**を立てる．

①′ は，変位の連続条件でしたが，要素に分解した時に現れる節点の曲げモーメントは内力であるため，再び結合すると，各節点で，内力どうしは打ち消されて 0 になります．図 9.13 は，B 点と C 点の内力の釣り合いを示したものです．なお，節点にモーメント外力が加わっている場合は，内力の総和がそのモーメント外力と釣り合うことになります (外力=内力)．

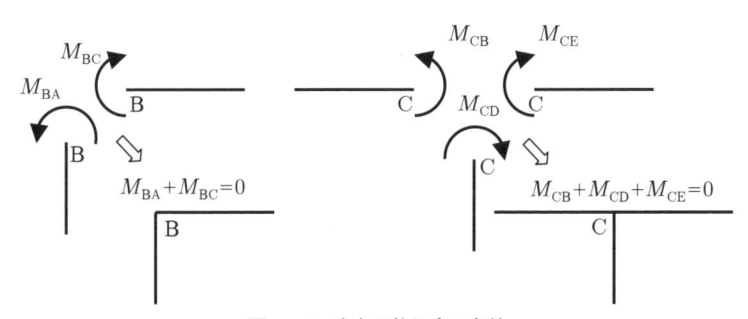

図 9.13 内力の釣り合い条件

図 9.10 の不静定ラーメンの内力の釣り合い条件式 (節点方程式) は，A, B, C 点で立てられ，次式となります．

A 点: $M_{AB} = 0$ (9.11)

B 点: $M_{BA} + M_{BC} = 0$ (9.12)

C 点: $M_{CB} + M_{CD} + M_{CE} = 0$ (9.13)

ここで，A 点は支持点であり，式 (9.11) は応力 (断面力) の境界条件となりますが，ここでは，内力の条件式 (節点方程式のひとつ) としてあつかっています．なお，D 点と E 点に関しては，内力が反力と釣り合うという式になりますが，こ

こでは必要ありません．節点方程式は，回転角が固定されている節点以外で立てると憶えておいてください．

③ 変位境界条件を考慮して要素方程式を展開する．

式 (9.10) に，D 点と E 点で，回転角 (θ_D, θ_E) が 0 になる条件を代入し，式を展開します．

$$\begin{Bmatrix} M_{AB} \\ M_{BA} \end{Bmatrix} = 2E\frac{2I}{l}\begin{bmatrix} 2 & 1 \\ 1 & 2 \end{bmatrix}\begin{Bmatrix} \theta_A \\ \theta_B \end{Bmatrix} \to \begin{array}{l} M_{AB} = \dfrac{EI}{l}(8\theta_A + 4\theta_B) \\ M_{BA} = \dfrac{EI}{l}(4\theta_A + 8\theta_B) \end{array}$$

$$\begin{Bmatrix} M_{BC} \\ M_{CB} \end{Bmatrix} = 2E\frac{I}{2l}\begin{bmatrix} 2 & 1 \\ 1 & 2 \end{bmatrix}\begin{Bmatrix} \theta_B \\ \theta_C \end{Bmatrix} + \begin{Bmatrix} C_{BC} \\ C_{CB} \end{Bmatrix}$$

$$\to \begin{array}{l} M_{BC} = \dfrac{EI}{l}(2\theta_B + \theta_C) - \dfrac{Pl}{4} \\ M_{CB} = \dfrac{EI}{l}(\theta_B + 2\theta_C) + \dfrac{Pl}{4} \end{array} \quad (9.14)$$

$$\begin{Bmatrix} M_{CD} \\ M_{DC} \end{Bmatrix} = 2E\frac{2I}{l}\begin{bmatrix} 2 & 1 \\ 1 & 2 \end{bmatrix}\begin{Bmatrix} \theta_C \\ 0 \end{Bmatrix} \to \begin{array}{l} M_{CD} = \dfrac{EI}{l}(8\theta_C) \\ M_{DC} = \dfrac{EI}{l}(4\theta_C) \end{array}$$

$$\begin{Bmatrix} M_{CE} \\ M_{EC} \end{Bmatrix} = 2E\frac{I}{l}\begin{bmatrix} 2 & 1 \\ 1 & 2 \end{bmatrix}\begin{Bmatrix} \theta_C \\ 0 \end{Bmatrix} \to \begin{array}{l} M_{CE} = \dfrac{EI}{l}(4\theta_C) \\ M_{EC} = \dfrac{EI}{l}(2\theta_C) \end{array}$$

④ 節点方程式を解いて節点回転角を求める

次に，式 (9.14) を式 (4.11)～(4.13) の節点方程式に代入し，未知の回転角 θ_A, θ_B, θ_C を次のように求めます．

$$M_{AB} = \frac{EI}{l}(8\theta_A + 4\theta_B) = 0$$

$$M_{BA} + M_{BC} = \frac{EI}{l}(4\theta_A + 10\theta_B + \theta_C) - \frac{Pl}{4} = 0 \quad (9.15)$$

$$M_{CB} + M_{CD} + M_{CE} = \frac{EI}{l}(\theta_B + 14\theta_C) + \frac{Pl}{4} = 0$$

上式を解くと，

$$\theta_A = -\frac{15}{888}\frac{Pl^2}{EI}, \quad \theta_B = \frac{15}{444}\frac{Pl^2}{EI}, \quad \theta_C = -\frac{9}{444}\frac{Pl^2}{EI} \quad (9.16)$$

⑤ 各要素の曲げモーメントを求める．

式 (9.16) を式 (9.14) に代入すると，各要素両端の曲げモーメントを，次式のように求めることができます．

$$\begin{aligned}
M_{\text{AB}} &= \frac{EI}{l}(8\theta_{\text{A}} + 4\theta_{\text{B}}) = 0 \\
M_{\text{BA}} &= \frac{EI}{l}(4\theta_{\text{A}} + 8\theta_{\text{B}}) = 90\left(\frac{Pl}{444}\right) \\
M_{\text{BC}} &= \frac{EI}{l}(2\theta_{\text{B}} + \theta_{\text{C}}) - \frac{Pl}{4} = -90\left(\frac{Pl}{444}\right) \\
M_{\text{CB}} &= \frac{EI}{l}(\theta_{\text{B}} + 2\theta_{\text{C}}) + \frac{Pl}{4} = 108\left(\frac{Pl}{444}\right) \\
M_{\text{CD}} &= \frac{EI}{l}(8\theta_{\text{C}}) = -72\left(\frac{Pl}{444}\right) \\
M_{\text{DC}} &= \frac{EI}{l}(4\theta_{\text{C}}) = -36\left(\frac{Pl}{444}\right) \\
M_{\text{CE}} &= \frac{EI}{l}(4\theta_{\text{C}}) = -36\left(\frac{Pl}{444}\right) \\
M_{\text{EC}} &= \frac{EI}{l}(2\theta_{\text{C}}) = -18\left(\frac{Pl}{444}\right)
\end{aligned} \tag{9.17}$$

⑥ 曲げモーメント図を描く．

最後に，式 (9.17) をもとに，曲げモーメント図を描くと，図 9.14 のようになります．

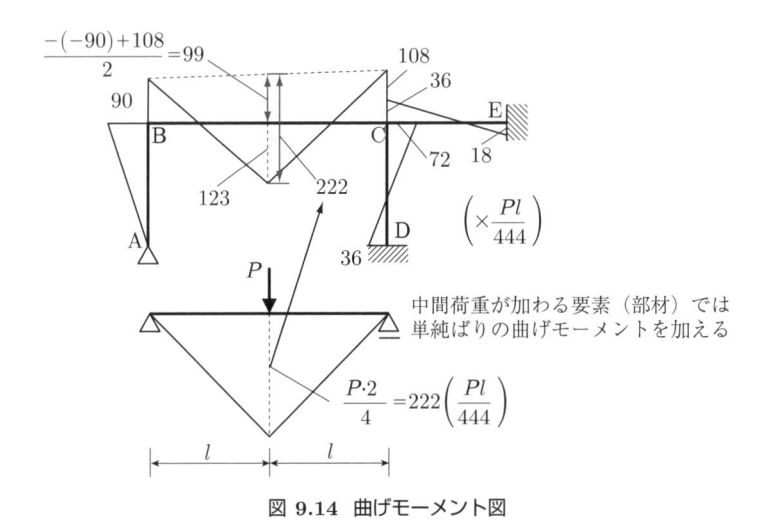

図 9.14 曲げモーメント図

ただし，曲げモーメント図は，まず，式 (9.17) で得られた要素ごとに節点曲げモーメントを，図 9.15 に示すように，正 (+) なら時計まわりに，負 (−) なら時計の反対まわりに矢印を描いてみて，その曲げモーメントの矢印の起点側に，曲げモーメント

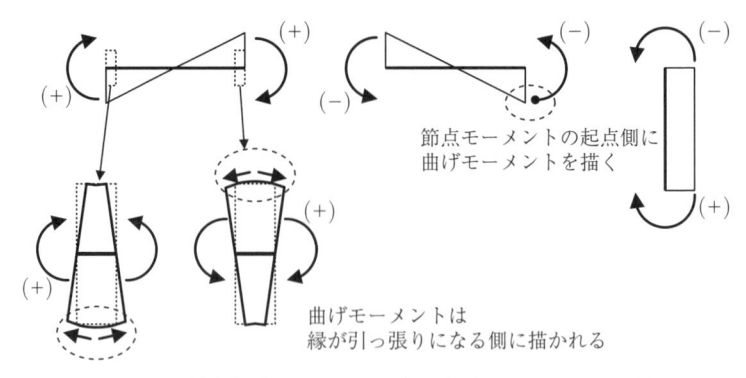

図 9.15 節点曲げモーメントの正負と曲げモーメント図の関係

図が出るように描きます．これは，図中に示すように，要素端の微小部分をとり出すと，節点モーメントの矢印の起点側が引っ張り側となっているためです．

また，**中間荷重**が作用する要素では，要素内部の曲げモーメントは，単純ばりに中間荷重が加わる場合の曲げモーメントになりますから，これを加える必要があります．一般には，図 9.16 に示すように，長さ l の要素 AB に節点モーメントと中央集中荷重 P が加わる単純ばりの中央の曲げモーメントは，次式から計算できます．

$$M = \frac{Pl}{4} - \frac{-M_{AB} + M_{BA}}{2} \tag{9.18}$$

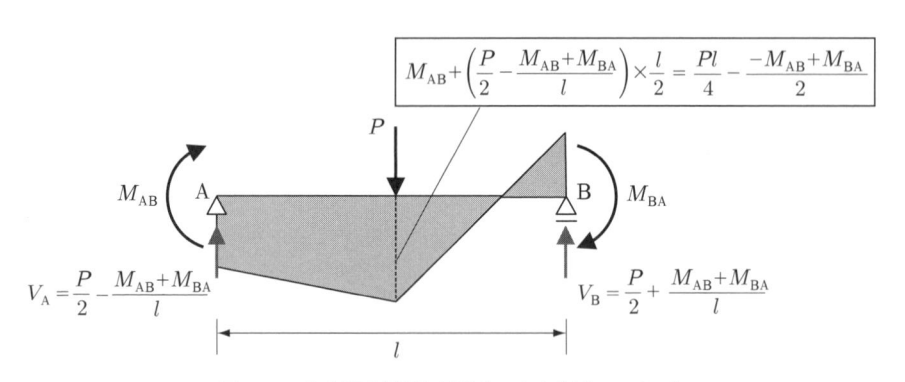

図 9.16 集中荷重が加わる場合の中央曲げモーメント

9.1.4 節点移動のある不静定ラーメンの解法

次に，節点移動のある場合の解き方を説明します．図 9.17(a) は，節点移動のある不静定ラーメンを示しています．この構造では，図 9.17(b) に示すように，すべての要素を剛棒とし，すべての接合部をピン接合とすると，B, C 点が水平方向に移動するため，節点移動が生じる構造であることがわかります．

(a) (b)

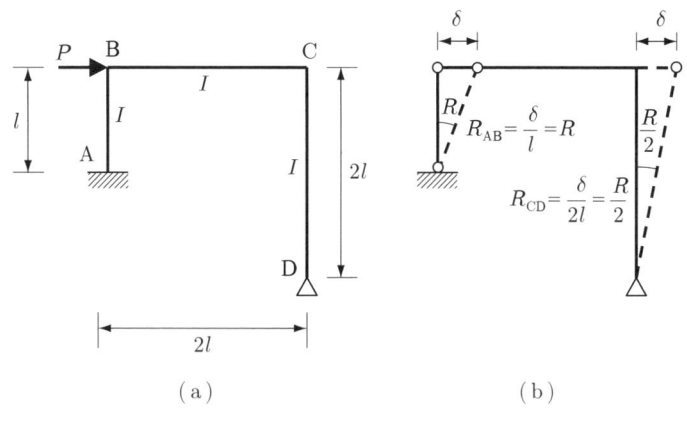

図 9.17 節点移動のある不静定ラーメン

① **部材角**を求める.

　節点移動が生じる問題では，すべての要素 (部材) の部材角 R を求める必要があります．この部材角は，すべての要素を剛棒とし，すべての節点をヒンジとした場合に，水平または垂直の力を与えた時に生じる各部材の角度を表しています．また，この部材角は，各部材で独立ではなく，代表要素の部材角で他の要素の部材角を表すことができます (ただし，多層の場合は独立部材角が層の数だけ存在します)．この構造の場合，図 9.17(b) に示すように，AB 要素の部材角を R とすると，CD 要素の部材角は $R/2$ となります．なお，BC 要素の部材角は 0 です．

② 変位の連続条件を導入して要素方程式を立てる.

　次に，AB, BC, CD の各要素に対して，式 (9.6) の要素方程式 (たわみ角法基本式) を立てます．

$$\text{AB 要素:} \quad \begin{Bmatrix} M_{AB} \\ M_{BA} \end{Bmatrix} = 2E\frac{I}{l} \begin{bmatrix} 2 & 1 \\ 1 & 2 \end{bmatrix} \begin{Bmatrix} \theta_A - R \\ \theta_B - R \end{Bmatrix}$$

$$\text{BC 要素:} \quad \begin{Bmatrix} M_{BC} \\ M_{CB} \end{Bmatrix} = 2E\frac{I}{2l} \begin{bmatrix} 2 & 1 \\ 1 & 2 \end{bmatrix} \begin{Bmatrix} \theta_B \\ \theta_C \end{Bmatrix} \qquad (9.19)$$

$$\text{CD 要素:} \quad \begin{Bmatrix} M_{CD} \\ M_{DC} \end{Bmatrix} = 2E\frac{I}{2l} \begin{bmatrix} 2 & 1 \\ 1 & 2 \end{bmatrix} \begin{Bmatrix} \theta_C - R/2 \\ \theta_D - R/2 \end{Bmatrix}$$

③ 節点方程式を立てる.

　次に，B, C, D 点に対して，内力の釣り合い式である節点方程式を立てます．この場合，次式のようになります．

B 点: $M_{BA} + M_{BC} = 0$,　　C 点: $M_{CB} + M_{CD} = 0$

D 点: $M_{DC} = 0$ (9.20)

④ 変位境界条件を考慮して要素方程式を展開する．

式 (9.19) に，A 点で，回転角 θ_A が 0 になる条件を代入し，式を展開します．

$$M_{AB} = \frac{EI}{l}(2\theta_B - 6R), \qquad M_{BA} = \frac{EI}{l}(4\theta_B - 6R)$$

$$M_{BC} = \frac{EI}{l}(2\theta_B + \theta_C), \qquad M_{CB} = \frac{EI}{l}(\theta_B + 2\theta_C) \qquad (9.21)$$

$$M_{CD} = \frac{EI}{l}\left(2\theta_C + \theta_D - \frac{3R}{2}\right), \qquad M_{DC} = \frac{EI}{l}\left(\theta_C + 2\theta_D - \frac{3R}{2}\right)$$

⑤ 層方程式を立てる．

②，③，④は，節点移動のない場合と同じですが，式 (9.21) にふくまれる未知変数は，$\theta_B, \theta_C, \theta_D$ と R の 4 個あるのに対して，節点方程式は式 (9.20) の 3 個しかないため，このままでは解けません．すなわち，部材角が生じる問題では，部材角 R に対する方程式がもうひとつ必要になります．

図 9.5 に示されるように，部材角 R は，変位 v_A, v_B によって生じます．したがって，これに関係する内力はせん断力です．すなわち，部材角 R に関係する方程式は，部材角の生じる要素 (部材) のせん断力の総和が外力と釣り合うという式になります．この方程式を**層方程式**と呼びます．

図 9.18 は，図 9.17 の不静定ラーメンのせん断力と外力の釣り合いを示したものです．図に示されるように，この問題では，柱 AB, CD のせん断力 Q_{BA}, Q_{CD} が水平力 P と釣り合います．

また，曲げモーメントとせん断力の関係は，図 9.19 の単純ばりからわかるように，次式となります．

$$Q_{BA} = -\frac{M_{BA} + M_{AB}}{l}, \qquad Q_{CD} = -\frac{M_{CD} + M_{DC}}{2l} \qquad (9.22)$$

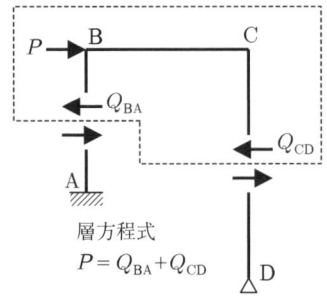

図 9.18　せん断力と外力の釣り合い　　図 9.19　せん断力と曲げモーメントの関係

したがって，層方程式は，次式のように表されます．

$$P = Q_{BA} + Q_{CD} = -\frac{M_{BA} + M_{AB}}{l} - \frac{M_{CD} + M_{DC}}{2l} \tag{9.23}$$

⑥ 節点方程式と層方程式の連立方程式を解いて節点回転角と部材角を求める．

次に，式 (9.21) を式 (9.20) の節点方程式と式 (9.23) の層方程式に代入し，未知の回転角 $\theta_B, \theta_C, \theta_D$ と部材角 R を次のように求めます．

$$M_{BA} + M_{BC} = \frac{EI}{l}(6\theta_B + \theta_C - 6R) = 0 \tag{9.24}$$

$$M_{CB} + M_{CD} = \frac{EI}{l}\left(\theta_B + 4\theta_C + \theta_D - \frac{3R}{2}\right) = 0 \tag{9.25}$$

$$M_{DC} = \frac{EI}{l}\left(\theta_C + 2\theta_D - \frac{3R}{2}\right) = 0 \tag{9.26}$$

$$2(M_{AB} + M_{BA}) + M_{CD} + M_{DC}$$
$$= \frac{EI}{l}(12\theta_B + 3\theta_C + 3\theta_D - 27R) = -2Pl \tag{9.27}$$

式 (9.26) より，

$$R = \frac{2}{3}(\theta_C + 2\theta_D) \tag{9.28}$$

式 (9.28) を式 (9.24), (9.25), (9.27) に代入すると，

$$6\theta_B - 3\theta_C - 8\theta_D = 0 \tag{9.29}$$

$$\theta_B + 3\theta_C - \theta_D = 0 \tag{9.30}$$

$$12\theta_B - 15\theta_C - 33\theta_D = -\frac{2Pl^2}{EI} \tag{9.31}$$

連立方程式を解くと，

$$\theta_B = \frac{54}{339}\frac{Pl^2}{EI}, \quad \theta_C = -\frac{4}{339}\frac{Pl^2}{EI}, \quad \theta_D = \frac{42}{339}\frac{Pl^2}{EI} \tag{9.32}$$

また，式 (9.28) より，

$$R = \frac{2}{3}\frac{80}{339}\frac{Pl^2}{EI} \tag{9.33}$$

⑦ 各要素の曲げモーメントを求める．

式 (9.32), (9.33) を式 (9.21) に代入すると，各要素両端の曲げモーメントを，次式のように求めることができます．

$$M_{AB} = \frac{EI}{l}(2\theta_B - 6R) = -212\left(\frac{Pl}{339}\right)$$

$$M_{BA} = \frac{EI}{l}(4\theta_B - 6R) = -104\left(\frac{Pl}{339}\right)$$

$$M_{BC} = \frac{EI}{l}(2\theta_B + \theta_C) = 104\left(\frac{Pl}{339}\right)$$

$$M_{CB} = \frac{EI}{l}(\theta_B + 2\theta_C) = 46\left(\frac{Pl}{339}\right) \quad (9.34)$$

$$M_{CD} = \frac{EI}{l}\left(2\theta_C + \theta_D - \frac{3R}{2}\right) = -46\left(\frac{Pl}{339}\right)$$

$$M_{DC} = \frac{EI}{l}\left(\theta_C + 2\theta_D - \frac{3R}{2}\right) = 0$$

⑧ 曲げモーメント図を描く.

最後に，式 (9.34) をもとに，曲げモーメント図を描くと，図 9.20 のようになります．

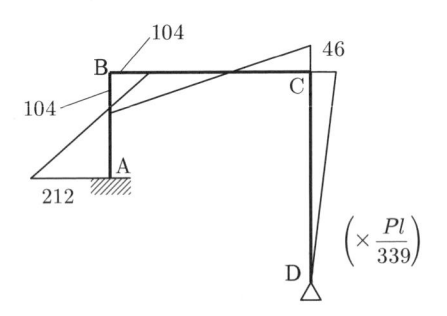

図 9.20 曲げモーメント図

9.2 マトリクス法

　前節で学んだたわみ角法は，高次の不静定構造であるラーメン構造を解くための方法でしたが，この方法も，図 9.21 のように節点数が増えてくると手計算で解くことが難しくなります．このような現実的なラーメン構造を解く方法として，本節で学ぶマトリクス法と，第 10 章で学ぶ固定法，D 値法があります．

　マトリクス法は，コンピュータを用いることを前提とする方法で，実務の構造計算では，ほとんどこの方法が用いられています．本節では，このマトリクス法の基本原理を理解し，手計算で解ける範囲の問題により，この方法の計算の流れを体得してもらうことを目的としています．

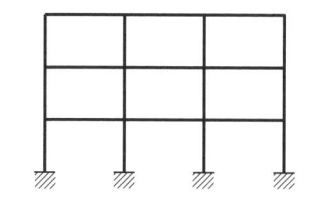

図 9.21　3層3スパンのラーメン構造

9.2.1 マトリクス法とは

　マトリクス法は，節点移動のない問題では，前節で学んだたわみ角法とほとんど同じ方法であると言えます．主に異なるのは，節点方程式の組み立て方だけです．マトリクス法では，コンピュータに計算させることを前提としているので，コンピュータに自動的に節点方程式を作らせるために，節点方程式(連立方程式)の作り方がシステム的になります．また，マトリクス法では，組み立てられた大次元の連立方程式を，コンピュータを用いて解きます．

　一方，節点移動のある問題では，たわみ角法とマトリクス法はかなり異なります．たわみ角法では，節点移動のある問題では，節点回転角の他に，部材角 R が未知数となり，外力と各層の柱のせん断力の釣り合い式を立てることによって解かれていました．しかし，マトリクス法では，節点のたわみ v_A，v_B が直接未知数となり(図9.7参照)，節点におけるせん断力の釣り合い式(節点方程式)を立てることによって解かれます．また，通常マトリクス法では，要素の材軸方向の変位 u_A，u_B も未知数としてあつかい，軸方向力に対する釣り合い式(節点方程式)も立てられます．さらに，たわみ角法では，節点の回転角と部材角が未知数となっていたため，要素の材軸方向が異なっても特別の処理は必要ありませんでしたが，マトリクス法では，柱とはりでは，たわみ v の方向が異なる(はりでは y 方向，柱では x 方向となる)ため，要素の座標系を全体の座標系に変換する作業(**座標変換**)が必要になります．

　以上のように，マトリクス法は，手計算で解くには不利な方法ですが，層方程式を立てる必要がなく，すべて節点方程式で解けるため，コンピュータを用いてシステム的に解くには適した方法であると言えます．

　ここでは，この方法の原理を体得するために，たわみ角法で解いた節点移動のない問題をマトリクス法で解く方法について説明します．また，節点移動のある問題は，たわみ角法との違いを理論的に明らかにし，解き方の原理を説明するにとどめます．

9.2.2 節点移動のない不静定ラーメンの解法

　ここでは，たわみ角法による解法の説明に用いた図9.10の不静定ラーメンを，マトリクス法によって解いてみます．図9.22は，図9.10を再掲したものです．

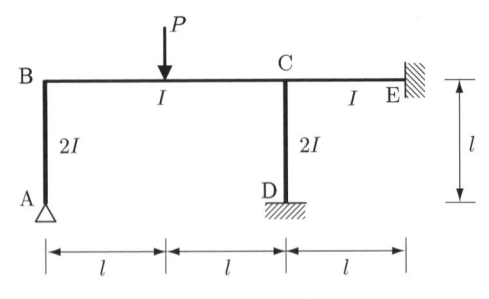

図 9.22 節点移動のない不静定ラーメン

① 要素方程式を立てる．

式 (9.10) の要素方程式を立てるところまでは，マトリクス法もたわみ角法と同じです．再記すると，

$$\text{AB 要素:} \quad 2E\frac{2I}{l}\begin{bmatrix}2 & 1\\ 1 & 2\end{bmatrix}\begin{Bmatrix}\theta_A\\ \theta_B\end{Bmatrix}=\begin{Bmatrix}M_{AB}\\ M_{BA}\end{Bmatrix} \tag{9.35}$$

$$\text{BC 要素:} \quad 2E\frac{I}{2l}\begin{bmatrix}2 & 1\\ 1 & 2\end{bmatrix}\begin{Bmatrix}\theta_B\\ \theta_C\end{Bmatrix}=\begin{Bmatrix}M_{BC}\\ M_{CB}\end{Bmatrix}-\begin{Bmatrix}-Pl/4\\ Pl/4\end{Bmatrix} \tag{9.36}$$

$$\text{CD 要素:} \quad 2E\frac{2I}{l}\begin{bmatrix}2 & 1\\ 1 & 2\end{bmatrix}\begin{Bmatrix}\theta_C\\ \theta_D\end{Bmatrix}=\begin{Bmatrix}M_{CD}\\ M_{DC}\end{Bmatrix} \tag{9.37}$$

$$\text{CE 要素:} \quad 2E\frac{I}{l}\begin{bmatrix}2 & 1\\ 1 & 2\end{bmatrix}\begin{Bmatrix}\theta_C\\ \theta_E\end{Bmatrix}=\begin{Bmatrix}M_{CE}\\ M_{EC}\end{Bmatrix} \tag{9.38}$$

ただし，ここでは，式 (9.10) の右辺と左辺を入れ替えています．また，固定端モーメントは，符号を逆にして右辺に書きます．マトリクス法では，通常，このような形式で要素方程式を表します．また，マトリクス法では，式 (9.35)〜(9.38) を**要素剛性方程式**と呼び，この式のマトリクス部分を**要素剛性マトリクス**と呼びます．

② 全体マトリクス方程式を作る．

ここからが，たわみ角法と異なる点で，マトリクス法では，たわみ角法の節点方程式を，ベクトル・マトリクス形式を用いてシステム的に作成して行きます．そこで，まず，マトリクス法では，すべての節点の回転角 (たわみ角) とすべての節点に作用する力との関係式をベクトル・マトリクス形式で用意します．

$$\begin{bmatrix} \theta_A & \theta_B & \theta_C & \theta_D & \theta_E \\ & & & & \\ & & & & \\ & & & & \\ & & & & \\ & & & & \end{bmatrix} \begin{Bmatrix} \theta_A \\ \theta_B \\ \theta_C \\ \theta_D \\ \theta_E \end{Bmatrix} = \begin{Bmatrix} \text{節点 A に作用する力} \\ \text{節点 B に作用する力} \\ \text{節点 C に作用する力} \\ \text{節点 D に作用する力} \\ \text{節点 E に作用する力} \end{Bmatrix} \quad (9.39)$$

式 (9.39) のマトリクス (行列) 部分は，節点の回転角と節点に作用する力を関係づけるもので，マトリクス法では，**全体剛性マトリクス**と呼ばれています．また，このマトリクスの列成分は，回転角の係数を表しており，各行は，節点での釣り合い式を表していることがわかります．

次に，式 (9.35)〜(9.38) の要素剛性方程式を式 (9.39) に埋め込んで行きます．この作業をマトリクス法では，**重ね合わせ**と呼んでいます．まず，式 (9.35) を式 (9.39) に埋め込みます．この場合，式 (9.35) の列は θ_A, θ_B に関係し，行は節点 A と節点 B に関係しているので，次のように埋め込まれます．

$$\frac{EI}{l} \begin{bmatrix} 8 & 4 & & & \\ 4 & 8 & & & \\ & & & & \\ & & & & \\ & & & & \end{bmatrix} \begin{Bmatrix} \theta_A \\ \theta_B \\ \theta_C \\ \theta_D \\ \theta_E \end{Bmatrix} = \begin{Bmatrix} M_{AB} \\ M_{BA} \\ \\ \\ \end{Bmatrix} \quad (9.40)$$

次に，式 (9.36) を埋め込むと次のようになります．ただし，マトリクスの成分で重なるところは加えます．

$$\frac{EI}{l} \begin{bmatrix} 8 & 4 & & & \\ 4 & 8+2 & 1 & & \\ & 1 & 2 & & \\ & & & & \\ & & & & \end{bmatrix} \begin{Bmatrix} \theta_A \\ \theta_B \\ \theta_C \\ \theta_D \\ \theta_E \end{Bmatrix} = \begin{Bmatrix} M_{AB} \\ M_{BA} + M_{BC} + Pl/4 \\ M_{CB} - Pl/4 \\ \\ \end{Bmatrix} \quad (9.41)$$

同様に，式 (9.37) を埋め込むと，

$$\frac{EI}{l}\begin{bmatrix} 8 & 4 & & & \\ 4 & 8+2 & 1 & & \\ & 1 & 2+\boxed{8} & \boxed{4} & \\ & & \boxed{4} & \boxed{8} & \end{bmatrix}\begin{Bmatrix} \theta_A \\ \theta_B \\ \theta_C \\ \theta_D \\ \theta_E \end{Bmatrix} = \begin{Bmatrix} M_{AB} \\ M_{BA} + M_{BC} + Pl/4 \\ M_{CB} + M_{CD} - Pl/4 \\ M_{DC} \\ \end{Bmatrix} \quad (9.42)$$

最後に，式 (9.38) を埋め込むと次式のようになります．

$$\frac{EI}{l}\begin{bmatrix} 8 & 4 & & & \\ 4 & 8+2 & 1 & & \\ & 1 & 2+8+\boxed{4} & 4 & \boxed{2} \\ & & 4 & 8 & \\ & & \boxed{2} & & \boxed{4} \end{bmatrix}\begin{Bmatrix} \theta_A \\ \theta_B \\ \theta_C \\ \theta_D \\ \theta_E \end{Bmatrix} = \begin{Bmatrix} M_{AB} \\ M_{BA} + M_{BC} + Pl/4 \\ M_{CB} + M_{CD} + M_{CE} - Pl/4 \\ M_{DC} \\ M_{EC} \end{Bmatrix}$$
$$(9.43)$$

次に，式 (9.43) に，たわみ角法の節点方程式である式 (9.11)〜(9.13) を代入し，マトリクスの成分を計算すると，次のようになります．

$$\frac{EI}{l}\begin{bmatrix} 8 & 4 & 0 & 0 & 0 \\ 4 & 10 & 1 & 0 & 0 \\ 0 & 1 & 14 & 4 & 2 \\ 0 & 0 & 4 & 8 & 0 \\ 0 & 0 & 2 & 0 & 4 \end{bmatrix}\begin{Bmatrix} \theta_A \\ \theta_B \\ \theta_C \\ \theta_D \\ \theta_E \end{Bmatrix} = \begin{Bmatrix} 0 \\ Pl/4 \\ -Pl/4 \\ M_{DC} \\ M_{EC} \end{Bmatrix} \quad (9.44)$$

式 (9.44) からわかるように，全体剛性マトリクスは必ず**対称マトリクス**になります．また，右辺のベクトルを見ると，固定端モーメントと反力のみが残っていることがわかります．

③ 変位境界条件を考慮して全体マトリクス方程式を解く．

次に，式 (9.44) に，変位の境界条件 $\theta_D = 0$，$\theta_E = 0$ を導入します．

$$\frac{EI}{l}\begin{bmatrix} 8 & 4 & 0 & 0 & 0 \\ 4 & 10 & 1 & 0 & 0 \\ 0 & 1 & 14 & 4 & 2 \\ 0 & 0 & 4 & 8 & 0 \\ 0 & 0 & 2 & 0 & 4 \end{bmatrix}\begin{Bmatrix} \theta_A \\ \theta_B \\ \theta_C \\ 0 \\ 0 \end{Bmatrix} = \begin{Bmatrix} 0 \\ Pl/4 \\ -Pl/4 \\ M_{DC} \\ M_{EC} \end{Bmatrix} \quad (9.45)$$

ここで，確認のために，式 (9.45) を展開してみます．

$$\frac{EI}{l}(8\theta_A + 4\theta_B) = 0, \qquad \frac{EI}{l}(4\theta_A + 10\theta_B + \theta_C) - \frac{Pl}{4} = 0$$
$$\frac{EI}{l}(\theta_B + 14\theta_C) + \frac{Pl}{4} = 0 \tag{9.46}$$

$$\frac{EI}{l}(4\theta_C) = M_{DC}, \qquad \frac{EI}{l}(2\theta_C) = M_{EC} \tag{9.47}$$

ここで，式 (9.46) は，たわみ角法の節点方程式に要素方程式を代入した式 (9.15) に一致することがわかります．したがって，マトリクス法では，たわみ角法において節点変位で表した節点方程式を，コンピュータのプログラムであつかいやすいようにシステム的に構築していると言えます．また，式 (9.47) は，D 点と E 点の反力を求める式になっています．

マトリクス法では，式 (9.45) の解を，ガウス消去法などの数値計算プログラムを用いて求めます．しかし，本書では，手計算の演習が主題ですので，式 (9.45) を展開して，連立方程式を解くことで，解を求めてみてください．

9.2.3 節点移動のある不静定ラーメンの解法

次に，マトリクス法による節点移動のある不静定ラーメンの解法について少し触れておきます．まず，マトリクス法では，節点移動のある問題の要素方程式は次式のように表されます．

$$\frac{EI}{l^3}\begin{bmatrix} 12 & 6l & -12 & 6l \\ 6l & 4l^2 & -6l & 2l^2 \\ -12 & -6l & 12 & -6l \\ 6l & 2l^2 & -6l & 4l^2 \end{bmatrix}\begin{Bmatrix} v_A \\ \theta_A \\ v_B \\ \theta_B \end{Bmatrix} = \begin{Bmatrix} Q_A \\ M_A \\ Q_B \\ M_B \end{Bmatrix} \tag{9.48}$$

ここで，v_A, v_B は，要素両端の節点 A, B のたわみ，Q_A, Q_B は，節点 A, B のせん断力を表します．式 (9.48) の導出法については，ここでは触れませんが，この式とたわみ角法の基本式との関連を考えてみます．たわみ角法では，曲げモーメントと回転角の関係のみですから，式 (9.48) の 2 行目と 4 行目をとりだして展開すると，

$$M_A = 2E\frac{I}{l}(2\theta_A + \theta_B) - \frac{6EI}{l}\frac{(v_B - v_A)}{l}$$
$$M_B = 2E\frac{I}{l}(\theta_A + 2\theta_B) - \frac{6EI}{l}\frac{(v_B - v_A)}{l} \tag{9.49}$$

一方，たわみ角法の基本式である式 (9.6) を展開すると，

$$M_A - C_A = 2E\frac{I}{l}(2\theta_A + \theta_B) - \frac{6EI}{l}R$$
$$M_B - C_B = 2E\frac{I}{l}(\theta_A + 2\theta_B) - \frac{6EI}{l}R \tag{9.50}$$

となり，$R = (v_B - v_A)/l$ であることを考慮すると，式 (9.49) は，式 (9.50) の固定端モーメントのない形になっていることがわかります．マトリクス法の場合，固定端モーメントは，符号を逆にした力 (**等価節点力**) として加えるため，結局，曲げモーメントに関する要素方程式はたわみ角法と一致します．

しかしながら，マトリクス法では，式 (9.48) の 1 行と 3 行のせん断力に関する方程式があります．この式の意味を探るために，式 (9.48) の 1 行と 3 行を展開してみます．

$$Q_A = \frac{1}{l}\left\{\frac{6EI}{l}(\theta_A + \theta_B) - \frac{12EI}{l}\frac{(v_B - v_A)}{l}\right\}$$
$$Q_B = -\frac{1}{l}\left\{\frac{6EI}{l}(\theta_A + \theta_B) - \frac{12EI}{l}\frac{(v_B - v_A)}{l}\right\} \tag{9.51}$$

上式に，式 (9.49) の上と下の式を加えたものを代入すると，次式が得られます．

$$Q_A = \frac{M_A + M_B}{l}, \quad Q_B = -\frac{M_A + M_B}{l} \tag{9.52}$$

これは，式 (9.22) で用いた曲げモーメントとせん断力の関係式に相当します．すなわち，式 (9.52) は，たわみ角法の層方程式に関係することがわかります．

以上から，節点移動のある場合のたわみ角法とマトリクス法の違いは，たわみ角法では，部材角 R を未知数とするのに対して，マトリクス法では，v_A, v_B を直接未知数とする点，また，たわみ角法では，せん断力に関する方程式を層方程式としてあつかうのに対して，マトリクス法では，曲げモーメントと同様にせん断力に関する節点方程式としてあつかう点です．

部材角を用いる利点は，部材の材軸の方向が異なっても座標変換を行う必要がない点です．マトリクス法では，部材によってたわみの方向が異なるため，ひとつの共通の座標系 (全体座標系) に座標変換を行う必要があります．したがって，手計算では，たわみ角法の方が大きな利点があります．しかし，たわみ角の連成 (たわみ角同士の関連) を求めることや，層方程式を立てることは，プログラミングの面からは難しいものとなります．したがって，コンピュータを用いる計算では，マトリクス法の方が有利になります．

演習問題 9

9.1 たわみ角法

図 9.23 に示す問題の曲げモーメントをたわみ角法を用いて求めよ．ただし，E は一定とし，I は図に示すとおりとする．

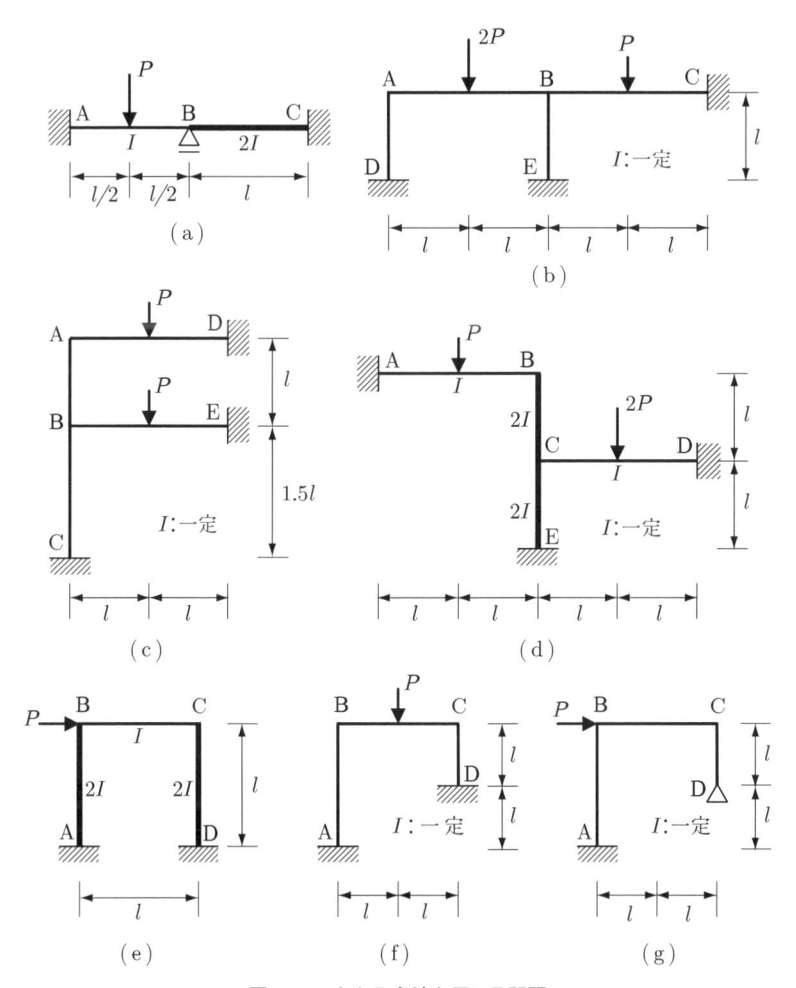

図 9.23 たわみ角法を用いる問題

9.2 マトリクス法

図 9.24 に示す問題の曲げモーメントをマトリクス法によって解け．ただし，全体剛性方程式は，展開して手計算で解くこと．

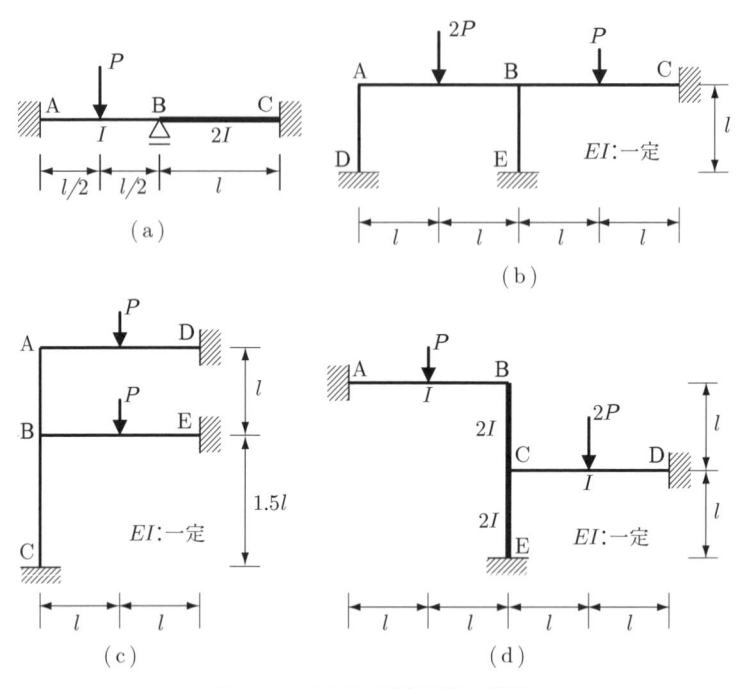

図 9.24 マトリクス法を用いる問題

第10章
ラーメン構造の実用的解法 (その2)

第9章のマトリクス法は，コンピュータによる計算を前提にした方法であるため，手計算には向きません．そこで，本章では，手計算でも現実的なラーメン構造の応力を求めることができる方法を学びます．

手計算で現実的なラーメン構造の曲げモーメントを求める方法として固定法があります．ただし，固定法は，部材角が生じる問題については解法が複雑になるため，主に鉛直荷重が加わる問題の解法として用いられます．一方，部材角が生じる問題となる地震力などの水平力が加わる問題では D 値法が用いられます．

また，本章では，建物が崩壊するときの荷重を求める方法についても学びます．ここに示す方法は，ラーメン構造の崩壊形 (塑性ヒンジ) を仮定して，仮想仕事法によって崩壊荷重を求める方法です．

以下では，固定法，D 値法，崩壊荷重計算法 (塑性ヒンジ法) の順に，例題をとおして解説して行きます．これらの方法は，力学的なセンスを身につけるために非常に重要な手法ですから，しっかり学習してください．

10.1 固定法

固定法は，たわみ角法の原理を利用した方法ですが，たわみ角法やマトリクス法のように，連立方程式を直接解くのではなく，節点回転角 (たわみ角) を固定した解を初期解として，連立方程式の右辺と左辺の誤差を繰り返し計算によって小さくしていく近似解法です．このような方法は，連立方程式の解き方からすると**間接法**と呼ばれる方法になります．

10.1.1 固定法とは

まず，固定法では，部材 (要素) の**剛度**と**剛比**という概念を用います．部材の剛度 K は，たわみ角法の式 (9.6) でも出てきましたが，断面 2 次モーメント I を部材長 l で割ったものとして，次式で定義されます．

$$K = \frac{I}{l} \tag{10.1}$$

また，剛比 k は，各部材の剛度 K の比で，各部材の剛度を共通の剛度 (**標準剛度 K_0**) で割ったものです．なお，標準剛度は，任意の値で与えることができます．まず，この二つの概念を頭に入れてください．

次に，ひとつの節点のモーメントを他の節点を固定して伝達させるため，図 10.1 に示すような問題を考えます．この問題の各要素の剛度 K は，各要素の断面 2 次モーメントを要素長で割ることにより，次のように求められます．

$$K_{\text{OA}} = \frac{2I}{2l}, \quad K_{\text{OB}} = \frac{I}{1.5l}, \quad K_{\text{OC}} = \frac{2I}{l}, \quad K_{\text{OD}} = \frac{I}{1.5l} \tag{10.2}$$

また，剛比 k は，式 (10.2) の剛度を標準剛度 K_0 で割ることによって得られます．ここでは，すべての剛比が整数になるように，$K_0 = I/3l$ とします．この場合，各要素の剛比は，次のように求められます．

$$k_{\text{OA}} = \frac{K_{\text{OA}}}{K_0} = 3, \quad k_{\text{OB}} = \frac{K_{\text{OB}}}{K_0} = 2, \quad k_{\text{OC}} = \frac{K_{\text{OC}}}{K_0} = 6, \quad k_{\text{OD}} = \frac{K_{\text{OD}}}{K_0} = 2 \tag{10.3}$$

このとき，たわみ角法の基本式 (9.6) より，各要素の要素方程式は次のように書けます．

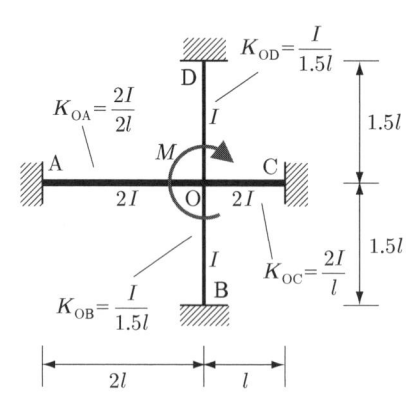

図 10.1 固定法の基本問題

$$\begin{Bmatrix} M_{\text{AO}} \\ M_{\text{OA}} \end{Bmatrix} = 2EK_{\text{OA}} \begin{bmatrix} 2 & 1 \\ 1 & 2 \end{bmatrix} \begin{Bmatrix} 0 \\ \theta_{\text{O}} \end{Bmatrix} = 2Ek_{\text{OA}}K_0 \begin{bmatrix} 2 & 1 \\ 1 & 2 \end{bmatrix} \begin{Bmatrix} 0 \\ \theta_{\text{O}} \end{Bmatrix}$$

$$\begin{Bmatrix} M_{\text{BO}} \\ M_{\text{OB}} \end{Bmatrix} = 2EK_{\text{OB}} \begin{bmatrix} 2 & 1 \\ 1 & 2 \end{bmatrix} \begin{Bmatrix} 0 \\ \theta_{\text{O}} \end{Bmatrix} = 2Ek_{\text{OB}}K_0 \begin{bmatrix} 2 & 1 \\ 1 & 2 \end{bmatrix} \begin{Bmatrix} 0 \\ \theta_{\text{O}} \end{Bmatrix}$$

$$\begin{Bmatrix} M_{\text{CO}} \\ M_{\text{OC}} \end{Bmatrix} = 2EK_{\text{OC}} \begin{bmatrix} 2 & 1 \\ 1 & 2 \end{bmatrix} \begin{Bmatrix} 0 \\ \theta_{\text{O}} \end{Bmatrix} = 2Ek_{\text{OC}}K_0 \begin{bmatrix} 2 & 1 \\ 1 & 2 \end{bmatrix} \begin{Bmatrix} 0 \\ \theta_{\text{O}} \end{Bmatrix} \quad (10.4)$$

$$\begin{Bmatrix} M_{\text{DO}} \\ M_{\text{OD}} \end{Bmatrix} = 2EK_{\text{OD}} \begin{bmatrix} 2 & 1 \\ 1 & 2 \end{bmatrix} \begin{Bmatrix} 0 \\ \theta_{\text{O}} \end{Bmatrix} = 2Ek_{\text{OD}}K_0 \begin{bmatrix} 2 & 1 \\ 1 & 2 \end{bmatrix} \begin{Bmatrix} 0 \\ \theta_{\text{O}} \end{Bmatrix}$$

また,節点方程式は次式となります.

$$M_{\text{OA}} + M_{\text{OB}} + M_{\text{OC}} + M_{\text{OD}} = M \quad (10.5)$$

式 (10.4) を展開し,O 点側と固定端側の曲げモーメントに分けると,

$$\begin{aligned} M_{\text{OA}} &= 2k_{\text{OA}}(2EK_0\theta_{\text{O}}) & M_{\text{AO}} &= k_{\text{OA}}(2EK_0\theta_{\text{O}}) \\ M_{\text{OB}} &= 2k_{\text{OB}}(2EK_0\theta_{\text{O}}) & \rightarrow \quad M_{\text{BO}} &= k_{\text{OB}}(2EK_0\theta_{\text{O}}) \\ M_{\text{OC}} &= 2k_{\text{OC}}(2EK_0\theta_{\text{O}}) & M_{\text{CO}} &= k_{\text{OC}}(2EK_0\theta_{\text{O}}) \\ M_{\text{OD}} &= 2k_{\text{OD}}(2EK_0\theta_{\text{O}}) & M_{\text{DO}} &= k_{\text{OD}}(2EK_0\theta_{\text{O}}) \end{aligned} \quad (10.6)$$

上式から,固定端側の曲げモーメントは,O 点の曲げモーメントに比較して,1/2 の大きさになっていることがわかります.言い換えれば,O 点の曲げモーメントは,固定端に 1/2 の大きさで伝達されるということです.固定法では,この固定端側の曲げモーメントを**到達モーメント**と呼びます.ここでは,到達モーメントは,発信側の曲げモーメントの 1/2 になることを憶えておいてください.

次に,式 (10.6) の左側の式を式 (10.5) に代入すると,

$$2(2EK_0\theta_{\text{O}}) = \frac{M}{k_{\text{OA}} + k_{\text{OB}} + k_{\text{OC}} + k_{\text{OD}}} \quad (10.7)$$

式 (10.7) を式 (10.6) の左側の式に代入すると,

$$\begin{aligned} M_{\text{OA}} &= \frac{k_{\text{OA}}}{k_{\text{OA}} + k_{\text{OB}} + k_{\text{OC}} + k_{\text{OD}}} M \\ M_{\text{OB}} &= \frac{k_{\text{OB}}}{k_{\text{OA}} + k_{\text{OB}} + k_{\text{OC}} + k_{\text{OD}}} M \\ M_{\text{OC}} &= \frac{k_{\text{OC}}}{k_{\text{OA}} + k_{\text{OB}} + k_{\text{OC}} + k_{\text{OD}}} M \\ M_{\text{OD}} &= \frac{k_{\text{OD}}}{k_{\text{OA}} + k_{\text{OB}} + k_{\text{OC}} + k_{\text{OD}}} M \end{aligned} \quad (10.8)$$

上式から,O 点に加わるモーメント M は,O 点に繋がるそれぞれに要素に,剛比の

大きさに比例して分配されることがわかります．すなわち，より剛な部材がより大きな力を受けもつと言うことです．

図 10.1 の例題では，式 (10.8) は，次のように計算されます．

$$
\begin{aligned}
M_{\mathrm{OA}} &= \frac{3}{3+2+6+2}M = \frac{3}{13}M \fallingdotseq 0.231M \\
M_{\mathrm{OB}} &= \frac{2}{3+2+6+2}M = \frac{2}{13}M \fallingdotseq 0.154M \\
M_{\mathrm{OC}} &= \frac{6}{3+2+6+2}M = \frac{6}{13}M \fallingdotseq 0.462M \\
M_{\mathrm{OD}} &= \frac{2}{3+2+6+2}M = \frac{2}{13}M \fallingdotseq 0.154M
\end{aligned} \tag{10.9}
$$

上式より，OC 要素が最も大きな曲げモーメントを負担することがわかります．

次に，図 10.2 に示す不静定ばりを用いて，固定法の解法手順を説明します．まず，AB 要素と BC 要素の剛度は $I/4$ と $I/8$ ですから，標準剛度を $I/8$ とすると，AB 要素の剛比は 2，BC 要素の剛比は 1 になります．なお，図に示すように，剛比は〇の中に数値を書くことによって表すことにします．

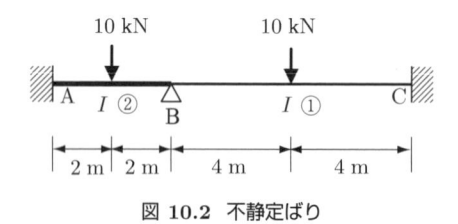

図 10.2 不静定ばり

次に，すべての節点の回転角を固定して曲げモーメント図を描きます．この問題の場合，図 10.2 に示すように，回転が生じる節点は B のみですから，B の回転角を固定します．この場合，たわみ角法で学んだように，要素両端の曲げモーメントは，**固定端モーメント** $(-Pl/8, Pl/8)$ になります．また，要素内の曲げモーメントは，固定端モーメントから，単純ばりの曲げモーメントを差し引いたものになります．したがって，曲げモーメント図は，図 10.3 のようになります．なお，固定法では，この時の要素端の固定端モーメントを FEM[1] (Fixed End Moment) と呼びます．

図 10.3 からわかるように，この場合，B 点の曲げモーメントが不連続となっており，B 点で節点方程式 $(M_{\mathrm{BA}} + M_{\mathrm{BC}} = 0)$ が満足されていないことがわかります．このときの，$M_{\mathrm{BA}} + M_{\mathrm{BC}} = 5 - 10 = -5$ [kNm] を**不釣り合いモーメント**または**固定モーメント**と呼びます．

---

[1] 9.2 節の有限要素法の FEM (Finite Element Method) とは異なりますので，混同しないようにしてください．

10.1 固定法

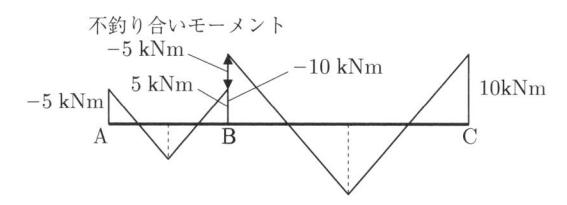

図 10.3 B 点の回転角を固定した時の曲げモーメント図

固定法では，節点に生じる不釣り合いモーメントを繰り返し計算によって小さくしていきます．具体的には，図 10.4 に示すように，節点に生じている不釣り合いモーメントを，符号を逆にして節点に加えます．この符号を逆にして加えたモーメントのことを**解放モーメント**と呼びます．なお，この場合は不釣り合いモーメントの生じている節点は 1 点ですが，複数ある場合も，それぞれの節点に解放モーメントを加えます．

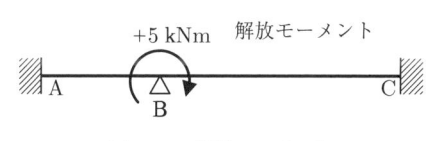

図 10.4 解放モーメント

次に，式 (10.8) の原理を用いて，解放モーメントを各部材に分配します．なお，この問題では，A 点と C 点が固定されているため式 (10.8) が適用できますが，一般には固定されているとは限りません．しかし，固定法では，たとえば A, C 点が固定されていない場合でも，B 点の解放モーメントの計算を行う時は，A, C 点は固定されているとして計算を行います．

式 (10.8) で明らかなように，解放モーメントは，剛比によって分配されます．したがって，この問題では，各要素に分配される曲げモーメントは，次のようになります．

$$
\begin{aligned}
M_{BA} &= \frac{k_{BA}}{k_{BA}+k_{BC}}M = (DF_{BA})M = \left(\frac{2}{2+1}\right) \times 5 = \frac{10}{3} \text{ [kNm]} \\
M_{BC} &= \frac{k_{BC}}{k_{BA}+k_{BC}}M = (DF_{BC})M = \left(\frac{1}{2+1}\right) \times 5 = \frac{5}{3} \text{ [kNm]}
\end{aligned}
\quad (10.10)
$$

ここで，式 (10.10) の DF_{BA}, DF_{BC} を，固定法では**分配率**と呼びます．なお，この分配率 DF は Distribution Factor の意味です．また，固定法では，式 (10.10) のように 1 回目に分配された曲げモーメントを，1 回目の**分配モーメント**ということで，D_1 という記号を用いて表します．ここで，D は Distribution (分配) の D です．

次に，図 10.5 に示すように，分配モーメント M_{BA}, M_{BC} を，式 (10.6) の原理を用いて，A 点および C 点に到達させます．すなわち，到達モーメント M_{AB} と M_{CB} は，分配モーメント M_{BA}, M_{BC} の 1/2 になります．なお，この 1 回目の到達モーメント

を C_1 という記号を用いて表します．ここで，C は Carry over (到達) の C です．

最後に，図 10.5 の解放モーメントによる曲げモーメントと，図 10.3 の曲げモーメントを加えると，図 10.6 に示すような曲げモーメント図が得られます．なお，要素中央の曲げモーメント値は，9.1 節で学んだように単純ばりの中央の曲げモーメント ($Pl/4$) から要素両端の曲げモーメントの平均値を引くことによって求められます．

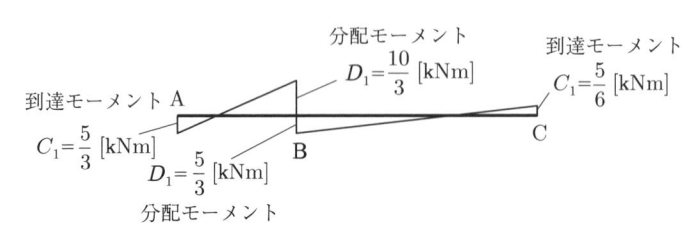

図 10.5 分配モーメントと到達モーメント

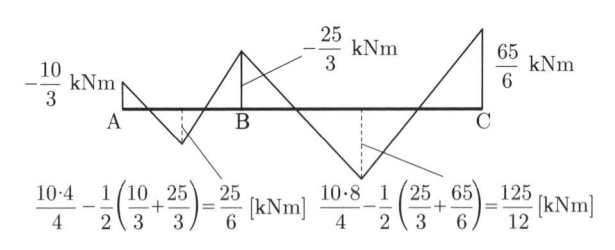

図 10.6 1 回の分配と到達による曲げモーメント図

$$\frac{10 \cdot 4}{4} - \frac{1}{2}\left(\frac{10}{3} + \frac{25}{3}\right) = \frac{25}{6} \text{ [kNm]} \qquad \frac{10 \cdot 8}{4} - \frac{1}{2}\left(\frac{25}{3} + \frac{65}{6}\right) = \frac{125}{12} \text{ [kNm]}$$

この不静定ばりでは，B 点以外が固定端であったため，B 点に到達するモーメントがありませんでした．このような場合は，1 回の解放モーメントの分配と到達で正解の曲げモーメントが得られます．しかしながら，一般には，他の節点からの到達モーメントで不釣り合いモーメントが生じるため，誤差を小さくするためには，数回の繰り返し計算が必要になります．

固定法では，以上の計算を図 10.7 に示すような表を用いて行います．表の DF は**分配率**，FEM は**固定端モーメント**，D_1 は 1 回目の**分配モーメント**，C_1 は 1 回目の**到達**

	AB		BA	BC		CB
FEM	-5	DF	0.667	0.333	FEM	10
C_1	1.668	FEM	5	-10	C_1	0.833
Σ	-3.332	D_1	3.335	1.665	Σ	10.833
		Σ	8.335	-8.335		

図 10.7 固定法の計算表

モーメントを表します．また，**解放モーメントは不釣り合いモーメント**$(M_{BA}+M_{BC})$ の正負を逆にしたものであり，Σ は，FEM 以下の値の総和をとったものです．なお，固定法は，近似計算法であるため，一般に分数は用いません．

10.1.2 繰り返し計算が必要なラーメン構造の解法

次に，繰り返し計算が必要なラーメン構造で，固定法による計算法を説明します．図 10.8 は，2 層ラーメンを示し，標準剛度を $K_0 = I/4$ とした場合の剛比が○数字で示されています．

固定法では，まず，固定されていない節点 C, D, E, F に対して，モーメントの分配率 DF を求めます．C 点のモーメントに対する CA, CD, CE 要素への分配率は，

$$
\begin{aligned}
DF_{CA} &= \frac{k_{CA}}{k_{CA}+k_{CD}+k_{CE}} = \frac{2}{5} = 0.4 \\
DF_{CD} &= \frac{k_{CD}}{k_{CA}+k_{CD}+k_{CE}} = \frac{2}{5} = 0.4 \\
DF_{CE} &= \frac{k_{CE}}{k_{CA}+k_{CD}+k_{CE}} = \frac{1}{5} = 0.2
\end{aligned} \tag{10.11}
$$

同様に，E 点のモーメントに対する EC, EF 要素への分配率は，

$$
\begin{aligned}
DF_{EC} &= \frac{k_{EC}}{k_{EC}+k_{EF}} = \frac{1}{3} = 0.333 \\
DF_{EF} &= \frac{k_{EF}}{k_{EC}+k_{EF}} = \frac{2}{3} = 0.667
\end{aligned} \tag{10.12}
$$

D 点，F 点の分配率に関しても同様に求められます．図 10.8 には，以上のようにして求められた分配率が示されています．

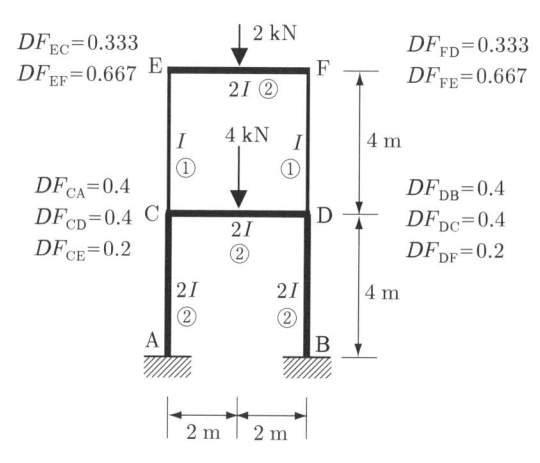

図 10.8 ラーメン構造と分配率

次に，全ての節点を固定した場合の要素中間荷重による固定端モーメント FEM を求めます．図 10.9 は，中間荷重が加わる要素の固定端モーメントを示したものです．また，図 10.10 は，固定法の計算表を示したものです．表には，図 10.8 で求めた分配率 DF と，図 10.9 で求めた固定端モーメント FEM の値が記入されています．表では，固定端におけるモーメントの分配はないため，分配率 DF と分配モーメント D_1，D_2 の項目は省略してあります．また，A と B，C と D，E と F の行の項目は左端の

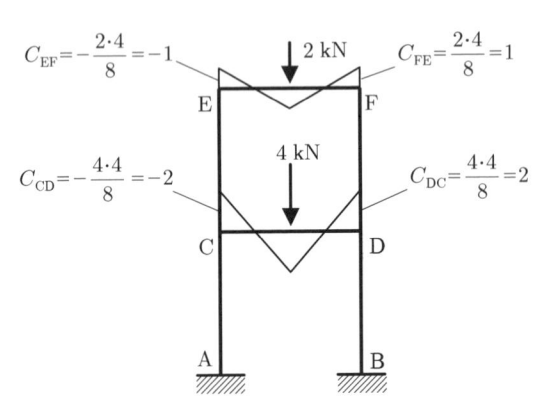

$$C_{\mathrm{EF}} = -\frac{2\cdot 4}{8} = -1 \qquad C_{\mathrm{FE}} = \frac{2\cdot 4}{8} = 1$$

$$C_{\mathrm{CD}} = -\frac{4\cdot 4}{8} = -2 \qquad C_{\mathrm{DC}} = \frac{4\cdot 4}{8} = 2$$

図 10.9 固定端モーメント FEM

	EC	EF	FE	FD
DF	0.333	0.667	0.667	0.333
FEM	0	-1	1	0
D_1				
C_1				
D_2				
C_2				
D_3				
Σ				

	CE	CA	CD	DC	DB	DF
DF	0.2	0.4	0.4	0.4	0.4	0.2
FEM	0	0	-2	2	0	0
D_1						
C_1						
D_2						
C_2						
D_3						
Σ						

	AC		BD
FEM	0		0
C_1			
C_2			
Σ			

図 10.10 固定法の計算表 (その 1)

みに表記されています．

計算手順としては，まず，図 10.11(a) に示すように，FEM の行で，**不釣り合いモーメント**を計算し，符号を逆にして**解放モーメント**の値を欄外に書きます．次に，図 (b) に示すように，この解放モーメントにそれぞれの要素の分配率を掛けて，**分配モーメント** D_1 を求めて記入します．次に，図 (c) に示すように，この分配モーメントに 1/2 を掛けた到達モーメント C_1 を記入します．以上を全体について示すと，図 10.12 のようになります．

解放モーメントを書く

	E			F		
	EC	EF		FE	FD	
DF	0.333	0.667		0.667	0.333	
FEM	0	-1	1	1	0	-1

不釣り合いモーメントの計算　　×(−1)

(a)

	E			F		
	EC	EF		EC	EF	
DF	0.333	0.667		0.667	0.333	
FEM	0	-1	1	1	0	-1
D_1	0.333	0.667		-0.667	-0.333	

0.667×-1

解放モーメントに分配率を掛けて分配モーメント D_1 を求める

(b)

	E			F		
	EC	EF		FE	FD	
DF	0.333	0.667		0.667	0.333	
FEM	0	-1	1	1	0	-1
D_1	0.333	0.667		-0.667	-0.333	
C_1		-0.333		0.333		

$\times \frac{1}{2}$

D_1 に $\frac{1}{2}$ を掛けて C_1 を求める

(c)

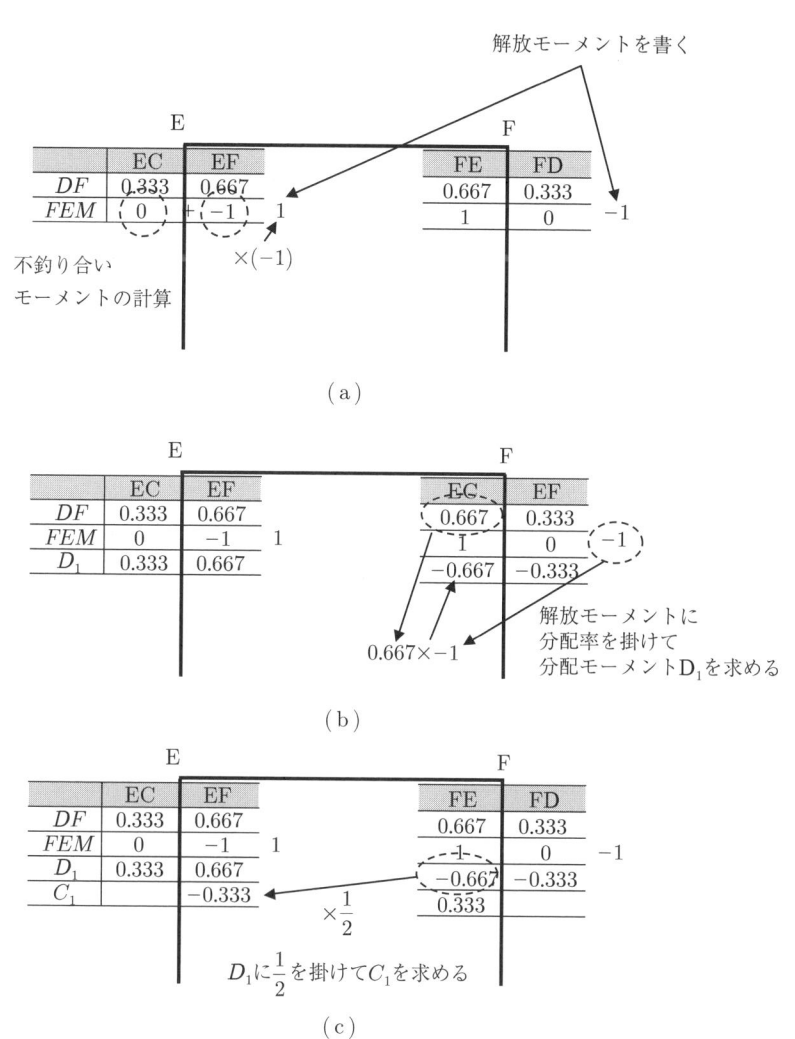

図 10.11　計算手順の詳細

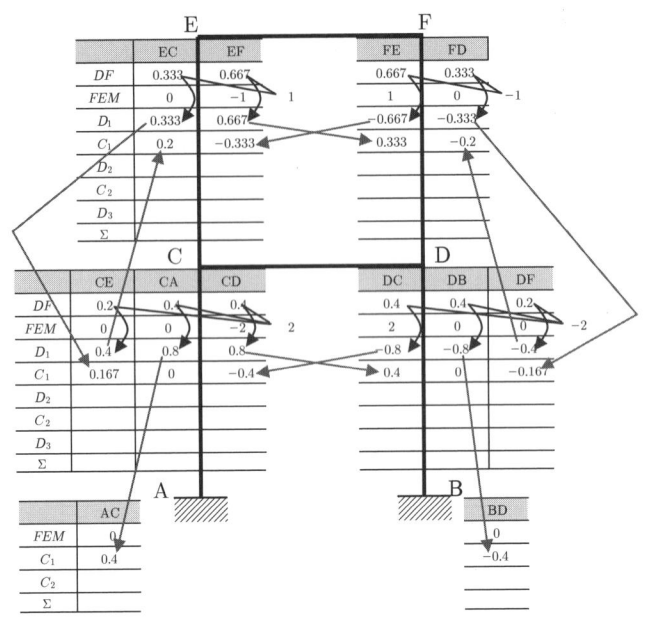

第10章 ラーメン構造の実用的解法 (その2)

図 10.12 固定法の計算表 (その 2)

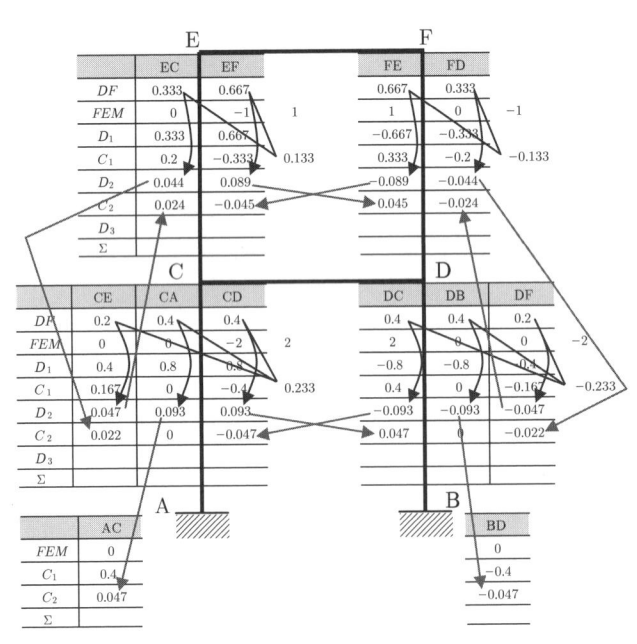

	EC	EF		FE	FD	
DF	0.333	0.667		0.667	0.333	
FEM	0	-1	1	1	0	-1
D_1	0.333	0.667		-0.667	-0.333	
C_1	0.2	-0.333		0.333	-0.2	
D_2						
C_2						
D_3						
Σ						

	CE	CA	CD		DC	DB	DF	
DF	0.2	0.4	0.4		0.4	0.4	0.2	
FEM	0	0	-2	2	2	0	0	-2
D_1	0.4	0.8	0.8		-0.8	-0.8	-0.4	
C_1	0.167	0	-0.4		0.4	0	-0.167	
D_2								
C_2								
D_3								
Σ								

	AC		BD
FEM	0		0
C_1	0.4		-0.4
C_2			
Σ			

図 10.12 固定法の計算表 (その 2)

図 10.13 固定法の計算表 (その 3)

	EC	EF		FE	FD	
DF	0.333	0.667		0.667	0.333	
FEM	0	-1	1	1	0	-1
D_1	0.333	0.667		-0.667	-0.333	
C_1	0.2	-0.333	0.133	0.333	-0.2	-0.133
D_2	0.044	0.089		-0.089	-0.044	
C_2	0.024	-0.045		0.045	-0.024	
D_3						
Σ						

	CE	CA	CD		DC	DB	DF	
DF	0.2	0.4	0.4		0.4	0.4	0.2	
FEM	0	0	-2	2	2	0	0	-2
D_1	0.4	0.8	0.8		-0.8	-0.8	-0.4	
C_1	0.167	0	-0.4	0.233	0.4	0	-0.167	-0.233
D_2	0.047	0.093	0.093		-0.093	-0.093	-0.047	
C_2	0.022	0	-0.047		0.047	0	-0.022	
D_3								
Σ								

	AC		BD
FEM	0		0
C_1	0.4		-0.4
C_2	0.047		-0.047
Σ			

図 10.13 固定法の計算表 (その 3)

図10.2の不静定ばりでは，この段階で，到達モーメントが0であったため，節点方程式が満足されていましたが，このラーメン構造では，図10.12の段階では，C, D, E, F点に他節点からの到達モーメントがあるため，新たな不釣り合い力が生じます．

したがって，次のステップとして，到達モーメントの不釣り合い力を計算し，符号を逆にして解放モーメントの値を欄外に書きます．たとえば，C節点のC_1について不釣り合い力を計算すると，$0.167 + 0 - 0.4 = -0.233$ となるので，解放モーメントは 0.233 となります．これが図10.13の欄外に示されています．次に，この解放モーメントにそれぞれの要素の分配率を掛けて，分配モーメントD_2を求めて記入します．次に，この分配モーメントに1/2を掛けた到達モーメントC_2を記入します．以上の過程を示したものを，図10.13に示します．

次に，到達モーメントC_2から不釣り合い力を求め，符号を逆にして解放モーメントの値を欄外に書きます．次に，この解放モーメントにそれぞれの要素の分配率を掛けて，分配モーメントD_3を求めて記入します．なお，固定法では，分配モーメントの計算が最後になります．最後に，FEM以下の値の総和を計算すれば，各要素の曲げモーメントの近似値が得られます．以上の過程を示したものを，図10.14に示します．

図10.14で，皆さんは，節点C, D, E, Fの節点方程式の値を計算して，いずれも0になっていることを確かめて下さい．ただし，節点方程式の値は，四捨五入の関係で多少誤差を生じることがあります．

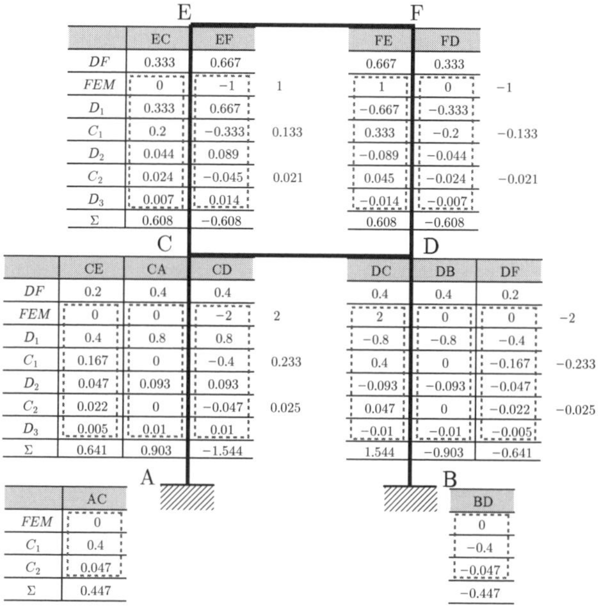

E				F		
	EC	EF		FE	FD	
DF	0.333	0.667		0.667	0.333	
FEM	0	−1	1	1	0	−1
D_1	0.333	0.667		−0.667	−0.333	
C_1	0.2	−0.333	0.133	0.333	−0.2	−0.133
D_2	0.044	0.089		−0.089	−0.044	
C_2	0.024	−0.045	0.021	0.045	−0.024	−0.021
D_3	0.007	0.014		−0.014	−0.007	
Σ	0.608	−0.608		0.608	−0.608	

C				D			
	CE	CA	CD		DC	DB	DF
DF	0.2	0.4	0.4		0.4	0.4	0.2
FEM	0	0	−2	2	2	0	0	−2
D_1	0.4	0.8	0.8		−0.8	−0.8	−0.4
C_1	0.167	0	−0.4	0.233	0.4	0	−0.167	−0.233
D_2	0.047	0.093	0.093		−0.093	−0.093	−0.047
C_2	0.022	0	−0.047	0.025	0.047	0	−0.022	−0.025
D_3	0.005	0.01	0.01		−0.01	−0.01	−0.005
Σ	0.641	0.903	−1.544		1.544	−0.903	−0.641

	AC
FEM	0
C_1	0.4
C_2	0.047
Σ	0.447

	BD
FEM	0
C_1	−0.4
C_2	−0.047
Σ	−0.447

図 10.14 固定法の計算表 (その 4)

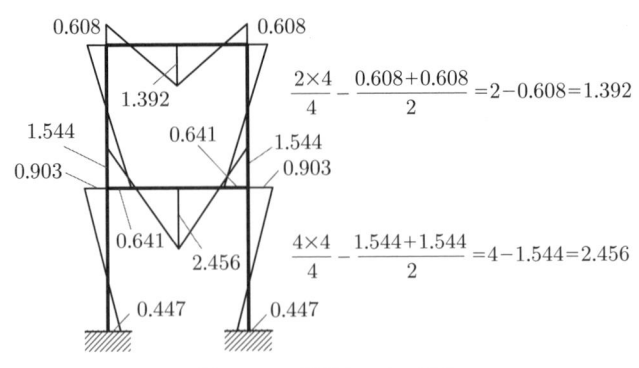

図 10.15 曲げモーメント図

$$\frac{2 \times 4}{4} - \frac{0.608 + 0.608}{2} = 2 - 0.608 = 1.392$$

$$\frac{4 \times 4}{4} - \frac{1.544 + 1.544}{2} = 4 - 1.544 = 2.456$$

最後に，図 10.14 の結果を用いて，曲げモーメント図を描いたものが図 10.15 です．図中右には，EF および CD 要素の中央の曲げモーメントの計算も示してあります．

以上の固定法の計算法の手順をまとめると，次のようになります．

① 回転角が固定されていない節点について，節点に繋がる各要素の分配率 DF を求めて記入する．
② 要素間に荷重が加わる要素について，固定端モーメント FEM を求めて記入する．
③ 各節点の節点方程式によって，不釣り合い力を計算し，符号を正負逆にした解放モーメントを記入する．
④ 解放モーメントと分配率 DF を掛けることにより，分配モーメントを計算し記入する．
⑤ 分配モーメントを 1/2 倍して，到達モーメントを計算し記入する．
⑥ 到達モーメントの節点方程式により，不釣り合い力を計算し，符号を正負逆にした解放モーメントを記入する．
⑦ 必要な精度が得られるまで，④〜⑥を繰り返す．
⑧ 必要な精度が得られたら，分配モーメントを求めた時点で計算を終了する．
⑨ FEM 以下の分配モーメント，到達モーメントの総和を計算することにより，曲げモーメントを求める．式で書けば次のようになります．

$$M = FEM + D_1 + C_1 + D_2 + C_2 + \cdots + C_{n-1} + D_n$$

なお，実用的な解を得るためには，D_3 あるいは D_4 まで計算すれば十分な精度が得られることが知られています．

10.2 D 値法

固定法は，部材角が生じない問題に関して有効であるため，主に鉛直荷重が作用するラーメン構造の問題を解くために利用されてきました．しかしながら，地震力等の水平力が作用するラーメン構造の問題では，各層の部材角を未知数として，層方程式を立て，これを連立して解く必要があるため，計算が煩雑になります．D 値法は，このような問題を解くために開発された近似解法です．また，D 値法は，柱や壁の地震力の分担を考える場合にも有用で，建築技術者としてはぜひ知っておくべき方法です．

10.2.1 D 値法の概要

固定法において，節点に加わるモーメントは，部材 (要素) の剛比によって分配されることがわかりました．すなわち，より剛な部材がより大きな力を負担するということです．D 値法では，この考え方を応用し，水平力による各柱のせん断力が，柱・はりの剛さによって分担されると考えます．このようなせん断力の分担率 (分布係数) を D 値と呼ぶわけです．

D 値が与えられれば，各柱に配分されるせん断力がわかります．せん断力は，曲げモーメントの傾きですから，曲げモーメントが 0 になる反曲点が求まれば，柱の曲げモーメントを求めることができます．D 値法では，この柱の反曲点を近似計算によって求めます．

次に，柱の曲げモーメントがわかれば，節点方程式からはりに配分される曲げモーメントが求まります．また，柱の両側にはりがある場合は，はりの剛比にしたがって，曲げモーメントを配分します．このようにして，はりの曲げモーメントが求まります．また，はりの曲げモーメントがわかれば，はりのせん断力を得ることができます．

以上の簡単なプロセスで，水平力が加わる場合の柱・はりの曲げモーメント分布を求めることができます．

10.2.2 D 値と柱のせん断力

まず，D 値 (せん断力分布係数) の計算の仕方について説明します．水平力が加わるラーメン構造では，図 10.16 に示すように柱とはりが一体になって水平力に抵抗し

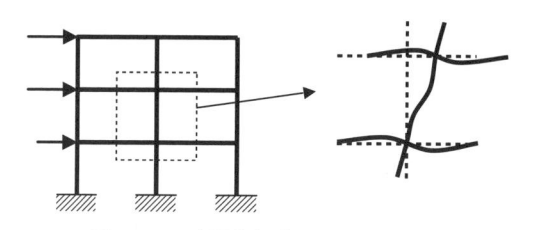

図 10.16 水平力を受けるラーメン構造

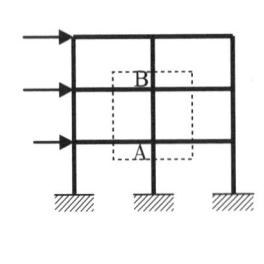

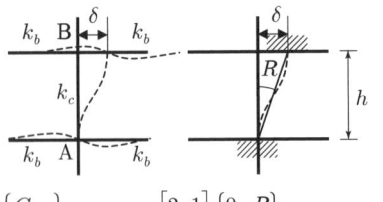

$$\begin{Bmatrix} C_{AB} \\ C_{BA} \end{Bmatrix} = 2Ek_c K_0 \begin{bmatrix} 2 & 1 \\ 1 & 2 \end{bmatrix} \begin{Bmatrix} 0-R \\ 0-R \end{Bmatrix} = -6Ek_c K_0 \begin{Bmatrix} R \\ R \end{Bmatrix}$$

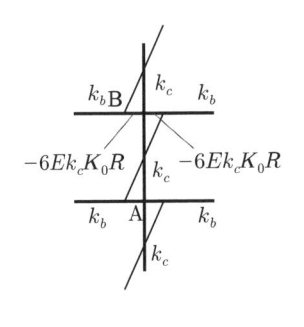

	BA	
DF	$k_c/(2k_c+2k_b)$	
FEM	$-6Ek_c K_0 R$	$6Ek_c K_0 R \times 2$
D_1	$12Ek_c K_0 R\{k_c/(2k_c+2k_b)\}$	
Σ	$-6Ek_c K_0 R\{1-k_c/(k_c+k_b)\}$	
	AB	
DF	$k_c/(2k_c+2k_b)$	
FEM	$-6Ek_c K_0 R$	$6Ek_c K_0 R \times 2$
D_1	$12Ek_c K_0 R\{k_c/(2k_c+2k_b)\}$	
Σ	$-6Ek_c K_0 R\{1-k_c/(k_c+k_b)\}$	

$$Q_{AB} = -\frac{M_{AB}+M_{BA}}{h} = \left(1-\frac{k_c}{k_c+k_b}\right)k_c\left[\frac{12EK_0 R}{h}\right] = \left(\frac{k_b/k_c}{1+k_b/k_c}\right)k_c\left[\frac{12EK_0 R}{h}\right]$$

$$R=\frac{\delta}{h} \rightarrow \frac{Q_{AB}}{\delta} = \left(\frac{k_b/k_c}{1+k_b/k_c}\right)k_c\left[\frac{12EK_0}{h^2}\right]$$

図 10.17 柱のせん断力に対する剛性の計算

ます．したがって，せん断力の分担率を決めるための剛比は，柱とはりの両方の剛比が反映されたものが必要です．

図 10.17 には，柱 AB のせん断力 Q_{AB} に対する剛性 Q_{AB}/δ の計算を，固定法を用いて行った結果を示してあります．ここでは，固定法の固定端モーメントは，たわみ角法の基本式によって求め，解放モーメントは，柱頭と柱脚の曲げモーメントが等しいとして計算しています．この結果から，$12EK_0/h^2$ がどの柱にも共通項であるため，柱のせん断力分布係数 D は，次式で表されることがわかります．

$$D = \frac{k_b/k_c}{1+k_b/k_c}k_c \tag{10.13}$$

ただし，一般的には，はりの剛比は，図 10.18 に示すように，すべて異なる場合があるので，k_b にはその平均値

$$k_b = \frac{k_1+k_2+k_3+k_4}{4} \tag{10.14}$$

を用います．式 (10.14) を式 (10.13) 式に代入すると，

10.2 D 値法

k_1　k_2

k_c

k_3　k_4

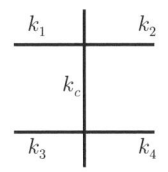

図 10.18 はりの剛比が異なる場合

$$D = \frac{(k_1+k_2+k_3+k_4)/4k_c}{1+(k_1+k_2+k_3+k_4)/4k_c}k_c = \frac{\overline{k}}{2+\overline{k}}k_c = ak_c \tag{10.15}$$

ただし,

$$a = \frac{\overline{k}}{2+\overline{k}}, \quad \overline{k} = \frac{k_1+k_2+k_3+k_4}{2k_c} \tag{10.16}$$

また,図 10.19 に示すように柱脚が固定されている場合は,図 10.17 の M_{AB} の D_1 の部分が,到達モーメント C_1 になるため,**せん断力分布係数** D は,次式のようになります.

$$D = \frac{0.5+2k_b/k_c}{2+2k_b/k_c}k_c \tag{10.17}$$

はりの剛比が異なる場合は,平均値 $k_b = (k_1+k_2)/2$ を用います.この場合,式 (10.17) は,

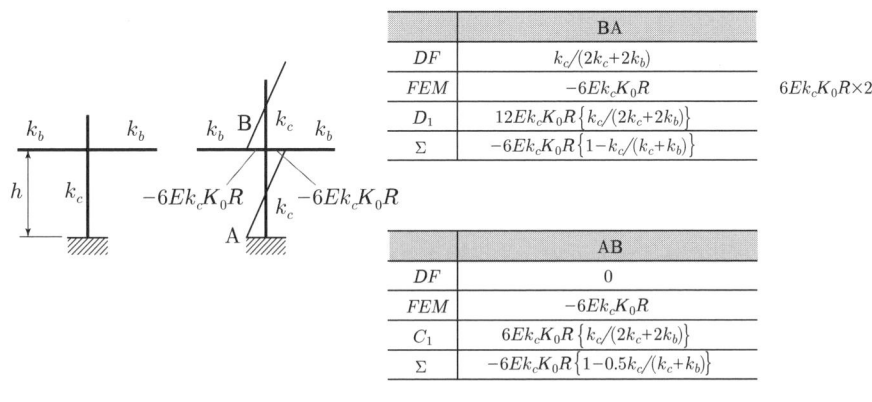

	BA
DF	$k_c/(2k_c+2k_b)$
FEM	$-6Ek_cK_0R$
D_1	$12Ek_cK_0R\{k_c/(2k_c+2k_b)\}$
Σ	$-6Ek_cK_0R\{1-k_c/(k_c+k_b)\}$

$6Ek_cK_0R \times 2$

	AB
DF	0
FEM	$-6Ek_cK_0R$
C_1	$6Ek_cK_0R\{k_c/(2k_c+2k_b)\}$
Σ	$-6Ek_cK_0R\{1-0.5k_c/(k_c+k_b)\}$

$$Q_{AB} = -\frac{M_{AB}+M_{BA}}{h} = \left[2-\frac{1.5k_c}{k_c+k_b}\right]k_c\left[\frac{6EK_0R}{h}\right] = \frac{1}{2}\left[\frac{0.5+2(k_b/k_c)}{1+k_b/k_c}\right]k_c\left[\frac{12EK_0R}{h}\right]$$

$$R = \frac{\delta}{h} \rightarrow \frac{Q_{AB}}{\delta} = \frac{1}{2}\left[\frac{0.5+2(k_b/k_c)}{1+k_b/k_c}\right]k_c\left[\frac{12EK_0}{h^2}\right]$$

図 10.19 柱のせん断力に対する剛性の計算 (柱脚固定の場合)

$$D = \left\{ \frac{0.5 + (k_1 + k_2)/k_c}{2 + (k_1 + k_2)/k_c} \right\} k_c = \frac{0.5 + \overline{k}}{2 + \overline{k}} k_c = a k_c \tag{10.18}$$

ただし，

$$a = \frac{0.5 + \overline{k}}{2 + \overline{k}}, \quad \overline{k} = \frac{k_1 + k_2}{k_c} \tag{10.19}$$

となります．

式 (10.15) または式 (10.18) が，せん断力に対する剛性比を表す**せん断力分布係数** D 値を計算する式になります．

以上の D 値計算により，各柱のせん断力に対する剛比 (分担率) が求まります．そうすると，各柱が分担するせん断力は，次式から求まります．

$$Q_{ij} = \frac{D_{ij}}{\sum\limits_j D_{ij}} \times Q_i \tag{10.20}$$

ここで，Q_{ij} と D_{ij} は，図 10.20 に示すように，i 層の j 番目柱のせん断力と D 値を表し，Q_i は i 層の層せん断力，$\sum$ は i 層のすべての柱の D 値の総和を表します．

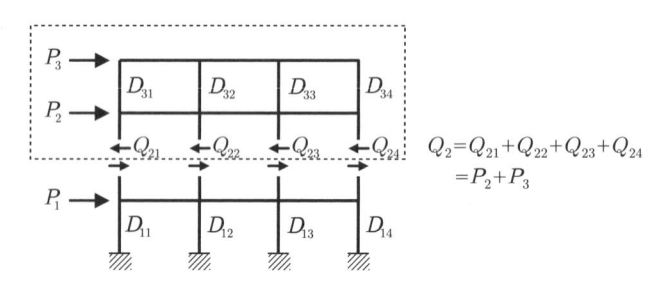

図 10.20 柱のせん断力と D 値の表記

10.2.3　反曲点高比と柱の曲げモーメント

次に，求められた柱のせん断力から柱の曲げモーメントを求める方法について説明します．

ここでは，水平力が作用する場合の柱のせん断力は，部材内で一定と考えています．したがって，曲げモーメントは，柱部材内部で直線的に変化します．この場合，図 10.21 に示すような曲げモーメントが 0 となる位置 (**反曲点高比**) がわかっていれば，柱のせん断力から曲げモーメントを求めることができます．

D 値法では，反曲点高比は，次式から計算されます．

$$y = y_0 + y_1 + y_2 + y_3 \tag{10.21}$$

ここに，

10.2 D値法　197

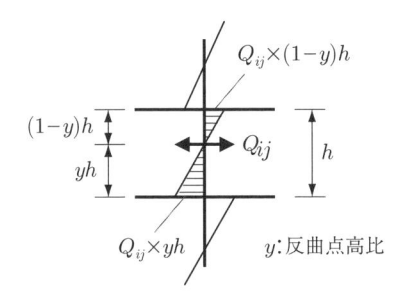

図 10.21　柱のせん断力と曲げモーメント

y_0：標準反曲点高比.
　　各層 (各階) の平均剛比, 層数, 層位置で決まる.
y_1：上下はりの剛比変化による修正値.
　　下側 (床側) はりの剛比に対する上側 (天井側) はりの剛比の比で決まる.
y_2：上層との層高変化による修正値.
　　上階の層高と該当階の層高で決まる. 最上階は考慮しない.
y_3：下層と層高変化による修正値.
　　下層の層高と該当階の層高の比で決まる. 層下層は考慮しない.

　これらの y_0, y_1, y_2, y_3 は, RC 構造計算用資料集やポケットブックなどに掲載されている付表を用いて計算しますが, 実務的内容になるため, ここでは, 詳しくは説明しません. なお, 本書の演習問題では, 反曲点高比 y は与えられたものとして計算します.

10.2.4　はりの曲げモーメントとせん断力

　次に, 柱の曲げモーメントからはりの曲げモーメントとせん断力を求める方法について説明します.

　まず, 図 10.22 で, 2 層目の上側のはりについて考えてみます. まず, 図に示すように左側のはりの剛比を k_{21}, 右側のはりの剛比を k_{22} とします. このとき, 左側のはりの左端の曲げモーメントは, 節点方程式から, 柱の曲げモーメント $M_{21}^{上}, M_{31}^{下}$ と釣り合う必要があります. この場合, $M_{21}^{上}$ も $M_{31}^{下}$ もどちらも負 (時計の反対まわり) なので, これと釣り合う曲げモーメントは, $M_{21}^{上} + M_{31}^{下}$ が正の回転方向 (時計まわり) に加わる必要があります. これから左端の曲げモーメントが求まります. また, 右側のはりの右端の曲げモーメントについてもこれと同様に, $M_{23}^{上} + M_{33}^{下}$ が時計まわりに加わる必要があります.

　次に, 左側はりの右端の曲げモーメントと右側のはりの左端の曲げモーメントは, 柱の曲げモーメント $M_{22}^{上} + M_{32}^{下}$ と釣り合う必要があります. この場合は, $M_{22}^{上} + M_{32}^{下}$

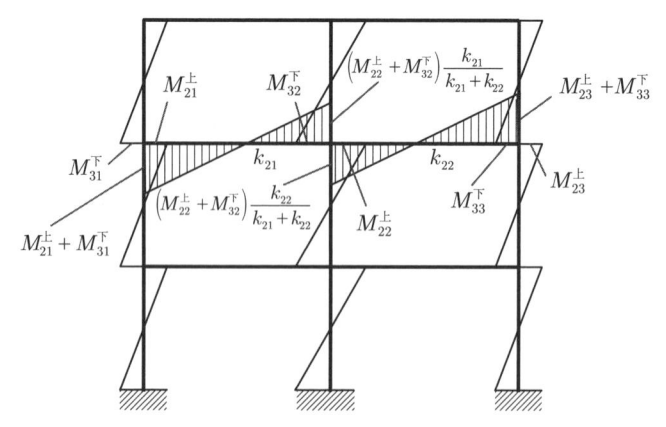

198   第 10 章 ラーメン構造の実用的解法 (その 2)

図 10.22 はりの曲げモーメント

をはりの剛比によって分配することになります．すなわち，左側のはりの曲げモーメントは分配率 $k_{21}/(k_{21}+k_{22})$ を掛けたものに，右側のはりの曲げモーメントは，$k_{22}/(k_{21}+k_{22})$ を掛けたものになります．ただし，回転方向はどちらも時計まわりとなります．

以上のように，はりの曲げモーメントは，節点方程式と分配率の考え方を用いれば，簡単に求めることができます．

最後に，はりのせん断力については，はり両端の曲げモーメントを加えて，部材長で割れば求めることができます．

10.2.5 D 値法によるラーメン構造の解法

図 10.23 に示すラーメン構造の解法を示します．ただし，図の○付きの数字は部材の剛比を表します．また，柱の反曲点は柱の中央にあるものとします．すなわち，反曲点高比 y はすべて 0.5 です．

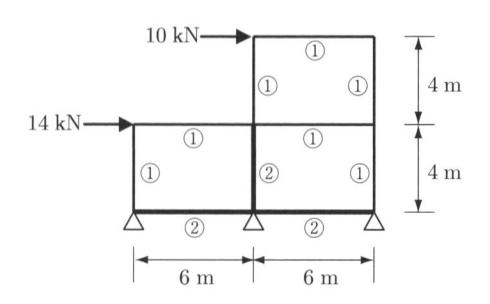

図 10.23　2 層 2 スパンラーメン構造

① 各柱の D 値を計算する．

まず，式 (10.15), (10.16) を用いて各柱の D 値を計算します．なお，この場合，基礎ばりがあるので，式 (10.18), (10.19) は用いません．

$$\begin{aligned}
&\text{柱}\,(IJ): &\overline{k} &= \frac{k_1+k_2+k_3+k_4}{2k_c} &\rightarrow\quad a &= \frac{\overline{k}}{2+\overline{k}} &\rightarrow\quad D_{IJ} &= ak_c \\
&\text{柱}\,(11): &\overline{k} &= \frac{1+2}{2\times 1} = 1.5 &\rightarrow\quad a &= 0.429 &\rightarrow\quad D_{11} &= 0.429 \\
&\text{柱}\,(12): &\overline{k} &= \frac{1+1+2+2}{2\times 2} = 1.5 &\rightarrow\quad a &= 0.429 &\rightarrow\quad D_{12} &= 0.857 \\
&\text{柱}\,(13): &\overline{k} &= \frac{1+2}{2\times 1} = 1.5 &\rightarrow\quad a &= 0.429 &\rightarrow\quad D_{13} &= 0.429 \\
&\text{柱}\,(21): &\overline{k} &= \frac{1+1+1}{2\times 1} = 1.5 &\rightarrow\quad a &= 0.429 &\rightarrow\quad D_{21} &= 0.429 \\
&\text{柱}\,(22): &\overline{k} &= \frac{1+1}{2\times 1} = 1 &\rightarrow\quad a &= 0.333 &\rightarrow\quad D_{22} &= 0.333
\end{aligned}$$
(10.22)

ただし，柱 (IJ) は，下から I 層の左から J 番目の柱を表します．

② 柱のせん断力を求める．

次に，式 (10.22) を用いて柱のせん断力を求めます．ただし，この場合，1 層および 2 層のせん断力は，$Q_2 = 10$ [kN], $Q_1 = 10+14 = 24$ [kN] となります．したがって，各柱のせん断力は次のように計算されます．

$$\begin{aligned}
Q_{11} &= \frac{0.429}{0.429+0.857+0.429} \times 24 = 6\ [\text{kN}] \\
Q_{12} &= \frac{0.857}{0.429+0.857+0.429} \times 24 = 12\ [\text{kN}] \\
Q_{13} &= \frac{0.429}{0.429+0.857+0.429} \times 24 = 6\ [\text{kN}] \\
Q_{21} &= \frac{0.429}{0.429+0.333} \times 10 = 5.63\ [\text{kN}] \\
Q_{22} &= \frac{0.333}{0.429+0.333} \times 10 = 4.37\ [\text{kN}]
\end{aligned}$$
(10.23)

③ 柱の曲げモーメントを計算する．

図 10.21 を参考に，柱の反曲点高比から柱の曲げモーメントを求めます．

$$\begin{aligned}
M_{11}^{下} &= yh \times Q_{11} = 0.5 \times 4 \times 6 = 12 \text{ [kNm]} \\
M_{11}^{上} &= (1-y)h \times Q_{11} = 0.5 \times 4 \times 6 = 12 \text{ [kNm]} \\
M_{12}^{下} &= yh \times Q_{12} = 0.5 \times 4 \times 12 = 24 \text{ [kNm]} \\
M_{12}^{上} &= (1-y)h \times Q_{12} = 0.5 \times 4 \times 12 = 24 \text{ [kNm]} \\
M_{13}^{下} &= yh \times Q_{13} = 0.5 \times 4 \times 6 = 12 \text{ [kNm]} \\
M_{13}^{上} &= (1-y)h \times Q_{13} = 0.5 \times 4 \times 6 = 12 \text{ [kNm]} \\
M_{21}^{下} &= yh \times Q_{21} = 0.5 \times 4 \times 5.63 = 11.26 \text{ [kNm]} \\
M_{21}^{上} &= (1-y)h \times Q_{21} = 0.5 \times 4 \times 5.63 = 11.26 \text{ [kNm]} \\
M_{22}^{下} &= yh \times Q_{22} = 0.5 \times 4 \times 4.37 = 8.74 \text{ [kNm]} \\
M_{22}^{上} &= (1-y)h \times Q_{22} = 0.5 \times 4 \times 4.37 = 8.74 \text{ [kNm]}
\end{aligned}$$

(10.24)

④ 曲げモーメント図を描く.

以上の計算を行っておいて，図 10.24 に示すように，曲げモーメント図を描きます．まず，柱の曲げモーメント図を描き，次に，図 10.22 の説明を参考に，はりの曲げモーメント図を描きます．

最後に，柱のせん断力を書き込み，はりのせん断力も計算して書き込みます．

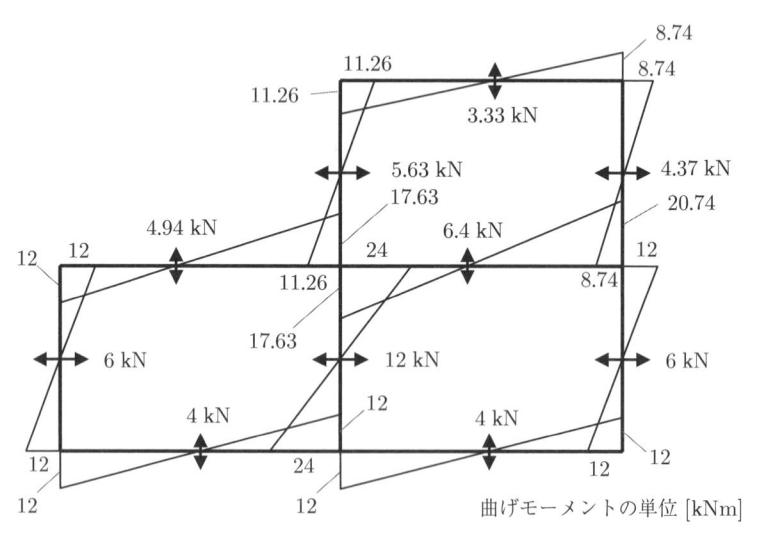

図 10.24 曲げモーメント図

10.3 骨組の崩壊荷重の計算

前節までの方法は，第6章で学んだ許容応力度設計のための応力を求める方法です．これは，想定される外力に対して，部材が損傷を受けないように設計するためのものです．しかし，実際の建物は不静定構造物であるため，複数の部材が損傷を受けても建物全体が崩壊するとは限りません．建物の設計では，地震などによって損傷を受けないということが重要ですが，数百年に一度起こるような巨大地震に対しては，損傷を完全に回避することは困難です．したがって，このような巨大地震に対しては，人命保護のために，建物が損傷は受けても潰れない (崩壊しない) ことを保証する必要があります．

巨大地震での建物の崩壊を防ぐには，どの程度の地震荷重 (水平力) で建物が崩壊するかを調べておく必要があります．建物が崩壊する荷重を**崩壊荷重**または**終局荷重**と呼びます．終局荷重は，建物が抵抗力を無くした時点での荷重です．

本節では，**仮想仕事法**による骨組の崩壊荷重の計算法について示します．

10.3.1 崩壊荷重の計算法の概要

骨組の崩壊荷重の計算は，外力 (崩壊荷重) の仕事量と内力 (崩壊時の曲げモーメント) の仕事量が等しいとする**仮想仕事の原理**を用いて行います．ただし，ここでは，崩壊は曲げモーメントのみによって生じるものとします．また，ここで用いる計算法は，最終の崩壊荷重のみが求まるもので，崩壊の過程を求めることはできません．

まず，この計算法を用いる場合，骨組が最終的にどのような壊れ方をするかを仮定する必要があります．たとえば，図 10.25 は，門形ラーメンの**崩壊形**の例を示したものです．

図 10.25 の○で示されるものは，**塑性ヒンジ**と呼ばれ，その点 (接合部) で曲げに対する抵抗力が無くなったことを示します．**層機構**と呼ばれるものは，層が潰れる形で

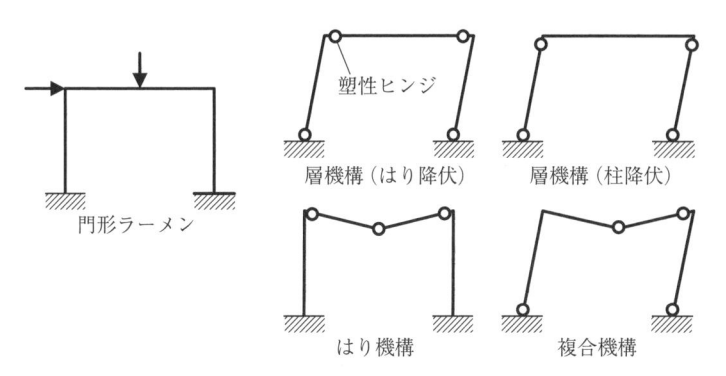

図 10.25 門形ラーメンの崩壊形 (崩壊機構)

崩壊するもので，はりに塑性ヒンジができて崩壊する**はり降伏型**と，柱に塑性ヒンジができて崩壊する**柱降伏型**があります．**はり機構**は，はりが崩壊するもので，**複合機構**は，はりと柱が複合的に崩壊するものです．なお，はり機構などでは，まだ柱の軸方向力によって支えられ，崩壊にはいたっていないのではないかと思われる方もおられると思いますが，軸方向力による抵抗力はないものとして考えてください．

骨組のどこに塑性ヒンジができて崩壊するかは，実際には難しい判断となりますが，ここでは，骨組の崩壊形は与えられるものとします．なお，実際の計算では，いくつかの崩壊形を仮定して，それぞれについて崩壊荷重を計算し，その内最小のものをその骨組の崩壊荷重とします．

仮想仕事法では，仮定された崩壊形に対して，外力の仕事量と内力の仕事量を計算し，その釣り合い関係から崩壊荷重を導きます．この時，内力の仕事量は，崩壊形の塑性ヒンジを生成するために必要となる曲げモーメントとそのヒンジ点の回転角を掛けたものを，すべての塑性ヒンジで総和したものとなります．この塑性ヒンジを生成するために必要な曲げモーメントを**全塑性モーメント** M_P と呼びます．

10.3.2　全塑性モーメント

ここでは，塑性ヒンジを生成する曲げモーメント(全塑性モーメント)の計算法を示します．塑性ヒンジは，曲げに対する抵抗力が無くなった状態を示します．材料のレベルで，力に対する抵抗力が無くなった状態を**降伏**と呼びます．

図 10.26 は，実際の材料の応力度とひずみ度の関係を理想化したものを示します．図 10.26(b) は，**完全弾塑性モデル**と呼ばれます．この場合，ある応力度までは，応力度はひずみ度に比例し，ある応力度に達すると，変形(ひずみ度)が無限に進みます．すなわち，ある応力度に達すると抵抗力が無くなるということです(ただし，力が無くなれば変形は止まります)．このような応力を**降伏応力度**と呼びます．

完全弾塑性モデルでは，材料は，降伏応力度に達すると抵抗力を失います．ところ

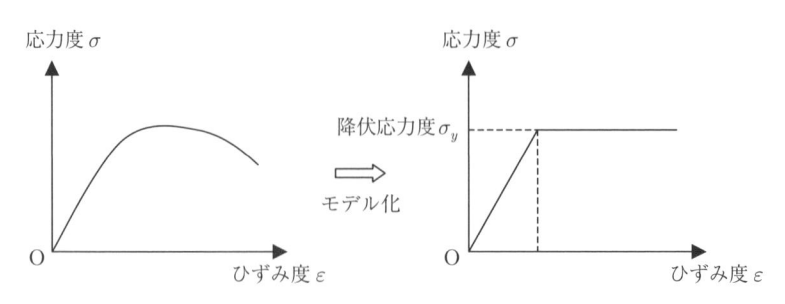

(a) 実材料の応力度－ひずみ度関係　　(b) モデル化された応力度－ひずみ度関係

図 10.26　材料の応力度とひずみ度の関係

で，塑性ヒンジというのは，曲げモーメントに対する抵抗力を失った状態ですが，このとき曲げモーメントと降伏応力度の関係を明らかにする必要があります．

図 10.27 は，完全弾塑性モデルの材料の曲げモーメントの変化と断面の応力状態の変化を示したものです．図に示すように，曲げモーメントが大きくなるにしたがって，弾性状態から降伏状態，弾塑性状態，全塑性状態へと変化していきます．そして，曲げモーメントに対する抵抗がまったく無くなるのは全塑性状態，すなわち，断面全体で材料が降伏応力度に達した状態です．

次に，長方形断面について，全塑性状態となる曲げモーメントを求めてみます．なお，この全塑性状態となる曲げモーメントのことを**全塑性モーメント**と呼びます．図 10.28 は，長方形断面と全塑性状態の応力度分布および合力 (応力度の積分値) を示しています．図より，全塑性モーメントは次式から計算されることがわかります．

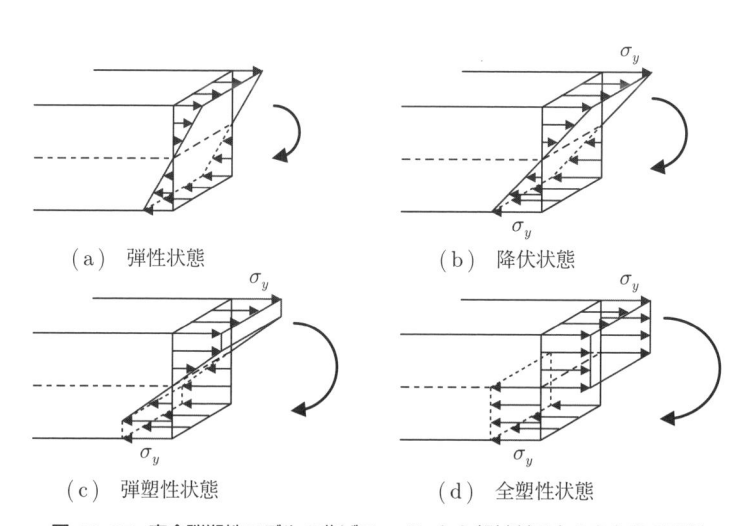

(a) 弾性状態　　(b) 降伏状態

(c) 弾塑性状態　　(d) 全塑性状態

図 10.27 完全弾塑性モデルの曲げモーメントと部材断面内の応力度の関係

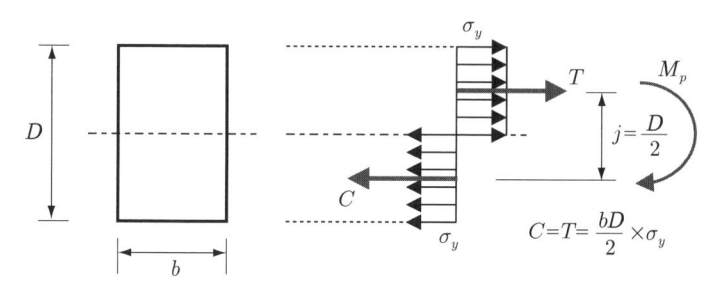

$$C = T = \frac{bD}{2} \times \sigma_y$$

図 10.28 全塑性モーメント

$$M_p = C \times j = T \times j = \frac{bD}{2}\sigma_y \times \frac{D}{2} = \frac{bD^2}{4}\sigma_y = Z_p\sigma_y \tag{10.25}$$

ここで，Z_p は**塑性断面係数**と呼ばれ，6.2 節に示される断面係数 Z に対応するものです．式 (10.25) より，長方形断面の塑性断面係数は次式となることがわかります．

$$Z_p = \frac{bD^2}{4} \tag{10.26}$$

以上から，材料の降伏応力度が与えられれば，式 (10.25) により塑性ヒンジを生成するために必要な内力 (全塑性モーメント) が計算できることがわかりました．

10.3.3 解法の手順

次に具体的な解法の手順を示し，図 10.29 に示すラーメンを解いてみます．
まず，解法の手順は，以下のようになります．
① 骨組の**崩壊形** (**崩壊機構**) を仮定する．
② 崩壊形の塑性ヒンジの回転角の比を求める．
③ 荷重点の変位と塑性ヒンジの回転角との関係式を求める．
④ 内力のなす仕事を計算する．
⑤ 外力のなす仕事を計算する．
⑥ 仮想仕事の原理 (外力の仕事=内力の仕事) より，崩壊荷重と全塑性モーメントの関係式を求める．
⑦ 与えられた材料の全塑性モーメントを計算し，崩壊荷重を求める．

図 10.29(a), (b) は，計算するラーメン構造と仮定された崩壊機構を示したものです．図に示されるように，このラーメン構造では，柱の全塑性モーメントがはりの 2 倍になっています．また，崩壊機構では，A, B, C 点に塑性ヒンジが発生しています．なお，B, C 点では，はりに塑性ヒンジがあることに注意してください．

まず，内力の仕事量を計算するために，それぞれの塑性ヒンジの回転角の比を求めます．図 10.30 は，それぞれの塑性ヒンジの回転角を，A 点の塑性ヒンジの回転角 θ

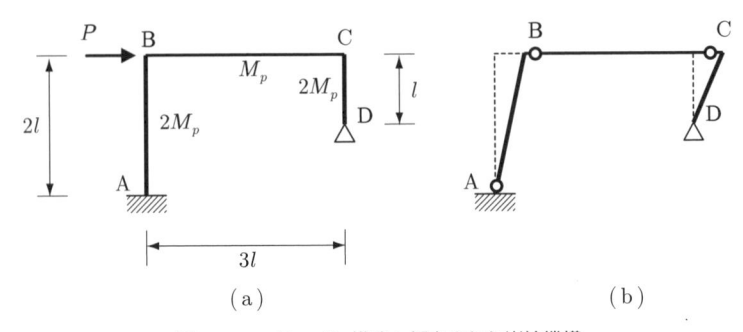

図 10.29 ラーメン構造と仮定された崩壊機構

10.3 骨組の崩壊荷重の計算

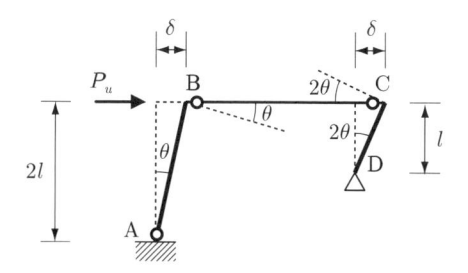

図 10.30 仮定された崩壊機構

を用いて表したものです．また，図では，B, C 点の変位を δ で表しています．また，崩壊時の荷重を P_u としています．

図 10.30 より，塑性ヒンジの回転角 θ と荷重作用点 B の変位 δ との関係は次式で表されます．

$$\delta = 2l\theta \tag{10.27}$$

次に，内力のなす仕事は，塑性ヒンジ部の全塑性モーメントとその塑性ヒンジの回転角を掛けたものを，すべての塑性ヒンジについて計算することによって得られます．この問題では，図 10.30 より，次式のように計算されます．

$$内力仕事 = 2M_p \times \theta + M_p \times \theta + M_p \times 2\theta \tag{10.28}$$

上式の右辺第 1 項は A 点，第 2 項は B 点，第 3 項は C 点の塑性ヒンジに対する仕事となります．ここで，柱の全塑性モーメントは $2M_p$，はりの全塑性モーメントは M_p であることに注意してください．

また，外力のなす仕事は，次式から計算されます．

$$外力仕事 = P_u \delta \tag{10.29}$$

仮想仕事の原理 (外力仕事=内力仕事) と，式 (10.27) を用いると，

$$P_u \delta = 2M_p \theta + M_p \theta + M_p 2\theta \quad \rightarrow \quad P_u = \frac{5M_p}{2l} \tag{10.30}$$

となり，崩壊荷重と全塑性モーメントの関係式が求まります．

最後に，式 (10.25) により，全塑性モーメントを計算し ($M_p = Z_p \sigma_y$)，式 (10.30) の P_u の式に代入すれば，崩壊荷重を計算することができます．なお，長方形断面の場合は，次式となります．

$$P_u = \frac{5}{2l} \left(\frac{bD^2}{4} \sigma_y \right) \tag{10.31}$$

演習問題 10

10.1 固定法

図 10.31 に示す問題の曲げモーメント図を，固定法を用いて求めよ．

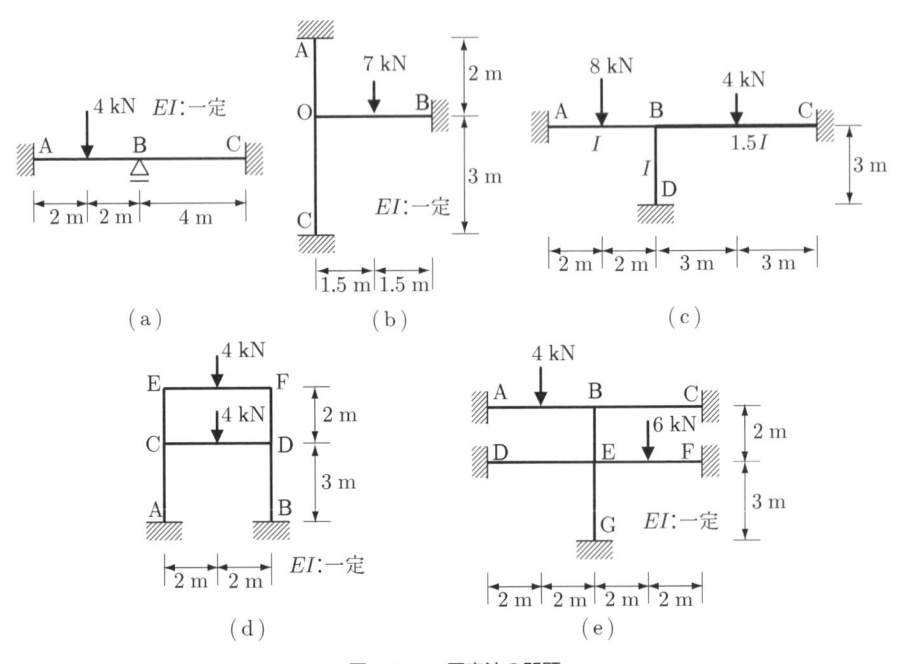

図 10.31　固定法の問題

(a) 単純支持梁 A-B-C，A と C は固定，B に支点．4 kN の荷重が B 左方 2 m の位置に作用．A-B 間 2 m + 2 m，B-C 間 4 m．EI：一定．

(b) L 形ラーメン．O-B が水平材（長さ 1.5 m + 1.5 m = 3 m，中央に 7 kN），O-C が鉛直材（上 2 m，下 3 m），C 固定，A 上端固定，B 端固定．EI：一定．

(c) 両端固定梁 A-B-C に中間支柱 D．A-B 間 2 m + 2 m（剛比 I），B-C 間 3 m + 3 m（剛比 $1.5I$），B から D へ鉛直 3 m（剛比 I），D ピン．8 kN が A から 2 m，4 kN が B から 3 m の位置．

(d) 2 層 1 スパンラーメン．A，B 固定脚，C-D 中間梁（長さ 2 m + 2 m，中央に 4 kN 下向き），E-F 上部梁（中央に 4 kN 下向き），高さ下 3 m・上 2 m．EI：一定．

(e) ラーメン．上段 A-B-C（2 m + 2 m，B に 4 kN），下段 D-E-F（2 m + 2 m，E-F 間に 6 kN），E から G へ 3 m，上下階高 2 m・3 m．EI：一定．

10.2 D 値法

図 10.32 に示す問題の曲げモーメント図を，D 値法を用いて求めよ．また，各部材のせん断力も求めよ．ただし，柱の反曲点位置は，柱の中央 ($y = 0.5$) とする．

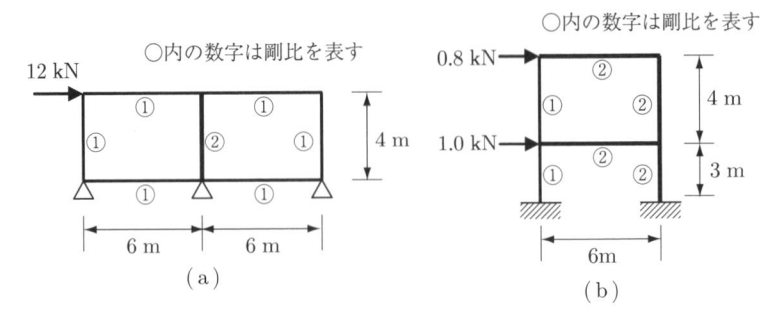

図 10.32　D 値法の問題

(a) 1 層 2 スパンラーメン．左上節点に 12 kN 水平力．柱剛比はすべて ①，梁剛比は左 ①，右 ①，中央柱 ②．スパン 6 m + 6 m，高さ 4 m．支点はピン．○内の数字は剛比を表す．

(b) 2 層 1 スパンラーメン．上層左節点に 0.8 kN，下層左節点に 1.0 kN の水平力．上層梁 ②，上層柱 ① と ②，下層梁 ②，下層柱 ① と ②．スパン 6 m，上階高 4 m，下階高 3 m．○内の数字は剛比を表す．

○内の数字は剛比を表す

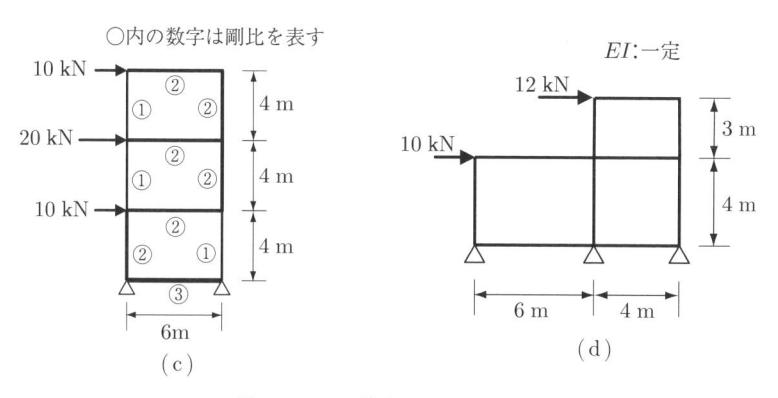

図 10.32 D 値法の問題 (つづき)

10.3 崩壊荷重

(1) 図 10.33 のようなラーメンに作用する荷重 P を増大させたとき，ラーメンの崩壊荷重の値はいくらか．ただし，はりの断面は $b \times D = 100$ [mm] $\times 200$ [mm] とし，降伏応力度 σ_y は 295 N/mm^2 として，全塑性モーメント M_p を求めるものとする．

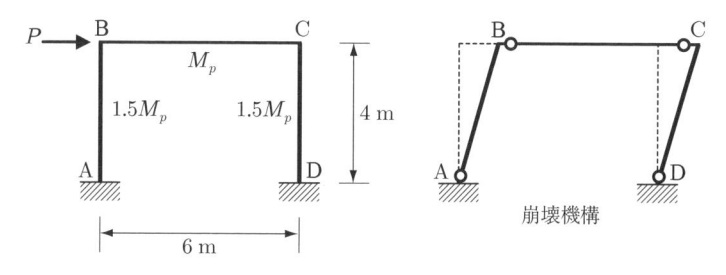

図 10.33 1 層骨組の崩壊荷重

(2) 図 10.34 のようなラーメンに作用する荷重 P を増大させたとき，ラーメンの崩壊荷重の値はいくらか．ただし，はりの断面は $b \times D = 80$ [mm] $\times 160$ [mm] とし，降伏応力度 σ_y は 345 N/mm^2 として，全塑性モーメント M_p を求めるものとする．

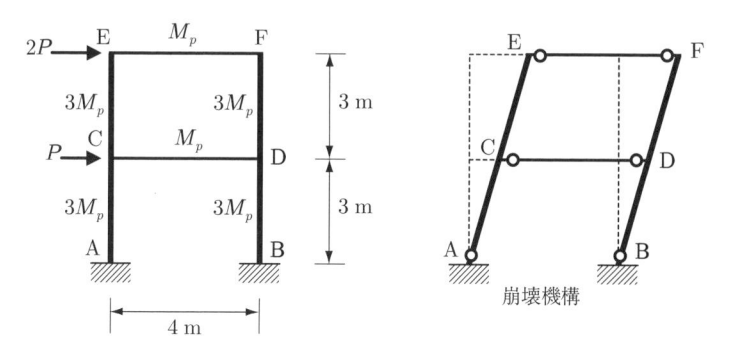

図 10.34 2 層骨組の崩壊荷重

演習問題解答

第1章
1.1 力の合成

図式解法：

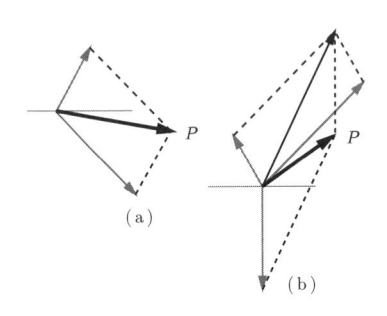

数値解法：
(a) $P_x = 5\cos 60° + 8\cos 45°$
$= 2.5 + 4\sqrt{2} = 8.16$ [kN]
$P_y = -5\sin 60° + 8\sin 45°$
$= -2.5\sqrt{3} + 4\sqrt{2} = 1.33$ [kN]
$P = \sqrt{P_x^2 + P_y^2} = 8.26$ [kN]

(b) $P_x = -4\cos 60° + 10\cos 45°$
$= -2 + 5\sqrt{2} = 5.07$ [kN]
$P_y = -4\sin 60° - 10\sin 45° + 7$
$= -2\sqrt{3} - 5\sqrt{2} + 7 = -3.535$ [kN]
$P = \sqrt{P_x^2 + P_y^2} = 6.18$ [kN]

1.2 連力図と示力図

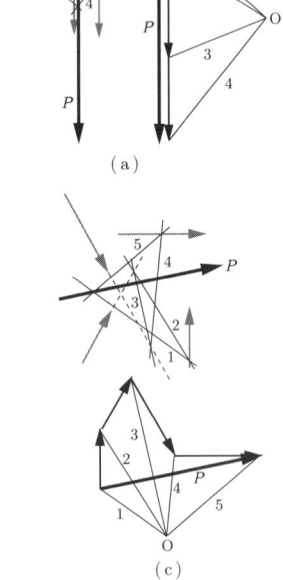

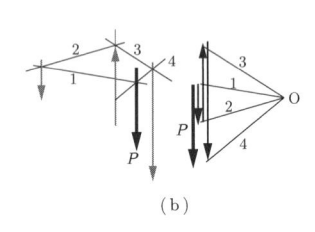

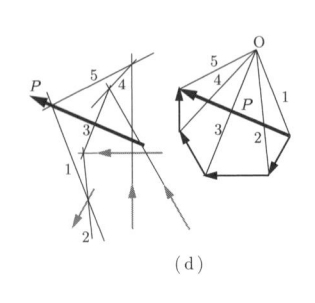

第2章

2.1 単純ばりの反力
- (a) $H_A = 15$ [kN] $(\rightarrow)$ $V_A = 10\sqrt{3}$ [kN] $(\uparrow)$ $V_B = 5\sqrt{3}$ [kN] $(\uparrow)$
- (b) $H_A = 0$ [kN] $V_A = 50$ [kN] $(\uparrow)$ $V_B = 50$ [kN] $(\uparrow)$
- (c) $H_A = 0$ [kN] $V_A = 2$ [kN] $(\downarrow)$ $V_B = 2$ [kN] $(\uparrow)$
- (d) $H_A = 0$ [kN] $V_A = 16$ [kN] $(\downarrow)$ $V_B = 56$ [kN] $(\uparrow)$
- (e) $H_A = 0$ [kN] $V_A = 2$ [kN] $(\downarrow)$ $V_B = 2$ [kN] $(\uparrow)$
- (f) $H_A = 0$ [kN] $V_B = 12.5$ [kN] $(\uparrow)$ $V_B = 37.5$ [kN] $(\uparrow)$

2.2 片持ばりの反力
- (a) $H_B = 15$ [kN] $(\rightarrow)$ $V_B = 15\sqrt{3}$ [kN] $(\uparrow)$ $M_B = 75\sqrt{3}$ [kNm] $(\frown)$
- (b) $H_A = 0$ [kN] $V_B = 150$ [kN] $(\uparrow)$ $M_B = 375$ [kNm] $(\frown)$
- (c) $H_B = 0$ [kN] $V_B = 30$ [kN] $(\uparrow)$ $M_B = 200$ [kNm] $(\frown)$
- (d) $H_B = 20$ [kN] $(\rightarrow)$ $V_B = 50$ [kN] $(\uparrow)$ $M_B = 210$ [kNm] $(\frown)$

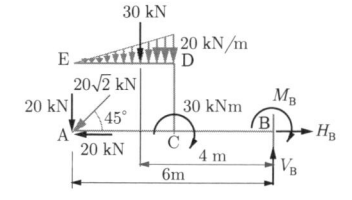

2.3 ラーメンの反力
- (a) $H_A = 50$ [kN] $(\leftarrow)$ $V_A = 40$ [kN] $(\downarrow)$ $V_B = 40$ [kN] $(\uparrow)$
- (b) $H_A = 40$ [kN] $(\rightarrow)$ $V_A = 0$ [kN] $M_A = 120$ [kNm] $(\frown)$
- (c) $H_A = 50$ [kN] $(\rightarrow)$ $V_A = 0$ [kN] $M_A = 80$ [kNm] $(\frown)$
- (d) $H_A = 35$ [kN] $(\rightarrow)$ $V_A = 45$ [kN] $(\uparrow)$ $V_D = 15\sqrt{2}$ [kN] $(\searrow)$

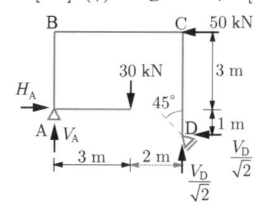

2.4 3ヒンジラーメンの反力
- (a) $H_A = 5$ [kN] $(\rightarrow)$ $V_A = 20$ [kN] $(\uparrow)$ $H_B = 5$ [kN] $(\leftarrow)$ $V_B = 10$ [kN] $(\uparrow)$
- (b) $H_A = 6$ [kN] $(\rightarrow)$ $V_A = 43$ [kN] $(\uparrow)$ $H_B = 6$ [kN] $(\leftarrow)$ $V_B = 37$ [kN] $(\uparrow)$

第3章

3.1 はりの応力
(a) $H_A = 25$ [kN] $(\leftarrow)$ $V_A = 10\sqrt{3}$ [kN] $(\uparrow)$ $V_B = 15\sqrt{3}$ [kN] $(\uparrow)$

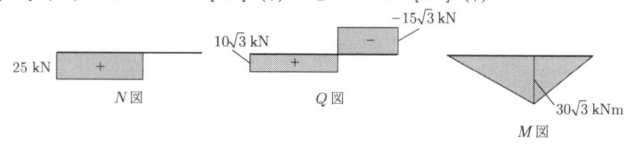

(b) $H_A = 0$ [kN] $V_A = 50$ [kN] $(\uparrow)$ $V_B = 50$ [kN] $(\uparrow)$
N 図は応力が生じないので省略.

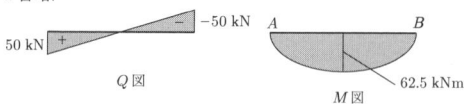

(c) $H_A = 0$ [kN]　$V_A = 50$ [kN]　(↑)　$M_A = 250$ [kNm]　(⌒)
　　N 図は応力が生じないので省略．

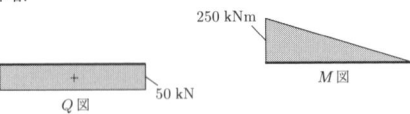

(d) $H_B = 0$ [kN]　$V_B = 0$ [kN]　$M_B = 20$ [kNm]　(⌒)
　　N 図，Q 図は応力が生じないので省略．

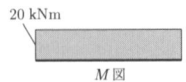

(e) $H_A = 0$ [kN]　$V_A = 30$ [kN]　(↑)　$M_C = 110$ [kNm]　(⌒)
　　N 図は応力が生じないので省略．

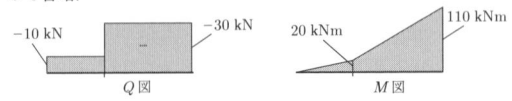

(f) $H_A = 0$ [kN]　$V_A = 10$ [kN]　(↓)　$V_B = 10$ [kN]　(↑)
　　N 図は応力が生じないので省略．

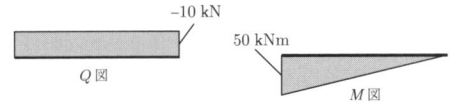

(g) $H_A = 0$ [kN]　$V_A = 25$ [kN]　(↓)　$V_B = 75$ [kN]　(↑)
　　N 図は応力が生じないので省略．

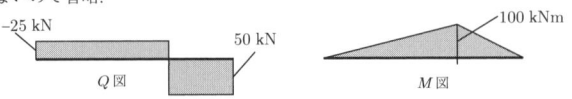

(h) $H_A = 0$ [kN]　$V_A = 50$ [kN]　(↑)　$M_A = 125$ [kNm]　(⌒)
　　N 図は応力が生じないので省略．

(i) $H_A = 0$ [kN]　$V_A = 45$ [kN]　(↑)　$V_B = 15$ [kN]　(↑)
　　N 図は応力が生じないので省略．

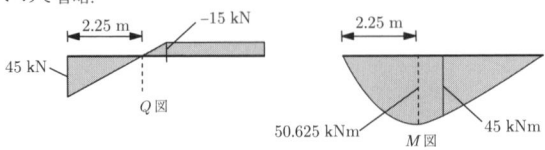

(j) $H_A = 0$ [kN]　$V_A = 10$ [kN]　(↓)　$V_B = 10$ [kNm]　(↑)
　　N 図は応力が生じないので省略．

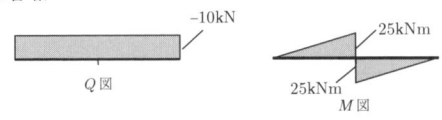

(k) $H_A = 0$ [kN]　$V_A = 16$ [kN] (↑)　$V_B = 14$ [kN] (↑)
N 図は応力が生じないので省略．

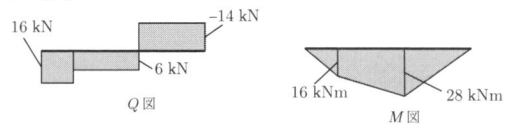

(l) $V_A = wl/2$ (↑)　$H_B = 0$　$V_B = 3wl/2$ (↑)　$M_B = wl^2$ (⌒)
N 図は応力が生じないので省略．

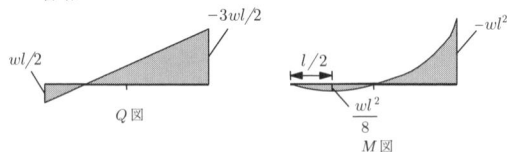

(m) $H_A = 0$　$V_A = wl/6$ (↑)　$V_B = wl/3$ (↑)

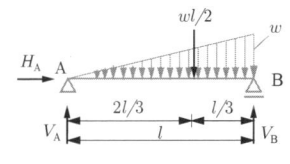

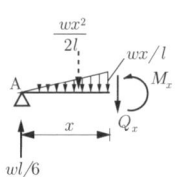

$$Q_x - \frac{wl}{6} + \frac{1}{2} \times \frac{wx}{l} \times x = 0 \quad \therefore \quad Q_x = \frac{wl}{6} - \frac{wx^2}{2l}$$

$$-M_x + \frac{wl}{6}x - \frac{wx^2}{2l} \times \frac{x}{3} = 0 \quad \therefore \quad M_x = \frac{wl}{6}x - \frac{wx^3}{6l}$$

N 図は応力が生じないので省略．

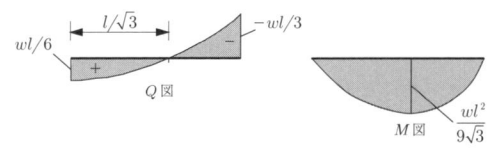

(n) $H_A = 0$ [kN]　$V_A = 40$ [kN] (↑)　$V_B = 240$ [kN] (↑)　$V_C = 40$ [kN] (↓)
N 図は応力が生じないので省略．

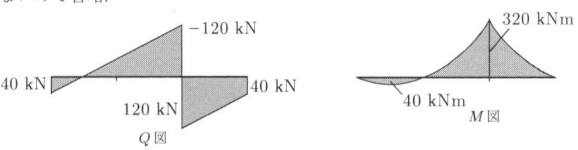

3.2 ラーメンの応力

(a) $H_A = 0$ [kN]　$V_A = 50$ [kN] (↑)　$M_A = 200$ [kNm] (⌒)

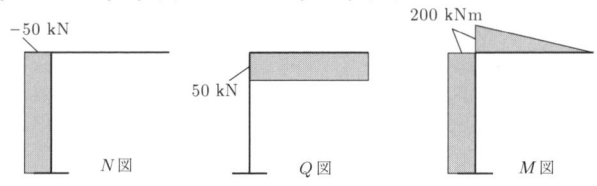

(b) $H_A = 0$ [kN]　$V_A = 30$ [kN] (↑)　$V_B = 20$ [kN] (↑)

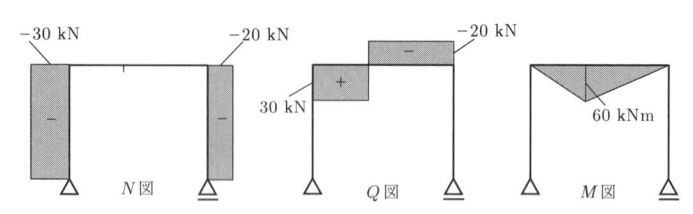

(c) $H_A = 0$ $V_A = P/3$ (↑) $V_B = 2P/3$ (↑)

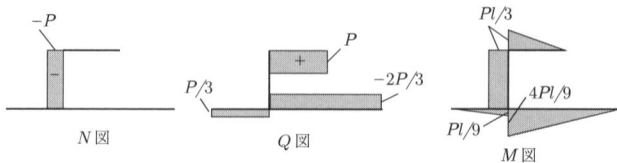

(d) $H_D = 0$ [kN] $V_A = 60$ [kN] (↑) $M_C = 270$ [kNm] (⌒)

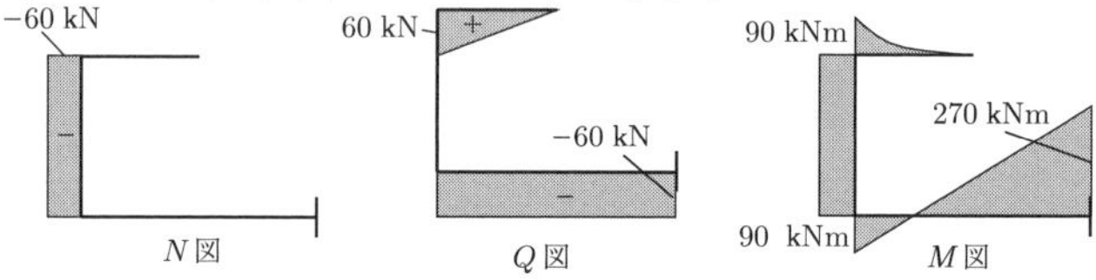

(e) $H_A = 20$ [kN] (←) $V_A = 8$ [kN] (↓) $V_E = 8$ [kN] (↑)

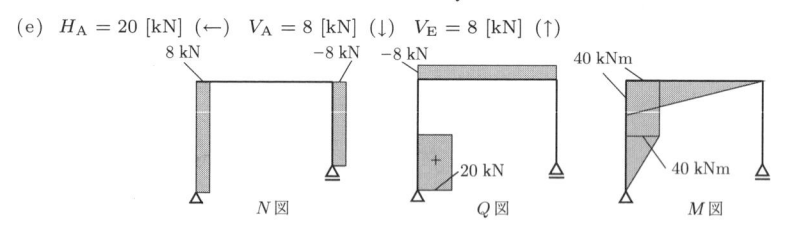

(f) $H_A = 20$ [kN] (→) $V_A = 8$ [kN] (↑) $V_B = 8$ [kN] (↓)

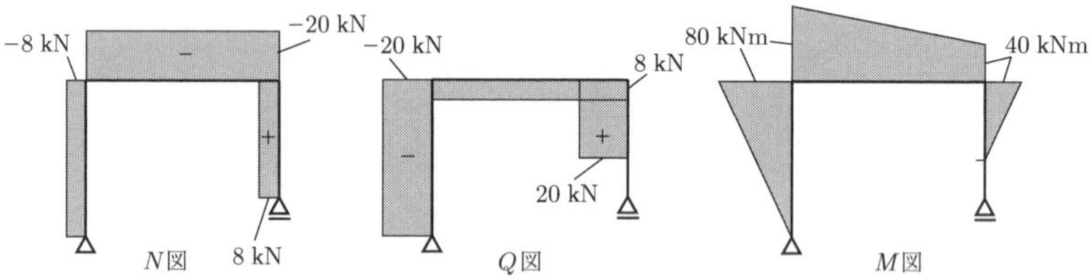

(g) $H_A = 15$ [kN] (→) $V_A = 40$ [kN] (↑) $H_F = 15$ [kN] (←) $V_B = 20$ [kN] (↑)

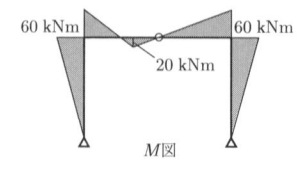

(h) $H_A = 10$ [kN] (←) $V_A = 80$ [kN] (↑) $H_G = 10$ [kN] (→) $V_G = 10$ [kN] (↓)

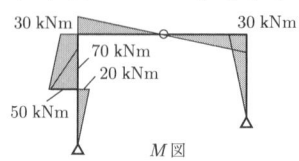

3.3 トラスの応力

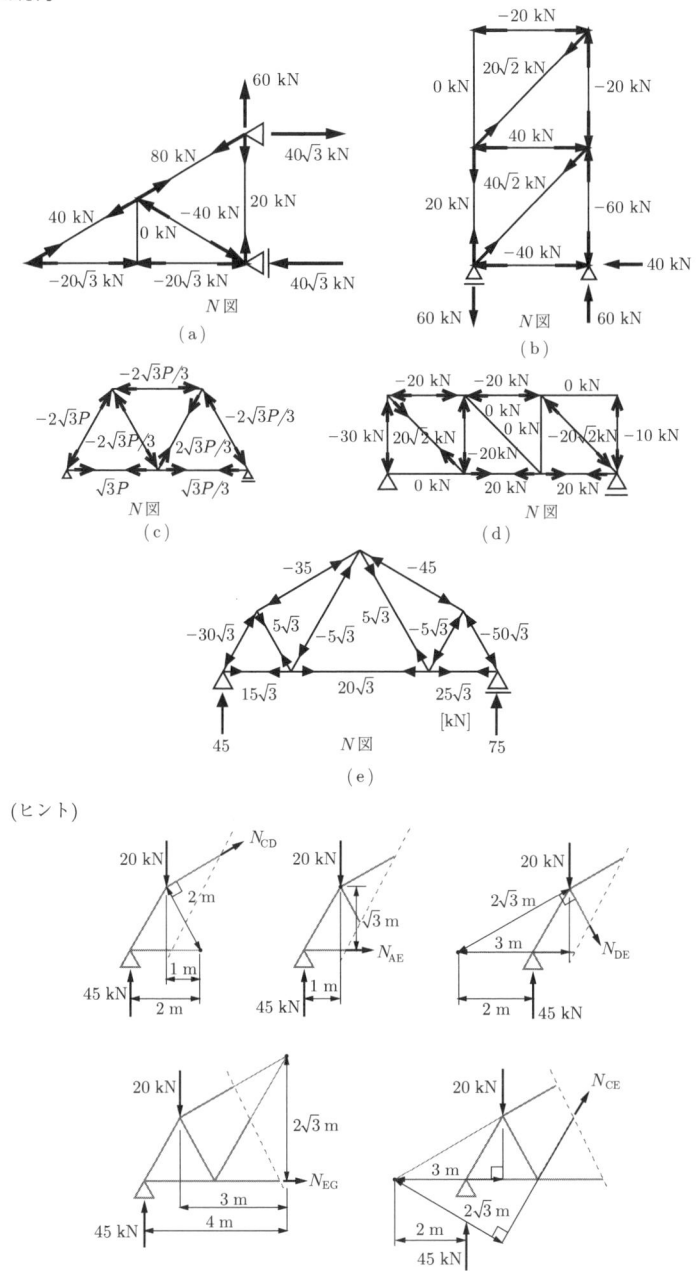

(a) N図

- 60 kN, 80 kN, $40\sqrt{3}$ kN
- 40 kN, -40 kN, 20 kN, 0 kN
- $-20\sqrt{3}$ kN, $-20\sqrt{3}$ kN, $40\sqrt{3}$ kN

(b) N図

- -20 kN, $20\sqrt{2}$ kN, -20 kN
- 0 kN, 40 kN
- 20 kN, $40\sqrt{2}$ kN, -60 kN
- -40 kN, 40 kN
- 60 kN, 60 kN

(c) N図

- $-2\sqrt{3}P/3$
- $-2\sqrt{3}P$, $-2\sqrt{3}P/3$, $-2\sqrt{3}P/3$
- $-2\sqrt{3}P$, $2\sqrt{3}P/3$
- $\sqrt{3}P$, $\sqrt{3}P/3$

(d) N図

- -20 kN, -20 kN, 0 kN
- -30 kN, $20\sqrt{2}$ kN, 0 kN, $-20\sqrt{2}$ kN, -10 kN
- -20 kN, 0 kN
- 0 kN, 20 kN, 20 kN

(e) N図 [kN]

- -35, -45
- $-30\sqrt{3}$, $5\sqrt{3}$, $-5\sqrt{3}$, $5\sqrt{3}$, $-5\sqrt{3}$, $-50\sqrt{3}$
- $15\sqrt{3}$, $20\sqrt{3}$, $25\sqrt{3}$
- 45, 75

(ヒント)

N_{CD}: 20 kN, 2 m, 1 m, 45 kN, 2 m

N_{AE}: 20 kN, $\sqrt{3}$ m, 1 m, 45 kN

N_{DE}: 20 kN, $2\sqrt{3}$ m, 3 m, 2 m, 45 kN

N_{EG}: 20 kN, $2\sqrt{3}$ m, 3 m, 4 m, 45 kN

N_{CE}: 20 kN, 3 m, $2\sqrt{3}$ m, 2 m, 45 kN

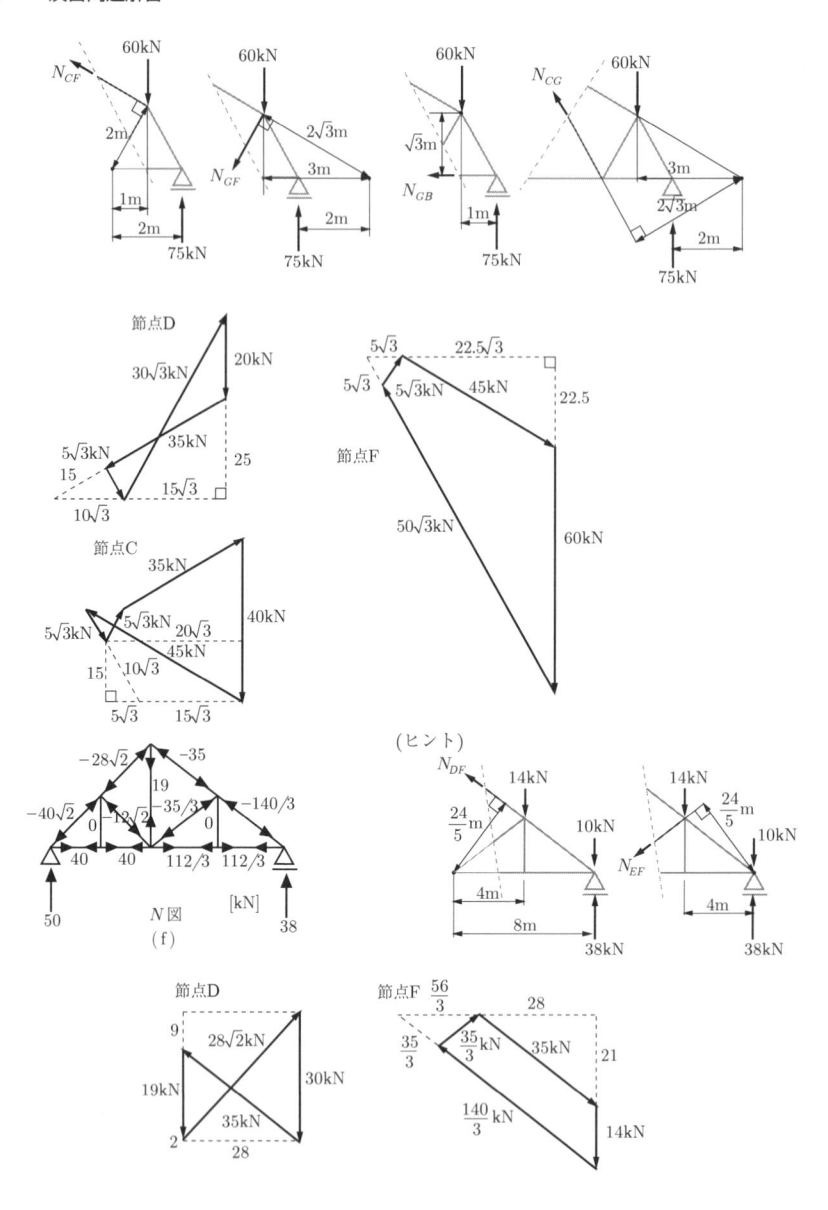

第 4 章

4.1 軸方向応力と変形

(1) ① $A = 12.5 \times 12.5 \times 3.14 = 490.6$ [mm^2]　$\sigma = 150 \times 10^3/490.6 = 305.7$ [N/mm^2]
　　$\varepsilon = \sigma/E = 305.7/(2.0 \times 10^5) = 0.00153$　$\Delta l = \varepsilon l = 0.00153 \times 6000 = 9.17$ [mm]

② $P_y = \sigma_y A = 200 \times 490.6 = 98.1$ [kN]　$\varepsilon = \sigma/E = 200/(2.0 \times 10^5) = 0.001$
$\Delta l = \varepsilon l = 0.001 \times 6000 = 6$ [mm]

(2) ① $E = \dfrac{\sigma}{\varepsilon} = \dfrac{P/A}{\Delta l/l} = \dfrac{120 \times 10^3/(75 \times 75 \times 3.14)}{0.1/300} = 2.04 \times 10^4$ [N/mm^2]

② $\nu = -\dfrac{\varepsilon_y}{\varepsilon_x} = -\dfrac{\Delta d/d}{\Delta l/l} = -\dfrac{0.008/150}{-0.1/300} = 0.16$

(3) ① 1 [N] = 0.102 [kgf]　② 1 [kgf/cm^2] = 0.0981 [N/mm^2]　③ 1 [N/mm^2] = 10.2 [kgf/cm^2]
　　④ 1 [N/mm^2] = 1000 [kN/m^2]

4.2 せん断応力と変形

(1) $\bar{\tau} = \dfrac{Q}{A} = \dfrac{50 \times 10^3}{50 \times 100} = 10$ [N/mm^2]　$\tau_{\max} = 1.5 \times 10 = 15$ [N/mm^2]

(2) ① $\tau = \dfrac{Q}{A} = \dfrac{500 \times 10^3}{500 \times 500} = 2$ [N/mm^2]　$\gamma = \dfrac{\tau}{G} = \dfrac{2}{8 \times 10^4} = 2.5 \times 10^{-5}$ [rad]

$\delta = \gamma h = 2.5 \times 10^{-5} \times 500 = 0.0125$ [mm]

② $E = 2(1+\nu)G = 2 \times 1.28 \times 8 \times 10^4 = 2.048 \times 10^5$ [N/mm^2]

4.3 曲げ応力と変形

(1) ① $M_{\max} = -20 \times 2 = -40$ [kNm]

② $I = \dfrac{bh^3}{12} = \dfrac{180 \times 240^3}{12} = 2.07 \times 10^8$ [mm^4]

$\phi = -\dfrac{M_{\max}}{EI} = -\dfrac{-40 \times 10^6}{2 \times 10^4 \times 2.07 \times 10^8} = 9.66 \times 10^{-6}$ [1/mm]

$\sigma_{\max} = \dfrac{M_{\max}}{I} \mp \dfrac{h}{2} = \mp \dfrac{-40 \times 10^6}{2.07 \times 10^8} \dfrac{240}{2} = \pm 23.2$ [N/mm^2]

(2) ① $M_{\max} = \dfrac{wl^2}{8} = \dfrac{36 \times 4^2}{8} = 72$ [kNm]

② $I = \dfrac{bh^3}{12} = \dfrac{200 \times 300^3}{12} = 4.5 \times 10^8$ [mm^4]

$\phi = -\dfrac{M_{\max}}{EI} = -\dfrac{72 \times 10^6}{2 \times 10^4 \times 4.5 \times 10^8} = -8 \times 10^{-6}$ [1/mm]

$\sigma_{\max} = \dfrac{M_{\max}}{I} \mp \dfrac{h}{2} = \mp \dfrac{72 \times 10^6}{4.5 \times 10^8} \dfrac{300}{2} = \mp 24$ [N/mm^2]

第5章

5.1 断面の図心

(a)　$A = 4 \times 3 - 3 \times 2 = 6$ [cm^2]　$S_x = 4 \times 3 \times 1.5 - 3 \times 2 \times 1 = 12$ [cm^3]
　　$S_y = 3 \times 4 \times 2 - 2 \times 3 \times 2.5 = 9$ [cm^3]
　　$x_o = \dfrac{S_y}{A} = \dfrac{9}{6} = 1.5$ [cm]　$y_o = \dfrac{S_x}{A} = \dfrac{12}{6} = 2$ [cm]

(b)　$A = 126 \times 15 + 30 \times 45 = 3240$ [cm^2]　$S_x = 126 \times 15 \times 52.5 + 30 \times 45 \times 22.5 = 129600$ [cm^3]
　　$S_y = 126 \times 15 \times 0 + 30 \times 45 \times 0 = 0$ [cm^3]　$x_o = \dfrac{S_y}{A} = 0$ [cm]　$y_o = \dfrac{S_x}{A} = \dfrac{129600}{3240} = 40$ [cm]

(c)　$A = 2 \times 1 + 1 \times 2 + 3 \times 1 = 7$ [cm^2]　$S_x = 2 \times 1 \times 0.5 + 1 \times 2 \times 2 + 3 \times 1 \times 2.5 = 12.5$ [cm^3]
　　$S_y = 1 \times 2 \times 1 + 2 \times 1 \times 0.5 + 1 \times 3 \times 2.5 = 10.5$ [cm^3]
　　$x_o = \dfrac{S_y}{A} = \dfrac{10.5}{7} = 1.5$ [cm]　$y_o = \dfrac{S_x}{A} = \dfrac{12.5}{7} = 1.79$ [cm]

(d)　$A = 3 \times 5 + 3 \times 3/2 = 19.5$ [cm^2]　$S_x = 3 \times 5 \times 2.5 + (3 \times 3/2) \times 4 = 55.5$ [cm^3]
　　$S_y = 5 \times 3 \times 1.5 + (3 \times 3/2) \times 4 = 40.5$ [cm^3]
　　$x_o = \dfrac{S_y}{A} = \dfrac{40.5}{19.5} = 2.08$ [cm]　$y_o = \dfrac{S_x}{A} = \dfrac{55.5}{19.5} = 2.85$ [cm]

5.2 断面2次モーメント

(a)　$A = 30 \times 40 - 20 \times 30 = 600$ [cm^2]　$S_X = 30 \times 40 \times 20 - 20 \times 30 \times 15 = 15000$ [cm^3]
　　$Y_o = \dfrac{S_X}{A} = \dfrac{15000}{600} = 25$ [cm]
　　$I_x = \dfrac{30 \times 40^3}{12} + 30 \times 40 \times (25-20)^2 - \dfrac{20 \times 30^3}{12} - 20 \times 30 \times (25-15)^2 = 85000$ [cm^4]

(b)　　$A = 30 \times 10 + 10 \times 20 + 50 \times 10 = 1000 \; [\text{cm}^2]$
　　　　$S_X = 30 \times 10 \times 35 + 10 \times 20 \times 20 + 50 \times 10 \times 5 = 17000 \; [\text{cm}^3]$
　　　　$Y_\text{o} = \dfrac{S_X}{A} = \dfrac{17000}{1000} = 17 \; [\text{cm}]$
　　　　$I_x = \dfrac{30 \times 10^3}{12} + 30 \times 10 \times (17-35)^2 + \dfrac{10 \times 20^3}{12} + 10 \times 20 \times (17-20)^2$
　　　　　　$+ \dfrac{50 \times 10^3}{12} + 50 \times 10 \times (17-5)^2 = 99700 + 8466.7 + 76166.7 = 184333 \; [\text{cm}^4]$

5.3　縁応力度

$A = 400 \times 300 - 200 \times 100 = 1 \times 10^5 [\text{mm}^2]$
$S_X = 400 \times 300 \times 150 - 200 \times 100 \times 250 = 1.3 \times 10^7 \; [\text{mm}^3]$
$Y_\text{o} = \dfrac{S_X}{A} = \dfrac{1.3 \times 10^7}{1 \times 10^5} = 130 \; [\text{mm}]$
$I_x = \dfrac{400 \times 300^3}{12} + 400 \times 300 \times (130-150)^2 - \dfrac{200 \times 100^3}{12} - 200 \times 100 \times (130-250)^2$
　　$= (9 + 0.48 - 0.17 - 2.88) \times 10^8 = 6.43 \times 10^8 \; [\text{mm}^4]$
$\sigma_\text{top} = \dfrac{M}{I}(Y_\text{o} - h) = \dfrac{60 \times 10^6}{6.43 \times 10^8} \times (130 - 300) = -15.9 \; [\text{N/mm}^2]$
$\sigma_\text{bottom} = \dfrac{M}{I} \times Y_\text{o} = \dfrac{60 \times 10^6}{6.43 \times 10^8} \times 130 = 12.1 \; [\text{N/mm}^2]$

5.4　断面相乗モーメントと主軸

(a)　① 　$A = 10 \times 12 - 7 \times 9 = 57 \; [\text{cm}^2]$ 　$S_X = 10 \times 12 \times 6 - 7 \times 9 \times 7.5 = 247.5 \; [\text{cm}^3]$
　　　　$S_Y = 12 \times 10 \times 5 - 9 \times 7 \times 6.5 = 190.5 \; [\text{cm}^3]$
　　　　$X_\text{o} = \dfrac{S_Y}{A} = \dfrac{190.5}{57} = 3.34 \; [\text{cm}]$ 　$Y_\text{o} = \dfrac{S_X}{A} = \dfrac{247.5}{57} = 4.34 \; [\text{cm}]$
　　② 　$I_x = \dfrac{10 \times 12^3}{12} + 10 \times 12 \times (6 - 4.34)^2 - \dfrac{7 \times 9^3}{12} - 7 \times 9 \times (7.5 - 4.34)^2$
　　　　　$= 1440 + 330.7 - 425.3 - 629.1 = 716.3 \; [\text{cm}^4]$
　　　　$I_y = \dfrac{12 \times 10^3}{12} + 12 \times 10 \times (5 - 3.34)^2 - \dfrac{9 \times 7^3}{12} - 9 \times 7 \times (6.5 - 3.34)^2$
　　　　　$= 1000 + 330.7 - 257.3 - 629.1 = 444.3 \; [\text{cm}^4]$
　　③ 　$I_{xy} = 10 \times 12 \times (5 - 3.34) \times (6 - 4.34) - 7 \times 9 \times (6.5 - 3.34) \times (7.5 - 4.34)$
　　　　　$= 330.7 - 629.1 = -298.4 [\text{cm}^4]$
　　④ 　$I_{X,Y} = \dfrac{716.3 + 444.3}{2} \pm \sqrt{\left(\dfrac{716.3 - 444.3}{2}\right)^2 + (-298.4)^2}$
　　　　　$= 580.3 \pm 327.9 = 908.2 \; [\text{cm}^4], \; 252.4 \; [\text{cm}^4]$
　　　　$\tan^{-1} 2\theta = \dfrac{-2 \times (-298.4)}{716.3 - 444.3} = 2.194, \quad \theta = 32.75°$

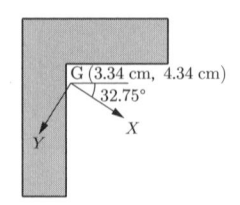

(b)　① 　$A = 9 \times 4 + 3 \times 4 = 48 \; [\text{cm}^2]$ 　$S_X = 9 \times 4 \times 2 + 3 \times 4 \times 6 = 144 \; [\text{cm}^3]$
　　　　$S_Y = 4 \times 9 \times 4.5 + 4 \times 3 \times 2.5 = 192 \; [\text{cm}^3]$
　　　　$X_\text{o} = \dfrac{S_Y}{A} = \dfrac{192}{48} = 4 \; [\text{cm}]$ 　$Y_\text{o} = \dfrac{S_X}{A} = \dfrac{144}{48} = 3 \; [\text{cm}]$

② $I_x = \dfrac{9 \times 4^3}{12} + 9 \times 4 \times (2-3)^2 + \dfrac{3 \times 4^3}{12} + 3 \times 4 \times (6-3)^2$
$= 48 + 36 + 16 + 108 = 208 \ [\text{cm}^4]$

$I_y = \dfrac{4 \times 9^3}{12} + 4 \times 9 \times (4.5-4)^2 + \dfrac{4 \times 3^3}{12} + 4 \times 3 \times (2.5-4)^2$
$= 243 + 9 + 9 + 27 = 288 \ [\text{cm}^4]$

③ $I_{xy} = 9 \times 4 \times (4.5-4) \times (2-3) + 3 \times 4 \times (2.5-4) \times (6-3)$
$= -18 - 54 = -72 \ [\text{cm}^4]$

④ $I_{X,Y} = \dfrac{208+288}{2} \pm \sqrt{\left(\dfrac{208-288}{2}\right)^2 + (-72)^2}$
$= 248 \pm 82.4 = 330.4 \ [\text{cm}^4], \ 165.6 \ [\text{cm}^4]$

$\tan^{-1} 2\theta = \dfrac{-2 \times (-72)}{208-288} = -1.8, \qquad \theta = -30.47°$

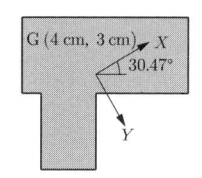

第 6 章

6.1 曲げに対する安全性

(1) (a) ① $I_x = \dfrac{200 \times 400^3 - 2 \times 50 \times 200^3}{12} = 1.0 \times 10^9 \ [\text{mm}^4]$

$Z_x = \dfrac{1.0 \times 10^9}{200} = 5.0 \times 10^6 \ [\text{mm}^4]$

② $\sigma = \mp \dfrac{120 \times 10^6}{5 \times 10^6} = \mp 24 \ [\text{N/mm}^2]$

③ $\sigma = 24 \ [\text{N/mm}^2] < f = 30 \ [\text{N/mm}^2]$ (可)

(b) ① $Y_o = \dfrac{300 \times 100 \times 350 + 100 \times 300 \times 150}{300 \times 100 + 100 \times 300} = 250 \ [\text{mm}]$

$I_x = \dfrac{300 \times 100^3}{12} + 300 \times 100 \times (250-350)^2 + \dfrac{100 \times 300^3}{12} + 100 \times 300 \times (250-150)^2$
$= 8.5 \times 10^8 \ [\text{mm}^4]$

$Z_{\text{top}} = \dfrac{8.5 \times 10^8}{400-250} = 5.7 \times 10^6 \ [\text{mm}^3] \quad Z_{\text{bottom}} = \dfrac{8.5 \times 10^8}{250} = 3.4 \times 10^6 \ [\text{mm}^3]$

② $\sigma = \mp \dfrac{120 \times 10^6}{3.4 \times 10^6} = \mp 35.3 \ [\text{N/mm}^2]$

③ $\sigma = 35.3 \ [\text{N/mm}^2] > f = 30 \ [\text{N/mm}^2]$ (不可)

(2) $I = \dfrac{300 \times 400^3}{12} = 1.6 \times 10^9 \ [\text{mm}^4]$

$\sigma_A = -\dfrac{100 \times 10^3}{300 \times 400} + \dfrac{100 \times 10^3 \times 200}{1.6 \times 10^9} \times 200 = -0.83 + 2.5 = 1.67 \ [\text{N/mm}^2]$

$\sigma_B = -0.83 + \dfrac{100 \times 10^3 \times 200}{1.6 \times 10^9} \times 0 = -0.83 \ [\text{N/mm}^2] \qquad \sigma_C = -0.83 - 2.5 = -3.33 \ [\text{N/mm}^2]$

(応力図)

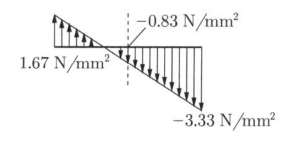

(3) ① $\sigma = \dfrac{M}{A(h-2t)} = \pm \dfrac{80 \times 10^6}{200 \times (200 - 2 \times 10)} = \pm 222 \ [\text{N/mm}^2]$

② $\sigma = -\dfrac{20 \times 10^3}{2 \times 200 \times 10} - 222 = -227 \ [\text{N/mm}^2] \quad \sigma = 227 \ [\text{N/mm}^2] < f = 240 \ [\text{N/mm}^2] \quad (可)$

③ $\sigma = -5 - \dfrac{M}{tb^2/3} = -5 - \dfrac{80 \times 10^6}{10 \times 200^2/3} = -605 \ [\text{N/mm}^2]$

$\sigma = 605 \ [\text{N/mm}^2] > f = 240 \ [\text{N/mm}^2] \quad (不可)$

④ $h \geqq \dfrac{80 \times 10^6}{200 \times 10 \times 200 - 20 \times 10^3/2} + 2 \times 10 = 225.13 \ [\text{mm}] \quad h = 226 \ [\text{mm}]$

6.2 せん断に対する安全性

(1) (a) ① $S(0) = 200 \times 100 \times 150 + 100 \times 100 \times 50 = 3.5 \times 10^6 \ [\text{mm}^3]$

$\tau = \dfrac{60 \times 10^3 \times 3.5 \times 10^6}{100 \times 1 \times 10^9} = 2.1 \ [\text{N/mm}^2]$

② $\tau = 2.1 \ [\text{N/mm}^2] > f = 2 \ [\text{N/mm}^2] \quad (不可)$

③ $\bar{\tau} = 1.0 \ [\text{N/mm}^2], \ \kappa = 2.1$

(b) ① $S(0) = 100 \times 250 \times 125 = 3.125 \times 10^6 \ [\text{mm}^3]$

$\tau = \dfrac{60 \times 10^3 \times 3.125 \times 10^6}{100 \times 8.5 \times 10^8} = 2.21 \ [\text{N/mm}^2]$

② $\tau = 2.21 \ [\text{N/mm}^2] > f = 2 \ [\text{N/mm}^2] \quad (不可)$

③ $\kappa = 2.21$

(2) ① $M_x = -30x^2 + 240x \quad M_1 = 210 \ [\text{kNm}], \ M_2 = 227.7 \ [\text{kNm}]$

② $Z = \dfrac{200 \times 300^2}{6} = 3 \times 10^6 \ [\text{mm}^3]$

$\sigma_1 = \dfrac{210 \times 10^6}{3 \times 10^6} = 70 \ [\text{N/mm}^2] \quad \sigma_2 = \dfrac{227.7 \times 10^6}{3 \times 10^6} = 75.9 \ [\text{N/mm}^2]$

③ $\tau = \dfrac{300}{4 \times 100} \times (75.9 - 70) = 4.425 \ [\text{N/mm}^2]$

④ $Q_A = -60 \times 1.05 + 240 = 177 \ [\text{kN}] \quad \bar{\tau} = \dfrac{177 \times 10^3}{200 \times 300} = 2.95 \ [\text{N/mm}^2] \quad \dfrac{\tau}{\bar{\tau}} = \dfrac{4.425}{2.95} = 1.5$

6.3 座屈に対する安全性

(1) $P_{k(\text{c})} = \dfrac{216.9}{0.7^2} = 442.7 \ [\text{kN}] \quad P_{k(\text{d})} = 216.9 \ [\text{kN}] \quad P_{k(\text{e})} = \dfrac{216.9}{2^2} = 54.2 \ [\text{kN}]$

(2) (強軸回り)

$I_x = \dfrac{200 \times 10 \times 300 \times (300 - 2 \times 10)}{2} = 8.4 \times 10^7 \ [\text{mm}^4]$

$P_k = \dfrac{3.14^2 \times 2 \times 10^5 \times 8.4 \times 10^7}{(8000)^2} = 2588 \ [\text{kN}]$

$\sigma_k = \dfrac{2588 \times 10^3}{2 \times 10 \times 200} = 647 \ [\text{N/mm}^2] \quad i = \sqrt{\dfrac{8.4 \times 10^7}{4000}} = 145 \quad \lambda = \dfrac{8000}{145} = 55.2$

(弱軸回り)

$I_y = \dfrac{200^3 \times 10}{6} = 1.33 \times 10^7 \ [\text{mm}^4] \quad P_k = \dfrac{3.14^2 \times 2 \times 10^5 \times 1.33 \times 10^7}{(8000)^2} = 409.8 \ [\text{kN}]$

$\sigma_k = \dfrac{409.8 \times 10^3}{4000} = 102.5 \ [\text{N/mm}^2] \quad i = \sqrt{\dfrac{1.33 \times 10^7}{4000}} = 57.7 \quad \lambda = \dfrac{8000}{57.7} = 138.6$

(3) $N \leqq f_c \dfrac{\pi d^2}{4} = 58500 \times \left(\dfrac{d}{l_k}\right)^2 \times \dfrac{\pi d^2}{4} = \dfrac{14625\pi}{l_k^2} \times d^4$

$d^4 \geqq \dfrac{N l_k^2}{14625\pi} = \dfrac{70 \times 10^3 \times 5000^2}{14625 \times 3.14} = 3.81 \times 10^7$

$d \geqq 78.6 \ [\text{mm}] \quad \therefore \ d = 79 \ [\text{mm}]$

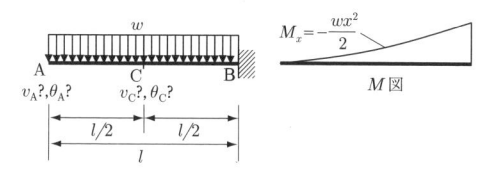

第7章
7.1 弾性曲線式を用いる方法
(a)

$$\frac{d^2v}{dx^2} = -\frac{M_x}{EI} = \frac{w}{2EI}x^2 \quad \theta = \frac{dv}{dx} = \frac{w}{6EI}x^3 + C_1 \quad v = \frac{w}{24EI}x^4 + C_1 x + C_2$$

$$\theta(l) = 0 \;\to\; C_1 = -\frac{wl^3}{6EI}, \quad v(l) = 0 \;\to\; C_2 = \frac{wl^4}{8EI}$$

$$\theta = \frac{w}{6EI}x^3 - \frac{wl^3}{6EI}, \quad v = \frac{w}{24EI}x^4 - \frac{wl^3}{6EI}x + \frac{wl^4}{8EI}$$

$$\theta_A = \theta(0) = -\frac{wl^3}{6EI}, \quad v_A = v(0) = \frac{wl^4}{8EI}, \quad \theta_C = \theta\left(\frac{l}{2}\right) = -\frac{7wl^3}{48EI}, \quad v_C = v\left(\frac{l}{2}\right) = \frac{17wl^4}{384EI}$$

(b)

$$\frac{d^2v}{dx^2} = -\frac{M_x}{EI} = -\frac{M}{EIl}(l-x) \quad \theta = \frac{M}{2EIl}(l-x)^2 + C_1$$

$$v = -\frac{M}{6EIl}(l-x)^3 + C_1 x + C_2$$

$$v(0) = 0 \;\to\; C_2 = \frac{Ml^2}{6EI}, \quad v(l) = 0 \;\to\; C_1 = -\frac{Ml}{6EI}$$

$$\theta = \frac{M}{2EIl}(l-x)^2 - \frac{Ml}{6EI}, \quad v = -\frac{M}{6EIl}(l-x)^3 - \frac{Ml}{6EI}x + \frac{Ml^2}{6EI}$$

$$\theta_A = \theta(0) = \frac{Ml}{3EI}, \quad \theta_B = \theta(l) = -\frac{Ml}{6EI}, \quad \theta_C = \theta\left(\frac{l}{2}\right) = -\frac{Ml}{24EI}, \quad v_C = v\left(\frac{l}{2}\right) = \frac{Ml^2}{16EI}$$

(c)

$$\frac{d^2v}{dx^2} = -\frac{M_x}{EI} = \frac{w}{2EI}x^2 - \frac{wl}{2EI}x, \quad \theta = \frac{w}{6EI}x^3 - \frac{wl}{4EI}x^2 + C_1$$

$$v = \frac{w}{24EI}x^4 - \frac{wl}{12EI}x^3 + C_1 x + C_2$$

$$v(0) = 0 \;\to\; C_2 = 0, \quad v(l) = 0 \;\to\; C_1 = \frac{wl^3}{24EI}$$

$$\theta = \frac{w}{6EI}x^3 - \frac{wl}{4EI}x^2 + \frac{wl^3}{24EI}, \quad v = \frac{w}{24EI}x^4 - \frac{wl}{12EI}x^3 + \frac{wl^3}{24EI}x$$

$$\theta_A = \theta(0) = \frac{wl^3}{24EI}, \quad \theta_B = \theta(l) = -\frac{wl^3}{24EI}$$

$$\theta_C = \theta\left(\frac{l}{4}\right) = \frac{11wl^3}{384EI}, \quad v_C = v\left(\frac{l}{4}\right) = \frac{19wl^4}{2048EI}$$

(d)

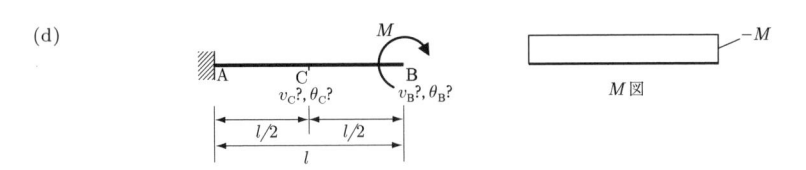

$$\frac{d^2v}{dx^2} = -\frac{M_x}{EI} = \frac{M}{EI}, \quad \theta = \frac{dv}{dx} = \frac{M}{EI}x + C_1, \quad v = \frac{M}{2EI}x^2 + C_1x + C_2$$

$$\theta(0) = 0 \;\rightarrow\; C_1 = 0, \quad v(0) = 0 \;\rightarrow\; C_2 = 0 \quad \theta = \frac{M}{EI}x, \quad v = \frac{M}{2EI}x^2$$

$$v_B = v(l) = \frac{Ml^2}{2EI}, \quad \theta_B = \theta(l) = \frac{Ml}{EI}, \quad v_C = v\left(\frac{l}{2}\right) = \frac{Ml^2}{8EI}, \quad \theta_C = \theta\left(\frac{l}{2}\right) = \frac{Ml}{2EI}$$

(e)

(AC 間)
$$\frac{d^2v}{dx^2} = -\frac{M_x}{EI} = \frac{P}{EI}x, \quad \theta = \frac{P}{2EI}x^2 + C_1, \quad v = \frac{P}{6EI}x^3 + C_1x + C_2$$

(CB 間)
$$\frac{d^2v}{dx^2} = -\frac{M_x}{2EI} = \frac{P}{EI}x - \frac{Pl}{4EI}, \quad \theta = \frac{P}{2EI}x^2 - \frac{Pl}{4EI}x + C_3, \quad v = \frac{P}{6EI}x^3 - \frac{Pl}{8EI}x^2 + C_3x + C_4$$

$$\theta(l)|_{CB} = 0 \;\rightarrow\; C_3 = -\frac{Pl^2}{4EI}, \quad v(l)|_{CB} = 0 \;\rightarrow\; C_4 = \frac{5Pl^3}{24EI}$$

$$\theta\left(\frac{l}{2}\right)\bigg|_{AC} = \theta\left(\frac{l}{2}\right)\bigg|_{CB} \;\rightarrow\; C_1 = -\frac{3Pl^2}{8EI}, \quad v\left(\frac{l}{2}\right)\bigg|_{AC} = v\left(\frac{l}{2}\right)\bigg|_{CB} \;\rightarrow\; C_2 = \frac{23Pl^3}{96EI}$$

$$\theta_A = \theta(0)|_{AC} = -\frac{3Pl^2}{8EI}, \quad v_A = v(0)|_{AC} = \frac{23Pl^3}{96EI}$$

$$\theta_C = \theta\left(\frac{l}{2}\right)\bigg|_{AC} = -\frac{Pl^2}{4EI}, \quad v_C = v\left(\frac{l}{2}\right)\bigg|_{AC} = \frac{7Pl^3}{96EI}$$

(f)

(AD 間)
$$\frac{d^2v}{dx^2} = -\frac{M_x}{EI} = -\frac{P}{3EI}x, \quad \theta = -\frac{P}{6EI}x^2 + C_1, \quad v = -\frac{P}{18EI}x^3 + C_1x + C_2$$

(DB 間)
$$\frac{d^2v}{dx^2} = -\frac{M_x}{2EI} = -\frac{P}{3EI}(l-x), \quad \theta = \frac{P}{6EI}(l-x)^2 + C_3, \quad v = -\frac{P}{18EI}(l-x)^3 + C_3x + C_4$$

$$v(0)|_{AD} = 0 \;\rightarrow\; C_2 = 0, \quad v(l)|_{DB} = 0 \;\rightarrow\; C_4 = -C_3 l$$

$$\theta\left(\frac{2l}{3}\right)\bigg|_{AD} = \theta\left(\frac{2l}{3}\right)\bigg|_{DB} \;\rightarrow\; C_1 - C_3 = \frac{5Pl^2}{54EI}$$

$$v\left(\frac{2l}{3}\right)\bigg|_{AD} = v\left(\frac{2l}{3}\right)\bigg|_{DB} \;\rightarrow\; 2C_1 + C_3 = \frac{7Pl^2}{162EI} \;\rightarrow\; C_1 = \frac{11Pl^2}{243EI}$$

$$C_3 = C_1 - \frac{5Pl^2}{54EI} \;\rightarrow\; C_3 = -\frac{23Pl^2}{486EI}$$

$$\theta_{\text{A}} = \theta(0)\big|_{\text{AD}} = \frac{11Pl^2}{243EI}, \quad \theta_{\text{B}} = \theta(l)\big|_{\text{DB}} = -\frac{23Pl^2}{486EI}$$

$$\theta_{\text{C}} = \theta\left(\frac{l}{3}\right)\Big|_{\text{AC}} = \frac{13Pl^2}{486EI}, \quad v_{\text{C}} = v\left(\frac{l}{3}\right)\Big|_{\text{AC}} = \frac{19Pl^3}{1458EI}$$

7.2 モールの定理を用いる方法

(a)

$$\theta_{\text{A}} = Q_{\text{A}} = wl = \frac{Ml}{EI}, \quad v_{\text{A}} = M_{\text{A}} = -wl \times \frac{l}{2} = -\frac{Ml^2}{2EI}$$

$$v_{\text{C}} = M_{\text{C}} = -\frac{wl}{2} \times \frac{l}{4} = -\frac{Ml^2}{8EI}, \quad \theta_{\text{C}} = Q_{\text{C}} = \frac{wl}{2} = \frac{Ml}{2EI}$$

(b)

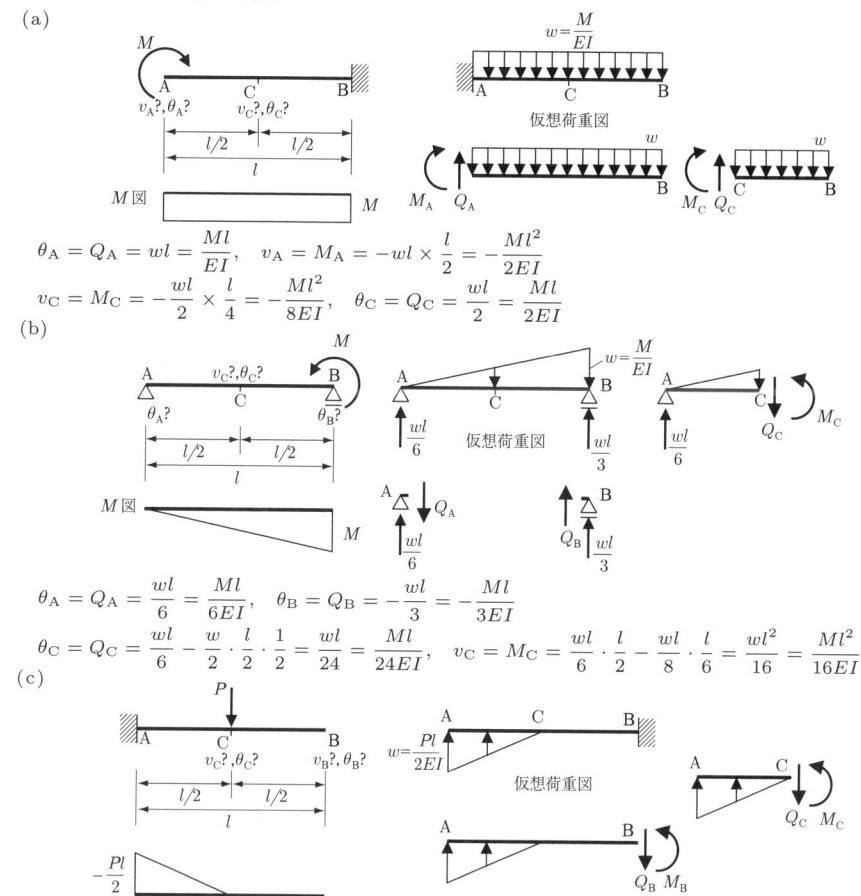

$$\theta_{\text{A}} = Q_{\text{A}} = \frac{wl}{6} = \frac{Ml}{6EI}, \quad \theta_{\text{B}} = Q_{\text{B}} = -\frac{wl}{3} = -\frac{Ml}{3EI}$$

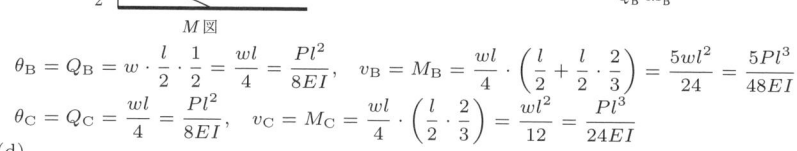

$$\theta_{\text{C}} = Q_{\text{C}} = \frac{wl}{6} - \frac{w}{2} \cdot \frac{l}{2} \cdot \frac{1}{2} = \frac{wl}{24} = \frac{Ml}{24EI}, \quad v_{\text{C}} = M_{\text{C}} = \frac{wl}{6} \cdot \frac{l}{2} - \frac{wl}{8} \cdot \frac{l}{6} = \frac{wl^2}{16} = \frac{Ml^2}{16EI}$$

(c)

$$\theta_{\text{B}} = Q_{\text{B}} = w \cdot \frac{l}{2} \cdot \frac{1}{2} = \frac{wl}{4} = \frac{Pl^2}{8EI}, \quad v_{\text{B}} = M_{\text{B}} = \frac{wl}{4} \cdot \left(\frac{l}{2} + \frac{l}{2} \cdot \frac{2}{3}\right) = \frac{5wl^2}{24} = \frac{5Pl^3}{48EI}$$

$$\theta_{\text{C}} = Q_{\text{C}} = \frac{wl}{4} = \frac{Pl^2}{8EI}, \quad v_{\text{C}} = M_{\text{C}} = \frac{wl}{4} \cdot \left(\frac{l}{2} \cdot \frac{2}{3}\right) = \frac{wl^2}{12} = \frac{Pl^3}{24EI}$$

(d)

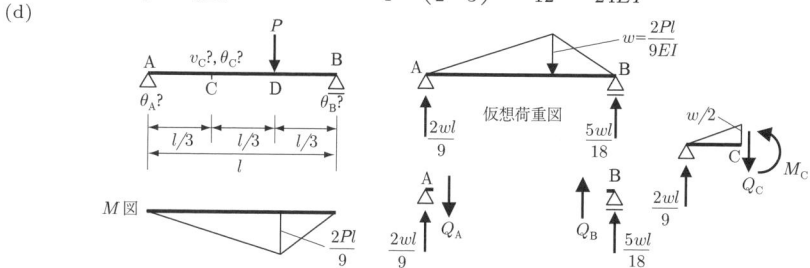

$$\theta_\mathrm{A} = Q_\mathrm{A} = \frac{2wl^2}{9} = \frac{4Pl^2}{81EI}, \quad \theta_\mathrm{B} = Q_\mathrm{B} = -\frac{5wl}{18} = -\frac{5Pl^2}{81EI}$$

$$\theta_\mathrm{C} = Q_\mathrm{C} = \frac{2wl}{9} - \frac{w}{2} \cdot \frac{l}{3} \cdot \frac{1}{2} = \frac{5wl}{36} = \frac{5Pl^2}{162EI}, \quad v_\mathrm{C} = M_\mathrm{C} = \frac{2wl}{9} \cdot \frac{l}{3} - \frac{wl}{12} \cdot \frac{l}{9} = \frac{7wl^2}{108} = \frac{7Pl^3}{486EI}$$

(e)

$$\theta_\mathrm{A} = Q_\mathrm{A} = \frac{wl}{3} = \frac{Pl^2}{6EI} \quad v_\mathrm{A} = M_\mathrm{A} = -\frac{wl^2}{8} = -\frac{Pl^3}{16EI}$$

$$\theta_\mathrm{C} = Q_\mathrm{C} = \frac{wl}{8} - \frac{wl}{24} = \frac{wl}{12} = \frac{Pl^2}{24EI}$$

(f)

$$\theta_\mathrm{A} = Q_\mathrm{A} = \frac{wl}{6} = \frac{Pl^2}{24EI}$$

$$\theta_{\mathrm{C}\,右} = Q_\mathrm{C} = -\frac{wl}{4} = \frac{Pl^2}{16EI} \quad v_\mathrm{C} = M_\mathrm{C} = \frac{wl}{4} \cdot \frac{l}{3} = \frac{Pl^3}{48EI}$$

$$\theta_{\mathrm{C}\,左} = Q_\mathrm{C} = \frac{wl}{6} = \frac{Pl^2}{24EI}$$

7.3 仮想仕事法を用いる方法

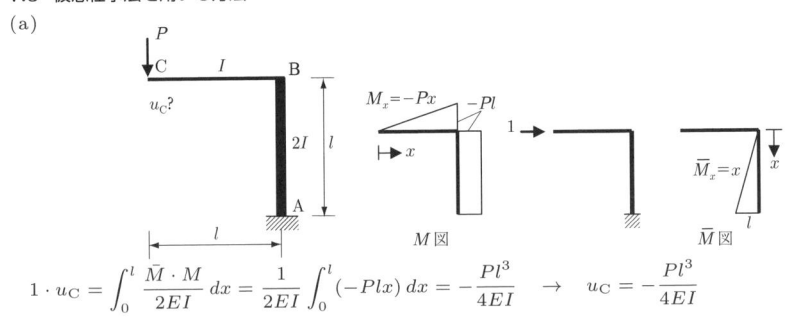

(a)

$$1 \cdot u_\mathrm{C} = \int_0^l \frac{\bar{M} \cdot M}{2EI}\,dx = \frac{1}{2EI}\int_0^l (-Plx)\,dx = -\frac{Pl^3}{4EI} \quad \rightarrow \quad u_\mathrm{C} = -\frac{Pl^3}{4EI}$$

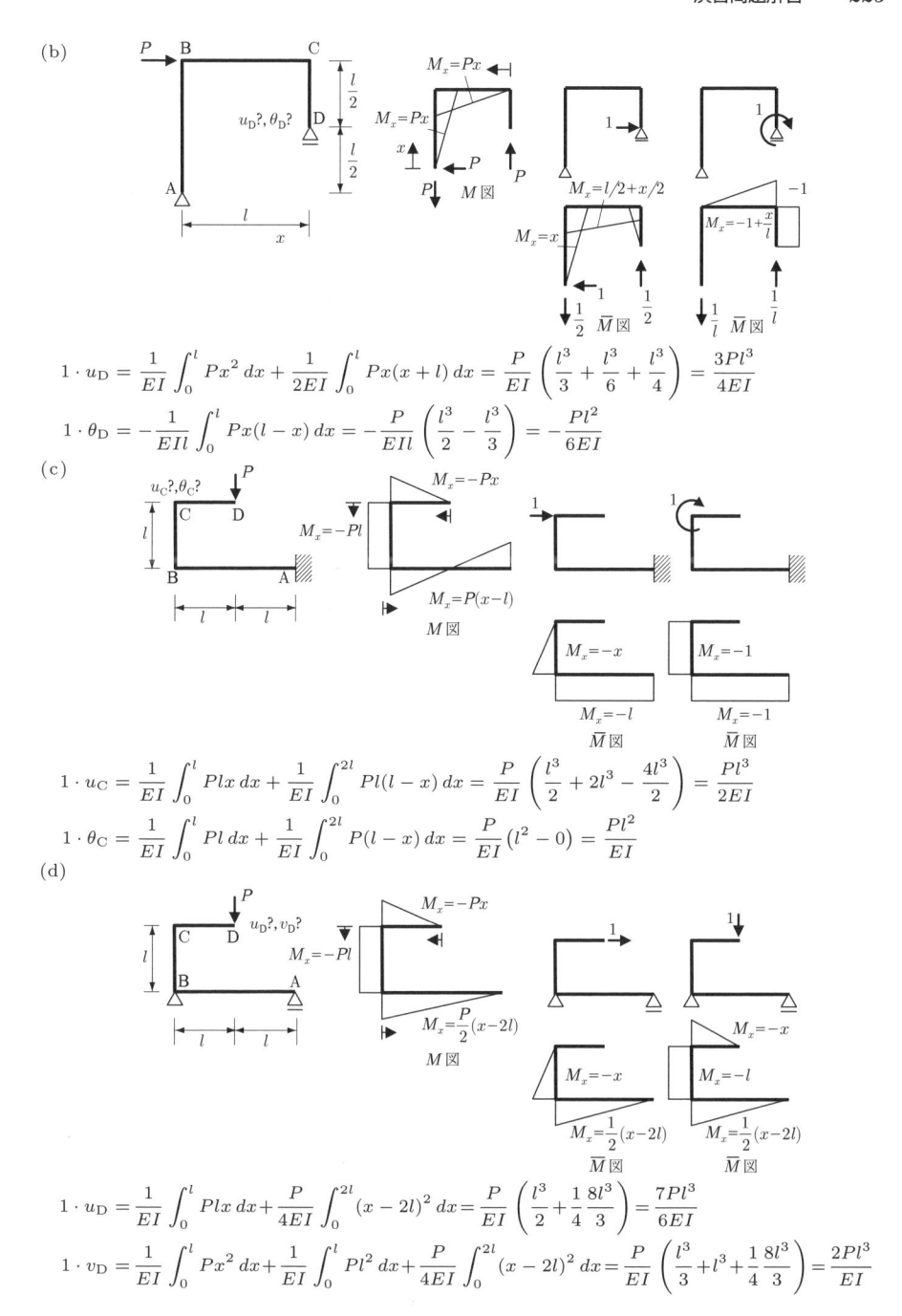

(b)

$$1 \cdot u_\mathrm{D} = \frac{1}{EI}\int_0^l Px^2\,dx + \frac{1}{2EI}\int_0^l Px(x+l)\,dx = \frac{P}{EI}\left(\frac{l^3}{3}+\frac{l^3}{6}+\frac{l^3}{4}\right) = \frac{3Pl^3}{4EI}$$

$$1 \cdot \theta_\mathrm{D} = -\frac{1}{EIl}\int_0^l Px(l-x)\,dx = -\frac{P}{EIl}\left(\frac{l^3}{2}-\frac{l^3}{3}\right) = -\frac{Pl^2}{6EI}$$

(c)

$$1 \cdot u_\mathrm{C} = \frac{1}{EI}\int_0^l Plx\,dx + \frac{1}{EI}\int_0^{2l} Pl(l-x)\,dx = \frac{P}{EI}\left(\frac{l^3}{2}+2l^3-\frac{4l^3}{2}\right) = \frac{Pl^3}{2EI}$$

$$1 \cdot \theta_\mathrm{C} = \frac{1}{EI}\int_0^l Pl\,dx + \frac{1}{EI}\int_0^{2l} P(l-x)\,dx = \frac{P}{EI}(l^2-0) = \frac{Pl^2}{EI}$$

(d)

$$1 \cdot u_\mathrm{D} = \frac{1}{EI}\int_0^l Plx\,dx + \frac{P}{4EI}\int_0^{2l}(x-2l)^2\,dx = \frac{P}{EI}\left(\frac{l^3}{2}+\frac{1}{4}\frac{8l^3}{3}\right) = \frac{7Pl^3}{6EI}$$

$$1 \cdot v_\mathrm{D} = \frac{1}{EI}\int_0^l Px^2\,dx + \frac{1}{EI}\int_0^l Pl^2\,dx + \frac{P}{4EI}\int_0^{2l}(x-2l)^2\,dx = \frac{P}{EI}\left(\frac{l^3}{3}+l^3+\frac{1}{4}\frac{8l^3}{3}\right) = \frac{2Pl^3}{EI}$$

(e)

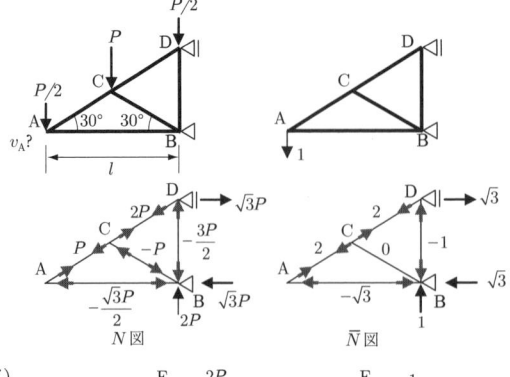

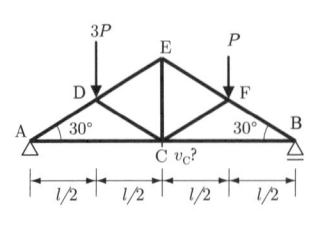

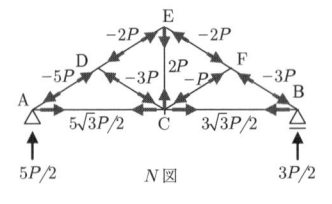

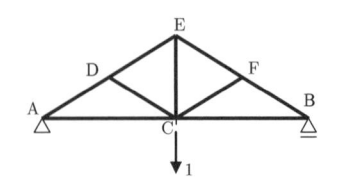

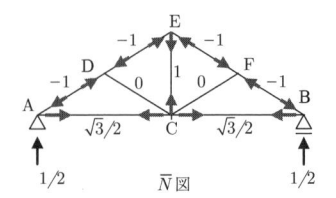

部 材	長 さ	N	$\bar{N}$	$N\bar{N}l$
AB	l	$-\dfrac{\sqrt{3}P}{2}$	$-\sqrt{3}$	$\dfrac{3Pl}{2}$
AC	$\dfrac{\sqrt{3}l}{3}$	P	2	$\dfrac{2\sqrt{3}Pl}{3}$
BC	$\dfrac{\sqrt{3}l}{3}$	$-P$	0	0
CD	$\dfrac{\sqrt{3}l}{3}$	$2P$	2	$\dfrac{4\sqrt{3}Pl}{3}$
BD	$\dfrac{\sqrt{3}l}{3}$	$-\dfrac{3P}{2}$	-1	$\dfrac{\sqrt{3}Pl}{2}$
$\sum N\bar{N}l$				$\dfrac{(3+5\sqrt{3})Pl}{2}$

$$v_A = \dfrac{3+5\sqrt{3}}{2}\dfrac{Pl}{EA}$$

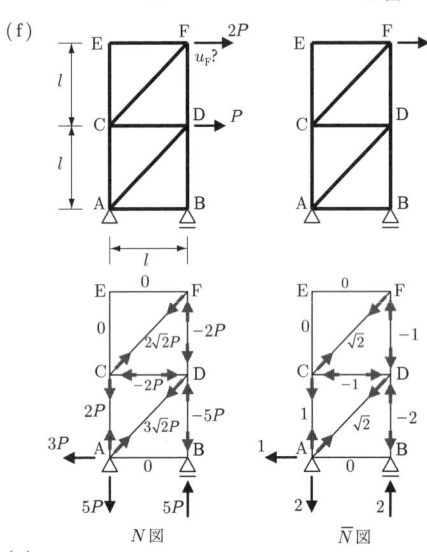

(f)

部 材	長 さ	N	$\bar{N}$	$N\bar{N}l$
AB	l	0	0	0
AD	$\sqrt{2}l$	$3\sqrt{2}P$	$\sqrt{2}$	$6\sqrt{2}Pl$
AC	l	$2P$	1	$2Pl$
BD	l	$-5P$	-2	$10Pl$
CD	l	$-2P$	-1	$2Pl$
CF	$\sqrt{2}l$	$2\sqrt{2}P$	$\sqrt{2}$	$4\sqrt{2}Pl$
CE	l	0	0	0
DF	l	$-2P$	-1	$2Pl$
EF	l	0	0	0
$\sum N\bar{N}l$				$(16+10\sqrt{2})Pl$

$$u_F = (16+10\sqrt{2})\dfrac{Pl}{EA}$$

(g)

部　材	長　さ	N	$\bar{N}$	$N\bar{N}l$
AC	l	$\dfrac{5\sqrt{3}P}{2}$	$\dfrac{\sqrt{3}}{2}$	$\dfrac{15Pl}{4}$
BC	l	$\dfrac{3\sqrt{3}P}{2}$	$\dfrac{\sqrt{3}}{2}$	$\dfrac{9Pl}{4}$
AD	$\dfrac{\sqrt{3}l}{3}$	$-5P$	-1	$\dfrac{5\sqrt{3}Pl}{3}$
BF	$\dfrac{\sqrt{3}l}{3}$	$-3P$	-1	$\sqrt{3}Pl$
CD	$\dfrac{\sqrt{3}l}{3}$	$-3P$	0	0

部　材	長　さ	N	$\bar{N}$	$N\bar{N}l$
CF	$\dfrac{\sqrt{3}l}{3}$	$-P$	0	0
DE	$\dfrac{\sqrt{3}l}{3}$	$-2P$	-1	$\dfrac{2\sqrt{3}Pl}{3}$
EF	$\dfrac{\sqrt{3}l}{3}$	$-2P$	-1	$\dfrac{2\sqrt{3}Pl}{3}$
CE	$\dfrac{\sqrt{3}l}{3}$	$2P$	1	$\dfrac{2\sqrt{3}Pl}{3}$
$\sum N\bar{N}l$				$\dfrac{18+14\sqrt{3}}{3}Pl$

$$v_C = \dfrac{18+14\sqrt{3}}{3}\dfrac{Pl}{EA}$$

(h)

部　材	長　さ	N	$\bar{N}$	$N\bar{N}l$
AC	l	$-2P$	$-\dfrac{1}{2}$	Pl
BJ	l	$-2P$	$-\dfrac{1}{2}$	Pl
AD	l	0	0	0
BH	l	0	0	0
CD	$\sqrt{2}l$	$\dfrac{3\sqrt{2}P}{2}$	$\dfrac{\sqrt{2}}{2}$	$\dfrac{3\sqrt{2}Pl}{2}$
HJ	$\sqrt{2}l$	$\dfrac{3\sqrt{2}P}{2}$	$\dfrac{\sqrt{2}}{2}$	$\dfrac{3\sqrt{2}Pl}{2}$
CE	l	$-\dfrac{3P}{2}$	$-\dfrac{1}{2}$	$\dfrac{3Pl}{4}$
IJ	l	$-\dfrac{3P}{2}$	$-\dfrac{1}{2}$	$\dfrac{3Pl}{4}$
DE	l	$-\dfrac{3P}{2}$	$-\dfrac{1}{2}$	$\dfrac{3Pl}{4}$
HI	l	$-\dfrac{3P}{2}$	$-\dfrac{1}{2}$	$\dfrac{3Pl}{4}$
DF	l	$\dfrac{3P}{2}$	$\dfrac{1}{2}$	$\dfrac{3Pl}{4}$
FH	l	$\dfrac{3P}{2}$	$\dfrac{1}{2}$	$\dfrac{3Pl}{4}$
EF	$\sqrt{2}l$	$\dfrac{\sqrt{2}P}{2}$	$\dfrac{\sqrt{2}}{2}$	$\dfrac{\sqrt{2}Pl}{2}$
FI	$\sqrt{2}l$	$\dfrac{\sqrt{2}P}{2}$	$\dfrac{\sqrt{2}}{2}$	$\dfrac{\sqrt{2}Pl}{2}$
EG	l	$-2P$	-1	$2Pl$
GI	l	$-2P$	-1	$2Pl$
FG	l	$-P$	0	0
$\sum N\bar{N}l$				$\dfrac{21+8\sqrt{2}}{2}Pl$

$$v_F = \dfrac{21+8\sqrt{2}}{2}\dfrac{Pl}{EA}$$

第8章
8.1 不静定骨組の応力

(a)

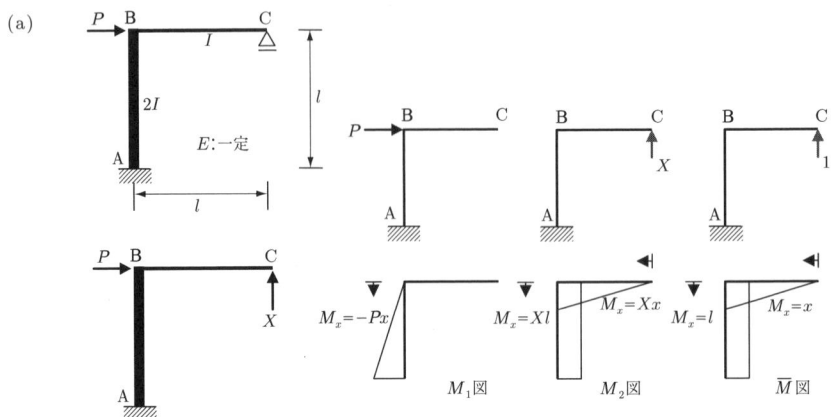

静定基本形

$$v_{C1} = \frac{1}{2EI}\int_0^l (-Px)l\,dx = -\frac{Pl^3}{4EI}$$

$$v_{C2} = \frac{1}{2EI}\int_0^l Xl^2\,dx + \frac{1}{EI}\int_0^l Xx^2\,dx$$

$$= \frac{Xl^3}{2EI} + \frac{Xl^3}{3EI} = \frac{5Xl^3}{6EI}$$

$v_C = v_{C1} + v_{C2} = 0$ より

$$\frac{5Xl^3}{6EI} = \frac{Pl^3}{4EI} \;\rightarrow\; X = \frac{3P}{10}$$

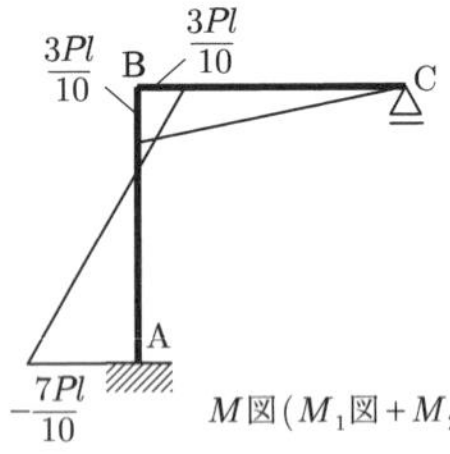

M図 (M_1図 + M_2図)

(b)

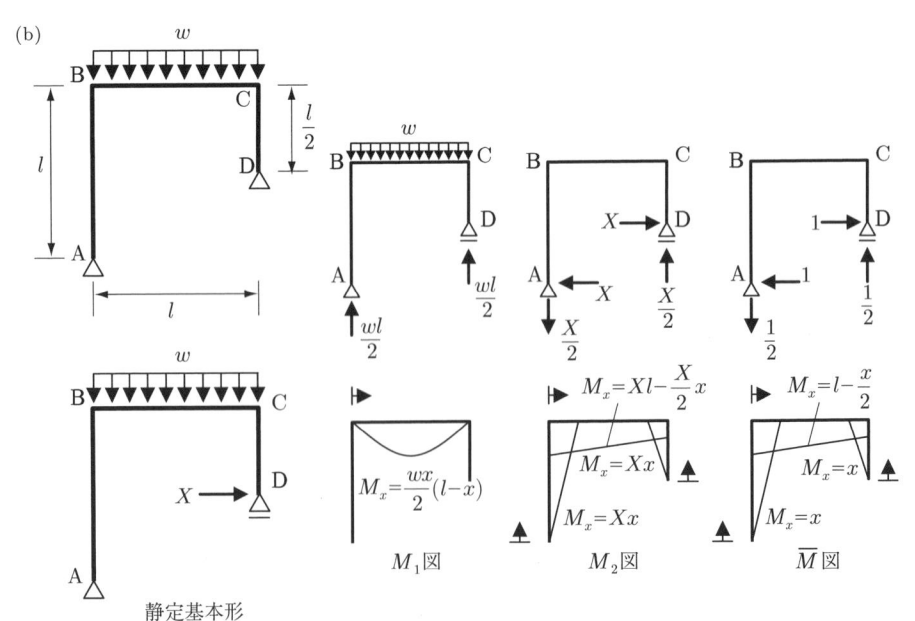

静定基本形

$$u_{D1} = \frac{w}{2EI}\int_0^l x(l-x)\left(l-\frac{x}{2}\right)dx = \frac{wl^4}{16EI}$$
$$u_{D2} = \frac{X}{EI}\int_0^l x^2\,dx + \frac{X}{EI}\int_0^l \left(l-\frac{x}{2}\right)^2 dx$$
$$\quad\quad + \frac{X}{EI}\int_0^{\frac{l}{2}} x^2\,dx$$
$$\quad\quad = \frac{X}{EI}\left(\frac{l^3}{3}+\frac{7l^3}{12}+\frac{l^3}{24}\right) = \frac{23Xl^3}{24EI}$$

$u_D = u_{D1} + u_{D2} = 0$ より

$$\frac{23Xl^3}{24EI} = -\frac{wl^4}{16EI} \rightarrow X = -\frac{3wl}{46}$$

M図(M_1図+M_2図)

(c)

$$v_{A1} = -\frac{w}{2EI}\int_0^{\frac{l}{2}} x^3\,dx - \frac{w}{4EI}\int_{\frac{l}{2}}^l x^3\,dx = -\frac{17wl^4}{256EI}$$
$$v_{A2} = \frac{X}{EI}\int_0^{\frac{l}{2}} x^2\,dx + \frac{X}{2EI}\int_{\frac{l}{2}}^l x^2 dx = \frac{3Xl^3}{16EI}$$

$v_A = v_{A1} + v_{A2} = 0$ より

$$\frac{3Xl^3}{16EI} = \frac{17wl^4}{256EI} \rightarrow X = \frac{17wl}{48} \quad M_x = -\frac{w}{2}x^2 + \frac{17wl}{48}x$$
$$Q_x = -wx + \frac{17wl}{48} \rightarrow x = \frac{17l}{48}\text{のとき}\ Q_x = 0 \quad M_{\max} = M_x\left(\frac{17l}{48}\right) = \frac{289wl^2}{4608}$$

(d)

M_1図　　M_2図　　$\bar{M}$図

$$u_{D1} = \frac{M}{EI} \int_0^l \left(1 - \frac{x}{l}\right)\left(l - \frac{x}{2}\right) dx = \frac{5Ml^2}{12}$$

$$u_{D2} = \frac{X}{EI} \int_0^l x^2\, dx + \frac{X}{EI} \int_0^l \left(l - \frac{x}{2}\right)^2 dx$$

$$+ \frac{X}{EI} \int_0^{\frac{l}{2}} x^2\, dx$$

$$= \frac{X}{EI}\left(\frac{l^3}{3} + \frac{7l^3}{12} + \frac{l^3}{24}\right) = \frac{23Xl^3}{24EI}$$

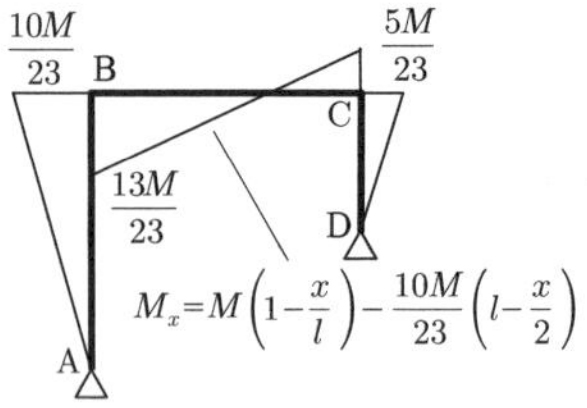

$u_D = u_{D1} + u_{D2} = 0$ より

$$\frac{23Xl^3}{24EI} = -\frac{5Ml^2}{12} \quad \to \quad X = -\frac{10M}{23l}$$

8.2 合成骨組の応力

(a)

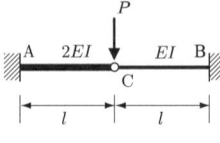

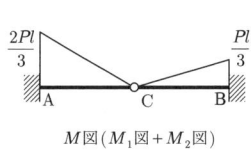

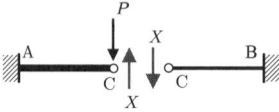

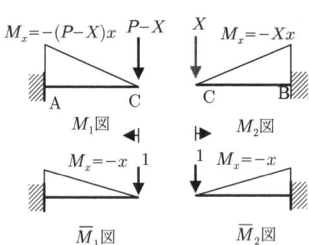

$$v_{C1} = \frac{P-X}{2EI} \int_0^l x^2\, dx = \frac{(P-X)l^3}{6EI}, \quad v_{C2} = \frac{X}{EI} \int_0^l x^2\, dx = \frac{Xl^3}{3EI}$$

$v_{C1} = v_{C2}$ より

$$\frac{(P-X)l^3}{6EI} = \frac{Xl^3}{3EI} \quad \to \quad X = \frac{P}{3}$$

(b)

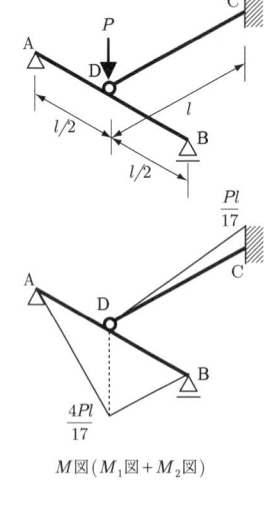

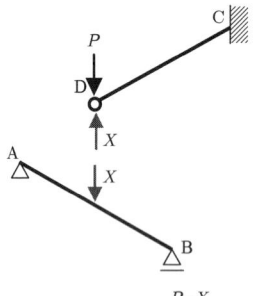

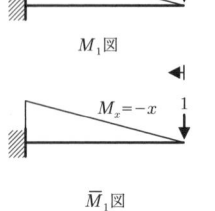

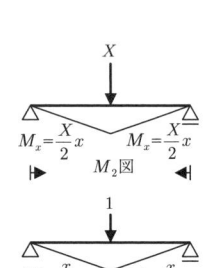

$$v_{\text{D1}} = \frac{P-X}{EI}\int_0^l x^2\,dx = \frac{(P-X)l^3}{3EI}, \qquad v_{\text{D2}} = \frac{X}{4EI}\int_0^{\frac{l}{2}} x^2\,dx + \frac{X}{4EI}\int_0^{\frac{l}{2}} x^2\,dx = \frac{Xl^3}{48EI}$$

$v_{\text{D1}} = v_{\text{D2}}$ より

$$\frac{(P-X)l^3}{3EI} = \frac{Xl^3}{48EI} \quad \rightarrow \quad X = \frac{16P}{17}$$

(c)

(a)の結果が利用可能

M図(M_1図+M_2図)

$$v_{\text{C1}} = \frac{2(P-X)}{9EI}\int_0^l x^2\,dx + \frac{(P-X)}{9EI}\int_0^l x^2\,dx = \frac{(P-X)l^3}{9EI}, \qquad v_{\text{C2}} = \frac{X}{3EI}\int_0^l x^2\,dx = \frac{Xl^3}{9EI}$$

$v_{\text{C1}} = v_{\text{C2}}$ より

$$\frac{(P-X)l^3}{9EI} = \frac{Xl^3}{9EI} \quad \rightarrow \quad X = \frac{P}{2}$$

(d)

$$v_{C1} = \frac{X}{EI}\int_0^l x^2\,dx + \frac{Xl^2}{2EI}\int_0^l dx = \frac{5Xl^3}{6EI}, \qquad v_{C2} = \frac{P-X}{EI}\int_0^l x^2\,dx = \frac{(P-X)l^3}{3EI}$$

$v_{C1} = v_{C2}$ より

$$\frac{(P-X)l^3}{3EI} = \frac{5Xl^3}{6EI} \quad \rightarrow \quad X = \frac{2P}{7}$$

第9章
9.1 たわみ角法
(a)

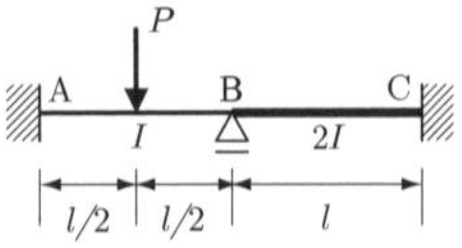

$$\begin{Bmatrix} M_{AB} \\ M_{BA} \end{Bmatrix} = 2E\frac{I}{l}\begin{bmatrix} 2 & 1 \\ 1 & 2 \end{bmatrix}\begin{Bmatrix} \theta_A \\ \theta_B \end{Bmatrix} + \begin{Bmatrix} -Pl/8 \\ Pl/8 \end{Bmatrix}, \qquad \begin{Bmatrix} M_{BC} \\ M_{CB} \end{Bmatrix} = 2E\frac{2I}{l}\begin{bmatrix} 2 & 1 \\ 1 & 2 \end{bmatrix}\begin{Bmatrix} \theta_B \\ \theta_C \end{Bmatrix}$$

節点方程式

$$M_{BA} + M_{BC} = 0$$

$\theta_A = \theta_C = 0$ より

$$M_{AB} = \frac{EI}{l}(2\theta_B) - \frac{Pl}{8}, \quad M_{BA} = \frac{EI}{l}(4\theta_B) + \frac{Pl}{8}, \quad M_{BC} = \frac{EI}{l}(8\theta_B), \quad M_{CB} = \frac{EI}{l}(4\theta_B)$$

節点方程式より

$$\frac{EI}{l}(12\theta_B) + \frac{Pl}{8} = 0 \quad \rightarrow \quad \theta_B = -\frac{1}{96}\frac{Pl^2}{EI}$$

$$M_{AB} = -\frac{7Pl}{48}, \quad M_{BA} = \frac{4Pl}{48}$$

$$M_{BC} = -\frac{4Pl}{48}, \quad M_{CB} = -\frac{2Pl}{48}$$

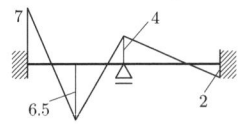

$$\frac{Pl}{4} - \frac{Pl}{48}\left(\frac{7+4}{2}\right) = \frac{13Pl}{96} \quad \left(\times\frac{Pl}{48}\right)$$

M図

(b)

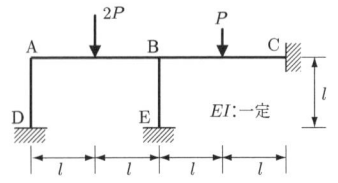

$$\begin{Bmatrix} M_{DA} \\ M_{AD} \end{Bmatrix} = 2E\frac{I}{l}\begin{bmatrix} 2 & 1 \\ 1 & 2 \end{bmatrix}\begin{Bmatrix} \theta_D \\ \theta_A \end{Bmatrix}, \qquad \begin{Bmatrix} M_{AB} \\ M_{BA} \end{Bmatrix} = 2E\frac{I}{2l}\begin{bmatrix} 2 & 1 \\ 1 & 2 \end{bmatrix}\begin{Bmatrix} \theta_A \\ \theta_B \end{Bmatrix} + \begin{Bmatrix} -2P\cdot 2l/8 \\ 2P\cdot 2l/8 \end{Bmatrix}$$

$$\begin{Bmatrix} M_{BE} \\ M_{EB} \end{Bmatrix} = 2E\frac{I}{l}\begin{bmatrix} 2 & 1 \\ 1 & 2 \end{bmatrix}\begin{Bmatrix} \theta_B \\ \theta_E \end{Bmatrix}, \qquad \begin{Bmatrix} M_{BC} \\ M_{CB} \end{Bmatrix} = 2E\frac{I}{2l}\begin{bmatrix} 2 & 1 \\ 1 & 2 \end{bmatrix}\begin{Bmatrix} \theta_B \\ \theta_C \end{Bmatrix} + \begin{Bmatrix} -P\cdot 2l/8 \\ P\cdot 2l/8 \end{Bmatrix}$$

節点方程式

$$M_{AD} + M_{AB} = 0, \quad M_{BA} + M_{BE} + M_{BC} = 0$$

$\theta_D = \theta_E = \theta_C = 0$ より

$$M_{DA} = \frac{EI}{l}(2\theta_A), \quad M_{AD} = \frac{EI}{l}(4\theta_A)$$

$$M_{AB} = \frac{EI}{l}(2\theta_A + \theta_B) - \frac{Pl}{2}, \quad M_{BA} = \frac{EI}{l}(\theta_A + 2\theta_B) + \frac{Pl}{2}$$

$$M_{BE} = \frac{EI}{l}(4\theta_B), \quad M_{EB} = \frac{EI}{l}(2\theta_B)$$

$$M_{BC} = \frac{EI}{l}(2\theta_B) - \frac{Pl}{4}, \quad M_{CB} = \frac{EI}{l}(\theta_B) + \frac{Pl}{4}$$

節点方程式より
$$\frac{EI}{l}(6\theta_A + \theta_B) - \frac{Pl}{2} = 0, \quad \frac{EI}{l}(\theta_A + 8\theta_B) + \frac{Pl}{4} = 0$$
$$\rightarrow \quad \theta_A = \frac{17}{188}\left(\frac{Pl^2}{EI}\right), \quad \theta_B = -\frac{8}{188}\left(\frac{Pl^2}{EI}\right)$$

$M_{DA} = \dfrac{34Pl}{188}, \quad M_{AD} = \dfrac{68Pl}{188}, \quad M_{AB} = -\dfrac{68Pl}{188}$

$M_{BA} = \dfrac{95Pl}{188}, \quad M_{BE} = -\dfrac{32Pl}{188}, \quad M_{EB} = -\dfrac{16Pl}{188}$

$M_{BC} = -\dfrac{63Pl}{188}, \quad M_{CB} = \dfrac{39Pl}{188}$

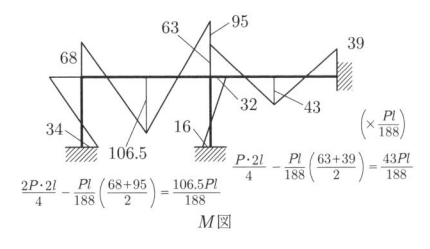

$\dfrac{2P\cdot 2l}{4} - \dfrac{Pl}{188}\left(\dfrac{68+95}{2}\right) = \dfrac{106.5Pl}{188}$
$\dfrac{P\cdot 2l}{4} - \dfrac{Pl}{188}\left(\dfrac{63+39}{2}\right) = \dfrac{43Pl}{188}$

M図

(c)

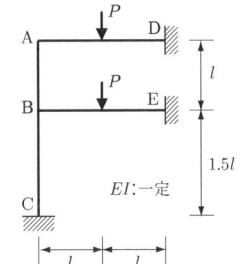

$$\left\{\begin{array}{c}M_{AD}\\M_{DA}\end{array}\right\} = 2E\frac{I}{2l}\begin{bmatrix}2 & 1\\1 & 2\end{bmatrix}\left\{\begin{array}{c}\theta_A\\\theta_D\end{array}\right\} + \left\{\begin{array}{c}-P\cdot 2l/8\\P\cdot 2l/8\end{array}\right\}, \quad \left\{\begin{array}{c}M_{AB}\\M_{BA}\end{array}\right\} = 2E\frac{I}{l}\begin{bmatrix}2 & 1\\1 & 2\end{bmatrix}\left\{\begin{array}{c}\theta_A\\\theta_B\end{array}\right\}$$

$$\left\{\begin{array}{c}M_{BE}\\M_{EB}\end{array}\right\} = 2E\frac{I}{2l}\begin{bmatrix}2 & 1\\1 & 2\end{bmatrix}\left\{\begin{array}{c}\theta_B\\\theta_E\end{array}\right\} + \left\{\begin{array}{c}-P\cdot 2l/8\\P\cdot 2l/8\end{array}\right\}, \quad \left\{\begin{array}{c}M_{BC}\\M_{CB}\end{array}\right\} = 2E\frac{I}{1.5l}\begin{bmatrix}2 & 1\\1 & 2\end{bmatrix}\left\{\begin{array}{c}\theta_B\\\theta_C\end{array}\right\}$$

節点方程式

$M_{AD} + M_{AB} = 0, \quad M_{BA} + M_{BE} + M_{BC} = 0$

$\theta_D = \theta_E = \theta_C = 0$ より

$M_{AD} = \dfrac{EI}{l}(2\theta_A) - \dfrac{Pl}{4}, \quad M_{DA} = \dfrac{EI}{l}(\theta_A) + \dfrac{Pl}{4}, \quad M_{AB} = \dfrac{EI}{l}(4\theta_A + 2\theta_B)$

$M_{BA} = \dfrac{EI}{l}(2\theta_A + 4\theta_B), \quad M_{BE} = \dfrac{EI}{l}(2\theta_B) - \dfrac{Pl}{4}, \quad M_{EB} = \dfrac{EI}{l}(\theta_B) + \dfrac{Pl}{4}$

$M_{BC} = \dfrac{EI}{l}\dfrac{8\theta_B}{3}, \quad M_{CB} = \dfrac{EI}{l}\dfrac{4\theta_B}{3}$

節点方程式より
$$\frac{EI}{l}(6\theta_A + 2\theta_B) - \frac{Pl}{4} = 0, \quad \frac{EI}{l}\left(2\theta_A + \frac{26\theta_B}{3}\right) - \frac{Pl}{4} = 0$$
$$\rightarrow \quad \theta_A = \frac{5}{144}\left(\frac{Pl^2}{EI}\right), \quad \theta_B = \frac{3}{144}\left(\frac{Pl^2}{EI}\right)$$

$M_{AD} = -\dfrac{26Pl}{144}, \quad M_{DA} = \dfrac{41Pl}{144}, \quad M_{AB} = \dfrac{26Pl}{144}$

$M_{BA} = \dfrac{22Pl}{144}, \quad M_{BE} = \dfrac{-30Pl}{144}, \quad M_{EB} = \dfrac{39Pl}{144}$

$M_{BC} = \dfrac{8Pl}{144}, \quad M_{CB} = \dfrac{4Pl}{144}$

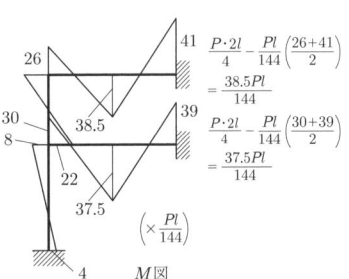

$\dfrac{P\cdot 2l}{4} - \dfrac{Pl}{144}\left(\dfrac{26+41}{2}\right) = \dfrac{38.5Pl}{144}$

$\dfrac{P\cdot 2l}{4} - \dfrac{Pl}{144}\left(\dfrac{30+39}{2}\right) = \dfrac{37.5Pl}{144}$

M図

(d)

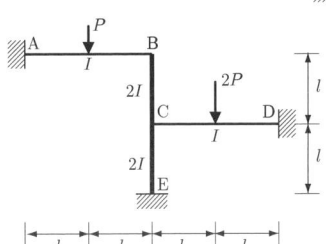

$$\begin{Bmatrix} M_{AB} \\ M_{BA} \end{Bmatrix} = 2E\frac{I}{2l}\begin{bmatrix} 2 & 1 \\ 1 & 2 \end{bmatrix}\begin{Bmatrix} \theta_A \\ \theta_B \end{Bmatrix} + \begin{Bmatrix} -P\cdot 2l/8 \\ P\cdot 2l/8 \end{Bmatrix}, \quad \begin{Bmatrix} M_{BC} \\ M_{CB} \end{Bmatrix} = 2E\frac{2I}{l}\begin{bmatrix} 2 & 1 \\ 1 & 2 \end{bmatrix}\begin{Bmatrix} \theta_B \\ \theta_C \end{Bmatrix}$$

$$\begin{Bmatrix} M_{CD} \\ M_{DC} \end{Bmatrix} = 2E\frac{I}{2l}\begin{bmatrix} 2 & 1 \\ 1 & 2 \end{bmatrix}\begin{Bmatrix} \theta_C \\ \theta_D \end{Bmatrix} + \begin{Bmatrix} -2P\cdot 2l/8 \\ 2P\cdot 2l/8 \end{Bmatrix}, \quad \begin{Bmatrix} M_{CE} \\ M_{EC} \end{Bmatrix} = 2E\frac{2I}{l}\begin{bmatrix} 2 & 1 \\ 1 & 2 \end{bmatrix}\begin{Bmatrix} \theta_C \\ \theta_E \end{Bmatrix}$$

節点方程式
$$M_{BA} + M_{BC} = 0, \quad M_{CB} + M_{CD} + M_{CE} = 0$$

$\theta_A = \theta_D = \theta_E = 0$ より

$$M_{AB} = \frac{EI}{l}(\theta_B) - \frac{Pl}{4}, \quad M_{BA} = \frac{EI}{l}(2\theta_B) + \frac{Pl}{4}, \quad M_{BC} = \frac{EI}{l}(8\theta_B + 4\theta_C)$$

$$M_{CB} = \frac{EI}{l}(4\theta_B + 8\theta_C), \quad M_{CD} = \frac{EI}{l}(2\theta_C) - \frac{Pl}{2}, \quad M_{DC} = \frac{EI}{l}(\theta_C) + \frac{Pl}{2}$$

$$M_{CE} = \frac{EI}{l}(8\theta_C), \quad M_{EC} = \frac{EI}{l}(4\theta_C)$$

節点方程式より

$$\frac{EI}{l}(10\theta_B + 4\theta_C) + \frac{Pl}{4} = 0, \quad \frac{EI}{l}(4\theta_B + 18\theta_C) - \frac{Pl}{2} = 0$$

$$\rightarrow \quad \theta_B = -\frac{13}{328}\left(\frac{Pl^2}{EI}\right), \quad \theta_C = \frac{12}{328}\left(\frac{Pl^2}{EI}\right)$$

$$M_{AB} = -\frac{95Pl}{328}, \quad M_{BA} = \frac{56Pl}{328}, \quad M_{BC} = -\frac{56Pl}{328}, \quad M_{CB} = \frac{44Pl}{328}$$

$$M_{CD} = -\frac{140Pl}{328}, \quad M_{DC} = \frac{176Pl}{328}, \quad M_{CE} = \frac{96Pl}{328}, \quad M_{EC} = \frac{48Pl}{328}$$

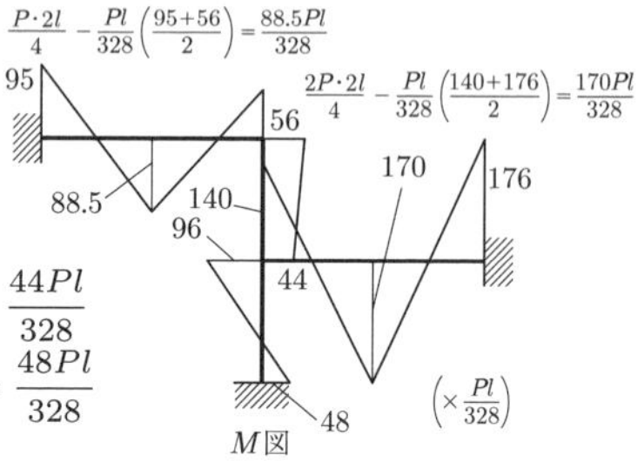

$\frac{P\cdot 2l}{4} - \frac{Pl}{328}\left(\frac{95+56}{2}\right) = \frac{88.5Pl}{328}$

$\frac{2P\cdot 2l}{4} - \frac{Pl}{328}\left(\frac{140+176}{2}\right) = \frac{170Pl}{328}$

95, 88.5, 56, 140, 170, 176, 96, 44, 48

M図 $\left(\times \frac{Pl}{328}\right)$

(e)

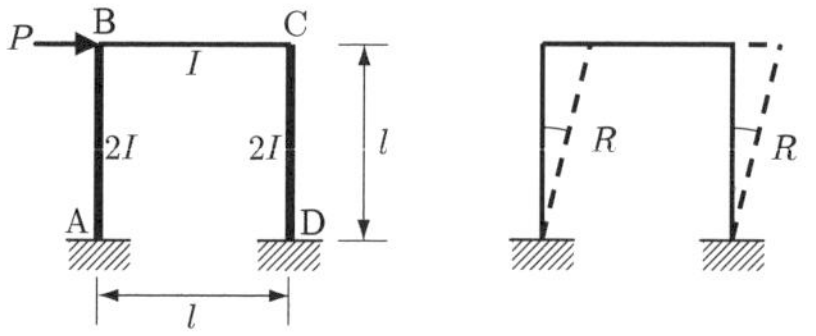

$$\begin{Bmatrix} M_{AB} \\ M_{BA} \end{Bmatrix} = 2E\frac{2I}{l}\begin{bmatrix} 2 & 1 \\ 1 & 2 \end{bmatrix}\begin{Bmatrix} \theta_A - R \\ \theta_B - R \end{Bmatrix}, \quad \begin{Bmatrix} M_{BC} \\ M_{CB} \end{Bmatrix} = 2E\frac{I}{l}\begin{bmatrix} 2 & 1 \\ 1 & 2 \end{bmatrix}\begin{Bmatrix} \theta_B \\ \theta_C \end{Bmatrix}$$

$$\begin{Bmatrix} M_{CD} \\ M_{DC} \end{Bmatrix} = 2E\frac{2I}{l}\begin{bmatrix} 2 & 1 \\ 1 & 2 \end{bmatrix}\begin{Bmatrix} \theta_C - R \\ \theta_D - R \end{Bmatrix}$$

節点方程式

$$M_{BA} + M_{BC} = 0, \quad M_{CB} + M_{CD} = 0$$

層方程式

$$P = -\frac{M_{AB} + M_{BA}}{l} - \frac{M_{CD} + M_{DC}}{l}$$

$\theta_A = \theta_D = 0$ より

$$M_{AB} = \frac{EI}{l}(4\theta_B - 12R), \quad M_{BA} = \frac{EI}{l}(8\theta_B - 12R), \quad M_{BC} = \frac{EI}{l}(4\theta_B + 2\theta_C)$$

$$M_{CB} = \frac{EI}{l}(2\theta_B + 4\theta_C), \quad M_{CD} = \frac{EI}{l}(8\theta_C - 12R), \quad M_{DC} = \frac{EI}{l}(4\theta_C - 12R)$$

節点方程式と層方程式より

$$\frac{EI}{l}(12\theta_B + 2\theta_C - 12R) = 0, \quad \frac{EI}{l}(2\theta_B + 12\theta_C - 12R) = 0$$

$$\frac{EI}{l}(12\theta_B + 12\theta_C - 48R) = -Pl$$

$$\rightarrow \quad \theta_B = \frac{1}{32}\left(\frac{Pl^2}{EI}\right), \quad \theta_C = \frac{1}{32}\left(\frac{Pl^2}{EI}\right), \quad R = \frac{7}{192}\left(\frac{Pl^2}{EI}\right)$$

$$M_{AB} = -\frac{5Pl}{16}, \quad M_{BA} = -\frac{3Pl}{16}, \quad M_{BC} = \frac{3Pl}{16}, \quad M_{CB} = \frac{3Pl}{16}$$

$$M_{CD} = -\frac{3Pl}{16}, \quad M_{DC} = -\frac{5Pl}{16}$$

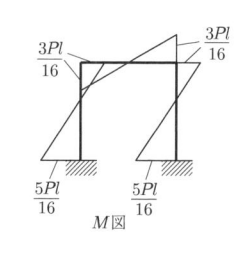

$\frac{3Pl}{16}, \frac{3Pl}{16}, \frac{5Pl}{16}, \frac{5Pl}{16}$

M図

演習問題解答　233

(f)

$$\begin{Bmatrix} M_{AB} \\ M_{BA} \end{Bmatrix} = 2E\frac{I}{2l}\begin{bmatrix} 2 & 1 \\ 1 & 2 \end{bmatrix}\begin{Bmatrix} \theta_A - R \\ \theta_B - R \end{Bmatrix}, \quad \begin{Bmatrix} M_{BC} \\ M_{CB} \end{Bmatrix} = 2E\frac{I}{2l}\begin{bmatrix} 2 & 1 \\ 1 & 2 \end{bmatrix}\begin{Bmatrix} \theta_B \\ \theta_C \end{Bmatrix} + \begin{Bmatrix} -P \cdot 2l/8 \\ P \cdot 2l/8 \end{Bmatrix}$$

$$\begin{Bmatrix} M_{CD} \\ M_{DC} \end{Bmatrix} = 2E\frac{I}{l}\begin{bmatrix} 2 & 1 \\ 1 & 2 \end{bmatrix}\begin{Bmatrix} \theta_C - 2R \\ \theta_D - 2R \end{Bmatrix}$$

節点方程式

$$M_{BA} + M_{BC} = 0, \quad M_{CB} + M_{CD} = 0$$

層方程式

$$0 = -\frac{M_{AB} + M_{BA}}{2l} - \frac{M_{CD} + M_{DC}}{l}$$

$\theta_A = \theta_D = 0$ より

$$M_{AB} = \frac{EI}{l}(\theta_B - 3R), \quad M_{BA} = \frac{EI}{l}(2\theta_B - 3R), \quad M_{BC} = \frac{EI}{l}(2\theta_B + \theta_C) - \frac{Pl}{4}$$

$$M_{CB} = \frac{EI}{l}(\theta_B + 2\theta_C) + \frac{Pl}{4}, \quad M_{CD} = \frac{EI}{l}(4\theta_C - 12R), \quad M_{DC} = \frac{EI}{l}(2\theta_C - 12R)$$

節点方程式と層方程式より

$$\frac{EI}{l}(4\theta_B + \theta_C - 3R) = \frac{Pl}{4}, \quad \frac{EI}{l}(\theta_B + 6\theta_C - 12R) = -\frac{Pl}{4}$$

$$\frac{EI}{l}(3\theta_B + 12\theta_C - 54R) = 0$$

$$\rightarrow \theta_B = \frac{22}{304}\left(\frac{Pl^2}{EI}\right), \quad \theta_C = -\frac{25}{304}\left(\frac{Pl^2}{EI}\right), \quad R = -\frac{13}{912}\left(\frac{Pl^2}{EI}\right)$$

$$M_{AB} = \frac{35Pl}{304}, \quad M_{BA} = \frac{57Pl}{304}, \quad M_{BC} = -\frac{57Pl}{304}, \quad M_{CB} = \frac{48Pl}{304}$$

$$M_{CD} = -\frac{48Pl}{304}, \quad M_{DC} = \frac{2Pl}{304}$$

(g)

$$\begin{Bmatrix} M_{AB} \\ M_{BA} \end{Bmatrix} = 2E\frac{I}{2l}\begin{bmatrix} 2 & 1 \\ 1 & 2 \end{bmatrix}\begin{Bmatrix} \theta_A - R \\ \theta_B - R \end{Bmatrix}, \quad \begin{Bmatrix} M_{BC} \\ M_{CB} \end{Bmatrix} = 2E\frac{I}{2l}\begin{bmatrix} 2 & 1 \\ 1 & 2 \end{bmatrix}\begin{Bmatrix} \theta_B \\ \theta_C \end{Bmatrix}$$

$$\begin{Bmatrix} M_{CD} \\ M_{DC} \end{Bmatrix} = 2E\frac{I}{l}\begin{bmatrix} 2 & 1 \\ 1 & 2 \end{bmatrix}\begin{Bmatrix} \theta_C - 2R \\ \theta_D - 2R \end{Bmatrix}$$

節点方程式

$$M_{BA} + M_{BC} = 0, \quad M_{CB} + M_{CD} = 0, \quad M_{DC} = 0, \quad P = -\frac{M_{AB} + M_{BA}}{2l} - \frac{M_{CD} + M_{DC}}{l}$$

$\theta_A = 0$ より

$$M_{AB} = \frac{EI}{l}(\theta_B - 3R), \quad M_{BA} = \frac{EI}{l}(2\theta_B - 3R), \quad M_{BC} = \frac{EI}{l}(2\theta_B + \theta_C)$$

$$M_{CB} = \frac{EI}{l}(\theta_B + 2\theta_C), \quad M_{CD} = \frac{EI}{l}(4\theta_C + 2\theta_D - 12R), \quad M_{DC} = \frac{EI}{l}(2\theta_C + 4\theta_D - 12R)$$

節点方程式と層方程式より

$$\frac{EI}{l}(4\theta_B + \theta_C - 3R) = 0, \quad \frac{EI}{l}(\theta_B + 6\theta_C + 2\theta_D - 12R) = 0 \quad \frac{EI}{l}(2\theta_C + 4\theta_D - 12R) = 0$$

$$\frac{EI}{l}(3\theta_B + 12\theta_C + 12\theta_D - 54R) = -2Pl$$

$$\rightarrow \quad \theta_B = \frac{6}{63}\left(\frac{Pl^2}{EI}\right), \quad \theta_C = \frac{14}{63}\left(\frac{Pl^2}{EI}\right), \quad \theta_D = \frac{31}{63}\left(\frac{Pl^2}{EI}\right), \quad R = \frac{38}{189}\left(\frac{Pl^2}{EI}\right)$$

$$M_{AB} = -\frac{32Pl}{63}, \quad M_{BA} = -\frac{26Pl}{63}, \quad M_{BC} = \frac{26Pl}{63}$$

$$M_{CB} = \frac{34Pl}{63}, \quad M_{CD} = -\frac{34Pl}{63}, \quad M_{DC} = 0$$

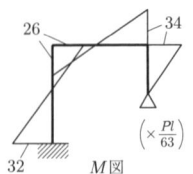

9.2 マトリクス法

(a)

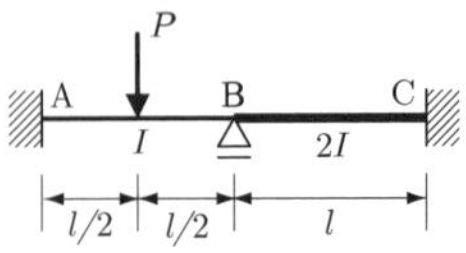

$$2E\frac{I}{l}\begin{bmatrix} 2 & 1 \\ 1 & 2 \end{bmatrix}\begin{Bmatrix} \theta_A \\ \theta_B \end{Bmatrix} = \begin{Bmatrix} M_{AB} \\ M_{BA} \end{Bmatrix} - \begin{Bmatrix} -Pl/8 \\ Pl/8 \end{Bmatrix}, \quad 2E\frac{2I}{l}\begin{bmatrix} 2 & 1 \\ 1 & 2 \end{bmatrix}\begin{Bmatrix} \theta_B \\ \theta_C \end{Bmatrix} = \begin{Bmatrix} M_{BC} \\ M_{CB} \end{Bmatrix}$$

全体剛性方程式

$$\frac{EI}{l}\begin{bmatrix} 4 & 2 & 0 \\ 2 & 4+8 & 4 \\ 0 & 4 & 8 \end{bmatrix}\begin{Bmatrix} \theta_A \\ \theta_B \\ \theta_C \end{Bmatrix} = \begin{Bmatrix} M_{AB} + Pl/8 \\ M_{BA} + M_{BC} - Pl/8 \\ M_{CB} \end{Bmatrix}$$

$M_{BA} + M_{BC} = 0$, $\theta_A = \theta_C = 0$ より

$$\frac{EI}{l}\begin{bmatrix} 4 & 2 & 0 \\ 2 & 12 & 4 \\ 0 & 4 & 8 \end{bmatrix}\begin{Bmatrix} 0 \\ \theta_B \\ 0 \end{Bmatrix} = \begin{Bmatrix} M_{AB} + Pl/8 \\ -Pl/8 \\ M_{CB} \end{Bmatrix}$$

2行目の式より

$$\frac{EI}{l}(12\theta_B) = -\frac{Pl}{8} \quad \rightarrow \quad \theta_B = -\frac{1}{96}\frac{Pl^2}{EI}$$

$$M_{AB} = -\frac{7Pl}{48}, \quad M_{BA} = \frac{4Pl}{48}, \quad M_{BC} = -\frac{4Pl}{48}$$

$$M_{CB} = -\frac{2Pl}{48}$$

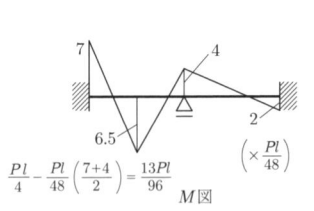

(b)

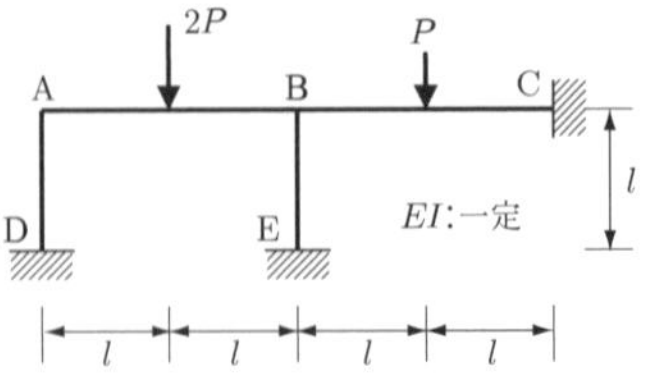

$$2E\frac{I}{l}\begin{bmatrix} 2 & 1 \\ 1 & 2 \end{bmatrix}\begin{Bmatrix} \theta_D \\ \theta_A \end{Bmatrix} = \begin{Bmatrix} M_{DA} \\ M_{AD} \end{Bmatrix}, \quad 2E\frac{I}{2l}\begin{bmatrix} 2 & 1 \\ 1 & 2 \end{bmatrix}\begin{Bmatrix} \theta_A \\ \theta_B \end{Bmatrix} = \begin{Bmatrix} M_{AB} \\ M_{BA} \end{Bmatrix} - \begin{Bmatrix} -2P \cdot 2l/8 \\ 2P \cdot 2l/8 \end{Bmatrix}$$

$$2E\frac{I}{l}\begin{bmatrix} 2 & 1 \\ 1 & 2 \end{bmatrix}\begin{Bmatrix} \theta_B \\ \theta_E \end{Bmatrix} = \begin{Bmatrix} M_{BE} \\ M_{EB} \end{Bmatrix}, \quad 2E\frac{I}{2l}\begin{bmatrix} 2 & 1 \\ 1 & 2 \end{bmatrix}\begin{Bmatrix} \theta_B \\ \theta_C \end{Bmatrix} = \begin{Bmatrix} M_{BC} \\ M_{CB} \end{Bmatrix} - \begin{Bmatrix} -P \cdot 2l/8 \\ P \cdot 2l/8 \end{Bmatrix}$$

全体剛性方程式

$$\frac{EI}{l}\begin{bmatrix} 4+2 & 1 & 0 & 2 & 0 \\ 1 & 2+4+2 & 1 & 0 & 2 \\ 0 & 1 & 2 & 0 & 0 \\ 2 & 0 & 0 & 4 & 0 \\ 0 & 2 & 0 & 0 & 4 \end{bmatrix}\begin{Bmatrix} \theta_A \\ \theta_B \\ \theta_C \\ \theta_D \\ \theta_E \end{Bmatrix} = \begin{Bmatrix} M_{AD}+M_{AB}+Pl/2 \\ M_{BA}+M_{BE}+M_{BC}+Pl/4-Pl/2 \\ M_{CB}-Pl/4 \\ M_{DA} \\ M_{EB} \end{Bmatrix}$$

節点方程式 $M_{AD}+M_{AB}=0$, $M_{BA}+M_{BE}+M_{BC}=0$, $\theta_D=\theta_E=\theta_C=0$ より

$$\frac{EI}{l}\begin{bmatrix} 6 & 1 & 0 & 2 & 0 \\ 1 & 8 & 1 & 0 & 2 \\ 0 & 1 & 2 & 0 & 0 \\ 2 & 0 & 0 & 4 & 0 \\ 0 & 2 & 0 & 0 & 4 \end{bmatrix}\begin{Bmatrix} \theta_A \\ \theta_B \\ 0 \\ 0 \\ 0 \end{Bmatrix} = \begin{Bmatrix} Pl/2 \\ -Pl/4 \\ M_{CB}-Pl/4 \\ M_{DA} \\ M_{EB} \end{Bmatrix}$$

1行と2行の式より

$$\frac{EI}{l}(6\theta_A+\theta_B)=\frac{Pl}{2}, \quad \frac{EI}{l}(\theta_A+8\theta_B)=-\frac{Pl}{4}$$

$$\rightarrow \theta_A=\frac{17}{188}\left(\frac{Pl^2}{EI}\right), \quad \theta_B=-\frac{8}{188}\left(\frac{Pl^2}{EI}\right)$$

$M_{DA}=\dfrac{34Pl}{188}$, $M_{AD}=\dfrac{68Pl}{188}$, $M_{AB}=-\dfrac{68Pl}{188}$

$M_{BA}=\dfrac{95Pl}{188}$, $M_{BE}=-\dfrac{32Pl}{188}$, $M_{EB}=-\dfrac{16Pl}{188}$

$M_{BC}=-\dfrac{63Pl}{188}$, $M_{CB}=\dfrac{39Pl}{188}$

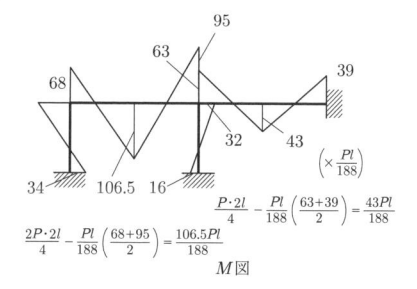

[M図: 68, 95, 63, 39, 34, 106.5, 16, 32, 43 $\left(\times\dfrac{Pl}{188}\right)$]

$\dfrac{P\cdot 2l}{4}-\dfrac{Pl}{188}\left(\dfrac{63+39}{2}\right)=\dfrac{43Pl}{188}$

$\dfrac{2P\cdot 2l}{4}-\dfrac{Pl}{188}\left(\dfrac{68+95}{2}\right)=\dfrac{106.5Pl}{188}$

M図

(c)

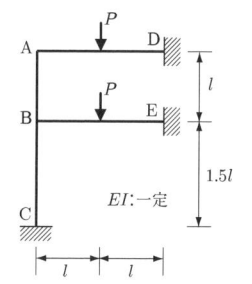

[図: フレーム構造 A-D, B-E, C、荷重P、寸法 l, $1.5l$, l, l、EI:一定]

$$2E\frac{I}{2l}\begin{bmatrix} 2 & 1 \\ 1 & 2 \end{bmatrix}\begin{Bmatrix} \theta_A \\ \theta_D \end{Bmatrix}=\begin{Bmatrix} M_{AD} \\ M_{DA} \end{Bmatrix}-\begin{Bmatrix} -P\cdot 2l/8 \\ P\cdot 2l/8 \end{Bmatrix}, \quad 2E\frac{I}{l}\begin{bmatrix} 2 & 1 \\ 1 & 2 \end{bmatrix}\begin{Bmatrix} \theta_A \\ \theta_B \end{Bmatrix}=\begin{Bmatrix} M_{AB} \\ M_{BA} \end{Bmatrix}$$

$$2E\frac{I}{2l}\begin{bmatrix} 2 & 1 \\ 1 & 2 \end{bmatrix}\begin{Bmatrix} \theta_B \\ \theta_E \end{Bmatrix}=\begin{Bmatrix} M_{BE} \\ M_{EB} \end{Bmatrix}-\begin{Bmatrix} -P\cdot 2l/8 \\ P\cdot 2l/8 \end{Bmatrix}, \quad 2E\frac{2I}{3l}\begin{bmatrix} 2 & 1 \\ 1 & 2 \end{bmatrix}\begin{Bmatrix} \theta_B \\ \theta_C \end{Bmatrix}=\begin{Bmatrix} M_{BC} \\ M_{CB} \end{Bmatrix}$$

全体剛性方程式

$$\begin{bmatrix} 2+4 & 2 & 0 & 1 & 0 \\ 2 & 4+2+8/3 & 4/3 & 0 & 1 \\ 0 & 4/3 & 8/3 & 0 & 0 \\ 1 & 0 & 0 & 2 & 0 \\ 0 & 1 & 0 & 0 & 2 \end{bmatrix}\begin{Bmatrix} \theta_A \\ \theta_B \\ \theta_C \\ \theta_D \\ \theta_E \end{Bmatrix}=\begin{Bmatrix} M_{AD}+M_{AB}+Pl/4 \\ M_{BA}+M_{BE}+M_{BC}+Pl/4 \\ M_{CB} \\ M_{DA}-Pl/4 \\ M_{EB}-Pl/4 \end{Bmatrix}$$

節点方程式 $M_{AD}+M_{AB}=0$, $M_{BA}+M_{BE}+M_{BC}=0$, $\theta_D=\theta_E=\theta_C=0$ より

$$\begin{bmatrix} 6 & 2 & 0 & 1 & 0 \\ 2 & 26/3 & 4/3 & 0 & 1 \\ 0 & 4/3 & 8/3 & 0 & 0 \\ 1 & 0 & 0 & 2 & 0 \\ 0 & 1 & 0 & 0 & 2 \end{bmatrix}\begin{Bmatrix} \theta_A \\ \theta_B \\ 0 \\ 0 \\ 0 \end{Bmatrix}=\begin{Bmatrix} Pl/4 \\ Pl/4 \\ M_{CB} \\ M_{DA}-Pl/4 \\ M_{EB}-Pl/4 \end{Bmatrix}$$

1行と2行より

$$\frac{EI}{l}(6\theta_A + 2\theta_B) = \frac{Pl}{4}, \quad \frac{EI}{l}\left(2\theta_A + \frac{26\theta_B}{3}\right) = \frac{Pl}{4}$$

$$\rightarrow \theta_A = \frac{5}{144}\left(\frac{Pl^2}{EI}\right), \quad \theta_B = \frac{3}{144}\left(\frac{Pl^2}{EI}\right)$$

$$M_{AD} = -\frac{26Pl}{144}, \quad M_{DA} = \frac{41Pl}{144}, \quad M_{AB} = \frac{26Pl}{144}$$

$$M_{BA} = \frac{22Pl}{144}, \quad M_{BE} = -\frac{30Pl}{144}, \quad M_{EB} = \frac{39Pl}{144}$$

$$M_{BC} = \frac{8Pl}{144}, \quad M_{CB} = \frac{4Pl}{144}$$

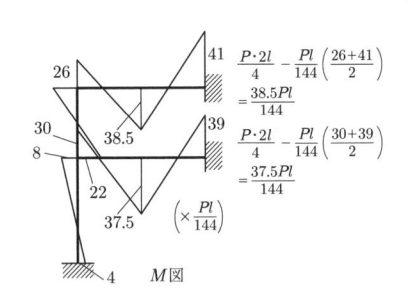

(d)

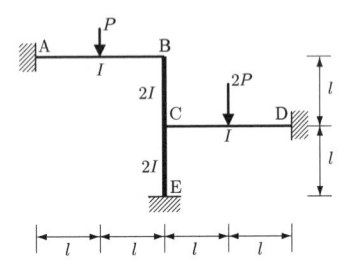

$$2E\frac{I}{2l}\begin{bmatrix}2 & 1 \\ 1 & 2\end{bmatrix}\begin{Bmatrix}\theta_A \\ \theta_B\end{Bmatrix} = \begin{Bmatrix}M_{AB} \\ M_{BA}\end{Bmatrix} - \begin{Bmatrix}-P\cdot 2l/8 \\ P\cdot 2l/8\end{Bmatrix}, \quad 2E\frac{2I}{l}\begin{bmatrix}2 & 1 \\ 1 & 2\end{bmatrix}\begin{Bmatrix}\theta_B \\ \theta_C\end{Bmatrix} = \begin{Bmatrix}M_{BC} \\ M_{CB}\end{Bmatrix}$$

$$2E\frac{I}{2l}\begin{bmatrix}2 & 1 \\ 1 & 2\end{bmatrix}\begin{Bmatrix}\theta_C \\ \theta_D\end{Bmatrix} = \begin{Bmatrix}M_{CD} \\ M_{DC}\end{Bmatrix} - \begin{Bmatrix}-2P\cdot 2l/8 \\ 2P\cdot 2l/8\end{Bmatrix}, \quad 2E\frac{2I}{l}\begin{bmatrix}2 & 1 \\ 1 & 2\end{bmatrix}\begin{Bmatrix}\theta_C \\ \theta_E\end{Bmatrix} = \begin{Bmatrix}M_{CE} \\ M_{EC}\end{Bmatrix}$$

全剛性方程式

$$\begin{bmatrix}2 & 1 & 0 & 0 & 0 \\ 1 & 2+8 & 4 & 0 & 0 \\ 0 & 4 & 8+2+8 & 1 & 4 \\ 0 & 0 & 1 & 2 & 0 \\ 0 & 0 & 4 & 0 & 8\end{bmatrix}\begin{Bmatrix}\theta_A \\ \theta_B \\ \theta_C \\ \theta_D \\ \theta_E\end{Bmatrix} = \begin{Bmatrix}M_{AB} + Pl/4 \\ M_{BA} + M_{BC} - Pl/4 \\ M_{CB} + M_{CD} + M_{CE} + Pl/2 \\ M_{DC} - Pl/2 \\ M_{EC}\end{Bmatrix}$$

節点方程式 $M_{BA} + M_{BC} = 0$, $M_{CB} + M_{CD} + M_{CE} = 0$, $\theta_A = \theta_D = \theta_E = 0$ より

$$\begin{bmatrix}2 & 1 & 0 & 0 & 0 \\ 1 & 10 & 4 & 0 & 0 \\ 0 & 4 & 18 & 1 & 4 \\ 0 & 0 & 1 & 2 & 0 \\ 0 & 0 & 4 & 0 & 8\end{bmatrix}\begin{Bmatrix}0 \\ \theta_B \\ \theta_C \\ 0 \\ 0\end{Bmatrix} = \begin{Bmatrix}M_{AB} + Pl/4 \\ -Pl/4 \\ Pl/2 \\ M_{DC} - Pl/2 \\ M_{EC}\end{Bmatrix}$$

2行目と3行目の式より

$$\frac{EI}{l}(10\theta_B + 4\theta_C) = -\frac{Pl}{4}, \quad \frac{EI}{l}(4\theta_B + 18\theta_C) = \frac{Pl}{2}$$

$$\rightarrow \theta_B = -\frac{13}{328}\left(\frac{Pl^2}{EI}\right), \quad \theta_C = \frac{12}{328}\left(\frac{Pl^2}{EI}\right)$$

$$M_{AB} = -\frac{95Pl}{328}, \quad M_{BA} = \frac{56Pl}{328}, \quad M_{BC} = -\frac{56Pl}{328}$$

$$M_{CB} = \frac{44Pl}{328}, \quad M_{CD} = -\frac{140Pl}{328}, \quad M_{DC} = \frac{176Pl}{328}$$

$$M_{CE} = \frac{96Pl}{328}, \quad M_{EC} = \frac{48Pl}{328}$$

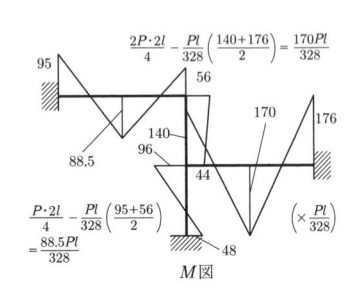

第10章

10.1 固定法

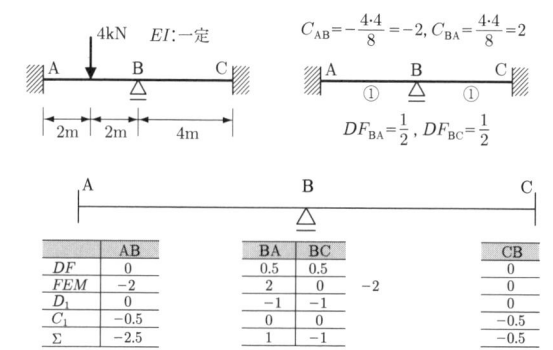

(a)

$C_{AB} = -\dfrac{4 \cdot 4}{8} = -2, \ C_{BA} = \dfrac{4 \cdot 4}{8} = 2$

$DF_{BA} = \dfrac{1}{2}, \ DF_{BC} = \dfrac{1}{2}$

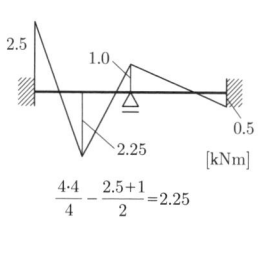

$\dfrac{4 \cdot 4}{4} - \dfrac{2.5 + 1}{2} = 2.25$

[kNm]

	AB
DF	0
FEM	-2
D_1	0
C_1	-0.5
Σ	-2.5

	BA	BC	
	0.5	0.5	
	2	0	-2
	-1	-1	
	0	0	
	1	-1	

	CB
	0
	0
	0
	-0.5
	-0.5

(b)

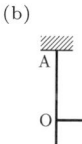

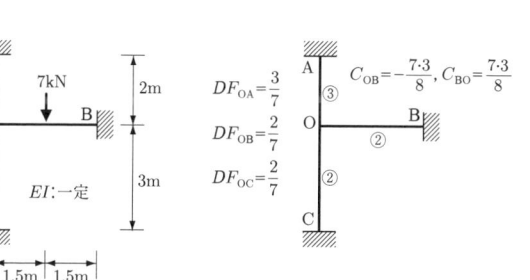

$DF_{OA} = \dfrac{3}{7}$

$DF_{OB} = \dfrac{2}{7}$

$DF_{OC} = \dfrac{2}{7}$

$C_{OB} = -\dfrac{7 \cdot 3}{8}, \ C_{BO} = \dfrac{7 \cdot 3}{8}$

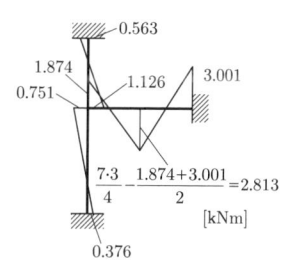

$\dfrac{7 \cdot 3}{4} - \dfrac{1.874 + 3.001}{2} = 2.813$

[kNm]

	AO
C_1	0.563
Σ	0.563

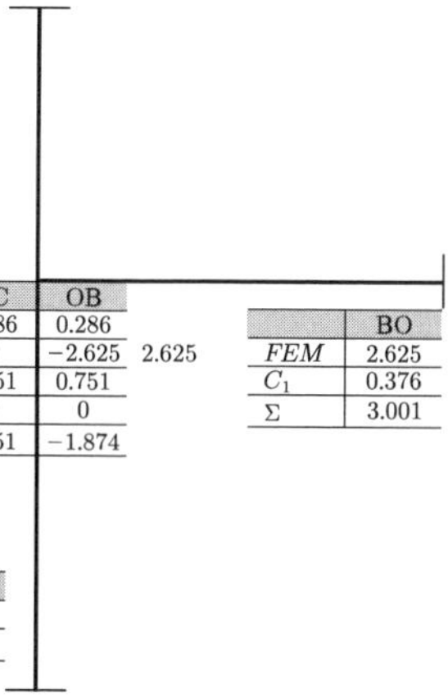

	OA	OC	OB	
DF	0.429	0.286	0.286	
FEM	0	0	-2.625	2.625
D_1	1.126	0.751	0.751	
C_1	0	0	0	
Σ	1.126	0.751	-1.874	

	BO
FEM	2.625
C_1	0.376
Σ	3.001

	CO
C_1	0.376
Σ	0.376

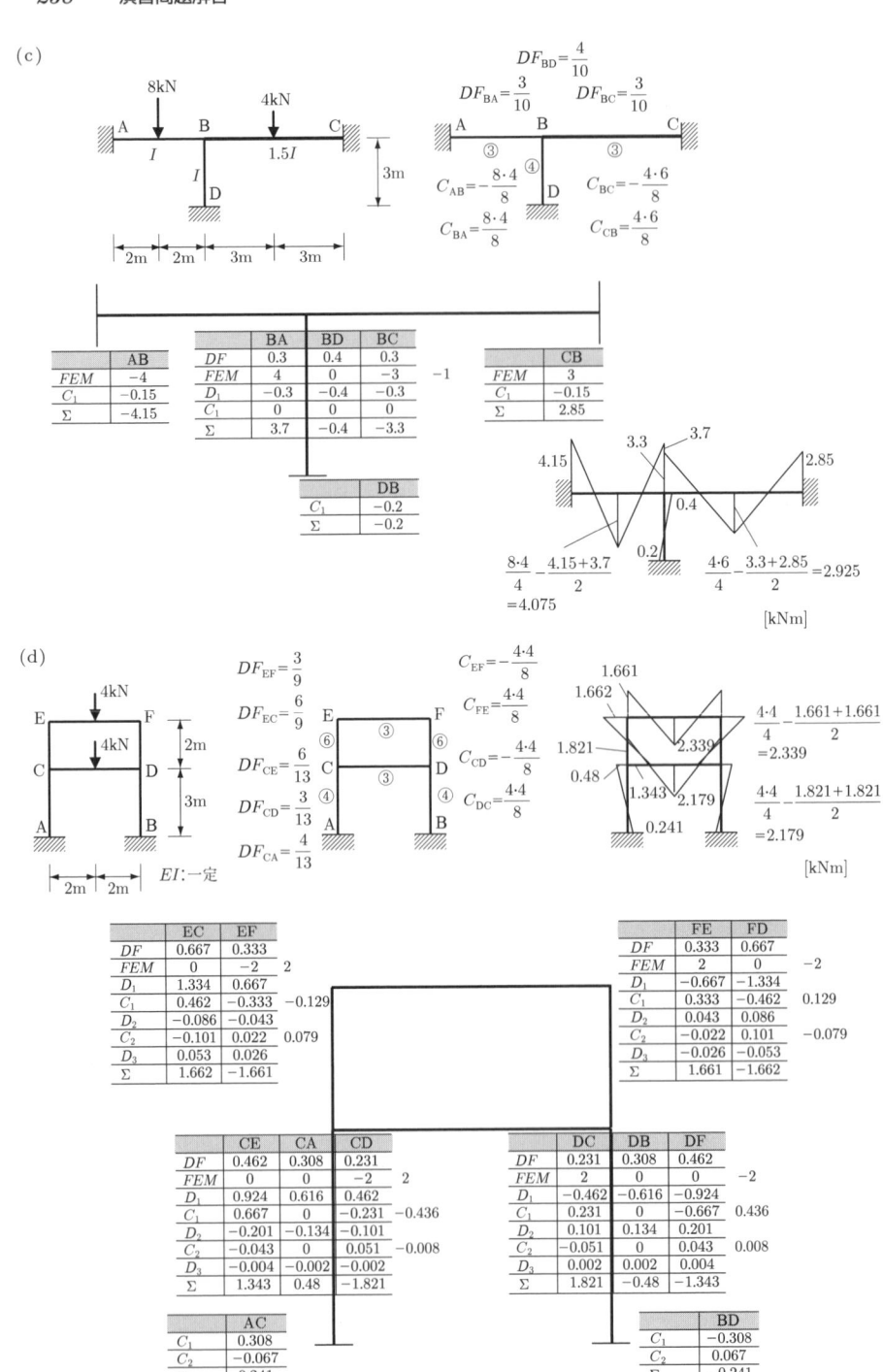

(c)

$DF_{BD} = \dfrac{4}{10}$

$DF_{BA} = \dfrac{3}{10}$ $DF_{BC} = \dfrac{3}{10}$

$C_{AB} = -\dfrac{8 \cdot 4}{8}$ $C_{BC} = -\dfrac{4 \cdot 6}{8}$

$C_{BA} = \dfrac{8 \cdot 4}{8}$ $C_{CB} = \dfrac{4 \cdot 6}{8}$

	AB
FEM	−4
C_1	−0.15
Σ	−4.15

	BA	BD	BC
DF	0.3	0.4	0.3
FEM	4	0	−3
D_1	−0.3	−0.4	−0.3
C_1	0	0	0
Σ	3.7	−0.4	−3.3

−1

	CB
FEM	3
C_1	−0.15
Σ	2.85

	DB
C_1	−0.2
Σ	−0.2

$\dfrac{8 \cdot 4}{4} - \dfrac{4.15 + 3.7}{2}$
$= 4.075$

$\dfrac{4 \cdot 6}{4} - \dfrac{3.3 + 2.85}{2} = 2.925$

[kNm]

(d)

$DF_{EF} = \dfrac{3}{9}$

$DF_{EC} = \dfrac{6}{9}$

$DF_{CE} = \dfrac{6}{13}$

$DF_{CD} = \dfrac{3}{13}$

$DF_{CA} = \dfrac{4}{13}$

$EI:$一定

$C_{EF} = -\dfrac{4 \cdot 4}{8}$
$C_{FE} = \dfrac{4 \cdot 4}{8}$
$C_{CD} = -\dfrac{4 \cdot 4}{8}$
$C_{DC} = \dfrac{4 \cdot 4}{8}$

$\dfrac{4 \cdot 4}{4} - \dfrac{1.661 + 1.661}{2}$
$= 2.339$

$\dfrac{4 \cdot 4}{4} - \dfrac{1.821 + 1.821}{2}$
$= 2.179$

[kNm]

	EC	EF
DF	0.667	0.333
FEM	0	−2
D_1	1.334	0.667
C_1	0.462	−0.333
D_2	−0.086	−0.043
C_2	−0.101	0.022
D_3	0.053	0.026
Σ	1.662	−1.661

2

−0.129

0.079

	FE	FD
DF	0.333	0.667
FEM	2	0
D_1	−0.667	−1.334
C_1	0.333	−0.462
D_2	0.043	0.086
C_2	−0.022	0.101
D_3	−0.026	−0.053
Σ	1.661	−1.662

−2

0.129

−0.079

	CE	CA	CD
DF	0.462	0.308	0.231
FEM	0	0	−2
D_1	0.924	0.616	0.462
C_1	0.667	0	−0.231
D_2	−0.201	−0.134	−0.101
C_2	−0.043	0	0.051
D_3	−0.004	−0.002	−0.002
Σ	1.343	0.48	−1.821

2

−0.436

−0.008

	DC	DB	DF
DF	0.231	0.308	0.462
FEM	2	0	0
D_1	−0.462	−0.616	−0.924
C_1	0.231	0	−0.667
D_2	0.101	0.134	0.201
C_2	−0.051	0	0.043
D_3	0.002	0.002	0.004
Σ	1.821	−0.48	−1.343

−2

0.436

0.008

	AC
C_1	0.308
C_2	−0.067
Σ	0.241

	BD
C_1	−0.308
C_2	0.067
Σ	−0.241

(e)

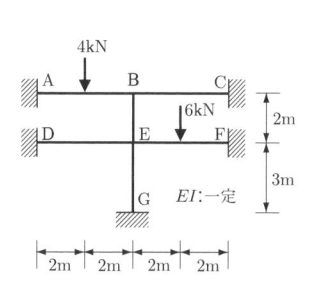

$DF_{BA} = \dfrac{3}{12}$

$C_{AB} = -\dfrac{4 \cdot 4}{8}$　$DF_{BC} = \dfrac{3}{12}$

$C_{AB} = \dfrac{4 \cdot 4}{8}$　$DF_{BE} = \dfrac{6}{12}$

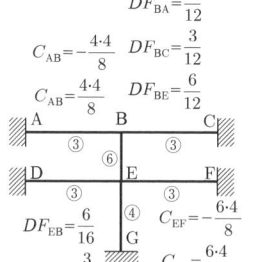

$DF_{EB} = \dfrac{6}{16}$　$C_{EF} = -\dfrac{6 \cdot 4}{8}$

$DF_{ED} = \dfrac{3}{16}$　$C_{EF} = \dfrac{6 \cdot 4}{8}$

$DF_{EF} = \dfrac{3}{16}$

$DF_{EF} = \dfrac{4}{16}$

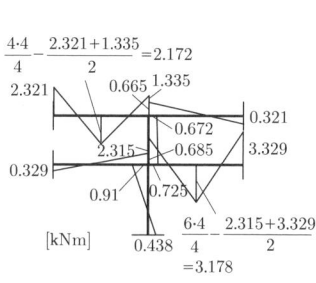

$\dfrac{4 \cdot 4}{4} - \dfrac{2.321 + 1.335}{2} = 2.172$

$\dfrac{6 \cdot 4}{4} - \dfrac{2.315 + 3.329}{2} = 3.178$

[kNm]

	AB
FEM	−2
C_1	−0.25
C_2	−0.071
Σ	−2.321

	BA	BE	BC	
DF	0.25	0.5	0.25	
FEM	2	0	0	−2
D_1	−0.5	−1	−0.5	
C_1	0	0.563	0	−0.563
D_2	−0.141	−0.282	−0.141	
C_2	0	0.094	0	−0.094
D_3	−0.024	−0.047	−0.024	
Σ	1.335	−0.672	−0.665	

	CB
C_1	−0.25
C_2	−0.071
Σ	−0.321

	DE
C_1	0.282
C_2	0.047
Σ	0.329

	ED	EB	EG	EF	
DF	0.188	0.375	0.25	0.188	
FEM	0	0	0	−3	3
D_1	0.564	1.125	0.75	0.564	
C_1	0	−0.5	0		0.5
D_2	0.094	0.188	0.125	0.094	
C_2	0	−0.141	0		0.141
D_3	0.027	0.053	0.035	0.027	
Σ	0.685	0.725	0.91	−2.315	

	FE
FEM	3
C_1	0.282
C_2	0.047
Σ	3.329

	GE
C_1	0.375
C_2	0.063
Σ	0.438

10.2　D 値法

(a)

〇内の数字は剛比を表す

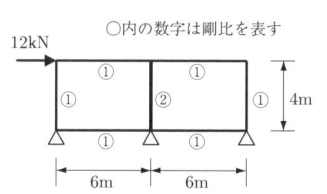

柱 (IJ)：　$\bar{k} = \dfrac{k_1 + k_2 + k_3 + k_4}{2k_c}$　→　$a = \dfrac{\bar{k}}{2+\bar{k}}$　→　$D_{IJ} = ak_c$

柱 (11)：　$\bar{k} = \dfrac{1+1}{2 \times 1} = 1$　→　$a = 0.333$　→　$D_{11} = 0.333$

柱 (12)：　$\bar{k} = \dfrac{1+1+1+1}{2 \times 2} = 1$　→　$a = 0.333$　→　$D_{12} = 0.667$

柱 (13)：　$\bar{k} = \dfrac{1+1}{2 \times 1} = 1$　→　$a = 0.333$　→　$D_{13} = 0.333$

$Q_{11} = \dfrac{0.333}{0.333 + 0.667 + 0.333} \times 12 = 3\,[\mathrm{kN}]$,　$Q_{12} = \dfrac{0.667}{0.333 + 0.667 + 0.333} \times 12 = 6\,[\mathrm{kN}]$

$Q_{13} = \dfrac{0.333}{0.333 + 0.667 + 0.333} \times 12 = 3\,[\mathrm{kN}]$

240　演習問題解答

$M_{11}^{下} = yh \times Q_{11} = 0.5 \times 4 \times 3 = 6$ [kNm]
$M_{11}^{上} = (1-y)h \times Q_{11} = 0.5 \times 4 \times 3 = 6$ [kNm]
$M_{12}^{下} = yh \times Q_{12} = 0.5 \times 4 \times 6 = 12$ [kNm]
$M_{12}^{上} = (1-y)h \times Q_{12} = 0.5 \times 4 \times 6 = 12$ [kNm]
$M_{13}^{下} = yh \times Q_{13} = 0.5 \times 4 \times 3 = 6$ [kNm]
$M_{13}^{上} = (1-y)h \times Q_{13} = 0.5 \times 4 \times 3 = 6$ [kNm]

(b)

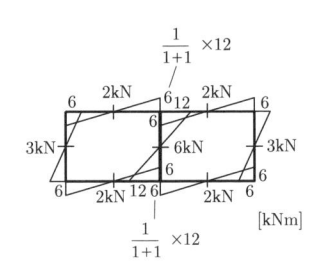

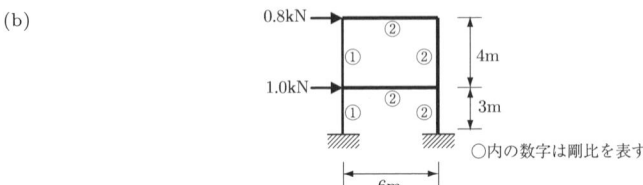

○内の数字は剛比を表す

柱(11)： $\bar{k} = \dfrac{2}{1} = 2 \quad \rightarrow \quad a = \dfrac{0.5 + \bar{k}}{2 + \bar{k}} = 0.625 \quad \rightarrow \quad D_{11} = 0.625$

柱(12)： $\bar{k} = \dfrac{2}{2} = 1 \quad \rightarrow \quad a = \dfrac{0.5 + \bar{k}}{2 + \bar{k}} = 0.5 \quad \rightarrow \quad D_{12} = 1$

柱(21)： $\bar{k} = \dfrac{2+2}{2 \times 1} = 2 \quad \rightarrow \quad a = \dfrac{\bar{k}}{2 + \bar{k}} = 0.5 \quad \rightarrow \quad D_{21} = 0.5$

柱(22)： $\bar{k} = \dfrac{2+2}{2 \times 2} = 1 \quad \rightarrow \quad a = \dfrac{\bar{k}}{2 + \bar{k}} = 0.333 \quad \rightarrow \quad D_{22} = 0.667$

$Q_{11} = \dfrac{0.625}{0.625 + 1} \times 1.8 = 0.692$ [kN], $\quad Q_{12} = \dfrac{1}{0.625 + 1} \times 1.8 = 1.108$ [kN]

$Q_{21} = \dfrac{0.5}{0.5 + 0.667} \times 0.8 = 0.343$ [kN], $\quad Q_{22} = \dfrac{0.667}{0.5 + 0.667} \times 0.8 = 0.457$ [kN]

$M_{11}^{下} = yh \times Q_{11} = 0.5 \times 3 \times 0.692 = 1.038$ [kNm]
$M_{11}^{上} = (1-y)h \times Q_{11} = 0.5 \times 3 \times 0.692 = 1.038$ [kNm]
$M_{12}^{下} = yh \times Q_{12} = 0.5 \times 3 \times 1.108 = 1.662$ [kNm]
$M_{12}^{上} = (1-y)h \times Q_{12} = 0.5 \times 3 \times 1.108 = 1.662$ [kNm]
$M_{21}^{下} = yh \times Q_{21} = 0.5 \times 4 \times 0.343 = 0.686$ [kNm]
$M_{21}^{上} = (1-y)h \times Q_{21} = 0.5 \times 4 \times 0.343 = 0.686$ [kNm]
$M_{22}^{下} = yh \times Q_{22} = 0.5 \times 4 \times 0.457 = 0.914$ [kNm]
$M_{22}^{上} = (1-y)h \times Q_{22} = 0.5 \times 4 \times 0.457 = 0.914$ [kNm]

(c)

○内の数字は剛比を表す

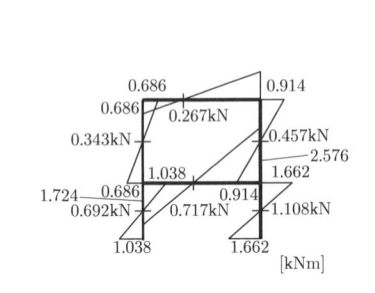

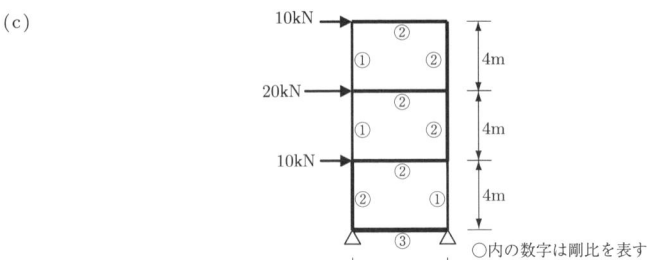

柱(IJ)： $\bar{k} = \dfrac{k_1 + k_2 + k_3 + k_4}{2k_c} \quad \rightarrow \quad a = \dfrac{\bar{k}}{2 + \bar{k}} \quad \rightarrow \quad D_{IJ} = ak_c$

柱(11)： $\bar{k} = \dfrac{2+3}{2 \times 2} = 1.25 \quad \rightarrow \quad a = 0.385 \quad \rightarrow \quad D_{11} = 0.77$

演習問題解答 241

柱 (12): $\bar{k} = \dfrac{2+3}{2 \times 1} = 2.5 \rightarrow a = 0.556 \rightarrow D_{12} = 0.556$

柱 (21): $\bar{k} = \dfrac{2+2}{2 \times 1} = 2 \rightarrow a = 0.5 \rightarrow D_{21} = 0.5$

柱 (22): $\bar{k} = \dfrac{2+2}{2 \times 2} = 1 \rightarrow a = 0.333 \rightarrow D_{22} = 0.667$

柱 (31): $\bar{k} = \dfrac{2+2}{2 \times 1} = 2 \rightarrow a = 0.5 \rightarrow D_{31} = 0.5$

柱 (32): $\bar{k} = \dfrac{2+2}{2 \times 2} = 1 \rightarrow a = 0.333 \rightarrow D_{32} = 0.667$

$Q_{11} = \dfrac{0.77}{0.77 + 0.556} \times 40 = 23.2$ [kN], $\quad Q_{12} = \dfrac{0.556}{0.77 + 0.556} \times 40 = 16.8$ [kN]

$Q_{21} = \dfrac{0.5}{0.5 + 0.667} \times 30 = 12.9$ [kN], $\quad Q_{22} = \dfrac{0.667}{0.5 + 0.667} \times 30 = 17.1$ [kN]

$Q_{31} = \dfrac{0.5}{0.5 + 0.667} \times 10 = 4.3$ [kN], $\quad Q_{32} = \dfrac{0.667}{0.5 + 0.667} \times 10 = 5.7$ [kN]

$M_{11}^{下} = yh \times Q_{11} = 0.5 \times 4 \times 23.2 = 46.4$ [kNm]
$M_{11}^{上} = (1-y)h \times Q_{11} = 0.5 \times 4 \times 23.2 = 46.4$ [kNm]
$M_{12}^{下} = yh \times Q_{12} = 0.5 \times 4 \times 16.8 = 33.6$ [kNm]
$M_{12}^{上} = (1-y)h \times Q_{12} = 0.5 \times 4 \times 16.8 = 33.6$ [kNm]
$M_{21}^{下} = yh \times Q_{21} = 0.5 \times 4 \times 12.9 = 25.8$ [kNm]
$M_{21}^{上} = (1-y)h \times Q_{21} = 0.5 \times 4 \times 12.9 = 25.8$ [kNm]
$M_{22}^{下} = yh \times Q_{22} = 0.5 \times 4 \times 17.1 = 34.2$ [kNm]
$M_{22}^{上} = (1-y)h \times Q_{22} = 0.5 \times 4 \times 17.1 = 34.2$ [kNm]
$M_{31}^{下} = yh \times Q_{31} = 0.5 \times 4 \times 4.3 = 8.6$ [kNm]
$M_{31}^{上} = (1-y)h \times Q_{31} = 0.5 \times 4 \times 4.3 = 8.6$ [kNm]
$M_{32}^{下} = yh \times Q_{32} = 0.5 \times 4 \times 5.7 = 11.4$ [kNm]
$M_{32}^{上} = (1-y)h \times Q_{32} = 0.5 \times 4 \times 5.7 = 11.4$ [kNm]

(d)

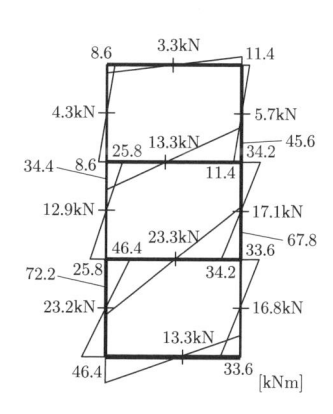

剛度：$K = \dfrac{I}{l}$

標準剛度：$K_0 = \dfrac{I}{12}$

柱 (IJ): $\bar{k} = \dfrac{k_1 + k_2 + k_3 + k_4}{2k_c} \rightarrow a = \dfrac{\bar{k}}{2+\bar{k}} \rightarrow D_{IJ} = ak_c$

柱 (11): $\bar{k} = \dfrac{2+2}{2 \times 3} = 0.667 \rightarrow a = 0.25 \rightarrow D_{11} = 0.750$

柱 (12): $\bar{k} = \dfrac{2+3+2+3}{2 \times 3} = 1.667 \rightarrow a = 0.455 \rightarrow D_{12} = 1.364$

柱 (13): $\bar{k} = \dfrac{3+3}{2 \times 3} = 1 \rightarrow a = 0.333 \rightarrow D_{13} = 1$

柱 (21): $\bar{k} = \dfrac{2+3+3}{2 \times 4} = 1 \rightarrow a = 0.333 \rightarrow D_{21} = 1.332$

柱 (22): $\bar{k} = \dfrac{3+3}{2 \times 4} = 0.75 \rightarrow a = 0.273 \rightarrow D_{22} = 1.092$

$Q_{11} = \dfrac{0.750}{0.750 + 1.364 + 1} \times 22 = 5.3$ [kN], $\quad Q_{12} = \dfrac{1.364}{0.750 + 1.364 + 1} \times 22 = 9.6$ [kN]

$Q_{13} = \dfrac{1}{0.750 + 1.364 + 1} \times 22 = 7.1$ [kN], $\quad Q_{21} = \dfrac{1.332}{1.332 + 1.092} \times 12 = 6.6$ [kN]

$Q_{22} = \dfrac{1.092}{1.332 + 1.092} \times 12 = 5.4$ [kN]

$M_{11}^{\text{下}} = yh \times Q_{11} = 0.5 \times 4 \times 5.3 = 10.6$ [kNm]
$M_{11}^{\text{上}} = (1-y)h \times Q_{11} = 0.5 \times 4 \times 5.3 = 10.6$ [kNm]
$M_{12}^{\text{下}} = yh \times Q_{12} = 0.5 \times 4 \times 9.6 = 19.2$ [kNm]
$M_{12}^{\text{上}} = (1-y)h \times Q_{12} = 0.5 \times 4 \times 9.6 = 19.2$ [kNm]
$M_{13}^{\text{下}} = yh \times Q_{13} = 0.5 \times 4 \times 7.1 = 14.2$ [kNm]
$M_{13}^{\text{上}} = (1-y)h \times Q_{13} = 0.5 \times 4 \times 7.1 = 14.2$ [kNm]
$M_{21}^{\text{下}} = yh \times Q_{21} = 0.5 \times 3 \times 6.6 = 9.9$ [kNm]
$M_{21}^{\text{上}} = (1-y)h \times Q_{21} = 0.5 \times 3 \times 6.6 = 9.9$ [kNm]
$M_{22}^{\text{下}} = yh \times Q_{22} = 0.5 \times 3 \times 5.4 = 8.1$ [kNm]
$M_{22}^{\text{上}} = (1-y)h \times Q_{22} = 0.5 \times 3 \times 5.4 = 8.1$ [kNm]

[kNm]

10.3 崩壊荷重
(1)

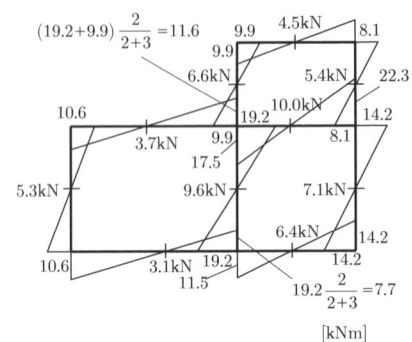

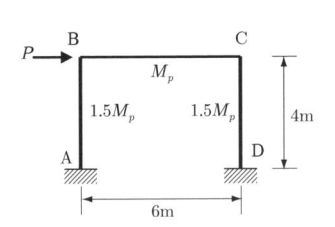

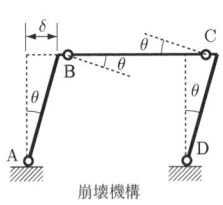

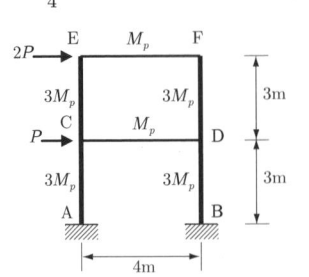

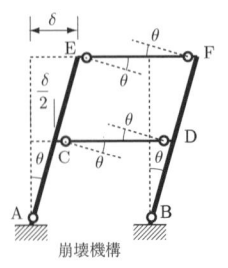

δ と θ の関係　$\delta = 4\theta$
内力仕事 $= 1.5 M_p \times \theta + M_p \times \theta + M_p \times \theta + 1.5 M_p \times \theta = 5 M_p \theta$
外力仕事 $= P_u \times \delta = 4 P_u \theta$
仮想仕事の原理より

$4 P_u \theta = 5 M_p \theta \quad \rightarrow \quad P_u = \dfrac{5 M_p}{4}$

$M_p = \dfrac{bD^2}{4} \sigma_y = \dfrac{100 \times 200^2}{4} \times 295 = 2.95 \times 10^8$ [Nmm] $= 295$ [kNm], $\quad P_u = 368.8$ [kN]

(2)

δ と θ の関係　$\delta = 6\theta$
内力仕事 $= 3 M_p \times \theta + 3 M_p \times \theta + M_p \times \theta + M_p \times \theta + M_p \times \theta + M_p \times \theta = 10 M_p \theta$
外力仕事 $= P_u \times \dfrac{\delta}{2} + 2 P_u \times \delta = \dfrac{5}{2} P_u \times \delta = 15 P_u \theta$
仮想仕事の原理より

$15 P_u \theta = 10 M_p \theta \quad \rightarrow \quad P_u = \dfrac{2 M_p}{3}$

$M_p = \dfrac{bD^2}{4} \sigma_y = \dfrac{80 \times 160^2}{4} \times 345 = 1.766 \times 10^8$ [Nmm] $= 176.6$ [kNm], $\quad P_u = 117.7$ [kN]

参考文献

① 藤谷義信，西村光正，森村毅，高松隆夫：建築構造力学講義，培風館
② 藤谷義信，西村光正，森村毅，高松隆夫：建築構造力学演習，培風館
③ 藤本盛久，和田章(監修)：建築構造力学入門，実教出版
④ 和泉正哲：建築構造力学1，培風館
⑤ 梅村魁，伊藤勝：構造解析演習，共立出版
⑥ 松本慎也：よくわかる構造力学の基本，秀和システム
⑦ 久田俊彦：地震と建築，鹿島出版会

索 引

英数字

3ヒンジラーメン　23
D値　193
D値法　193
element　158
node　158

あ 行

圧　壊　110
圧縮強度　95
圧縮力　28
安全率　94
エネルギー保存則　133
縁応力度　73, 83, 98
鉛直荷重　2
オイラーの座屈荷重式　110
応　力　4, 27
応力中心間距離　82, 99
応力度　27

か 行

解析モデル　13
解放モーメント　185, 187, 189
外　力　14
外力の仕事量　134
重ね合わせ　175
荷　重　2
仮想荷重図　130
仮想仕事の原理　201
仮想仕事法　133, 201, 202
加速度　4
片持ばり　16
慣性力　93
間接法　181
完全弾塑性モデル　202

幾何学的境界条件　120
境界条件　120
強　軸　104
共役問題　130
極　線　9
極　点　9
曲面版構造　3
曲　率　72, 117
許容応力度　98
許容応力度設計　93, 94
キングポストトラス　49
クイーンポストトラス　49
偶　力　6, 29
形状係数　69, 107
ゲルバーばり　40
交差ばり　3, 151
合成骨組　150
剛節点　15
構造計画　97
構造設計　2
構造部材　2
構造力学　2
剛　体　5
剛　度　162, 182
剛　比　182
降　伏　202
降伏応力度　202
降伏強度　95
降伏点　67, 96
合　力　8, 19
固定端　14
固定端モーメント　184, 186
固定法　181
固定モーメント　184

索 引

さ 行

材軸線　13, 76
最大せん断応力度　69
最大たわみ　122
座屈　110
座屈応力度　111
座屈長さ　111
座標変換　173
作用線　5
シェル構造　3
軸方向力　28, 49, 62
質量　4, 93
支点　13
弱軸　104
終局荷重　201
終局状態　96
集中荷重　15
重力　4
重力加速度　4, 93
主断面2次モーメント　86
示力図　7, 53
垂直応力度　62
垂直反力　14
水平荷重　2
水平震度　93
水平反力　14
数式解法　7, 53
図解法　7, 53
ストレスブロック　82, 99
静定基本形　143
静定構造物　16
静的震度法　93
切断法　50
節点　13, 158
節点法　50, 53
節点方程式　158, 165
全塑性モーメント　202, 203
全体剛性マトリクス　175
せん断応力度　68, 106
せん断弾性係数　70
せん断ひずみ度　69
せん断力　29, 106
せん断力分布係数　193, 195, 196

層機構　201
相反定理　136
層方程式　170
塑性域　67, 96
塑性断面係数　204
塑性ヒンジ　96, 201

た 行

対称マトリクス　176
耐震設計法　93
耐震要素　97
体積弾性係数　70
耐力　4
縦ひずみ　64
たわみ　116
たわみ角　116
たわみ角法　157, 159
たわみ角法の基本式　162, 163
たわみ曲線　116
短期許容応力度　95
単純ばり　16
弾性　66
弾性域　67
弾性荷重図　130
弾性曲線式　116
弾性論　118
断面1次モーメント　77, 107
断面2次半径　111
断面2次モーメント　73
断面積　63
断面相乗モーメント　86
断面の主軸　86
断面の図心　77
断面力　27
力の3要素　4
力の大きさ　4
力の合成　6
力の作用点　4
力の分解　6
力の平行四辺形　6
力の向き　4
置換積分　124
中間荷重　161, 168

中立軸　71, 98
長期許容応力度　94
直交座標系　5
釣り合い力　8
適合条件　158, 164
適合条件式　145
等価節点力　178
到達モーメント　183, 186
等分布荷重　15
等変分布荷重　15
トラス構造　13, 15, 49

な 行

内　力　4, 27, 133
内力の仕事量　134

は 行

破壊強度　94, 110
柱降伏型　202
破　断　110
はり機構　202
はり降伏型　202
張出ばり　132
バリニオンの定理　76
反曲点　193
反曲点高比　196
反　力　13
ひずみ度　63
引張力　28
標準剛度　182
標準層せん断力係数　94
ヒンジ　23
ピン支点　14
ピン接合　49
ピン節点　15, 23, 40
不安定現象　110
複合機構　202
部　材　2
部材角　160, 169
不静定構造物　16, 143
不静定力　143
フックの法則　66, 72, 95, 99
不釣り合いモーメント　184, 187, 189

分配モーメント　185, 186, 189
分配率　185, 186
平均せん断応力度　69
平行弦トラス　49
平行軸定理　83
平面保持の仮定　72, 99
変　位　63
変　形　63
偏心荷重　101
偏心距離　101
ポアソン比　65
崩壊荷重　96, 201
崩壊機構　96, 204
崩壊形　201, 204
細長比　111
保有水平耐力　97

ま 行

曲げ応力度　71, 98
曲げ剛性　111
曲げモーメント　29, 72, 119
マトリクス法　158, 159, 172
モデル化　13
モーメント　5
モーメント荷重　15, 22
モーメント反力　14, 22
モールの定理　127

や 行

ヤング係数　66
要　素　13, 158
要素剛性方程式　174
要素剛性マトリクス　174
要素方程式　158, 159
横ひずみ　64

ら 行

ラーメン構造　13, 15
力学的境界条件　120
連続体力学　3
連力図　7
連力線　10
ローラー支点　14

著者略歴

大田 和彦(おおた・かずひこ)
- 1981年 近畿大学工学部建築学科卒業
- 1984年 広島大学大学院工学研究科構造工学専攻博士課程前期修了
- 1987年 広島大学大学院工学研究科構造工学専攻博士課程後期単位取得後退学
- 1987年 広島大学助手
- 1992年 近畿大学講師
- 2002年 近畿大学助教授
- 2007年 近畿大学准教授
- 2011年 近畿大学教授
  現在に至る
  工学博士

藤井 大地(ふじい・だいじ)
- 1984年 広島大学工学部第四類建築学課程卒業
- 1986年 広島大学大学院工学研究科構造工学専攻博士課程前期修了
- 1989年 広島大学大学院工学研究科構造工学専攻博士課程後期単位取得後退学
- 1989年 広島大学助手
- 1999年 東京大学助手
- 2002年 近畿大学助教授
- 2007年 近畿大学准教授
- 2008年 近畿大学教授
  現在に至る
  博士(工学)

はじめて学ぶ建築構造力学　　　© 大田和彦・藤井大地　2008

2008年4月30日　第1版第1刷発行　【本書の無断転載を禁ず】
2021年3月31日　第1版第4刷発行

著　者　大田和彦・藤井大地
発行者　森北博巳
発行所　森北出版株式会社
　　　　東京都千代田区富士見1-4-11（〒102-0071）
　　　　電話 03-3265-8341／FAX 03-3264-8709
　　　　https://www.morikita.co.jp/
　　　　日本書籍出版協会・自然科学書協会 会員
　　　　JCOPY <(一社)出版者著作権管理機構 委託出版物>

落丁・乱丁本はお取替えいたします　　印刷／モリモト印刷・製本／協栄製本

Printed in Japan ／ ISBN978-4-627-55291-3